Institut für Arbeitsmarkt- und Berufsforschung
Die Forschungseinrichtung der Bundesagentur für Arbeit

IAB

IAB·Bibliothek 315
Die Buchreihe des Instituts für Arbeitsmarkt- und Berufsforschung

D1924610

wbv

Susanne Koch, Peter Kupka, Joß Steinke

Aktivierung, Erwerbstätigkeit und Teilhabe

Vier Jahre Grundsicherung für Arbeitsuchende

Bibliografische Information der Deutschen Nationalbibliothek

Die Deutsche Nationalbibliothek verzeichnet diese Publikation in der Deutschen Nationalbibliografie; detaillierte bibliografische Daten sind im Internet über http://dnb.ddb.de abrufbar.

Herausgeber der Reihe IAB-Bibliothek: Institut für Arbeitsmarkt- und Berufsforschung der Bundesagentur für Arbeit (IAB), Regensburger Straße 104, 90478 Nürnberg, Telefon (09 11) 179-0 ■ **Redaktion:** Martina Dorsch, Institut für Arbeitsmarkt- und Berufsforschung der Bundesagentur für Arbeit, 90327 Nürnberg, Telefon (09 11) 179-32 06, E-Mail: martina.dorsch@iab.de ■ **Umschlaggestaltung:** Petra Wagler, IAB ■ **Titelfoto:** ©Sculpies-Fotolia.com (Fotonachweis) ■ **Gesamtherstellung:** W. Bertelsmann Verlag, Bielefeld (www.wbv.de) ■ **Rechte:** Kein Teil dieses Werkes darf ohne vorherige Genehmigung des IAB in irgendeiner Form (unter Verwendung elektronischer Systeme oder als Ausdruck, Fotokopie oder Nutzung eines anderen Vervielfältigungsverfahrens) über den persönlichen Gebrauch hinaus verarbeitet oder verbreitet werden.

© 2009 Institut für Arbeitsmarkt- und Berufsforschung, Nürnberg/
W. Bertelsmann Verlag GmbH & Co. KG, Bielefeld

In der „IAB-Bibliothek" werden umfangreiche Einzelarbeiten aus dem IAB oder im Auftrag des IAB oder der BA durchgeführte Untersuchungen veröffentlicht. Beiträge, die mit dem Namen des Verfassers gekennzeichnet sind, geben nicht unbedingt die Meinung des IAB bzw. der Bundesagentur für Arbeit wieder.

ISBN 978-3-7639-4002-8
ISSN 1865-4096
Best.-Nr. 300656 www.iabshop.de www.iab.de

Inhalt

Editorial

Die Zusammenlegung von Arbeitslosen- und Sozialhilfe war das letzte und wohl wichtigste Element der Arbeitsmarktreformen, die zwischen den Jahren 2003 und 2005 auf den Weg gebracht wurden. Die Einführung der Grundsicherung für erwerbsfähige Hilfebedürftige durch das Sozialgesetzbuch II (SGB II) wird mit Fug und Recht als eine große Zäsur in die Geschichte der deutschen Sozialpolitik eingehen, die einschneidende Veränderungen mit sich brachte. Gemeint ist damit nicht nur die neuartige Konzeption der Leistungen an bedürftige Personen, sondern auch deren Administration durch teilweise neu geschaffene Träger. Die Reform ist mit einem deutlichen Paradigmenwechsel verbunden. Dieser räumt der Beendigung der Hilfebedürftigkeit durch Erwerbstätigkeit Vorrang vor einer reinen Alimentierung ein. Aktivierung für und Teilhabe durch Beschäftigung waren und sind die erklärten Ziele des veränderten Regelwerks.

Die Reform war ein großer Schritt, der mit etlichen Unwägbarkeiten – gleichermaßen mit Chancen und Risiken – verbunden war. Die heftige, noch immer anhaltende Kontroverse um „Hartz IV" zeugt von der hohen gesellschaftlichen Relevanz der Reform – verbinden sich mit ihr doch sowohl weitreichende Hoffnungen als auch schwerwiegende Befürchtungen. Der Arbeitsmarkt erhalte neue Impulse, der harte Kern der Arbeitslosigkeit werde aufgeweicht, so die Befürworter. Ganz anders die Reformgegner: „Hartz IV" führe lediglich zu vermehrter prekärer Beschäftigung und steigere das Armutsrisiko – bis weit in die Mittelschicht hinein. Parallel dazu entwickelte sich von Anfang an eine weitere Kontroverse. Die Gesetzesänderungen führten zu einem institutionellen Wettbewerb zwischen den neu gebildeten lokalen Arbeitsgemeinschaften aus Bundesagentur für Arbeit und Kommunen sowie den sogenannten Optionskommunen, also den in Alleinverantwortung tätigen kommunalen Grundsicherungsträgern. Im Kern der Debatte stand und steht die Frage nach der Leistungsfähigkeit der beiden unterschiedlichen Organisationsmodelle.

Die umfassenden Reformen stellen auch eine Herausforderung für die Arbeitsmarktforschung dar. Die Beurteilung der Reformwirkungen setzt eine gesicherte methodische Basis und nachvollziehbare Konzepte voraus. Dazu bedarf es einer wissenschaftlichen Begleitung des Reformprozesses. Der Gesetzgeber hat sich deshalb entschieden, zwei umfassende Forschungsaufträge zu erteilen. Der eine betraf die sog. „Experimentierklausel" nach § 6c SGB II, also die Frage nach der passenden Trägerschaft der SGB II-Leistungen. Mehrere Forschungskonsortien erhielten in den entsprechenden Ausschreibungen den Zuschlag und haben ihre Ergebnisse inzwischen auch vorgelegt. Der zweite, in § 55 SGB II geregelte Forschungsauftrag ging an das Institut für Arbeitsmarkt- und Berufsforschung (IAB). Danach sollen – auf der Basis mittelfristiger Zielvereinbarungen mit dem Bundesministerium für Arbeit und Soziales (BMAS) – die Wirkungen von Leistungen zur Eingliederung und zur Sicherung des Lebensunterhalts zeitnah untersucht werden.

Mit diesem Forschungsfeld hat das IAB in mehrfacher Hinsicht Neuland betreten. Das betrifft sowohl die Inhalte als auch die Organisation unserer Forschung. Neue Forschungsbereiche mussten eingerichtet, bestehende erweitert und neu zugeschnitten werden. Auch auf die Geschäftsbereiche kamen neue, zusätzliche Aufgaben zu. Die prozessproduzierten Daten der Bundesagentur für Arbeit mussten für den Forschungsprozess erschlossen und um neue Erhebungen ergänzt werden. Genannt sei hier die Entwicklung des Haushaltspanels „Arbeitsmarkt und soziale Sicherung" (PASS). Laufende Erhebungen – wie die Erhebung zum gesamtwirtschaftlichen Stellenangebot (EGS) – waren um Fragen aus dem Kontext des SGB II zu erweitern. Dabei ergaben sich inhaltliche Synergien mit unseren Forschungen zum SGB III. Dies gilt für die Wirkungsanalysen zu den arbeitsmarktpolitischen Instrumenten und die Forschung zu spezifischen Personengruppen – etwa Jugendlichen, Älteren oder Rehabilitanden – ebenso wie für die Untersuchungen zu den regionalen und gesamtwirtschaftlichen Effekten. Zugleich musste das Forschungsfeld um Themen erweitert werden, die weit über den Bereich der „klassischen" Arbeitsmarktforschung hinausgehen. So hat das IAB insbesondere seine Sozial- und Armutsforschung ausgeweitet.

Mit diesem Band werden Ergebnisse der IAB-Forschung in den ersten vier Jahren nach Inkrafttreten des SGB II in systematischer Form dokumentiert. Ganz im Sinne von Aristoteles' Diktum, dass das Ganze mehr ist als die Summe seiner Teile, besteht die Leistung des Bandes darin, die Befunde in einen größeren Zusammenhang zu stellen. So wird der Stand des Wissens zum Übergang vom alten in das neue System, zum Prozess und zur Wahrnehmung von Aktivierung und Betreuung, zu den Instrumenten und ihrer Wirkung sowie zur Bedeutung der Reform für den Arbeitsmarkt beschrieben. Dadurch wird deutlich, wo die Forschung zur Grundsicherung heute steht, und welche Fragen zukünftig zu beantworten sind.

Dieser Band wäre ohne die tatkräftige Mitwirkung vieler nicht zustande gekommen. Dafür danken wir: dem Bundesministerium für Arbeit und Soziales für die Bereitstellung der finanziellen Mittel; der BA, ohne deren organisatorisches Dach die Forschung zu den Rechtskreisen SGB II und SGB III nicht hätte verknüpft werden können; unseren kompetenten und motivierten Mitarbeiterinnen und Mitarbeitern, die dieses interessante und wichtige Forschungsfeld erschlossen haben; und unserem Redaktionsteam für die professionelle redaktionelle Aufbereitung des Bandes. Namentlich danken wir den drei Autoren Susanne Koch, Peter Kupka und Joß Steinke. Sie haben nicht nur die vielfältigen Ergebnisse in eine überzeugende Struktur und eine ansprechende Form gebracht, sondern bereits im Vorfeld der Entstehung des Buches die Begleitforschung auf diesem wichtigen Gebiet koordiniert und dabei wichtige Beiträge zu deren Weiterentwicklung geleistet.

Joachim Möller und Ulrich Walwei

Danksagung

Dieser Bericht fasst die Ergebnisse der Wirkungsforschung nach § 55 SGB II für den Zeitraum von 2005 bis 2008 zusammen. Er wurde im Auftrag des Bundesministeriums für Arbeit und Soziales und unter Mitwirkung vieler aktueller und ehemaliger Mitarbeiterinnen und Mitarbeiter des IAB erstellt, auf deren Veröffentlichungen wir zurückgegriffen haben:

Juliane Achatz
Lutz Bellmann
Stefan Bender
Sarah Bernhard
Christian Brinkmann
Kerstin Bruckmeier
Bernhard Christoph
Martin Dietz
Johanna Dornette
Katja Eichler
Michael Feil
Sabine Fromm
Hermann Gartner
Christine Gayer
Daniel Gebhardt
Hans-Dieter Gerner
Tobias Graf
Martina Hartig
Dr. Andreas Hirseland
Christian Hohendanner
Katrin Hohmeyer
Eva Jozwiak
Anja Kettner
Sabine Klinger
Regina Konle-Seidl
Gerhard Krug
Gerrit Müller
Anton Nivorozhkin
Susanne Noll
Sandra Popp
Markus Promberger
Angela Rauch
Martina Rebien
Thomas Rhein
Laura Romeu Gordo
Felix Rüb
Helmut Rudolph
Brigitte Schels
Julia Schneider
Daniel Schnitzlein
Eva Schweigard
Barbara Schwengler
Cornelia Sproß
Gesine Stephan
Jens Stephani
Ulrich Thomsen
Mark Trappmann
Ulrich Walwei
Ulrich Wenzel
Claudia Wenzig
Daniel Werner
Jürgen Wiemers
Katja Wolf
Joachim Wolff
Christina Wübbeke
Kathi Zickert

Unser besonderer Dank gilt Lisa Lehanka, Christopher Osiander und Sandra Scholz, die uns bei der Erstellung des Berichts vielfältig unterstützt haben und ohne die dieser Bericht in der vorliegenden Form nicht möglich gewesen wäre. Schließlich bedanken wir uns bei Martina Dorsch für die sorgfältige redaktionelle Durchsicht des Textes und die Beseitigung etlicher Fehler. Alle verbleibenden Unzulänglichkeiten gehen natürlich zulasten des verantwortlichen Autorenteams.

Susanne Koch, Peter Kupka, Joß Steinke

Inhalte und Ergebnisse der Evaluation

1 Einführung: sozialpolitische Aufgaben und Forschungsauftrag

Der Rahmen: das SGB II und die daraus abzuleitenden Leitthemen der Forschung

Mit der Einführung des SGB II wurden als letzter Baustein der Hartz-Reformen die Arbeitslosen- und Sozialhilfe zu einer Leistung, der Grundsicherung für erwerbsfähige Hilfebedürftige, zusammengelegt. Damit sollte das Nebeneinander zweier Fürsorgeleistungen für dieselbe Klientel beendet und Verschiebebahnhöfe zwischen den Hilfesystemen geschlossen werden.

Die Intentionen, die der Gesetzgeber mit der Einführung des SGB II über die organisatorische Neuerung hinaus verfolgte, lassen sich in Gesetz und Begründungen nachverfolgen. Aus der Begründung für das „Vierte Gesetz für moderne Dienstleistungen am Arbeitsmarkt" geht hervor, dass es das oberste Ziel der Zusammenlegung von Arbeitslosen- und Sozialhilfe ist, „... die Eingliederungschancen der Leistungsempfängerinnen und Leistungsempfänger in ungeförderte Beschäftigung durch besonders intensive Beratung und Betreuung und Einbeziehung in die Maßnahmen der aktiven Arbeitsmarktpolitik, ... [zu erhöhen]." (Bundestagsdrucksache 15/1516: 84). Hiermit wird ein Vorrang der Erwerbstätigkeit formuliert, der sich auch in § 1(2) SGB II deutlich niederschlägt und eine Abkehr von der Fürsorge-Logik vor allem des Bundessozialhilfegesetzes bedeutet:

„Die Grundsicherung für Arbeitsuchende umfasst Leistungen

1. zur Beendigung oder Verringerung der Hilfebedürftigkeit insbesondere durch Eingliederung in Arbeit und
2. zur Sicherung des Lebensunterhalts."

Für sich genommen wäre hier vor allem ein besonders hoher Anspruch an die Arbeitsmarktpolitik formuliert, für eine passgenaue, unterstützende und eingliederungsorientierte Betreuung zu sorgen. Gesetz und Gesetzesbegründung stellen aber klar, dass der Auftrag an die Arbeitsmarktpolitik anders akzentuiert ist: Als entscheidende Aufgabe der Grundsicherung für Arbeitsuchende wird die Stärkung der Eigenverantwortung von erwerbsfähigen Hilfebedürftigen formuliert (§ 1(1)). Zu den „eigenen Kräften und Mitteln", die die Hilfebedürftigen einsetzen sollen, gehört laut Gesetzesbegründung in erster Linie, „durch eigene Erwerbstätigkeit Einkommen zu erzielen" (BT-Drucksache 15/1516: 93), das zum Bestreiten des Lebensunterhalts eingesetzt werden soll. Dies schließt weitreichende Zumutbarkeitskriterien wie die endgültige Aufgabe eines noch rudimentär vorhandenen Qualifikationsschutzes ein. Die Leistungen der Grundsicherung seien – so das Gesetz weiter – in erster Linie darauf auszurichten, durch eine Erwerbstätigkeit Hilfebedürftigkeit zu vermeiden oder zu beseitigen bzw. ihre Dauer zu verkürzen oder ihren Umfang zu reduzieren. Zumindest aber solle die Erwerbsfähigkeit des Hilfebedürftigen erhalten, verbessert oder wiederhergestellt werden.

Damit formuliert der Gesetzgeber zwei miteinander verbundene Leitlinien, die auch in der Forschung zum SGB II berücksichtigt werden müssen: zum einen das Primat der Erwerbsarbeit zur Sicherung des Lebensunterhalts, zum anderen die Bedeutung der Eigenverantwortung, die ggf. auch durch „aktivierende" Maßnahmen herzustellen ist.

Verbunden sind diese Leitlinien deshalb, weil das Ziel der Aktivierung ganz klar die Erwerbsarbeit ist und dahinter die Prämisse steht, dass echte Autonomie nur durch Erwerbsarbeit hergestellt werden kann. Dies bedeutet aber auch, dass unterstellt wird, gesellschaftliche Teilhabe (und die Verwirklichungschancen zu ihrer Realisierung)[1] sei primär durch Erwerbsarbeit zu erreichen. Damit stellen sich für Forschung zum SGB II letztlich zwei generelle Fragen: Die eine ist gesetzesimmanent und lautet: Kann das SGB II und seine Umsetzung tatsächlich eine „positive" Aktivierung in dem Sinne leisten, dass das Ziel der existenzsichernden Erwerbstätigkeit erreicht wird? Die zweite Frage geht darüber hinaus und lautet: Stehen Erwerbstätigkeit, Teilhabe und Autonomie tatsächlich in dem engen Zusammenhang, den der Gesetzgeber nahelegt? Oder kann die Aufnahme einer Erwerbstätigkeit „um jeden Preis" autonomie-einschränkend wirken bzw. können Teilhabe- und Autonomiewirkungen (positiv wie negativ) auch ohne die Aufnahme einer Erwerbstätigkeit eintreten? Eine Antwort auf die zweite Frage könnte Hinweise darauf liefern, ob das Aktivierungs„paradigma" mit der Ausrichtung auf Erwerbsarbeit dauerhaft tragfähig ist.

Der Forschungsauftrag an das IAB

Vor diesem Hintergrund ist der Forschungsauftrag, den das IAB mit der Einführung des SGB II erhalten hat, in § 55 (Wirkungsforschung) formuliert:

„Die Wirkungen der Leistungen zur Eingliederung und der Leistungen zur Sicherung des Lebensunterhalts sind regelmäßig und zeitnah zu untersuchen und in die Arbeitsmarkt- und Berufsforschung nach § 282 des Dritten Buches einzubeziehen.

1 Das Verständnis von Teilhabe und Verwirklichungschancen („Capabilities"), das hier zugrunde liegt, folgt Sen (2000).

Das Bundesministerium für Arbeit und Soziales und die Bundesagentur für Arbeit können in Vereinbarungen Einzelheiten der Wirkungsforschung festlegen. Soweit zweckmäßig, können Dritte mit der Wirkungsforschung beauftragt werden."

Gemäß dem oben gesteckten Rahmen geht die Untersuchung der Wirkungen des SGB II über die reinen Arbeitsmarktwirkungen hinaus und schließt letztlich sämtliche Lebensbereiche ein, weil gesellschaftliche Teilhabe und die entsprechenden Verwirklichungschancen umfassend untersucht werden müssen, wenn auch Bausteine für eine Antwort auf die zweite Frage geliefert werden sollen. Zwar wurde – auch unter Berücksichtigung der Forschungsinhalte des IAB – in den weiter gehenden Vereinbarungen eine Konzentration auf diejenigen Forschungsthemen vereinbart, die zumindest einen Bezug zum Arbeitsmarkt haben. Dennoch bleibt der Auftrag breit formuliert und bei der Konzeption der SGB-II-Forschung am IAB zeigte sich schnell, dass das Institut hier sowohl inhaltlich als auch methodisch über das hinausgehen musste, was bisher im Rahmen der Forschung nach § 282 SGB III geleistet wurde. Inhaltlich ging und geht es vor allem darum, die zusätzlich zu betrachtenden Zieldimensionen näher zu beschreiben und zu operationalisieren. Quantitativ messbare Zielindikatoren lagen bisher aus der Arbeitsmarktforschung vor allem für die Aufnahme einer Erwerbstätigkeit und eingeschränkt für monetäre Zielgrößen wie das Einkommen vor. Für andere zu untersuchende Dimensionen wie soziale Teilhabe, aber auch Verwirklichungschancen wie die Beschäftigungsfähigkeit musste und muss dagegen eine Neukonzeption der Forschung erfolgen, die ebenfalls in quantitativ messbare Indikatoren münden kann. Die Basis für diese Neukonzeption sind qualitative Studien, die nicht nur zur Exploration für quantitative Analysen eingesetzt werden. Vielmehr können durch sie ebenso eigenständige Erkenntnisse über die Wirkungen des SGB II gewonnen werden.

Dies gilt in noch stärkerem Umfang für die zweite inhaltliche Herausforderung, der sich die SGB-II-Forschung am IAB zu stellen hatte: „Aktivierung" ist nämlich keine singuläre arbeitsmarktpolitische Maßnahme, sondern vielmehr ein Prozess aus Betreuungs- und Beratungsaktivitäten, fördernden und fordernden Maßnahmen und Handlungen. Was genau diesen Prozess ausmacht und welche Wirkungen insgesamt und durch die Einzelkomponenten ausgelöst werden, war in der Forschung bisher aber weitgehend eine Black Box. Valide Erkenntnisse zu diesem Thema waren in der SGB-II-Forschung nur zu erwarten, wenn qualitative und quantitative Studien einander ergänzten und verzahnt durchgeführt wurden.

Damit ergibt sich aber unmittelbar, dass auch methodisch eine gewisse Akzentverschiebung im IAB hin zu einer stärkeren Kompetenz in qualitativen Forschungsmethoden vorzunehmen war, ohne dass die quantitative Methodenkompetenz vernachlässigt werden durfte.

Eine weitere methodische Herausforderung bestand schließlich darin, die für die SGB-II-Forschung benötigten Daten bereitzustellen. Dabei ging es zum einen um eine Erweiterung der Prozessdatenbasis für quantitative Analysen. Wegen des raschen Übergangs auf das neue System, bereitete dies in der Anfangszeit erhebliche Probleme, einige Datenlücken dieser Zeit werden bleiben. Darüber hinaus bedingt aber die Erweiterung des Themenspektrums, dass auch die quantitativ messbaren Zieldimensionen nicht vollständig mit Prozessdaten abgebildet werden können. Deshalb waren in großem Umfang eigene Erhebungen zu konzipieren.

Die Umsetzung

Bei der Umsetzung der SGB-II-Forschung im IAB sind zunächst einige Rahmenbedingungen zu beachten. Zunächst ist hier die Arbeitsteilung zwischen unterschiedlichen Akteuren zu nennen, die zum SGB II forschen. In den Jahren 2005 bis 2008 gab es neben dem Forschungsauftrag nach § 55 die Forschung zur Experimentierklausel nach § 6c SGB II, die vor allem die Frage zu beantworten hatte, welches Modell der Aufgabenwahrnehmung – im Wesentlichen ARGE oder zugelassene kommunale Träger – besser geeignet ist für die Betreuung der erwerbsfähigen Hilfebedürftigen und warum. Im Rahmen dieser Forschung wurden vom Bundesministerium für Arbeit und Soziales vier Forschungsaufträge an Konsortien vergeben. Da hierin nicht nur der Modellwettbewerb untersucht, sondern darüber hinaus umfangreiche Analysen zur organisatorischen Umsetzung und Implementationspraxis in den Grundsicherungsstellen durchgeführt wurden, verzichtete das IAB in Abstimmung mit dem BMAS im Zeitraum 2005 bis 2008 auf eigene umfangreiche Analysen hierzu, um Doppelforschung zu vermeiden. Näheres zu den Inhalten der SGB-II-Forschung am IAB wurde in einer Zielvereinbarung geregelt, die in Ergänzung der zum § 55 geschlossenen Verwaltungsvereinbarung zwischen dem BMAS und der Bundesagentur für Arbeit geschlossen wurde. Gemäß dem gesetzlichen Auftrag wurde die SGB-II-Forschung organisatorisch und inhaltlich in die bereits bestehende IAB-Forschung eingebunden. Dies gelang zum einen dadurch, dass die inhaltlichen Arbeitspakete im IAB breit diskutiert wurden. Zum anderen wurden neben den Forschungsprojekten in den neuen „SGB-II-Forschungsbereichen" auch in den bereits bestehenden Strukturen Forschungsprojekte verankert. Das geschah überall dort, wo besonders große inhaltliche Synergien erwartet werden konnten. Die eigenen Forschungsbereiche beschäftigen sich mit den Teilhabeeffekten und der Armutsdynamik, den spezifischen Wirkungen der aktivierenden Maßnahmen auf die Teilhabe am Erwerbsleben und dem Komplex Niedrigeinkommen und Verteilung. In bestehenden Bereichen wurden Projekte zu den betrieblichen, regionalen und gesamtwirtschaftlichen Wirkungen ebenso angesiedelt wie zu Aktivierungsstrategien im internationalen Vergleich.

Die erste Zielvereinbarungsperiode ist nun nahezu abgeschlossen, die Forschungsprojekte haben ihre wesentlichen Ergebnisse vorgelegt. Das IAB nimmt dies zum Anlass, eine Gesamtschau der bisher erzielten Erkenntnisse vorzunehmen.

Ziel und Aufbau dieses Berichts

Das Ziel des hier vorgelegten Berichts ist es, eine Gesamtschau über die Forschungsergebnisse zu geben, die das IAB in den oben angerissenen Projekten und Forschungsbereichen im Verlauf der letzten dreieinhalb Jahre erarbeitet hat. Dabei geht es weniger darum, neue Befunde vorzustellen – nahezu alle der dargestellten Analysen wurden bereits in IAB-Medien oder extern veröffentlicht. Vielmehr sollen die vorliegenden Befunde gebündelt, zueinander in Beziehung gesetzt und in ihrer Gesamtheit gewürdigt werden.

Um den Bezug der Forschungen untereinander herstellen zu können, ist es deshalb nicht sinnvoll, bei der Darstellung einer Projekt- oder Bereichsgliederung zu folgen. Stattdessen wird eine inhaltlich gegliederte Herangehensweise gewählt, die im Wesentlichen den Prozessen im SGB II folgt. Das heißt, der Bericht startet mit den direkten Auswirkungen des Systemübergangs am 1. Januar 2005, und präsentiert anschließend Befunde zur Struktur und Dynamik im Leistungsbezug und zur materiellen Lage der Hilfebedürftigen. Danach geht es um den Betreuungsprozess selber, den Bedarf an Aktivierung und das Umgehen der Betroffenen mit diesem Prozess, bevor nach den individuellen Wirkungen des arbeitsmarktpolitischen Instrumenteneinsatzes auf verschiedene Dimensionen der Teilhabe gefragt wird. Eine detaillierte Betrachtung der Betreuung einzelner „prominenter" Teilgruppen im SGB-II-Bezug schließt sich an, und abschließend wird der Frage nachgegangen, welche Wirkungen denn vom SGB II auf den Arbeitsmarkt als Ganzes ausgehen. Zu den Kapiteln im Einzelnen:

In Kapitel 2 „Stunde Null – der Übergang ins neue System" geht es zunächst um die Frage, welche quantitativen Auswirkungen der Zusammenlegung von Arbeitslosen- und Sozialhilfe am 1. Januar 2005 zu beobachten waren. Die Unterschiede in den materiellen Leistungen zwischen den Vorgängerregelungen und dem SGB II werden dargestellt und vor diesem Hintergrund Analysen zu den materiellen Gewinnern und Verlierern präsentiert. Das Kapitel schließt mit Ergebnissen einer Simulationsstudie zu den Verteilungswirkungen der Reform.

Kapitel 3 untersucht die „Struktur, Dynamik und materielle Situation der Betroffenen" und beginnt damit, welcher Personenkreis überhaupt im SGB II betreut wird. Dazu werden die wesentlichen Strukturmerkmale von erwerbsfähigen Hilfebedürftigen, Bedarfsgemeinschaften und Arbeitslosen im SGB II zum Zeitpunkt der Einführung und im Verlauf bis zum aktuellen Rand beschrieben. Darüber hinaus werden Analysen zu den Zugangsrisiken in den Leistungsbezug und zum Ausstieg daraus dargestellt. Auch die Nachhaltigkeit und die Determinanten eines dauerhaften Verbleibs im Leistungsbezug werden untersucht. Der Übergang in das neue Grundsicherungssystem hat aber auch Auswirkungen auf die materielle, soziale und kulturelle Teilhabe. Hierzu werden erste Befunde einer qualitativen Erhebung dargestellt. Abschließend beschäftigt sich dieses Kapitel auch mit den Personen, die einer Erwerbsarbeit nachgehen, aber zusätzlich auf SGB-II-Leistungen zur Sicherung des Existenzminimums angewiesen sind. Die Gründe für das „Aufstocken", aber auch seine Dauerhaftigkeit bzw. Überwindung werden analysiert. Hiermit werden erste Antworten darauf gegeben, ob mit dem SGB II eine dauerhafte Verfestigung von „Working-poor"-Phänomenen zu erwarten ist.

Kapitel 4 ist dem Themenkomplex „Aktivierung und Betreuung – Prozess und Wahrnehmungen" gewidmet. Ausgehend von internationalen Erfahrungen zu Aktivierungsstrategien und Befunden zur Arbeitsmarktnähe und zum Aktivierungsbedarf der erwerbfähigen Hilfebedürftigen wird zunächst darauf eingegangen, wie die Betroffenen selbst die Aktivierung und Betreuung wahrnehmen und welche Strategien des Umgangs sie entwickeln. Danach werden Ergebnisse qualitativer Forschung zur Fallbearbeitung im SGB II dargestellt, die auf Basis von Beobachtungen und Interviews den Aktivierungsbegriff und seine Umsetzung kritisch hinterfragen. Angereichert wird dies durch erste quantitative Ergebnisse zur Wirkung von Sanktionen.

„Instrumente und ihre Wirkung auf die Hilfebedürftigen" sind das Thema des Kapitels 5. Hier werden vorwiegend quantitative Analysen zu den individuellen Nettoeffekten der Teilnahme an arbeitsmarktpolitischen Maßnahmen dargestellt. Bei den Teilhabedimensionen stehen bei diesen Untersuchungen die „Teilhabe am Erwerbsleben" und die „materielle Teilhabe" in Form von Reduzierung des Hilfebezugs im Vordergrund.

In Kapitel 6 verlassen wir die prozesshafte Gliederung des Berichts vorübergehend und tragen alle Befunde zusammen, die sich im Kontext „Personen mit spezifischen Problemlagen im SGB II" in den IAB-Projekten ergeben haben. Schwerpunkte bei dieser Betrachtung sind die Jugendlichen und jungen Erwachsenen, die Älteren und die Behinderten. Auch wenn Forschung zu den Migranten und zu den genderspezifischen Aspekten des SGB II explizit nicht im Vordergrund der IAB-Forschung der Jahre 2005 bis 2008 standen, gibt es doch auch hierzu einige Ergebnisse aus IAB-Projekten, die in diesem Kapitel präsentiert werden.

Kapitel 7 wendet sich dann der Frage zu „Wie verändert das SGB II den Arbeitsmarkt?" und stellt zunächst die Auswirkungen auf der Arbeitsangebotsseite dar. Zum einen geht es um quantitative Veränderungen des Arbeitsangebots, also solche hinsichtlich Arbeitsmarktpartizipation und angebotener Stundenzahl, zum anderen um die Frage, ob sich qualitative Veränderungen im Arbeitsangebot dergestalt zeigen lassen, dass Bewerber dazu bereit sind, geringer entlohnte oder mit schlechteren Arbeitsbedingungen ausgestattete Arbeitsplätze anzunehmen. Daran anschließend werden die Reaktionen der Arbeitsnachfrageseite nachgezeichnet. In der Gesamtschau wird dann gefragt, ob die zu beobachtende Besserung am Arbeitsmarkt auf konjunkturelle oder auf strukturelle Gründe zurückzuführen ist. Aber auch den nicht-intendierten Wirkungen der SGB-II-Einführung wird Raum eingeräumt. So werden Substitutions- und Mitnahmeeffekte arbeitsmarktpolitischer Maßnahmen und regionale Einkommensumverteilungen aufgrund der Reformen thematisiert. Ein abschließender Abschnitt widmet sich der Frage, ob eine weitere Ausdehnung des Niedriglohnsektors unausweichlich ist und wie sie ggf. flankiert werden kann.

In Kapitel 8 werden die Forschungsergebnisse aus dem IAB insgesamt bilanziert und es wird eine – zwangsläufig vorläufige – Gesamtbewertung zu „Dreieinhalb Jahre SGB II" gewagt. Im Zentrum stehen natürlich die oben gestellten Fragen, ob das SGB II tatsächlich mittels „positiver" Aktivierung existenzsichernde Erwerbstätigkeit fördern kann und ob Erwerbstätigkeit, Teilhabe und Autonomie tatsächlich in dem engen Zusammenhang stehen, den der Gesetzgeber nahelegt. Daraus abgeleitet wird Handlungsbedarf für Weiterentwicklung des Grundsicherungssystems formuliert.

Kapitel 9 beschäftigt sich mit der Zukunft der SGB-II-Forschung: Welche Fragen sind offen, welche Forschungsperspektiven gibt es, worauf wird sich das IAB in den kommenden Jahren konzentrieren?

An den inhaltlichen Teil des Berichts schließt sich dann ein struktureller an: Die Forschungsbereiche und -projekte des IAB werden darin ebenso dargestellt wie die Datengrundlagen, auf denen die IAB-Forschung beruht. Dabei geht es zum einen um die Prozessdaten, zum anderen aber auch um die kleinen und großen quantitativen und qualitativen Erhebungen, die das IAB ergänzend durchgeführt hat bzw. durchführt.

Markus Promberger

Exkurs: Das SGB II – Kontinuität oder Bruch in der deutschen Sozialpolitik?

Eine Grundtatsache des menschlichen Lebens ist, dass manche Menschen ihren Lebensunterhalt nicht alleine bestreiten können. In bestimmten biografischen Phasen ist dies sogar normal, etwa in der Kindheit, im Alter oder bei Krankheit. Ebenso gehört ein kollektives Einstehen hierfür durch die Mitmenschen der unmittelbaren Umgebung in Familie, Stamm, Dorf, Kultusgemeinde oder anderen sozialen Gruppen zu den Grundstrukturen menschlicher Gemeinschaftsbildung. Doch ebenso kommt es vor und lässt sich seit den frühesten Schriftkulturen (Frerich/Frey 1996a) nachweisen, dass diese primären Unterstützungsbeziehungen mitunter nicht ausreichen. Dies war und ist immer noch der Fall im Kontext von Kriegen, Naturkatastrophen, wirtschaftlichen oder gesellschaftlichen Krisen und Zusammenbrüchen – oder in Wandlungsprozessen des menschlichen Zusammenlebens, bei denen sich Strukturen, Formen und Funktion primärer Gruppen oder Gemeinschaften drastisch verändern. Ein klassisches Beispiel für Letzteres ist der Übergang von agrarischen, feudal oder im größeren Dorfverband eingebundenen Großfamilien zu urbanen Klein- und Kernfamilien, mit gleichzeitig abnehmender wirtschaftlicher Binnenleistungsfähigkeit, abnehmender Personenzahl und zunehmenden wirtschaftlichen Außenbeziehungen. Als Reaktion darauf kann z. B. die Bildung und Ausdifferenzierung zünftiger Selbsthilfeeinrichtungen städtischer Handwerker gelten, als anschließende weitere Entwicklung die Entstehung des modernen Sozialstaats. Ein weiteres Beispiel ist der quantitative Bedeutungsgewinn von unvollständigen oder Patchworkfamilien mit nur einem beständig zugehörigen Erwachsenen gegenüber der „Normalfamilie" mit zwei Erwachsenen. Fest steht jedenfalls, dass sich bereits seit der Antike immer wieder gesetzliche Regelungen und öffentliche Unterstützungseinrichtungen nachweisen lassen, die hilfebedürftigen Menschen beispringen, sofern deren Familien oder Bezugsgruppen nicht ausreichend dazu imstande sind (vgl. Frerich/Frey 1996a).

Armenfrage, Soziale Frage, Sozialpolitik: historische Entwicklungen

Historisch beschreibt der Armutsbegriff solche Lebenslagen und deren Bekämpfung weit umfassender als die mit „Sozial ..." einhergehenden Begriffsbildungen, die – zumindest im breiteren Gebrauch – erst mit Humanismus, Aufklärung und vor allem der wissenschaftlich-politischen Reflexion über die gesellschaftlichen Verwerfungen der Industrialisierung auftreten (vgl. hierzu Pankoke 1984). Begrifflich lässt sich somit ein Übergang von der Armenfrage der Antike und des Mittelalters über die Soziale Frage des 19. und frühen 20. Jahrhunderts bis zur entwickelten wohlfahrtsstaatlichen Sozialpolitik seit etwa 1930 bis 1950 aufzeigen. Interessanterweise ist dabei auch schon lange ein charakteristischer Zwiespalt des gesellschaftlichen Umgangs mit Armut zu beobachten (vgl. v. Friedeburg 2002): Armut ruft einerseits Solidarität, Mitleid und Unterstützung hervor, andererseits auch Ablehnung, Irritation und Ausgrenzung, insbesondere wenn sie mit abweichenden Lebensstilen verbunden ist – was von religiöser oder ethnischer Abweichung bis zu Abweichungen von standardisierten Rollenmustern (z. B. Hausfrau, Arbeiter, Staatsbürger, Sesshaftigkeit) reichen kann. Daraus folgt die bekannte Unterscheidung von „deserving" und „undeserving" poor. Nur so erklärt sich, dass Armutsbekämpfung seit ihren Anfängen bis heute zwei Gesichter hat: das eine ist Versorgung und Unterstützung, das andere ist die „armenpolizeiliche" Perspektive von Ordnung, Kontrolle und Zwang, die von Bettelverboten über Zwangsarbeit bis zu Armenhäusern und Deportation reichen konnte.

So kannte die Bundesrepublik auch nach dem Zweiten Weltkrieg noch Armenhäuser, auch die Zwangsunterbringung von armen Menschen mit abweichendem Lebenswandel (Nichtsesshafte, „unsittliche" Frauen, auffällige Jugendliche) wurde noch in den 1950er- und 60er-Jahren stark erwogen und teilweise realisiert (Willing 2005a). Eine zunächst umstrittene, für die weitere Entwicklung jedoch folgenreiche Zäsur war das Grundsatzurteil des Bundesverwaltungsgerichts von 1954, das mit seiner Anerkennung des Sozialstaatsgebots im Grundgesetz letztlich die in den westlichen Demokratien dominante Vorstellung von Sozialleistungen als Bürgerrecht (Marshall 1992) in Deutschland durchsetzte. Dies hat die „armenpolizeiliche" Seite der Sozialpolitik allmählich weitgehend auf Bedürftigkeitsprüfungen, Mitwirkungspflichten und Missbrauchsbekämpfung reduziert. Gleichwohl gab es auch zehn Jahre danach noch rechtliche Möglichkeiten zu Arbeitszwang und Zwangseinweisungen, ebenso gibt es immer noch gesellschaftliche Ausgrenzungsdiskurse – wie die Unterschichtdiskussion des Sommers 2007 gezeigt hat.

In der Geschichte der Sozialpolitik sind wir somit bei allen Entwicklungen in Gesellschaft, Wirtschaft und Politik mit erstaunlichen strukturellen **Kontinuitäten** konfrontiert:

Das Neben- und Miteinander von Versorgung und Kontrolle (Marx 1867; Foucault 1975), die Differenzierung der Population zwischen „deserving" und „undeserving poor" (Lis/Soly 1979), die Frage, ob die Armen zur Gesellschaft gehören oder nicht (v. Friedeburg 2002) – und überhaupt die Januskköpfigkeit der Fürsorge mit Ausgrenzung, Einschließung, Versorgung und Kontrolle, Unterstützung und Gegenleistungserwartung existiert immer noch, auch wenn die Armenfürsorge sich mittlerweile einigermaßen konsistent an den staatsbürgerlichen Grundrechten orientiert.

Auch die beständige Umstrittenheit des Niveaus materieller Unterstützungsleistungen im Spannungsfeld zwischen „objektiven" Grundbedürfnissen

(Standardwarenkorb oder soziokulturelles Existenzminimum), dem sogenannten Lohnabstandsgebot und dem regionalen und lebenslagenabhängigen Differenzierungsbedarf hat sich nicht geändert seit dem Bestehen der Bundesrepublik. Es führt zu dem eigentümlichen, auch heute noch beobachtbaren periodischen Wechsel zwischen Forderungen nach Anhebung und Absenkung der materiellen Unterstützungsleistungen bei gleichzeitigem Fortbestand von materiellen Unterversorgungslagen in Teilen der Armutsbevölkerung. Überdies kann man den Eindruck gewinnen, die Wissenschaft hielte sich zumindest in jüngerer Zeit weitgehend fern von Diskussionen um die Angemessenheit der materiellen Grundsicherungsleistungen. Hier können die Verschiebungen von absoluten zu relativen Armutsdefinitionen, die Realisierung einer kulturellen Komponente des Existenzminimums, die Heterogenität der Armutspopulation, aber auch die ethisch fragwürdigen, weil auf Menschenversuche der NS-Zeit zurückgehenden, sozialmedizinischen Grundbedarfsermittlungen (Willing 2005a) der 1950er-Jahre eine Rolle spielen, ohne dass die Zurückhaltung der Wissenschaft in der neuesten Zeit damit ausreichend erklärt wäre.

Ebenso ist die Grundstruktur der Subsidiaritätskette seit der frühen Neuzeit nahezu unverändert geblieben: Familie, dann ein Nebeneinander von Berufs-, Standes- oder Kultusgemeinschaften, teils von vorangegangenen Eigenbeiträgen abhängig, teils auf karitativer Grundlage, dann die Dorfgemeinschaft, Stadt oder Kommune, dann besondere staatliche Einrichtungen. Nur: Die Zuständigkeitskette ist lückenloser geworden, überlappende Zuständigkeiten seltener, Gewichtsverlagerungen zwischen den Akteuren haben stattgefunden – und die Grundsicherung ist mittlerweile auch geografisch flächendeckend, sodass die Nichtinanspruchnahme zustehender Sozialleistungen lediglich noch von Unkenntnis, Scham oder Ausgrenzungserwartungen oder geringem Zusatznutzen abhängt (Becker/Hauser 2005).

Auch ist *in the long run* die funktionelle Differenzierung der Versorgung Hilfebedürftiger nach der Art des Risikos relativ ähnlich geblieben – zumindest in Deutschland und den europäischen Nachbarstaaten. Bedürftigkeitsprüfungen hinsichtlich ökonomischer Bedürftigkeit und moralischer Hilfewürdigkeit sind seit dem Mittelalter üblich. Hilfebedürftige Kranke führen zur Entstehung separater Einrichtungen – Krankenhäuser, Krankenspitäler, wobei in neuerer Zeit semantische Verschiebungen von der Krankheit zur Erwerbsunfähigkeit konstatiert werden müssen. Auch Krieg erzeugt in der Regel separate Einrichtungen für Kriegsteilnehmer und Betroffene – von der Veteranenversorgung des revolutionären Frankreichs bis zu den Kriegs- und Hinterbliebenenrenten der frühen Bundesrepublik. Hilfebedürftigkeit im „dritten Lebensalter" ist und war meistens in eigenen Systemen geregelt. Hilfebedürftigkeit im erwerbsfähigen Alter und bei augenscheinlicher Erwerbsfähigkeit erfordert ebenfalls ein eigenes System, dem hier unser Hauptaugenmerk gilt. Es entstand ab 1918, in Abgrenzung von der übrigen Armenfürsorge, und als Ergänzung der teils kommunal geförderten Selbsthilfe- und Versicherungssysteme, die 1927 in die reichsweite Arbeitslosenversicherung einmündeten. Arbeitslosenversicherung und Arbeitslosenfürsorge waren seither, im Arbeitsvermittlungs- und Arbeitslosenversicherungsgesetz (AVAVG) geregelt. Dieses Regelwerk blieb, vielfach geändert, rund 40 Jahre in Kraft und wurde 1969 vom Arbeitsförderungsgesetz (AFG) abgelöst, das wiederum 1997 zum Sozialgesetzbuch III umgebaut wurde. Bei diesem Umbau blieb die Arbeitslosenhilfe zunächst unangetastet, bis zur Einführung des Sozialgesetzbuchs II. Die Doppelgleisigkeit des Fürsorgesystems aus allgemeiner Fürsorge und (meist höherer) Erwerbslosenfürsorge bildete somit ein annähernd 90 Jahre währendes Kontinuum deutscher Sozialpolitik.

Bei allen Kontinuitäten sind jedoch auch **deutliche Wandlungsprozesse** zu verzeichnen. Das erfolgreiche Vordringen des Grundrechtsgedankens in die Fürsorge wurde bereits diskutiert. Des Weiteren sind die aus vorindustrieller Zeit bekannten direkten, interpersonalen klassenübergreifenden Schutzverhältnisse (Patriziat, Feudalherrschaft, Klientelismus) heutzutage nahezu bedeutungslos, auch ihr industriezeitliches Pendant, die Schutzrolle von Arbeitgebern mit Betriebsrenten und betrieblichen Sozialeinrichtungen, spielt nur noch eine Nebenrolle – abgesehen natürlich von den Arbeitsschutz- und Fürsorgepflichten während der Arbeit. Auch die Rolle der Mildtätigkeit hat sich geändert. Es gibt sie nach wie vor, sie hat nur eine Abstraktionsbewegung durchlaufen. Man spendet (im Abendland) nicht mehr dem persönlich bekannten Armen, sondern einer Organisation, die sich um Armut kümmert oder andere wohltätige Aufgaben versieht.

Unübersehbar, wenn wir auf 100 Jahre wohlfahrtsstaatlicher Entwicklung in Deutschland blicken, ist in jedem Falle eine Vereinheitlichungsbewegung der Armenfürsorge. Dies bedeutete einen Rückbau vor allem statusbezogener Differenzierungen. So unterschied die Fürsorgereform von 1924 wie ihre Vorgänger noch Armenfürsorge, Kriegsbeschädigte und Kriegshinterbliebene, Sozial- und Kleinrentner, Schwerbeschädigte und Schwererwerbsbeschädigte, hilfsbedürftige Minderjährige und Wöchnerinnen – und wies einigen von ihnen, den Kriegsbetroffenen, Währungsgeschädigten, Sozial- und Kleinrentnern, die sogenannte „gehobene Fürsorge" zu, bei der die „früheren Lebensverhältnisse" auch in Art und Umfang der Unterstützungsleistungen zu berücksichtigen waren. Ähnliche gruppen- bzw. statusbezogene Differenzierungen wurden noch in den 1950er-Jahren diskutiert und teilweise praktiziert, doch Zug um Zug abgebaut – sieht man von den nach wie vor getrennten Regelkreisen für Behinderte und Kranke, Ältere, Kinder und nicht erwerbsfähige Menschen ab. Der vorläufig letzte Schritt dieser Vereinheitlichungsbewegung, der erst mit dem SGB II vollzogen wurde, ist der Wegfall der (teils an den vorgegangenen Lebensverhältnissen orientierten) Sonderbehandlung derjenigen Hilfebedürftigen, die vormals erwerbstätig waren.

Auch der ersatzlose Wegfall der Hilfe in besonderen Lebenslagen und der Einmalzahlungen kann beim ersten Hinsehen zwar als Bruch aufgefasst werden, zeigt sich jedoch als Meilenstein einer fortschreitenden Entdifferenzierung oder Egalisierung, die keine Unterscheidungen innerhalb der Hilfebedürftigen vornimmt, zumindest sofern sie erwerbsfähig sind. Doch ist fraglich, ob diese Egalisierung tatsächlich den Endpunkt der Entwicklung darstellt. Denn auch heute wieder, drei Jahre nach der Einführung des SGB II, werden situationsbezogene Zuschläge diskutiert, etwa für Alleinerziehende oder Familien mit Kindern. Zudem stellt sich die Frage, ob die Egalisierungsbewegung auf der gesetzlichen Regelungsebene nicht durch eine möglichst situations- und problemadäquate Handhabungspraxis vor Ort immer wieder aus guten Gründen konterkariert wird – denn auch die Heterogenität der Armutspopulation ist eine unbestreitbare und auch von der historischen Forschung (z. B. v. Friedeburg 2002; Willing 2005a) konzedierte Konstante. Sie äußert sich gegenwärtig beispielsweise darin, dass hinsichtlich zu treffender Maßnahmen immer wieder zwischen „erwerbsnahen" und „erwerbsfernen" Hilfebedürftigen unterschieden wird – und damit eine Trennungslinie gezogen wird, die wenigstens teilweise mit der vorherigen Unterscheidung zwischen Arbeitslosen- und Sozialhilfe kongruent ist. Auch im Hinblick auf biografisch erworbene oder legitimierbare Status-, Versorgungs- oder Anerkennungsansprüche ist die Diskussion noch lange nicht beendet, wie die Debatte um die Wiederverlängerung des Arbeitslosengeldes I im Frühjahr 2008 gezeigt hat. In jedem Falle ist das Verhältnis der solidarisch-egalitären Gerechtigkeitsansprüche zu den biografisch erworbenen oder anzuerkennenden Gerechtigkeitsansprüchen an die Grundsicherung nach wie vor, und vermutlich auch künftig, von erheblicher Bedeutung für die Sozialpolitik in Deutschland.

Wir sehen also, Kontinuitäten und langsamer Wandel bestimmen die Entwicklung der Sozialpolitik, insbesondere der Armutsbekämpfung auch nach 2005. Doch das SGB II und die Hartz-Kommission waren immerhin mit dem Anspruch eines deutlichen Politikwechsels angetreten. Mit dem SGB II sollte der Übergang vom versorgenden (Hradil 2006) oder fürsorgenden zum aktivierenden Sozialstaat (Dingeldey 2006) angetreten werden; ein Bruch mit den als nicht länger tragbar empfundenen Gewohnheiten des herkömmlichen Wohlfahrtsstaats war angestrebt. Was ist da dran?

Von der Versorgung zur Aktivierung – Paradigmenwechsel oder inkrementeller Wandel? Oder: Wie neu ist Aktivierung?

Die Einführung des SGB II zum 1. Januar 2005 stellte nicht nur eine Zusammenführung der vormals getrennten Systeme von Arbeitslosenhilfe (die frühere Arbeitslosenfürsorge) mit der Sozialhilfe (vormals Armenfürsorge) dar, sondern stellte programmatisch eine stärkere Betonung der Aktivierung, verstanden als Arbeitsmarktintegration, gegenüber der traditionellen, als „versorgend" oder „fürsorgend" (ebd.) bezeichneten Armutsbekämpfung dar. Dieser programmatische Übergang ist in Deutschland relativ spät erfolgt, verglichen mit anderen, insbesondere den angelsächsischen Ländern. Doch – ist dieses Bild eines grundlegenden Wandels der Armutsbekämpfung wirklich zutreffend? Zunächst war schnell festzustellen, dass unter der Oberfläche der Aktivierungsrhetorik nach wie vor die Grundversorgung Hilfebedürftiger die Priorität in der administrativen Praxis der neu geschaffenen administrativen Organe des SGB II genoss. Auch die neue arbeitsmarktpolitische Maßnahme der Ein-Euro-Jobs (AGH), vordergründig auf schnelle Arbeitsmarktintegration und die dazu nötige Beschäftigungsfähigkeit ausgerichtet, erwies sich als tauglich und nützlich für soziale Integration, wo infolge der Arbeitslosigkeit die stillschweigenden Integrationsfunktionen marktvermittelter Erwerbsarbeit zeitweise oder dauerhaft fehlten (Promberger 2008), Gleiches kann für Familienhilfen, Kinderbetreuungsangebote und psychologische Unterstützung angenommen werden.

Andererseits kam es zu einer beträchtlichen Intensivierung der Arbeitsvermittlungsbemühungen für Langzeitarbeitslose und vormalige Sozialhilfeempfänger, wohl auch zu einer Ausweitung von Sanktionen, aber ebenso zu einer Ausweitung des Vermögensschutzes, zumindest gegenüber der früheren Sozialhilfe.

Handelt es sich beim Übergang vom versorgenden zum aktivierenden Wohlfahrtsstaat nun um einen Paradigmenwechsel – oder um einen fließenden, inkrementellen Übergang? Wenn man das historische Beobachtungsfenster etwas weiter als für die letzten drei Jahrzehnte öffnet, dann sieht es nach einem inkrementellen Wandel aus. So finden sich Aktivierungselemente, wie man sie heute nennen würde, beispielsweise bereits in der Armengesetzgebung des 18. Jahrhunderts in England und Deutschland – und nicht alles davon war Zwangsarbeit oder gefängnisähnliche Armenhäuser, auch wenn viele Institutionen nicht sehr respektvoll mit ihren Klienten umgegangen waren. Die Rationalisierung (Zentralisierung und öffentliche Kontrolle) der Arbeitsvermittlung seit 1921, „Notstandsarbeiten" und „produktive Erwerbslosenfürsorge", d. h. die seit Jahrhunderten kodifizierte und praktizierte Heranziehung von Arbeitslosen und Armen zu öffentlichen Arbeiten, waren aktivierende, teils stark genutzte Komponenten der Sozialpolitik der 1920er-Jahre in Deutschland. Auch das unlängst abgeschaffte System der Sozialhilfe hatte seit dem Bundessozialhilfegesetz von 1962 phasenweise großangelegte Programme der „Hilfe zur Arbeit" (Willing 2005b), die starke Übereinstimmungen mit den gegenwärtigen Arbeitsgelegenheiten als populärster Variante der geförderten Beschäftigung aufweisen. Und, nicht zuletzt ist die der Aktivierung zugrunde liegende Idee der Hilfe zur Selbsthilfe tief in den Subtext des deutschen Wohlfahrtsstaates eingeschrieben und lässt sich problemlos zu den sozialpolitischen Doktrinen der katholischen Kirche im frühen 20. Jahrhundert zurückverfolgen, wenn nicht gar zu den ersten Armenordnungen der mittelalterlichen Städte; von den Unterstützungsvereinen der Arbeiterbewegung ganz zu schweigen.

Der Wandel vom versorgenden zum aktivierenden Wohlfahrtsstaat wirkt kaum paradigmatisch. In der Wirtschaftswunderära kam es zu einem schrittweisen Ausbau der Leistungstiefe und Inklusionsbreite der sozialen Sicherungssysteme (z. B. Frerich/Frey 1996b: 124 f.; Trenk-Hinterberger 2006). Getreu der Logik des *deficit spending*, jedoch meist ohne die von ihrem Erfinder Keynes vorgesehene erhöhte Abschöpfung in Prosperitätsphasen, schöpfte man dabei aus dem Vollen, gestützt auf zunehmende Staatsschulden. Als mit dem Ende der Wirtschaftswunderära und ihrer Familien- und Sozialmodelle seit etwa 1974 (vgl. Lutz 1984) gleichzeitig Erwerbsbeteiligung und Arbeitslosenzahlen stiegen, reagierten die sozialstaatlichen Institutionen bald mit dem Ausbau der Hilfe-zur-Arbeit-Programme des BSHG und mit der Ausweitung der Arbeitsbeschaffungs- und Strukturanpassungsmaßnahmen des AFG von 1969. Diese Programme waren zwar zunächst alle als Heranführung an reguläre Erwerbsarbeit gedacht, entwickelten sich jedoch mehr und mehr zu Ersatzarbeitsmärkten, deren rein arbeitsmarktpolitischer Nutzen zunehmend umstritten war.

Ein wirtschaftspolitischer Paradigmenwechsel zu Monetarismus und (Neo-) Neoklassik, veränderte Vorstellungen von der Rolle des Staates in der Wirtschaft und die Schulweisheit, dass man nicht dauerhaft mehr ausgeben könne als man einnimmt, machten bei fortdauernder struktureller Arbeitslosigkeit bald Haushaltskonsolidierung und Geldwertstabilität zum Leitmotiv der nachkeynesianischen Wirtschaftspolitik. Einschnitte in den Fürsorgeleistungen seit etwa 1980 begleiten diesen Wechsel. Vor allem in den 1990er-Jahren rückte die schnelle Beendigung von Sozialleistungsbezug durch die Wiederaufnahme einer existenzsichernden Erwerbsarbeit zum Leitthema vor allem der Arbeitsmarktpolitik auf.

Flankierend für diesen Mix aus Leistungseinschnitten und verstärkten Bemühungen und Anmutungen der Reintegration in Erwerbsarbeit wirkten vor allem folgende Faktoren: Die fiskalischen Lasten der Wiedervereinigung und der unbewältigten Strukturkrise des Arbeitsmarktes, die kritische langjährige, teils selektiv geführte Debatte um die Arbeitsbeschaffungsmaßnahmen (vgl. Schmid/Oschmiansky 2005: 270 ff.) die wissenschaftlich-politischen Diskussionen um die Armutsfalle (vgl. Gebauer et al. 2002) und die obsolet gewordene Systemkonkurrenz mit dem realen Sozialismus (Rudloff 1998), die nach Ansicht von Zeithistorikern einen beträchtlichen Teil zur Expansion des bundesdeutschen Wohlfahrtsstaates beigetragen hatte. Hierdurch wich die vormals vordergründig dominante Versorgungsprogrammatik dem Ansatz einer möglichst effektiven Arbeitsmarktreintegration, in der trügerischen Hoffnung, dass dies effizienter und billiger wäre. Letztlich – und in längerfristiger historischer Perspektive – war der versorgende Wohlfahrtsstaat meist auch aktivierend, und auch der aktivierende Wohlfahrtsstaat muss immer auch dem Grundrecht seiner Bürger auf eine Unterstützung bei Hilfebedürftigkeit nachkommen. Dieses Grundrecht, das sich seit dem Grundsatzurteil des Bundesverwaltungsgerichts von 1954 mehr und mehr durchgesetzt hat, kann vielleicht als der eigentliche, allmählich vollzogene Paradigmenwechsel in der Armutsbekämpfung gesehen werden. Doch hat dieses Grundrecht bei allen Lichtseiten auch eine Schattenseite. Denn die Zuschreibung von Bürgerrechten korrespondiert offensichtlich mit einem gewandelten Bild vom erwerbsfähigen Hilfeempfänger, von dem nunmehr der Verhaltenskanon des „normalen", sozial verantwortlich und rational handelnden, nachindustriellen bürgerlichen Arbeitnehmers erwartet wird. Die Zwangsmaßnahmen des alten Sozialhilferechts (Arbeitszwang, Zwangseinweisung von Auffälligen oder Arbeitsscheuen) sind in diesem Modell zwar glücklicherweise vom Tisch, doch gleichzeitig wird von erwerbsfähigen Hilfebedürftigen im SGB II erwartet, dass sie über ein hohes Maß an Selbstkontrolle und Selbststeuerung (Zeitstrukturen im Alltag, Selbstpräsentation und Kommunikationskompetenz bei Behörden und Arbeitgebern), Flexibilität (Zumutbarkeitskriterien bei Jobangeboten) und rationaler Lebensführung (Umgang mit pauschalierten geldförmigen Hilfeleistungen) verfügen. Wo dies nicht der Fall ist, drohen Sanktionen verschiedener Art. Bei vielen erwerbsfähigen Hilfebedürftigen kann sicherlich eine weitgehende Entsprechung zum Subjektbild der Aktivierungspolitik vorausgesetzt werden. Doch dieses neue Paradigma vom aktivierbaren, weil rationalen und bürgerlich-normalen hilfebedürftigen Subjekt stößt erkennbar an Grenzen nicht nur bei Hilfeempfängern mit Krankheit und Suchtproblemen, sondern bereits bei physischen oder habituellen Abweichungen, Verhaltensauffälligkeiten, geringen Handlungs- und Erwerbskompetenzen und schlechten Bildungsvoraussetzungen. Normalitätsvorstellungen sind ebenfalls „normal" für menschliche Gesellschaften und ihre Institutionen. Doch ebenso gehört es zum Grundbestand moderner Sozialstaatlichkeit, dass nicht alle Gesellschaftsmitglieder diesem Bild entsprechen und trotzdem in den Schutz des Sozialstaatsgebots fallen müssen. Dieser Tatsache muss sich auch die deutsche Aktivierungspolitik mit ihren veränderten normativen Anforderungen an die Hilfebedürftigen stellen, wenn sie sich nicht den subkutanen Fortbestand armenpolizeilicher Traditionen, einen Rückfall in den „punitiven Paternalismus" (Lessenich 2003 unter Bezugnahme auf Offe 2001) oder die Rückgewinnung von sozialer Kontrolle durch Arbeit (Dahrendorf 2000) vorwerfen lassen will.

2 Stunde Null – der Übergang ins neue System

2.1 Einführung

Es besteht Einigkeit darüber, dass die Einführung des SGB II eine bedeutende Zäsur in der Arbeitsmarkt- und Sozialpolitik der Bundesrepublik ist. Weniger Einigkeit besteht jedoch darüber, worin diese Zäsur eigentlich besteht. Für die einen ist Hartz IV „Armut per Gesetz", für die anderen eine Chance für viele Menschen, aus der Hilfsbedürftigkeit herauszukommen und ein auch materiell selbstständigeres Leben zu führen.

Im ersten Kapitel unseres Berichts wollen wir uns daher zunächst mit der Frage befassen, wer eigentlich im Jahr 2005 ins System hineingekommen ist und warum. Dabei spielt die Debatte um den unerwartet starken Anstieg der Zahl der erwerbsfähigen Hilfebedürftigen und der Bedarfsgemeinschaften eine wichtige Rolle. Haben sich wirklich viel Menschen Lücken im Gesetz zunutze gemacht und ihre Lebenssituation entsprechend „gestaltet" oder haben sie einfach falsche Angaben gemacht und somit zu Unrecht Leistungen bezogen? Die Ergebnisse des IAB zeigen, dass es jenseits der Annahme eines Massenmissbrauchs rationale Erklärungen für die Zunahme gibt.

Anschließend fassen wir die wichtigsten Änderungen, die es im SGB II gegenüber den Systemen der Arbeitslosenhilfe und der Sozialhilfe gegeben hat, zusammen und diskutieren ausgehend davon die Frage, wer eigentlich die Gewinner und die Verlierer der Reform waren. Die Ergebnisse einer Simulation zeigen, dass sich Gewinne und Verluste ziemlich gut entlang anhand der Unterscheidung zwischen den ehemaligen Systemen erläutern lassen. Empirische Ergebnisse zur Lage im Jahr 2005 bestätigen weitgehend die Simulation und können darüber die Verlierer noch besser eingrenzen und beschreiben.

Im Rahmen einer weiteren Politiksimulation gehen wir der Frage nach, welche Verteilungswirkungen das SGB II insgesamt hat und kommen dabei zu Ergebnissen, die nicht in den Mainstream der Diskussion passen: Am Ende ist Hartz IV vielleicht sogar „Armutsprävention per Gesetz"?

2.2 Vorher – nachher: Anzahl und Struktur der betroffenen Haushalte

Vor der Einführung der Grundsicherung gingen diejenigen, die am Reformprozess beteiligt waren, davon aus, dass im Jahresdurchschnitt 2005 2,7 Mio. Bedarfsgemeinschaften mit 5,6 Mio. Personen die neuen Leistungen in Anspruch nehmen würden. Diese Eckzahlen lagen auch der Einigung im Vermittlungsausschuss zum

Kommunalen Optionsgesetz zugrunde. Das IAB veröffentlichte im Herbst 2004 einen Bericht, der davor warnte, mit diesen Zahlen zu operieren. Sie waren zu niedrig angesetzt (Rudolph 2004).

Tatsächlich berichtete die Bundesagentur für Arbeit (BA) im Januar 2005 von 3,3 Mio. Bedarfsgemeinschaften mit rund 6,1 Mio. Personen. Berechnungen des IAB kamen zu ähnlichen Ergebnissen. Auf Basis der (nachträglich) vorliegenden Statistiken zur Arbeitslosen- und Sozialhilfe vom Dezember 2004 schätzte das IAB die Größenordnungen auf 3,2 Mio. Bedarfsgemeinschaften mit 6,1 Mio. Personen bei etwas größeren Haushalten (IAB-Schätzmodell). Die Unterschätzung der Inanspruchnahme in den Planungen beruhte im Wesentlichen auf einer ungenügenden Fortschreibung des Anstiegs der Arbeitslosigkeit zwischen 2002 und 2004 und dem Anstieg von Leistungsempfängern in Arbeitslosen- und Sozialhilfe.

Nach der Implementierung des „Vierten Gesetzes für moderne Dienstleistungen am Arbeitsmarkt" ist die Zahl der Empfänger der Grundsicherung für Arbeitsuchende im Jahr 2005 zunächst weiter angestiegen. Im Dezember 2005 waren bereits 3,9 Mio. Bedarfsgemeinschaften zu verzeichnen. Nach einem kontinuierlichen Anstieg auf 4,1 Mio. im Mai 2006 sank ihre Zahl bis Juni 2008 auf rund 3,5 Mio.

Bei der Suche nach den Ursachen nahm 2005 in der öffentlichen Diskussion vor allem die sogenannte „Gestaltungshypothese" großen Raum ein, nach der die zunächst dramatisch gestiegene Leistungsinanspruchnahme in erster Linie auf legale Mitnahmen wie dem Auszug von volljährigen Kindern und Missbrauch zurückgehe. Da zum Beleg nur Beispiele angeführt werden, bleibt es fraglich, ob der Anstieg der Bedarfsgemeinschaften so erklärt werden kann (Blos 2006: 9). Wenig umstritten ist dagegen, dass die schlechte Arbeitsmarktlage im Jahr 2005 (z. B. Bach et al. 2005) entscheidend zur unerwartet hohen Zahl an Leistungsempfängern beigetragen hat („Arbeitsmarkthypothese") (vgl. Kapitel 2.4.1).

Ein zentraler Grund für den Anstieg der Bedarfsgemeinschaften im SGB II dürfte in der bisher unzureichenden Abstimmung von Wohngeld und den Leistungen für Kosten der Unterkunft im SGB II liegen. Während im allgemeinen Wohngeld grundsätzlich nur ein Zuschuss zur Kaltmiete geleistet wird, werden im SGB II bei Bedürftigkeit die gesamten Wohnkosten einschließlich Heizkosten erstattet. Diese Konstellation löst einen starken Anreiz für den Wechsel vom Wohngeld in das SGB II aus. Für Wohngeldempfänger lohnte sich in mehr als der Hälfte aller Fälle eine Beantragung von ALG II (Blos 2006: 58). Im Januar 2007 erhielten 274.000 Bedarfsgemeinschaften nach der Anrechnung von Einkommen nur noch Leistungen für Unterkunft und Heizung (Bundesagentur für Arbeit 2007: 35). Mit der Erhöhung des Wohngelds ab Januar 2009 und der ab Oktober 2008 geltenden Reform des Kinderzuschlags dürfte sich ein Teil dieser Haushalte aus dem SGB II verabschieden.

Abbildung 2.1
Wohngeld-Haushalte

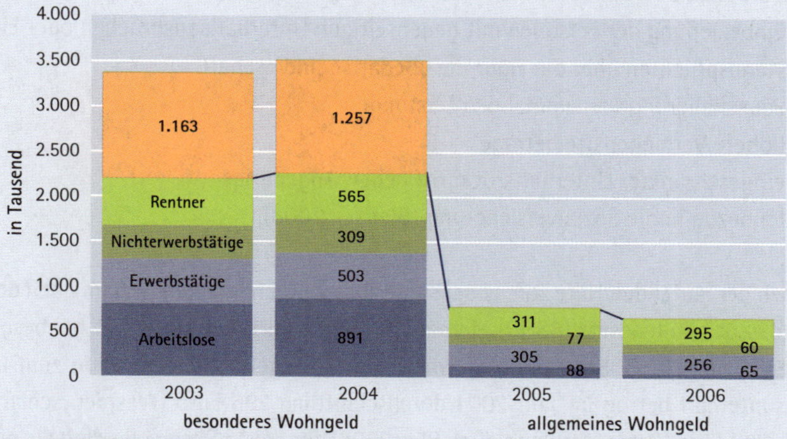

Quelle: IAB-Forschungsbereich „Niedrigeinkommen und Verteilung", Berechnungen auf Basis der Wohngeldstatistik (Statistik der BA).

2.3 Materielle Leistungen: Unterschiede und Gemeinsamkeiten zu den Vorgängerregelungen

Mit der Einführung der Grundsicherung für Arbeitsuchende wurde die Arbeitslosenhilfe zum 1. Januar 2005 abgeschafft und die Sozialhilfe für Bedarfsgemeinschaften mit erwerbsfähigen Hilfebedürftigen eingestellt (vgl. i. F. Blos 2006, Kapitel 2.1). Bisherige Leistungsbezieher beider Systeme mussten neue Anträge auf SGB-II-Leistungen bei den für sie zuständigen Trägern stellen. Umstellen mussten sich vor allem die ehemaligen Arbeitslosenhilfeempfänger. Für sie bedeuteten die neuen Regeln:

- Bedarfsbezug statt Lohnbezug der Leistungen
- eigene Ansprüche der anderen Mitglieder der Bedarfsgemeinschaften
- niedrigere Freibeträge für Vermögen und Einkommen der Lebenspartner
- höhere Freibeträge für eigenes Erwerbseinkommen.[2]

Aufgrund dieser Regeln musste die Mehrheit der ehemaligen Arbeitslosenhilfeempfänger beim Übergang in das Arbeitslosengeld II mit Einkommensverlusten bis zum Wegfall der Transferzahlung rechnen (vgl. Rudolph/Blos 2005).

2 Mit der Neuregelung ab Oktober 2005 wurden die Freibeträge noch einmal angehoben und die Regelungen vereinfacht.

Dagegen änderte sich das Transfereinkommen der ehemalige Sozialhilfeempfänger weniger. Die wichtigsten Unterschiede zwischen Arbeitslosengeld II und der Sozialhilfe bis Ende 2004 (laufende Hilfe zum Lebensunterhalt) betreffen:

- Einbeziehung der Personen mit gegenseitigen Unterhaltsansprüchen oder Einstandspflichten über die Figur der „Bedarfsgemeinschaft"[3]
- Pauschalierung von einmaligen Leistungen
- höhere Vermögensfreibeträge
- eingeschränkter Unterhaltsrückgriff gegen Angehörige
- Einbezug in die Sozialversicherung (Bieback 2008).

Neben der laufenden Hilfe zum Lebensunterhalt wurden im alten System nach dem Bundessozialhilfegesetz (BSHG) einmalige Hilfen zum Lebensunterhalt bei besonderem Bedarf (z. B. Bekleidung) gewährt. Der Eckregelsatz für die Hilfe zum Lebensunterhalt betrug im Jahr 2004 durchschnittlich 296 Euro (Westdeutschland) bzw. 283 Euro (Ostdeutschland) (vgl. Blos 2006). Im neuen System werden die einmaligen Bedarfe nun durch einen höheren Eckregelsatz von bundesweit zunächst 345 Euro abgegolten. Der Eckregelsatz wurde inzwischen mehrfach angehoben und beträgt im September 2008 351 Euro. Eine „Öffnungsklausel" wie im SGB XII, wonach der individuelle Bedarf abweichend festgesetzt werden kann, wenn er „unabweisbar" vom durchschnittlichen Bedarf abweicht, fehlt im SGB II. Es gibt lediglich die Möglichkeit, besondere Bedarfe auf Darlehensbasis zu decken. Die entsprechenden Darlehen müssen mit bis zu zehn Prozent der Regelleistung in den kommenden Monaten zurückgezahlt werden.

Mit der Pauschalierung war vom Gesetzgeber die Erhöhung der wirtschaftlichen Selbstständigkeit der Hilfeempfänger beabsichtigt. Bei der Berechnung des Eckregelsatzes wurde von durchschnittlichen einmaligen Leistungen in Höhe von 47 Euro für einen Alleinstehenden, oder ca. 16 Prozent des Sozialhilferegelsatzes ausgegangen. Aus den Gesamtausgaben der Sozialhilfe für 2004 ergibt sich ein Anteil von 18,6 Prozent der einmaligen Leistungen an den Gesamtausgaben für den Lebensunterhalt. Im Durchschnitt steht durch die Pauschalierung im SGB II also ein geringerer Betrag zur Bewirtschaftung zur Verfügung. Bei der Beurteilung der individuellen Versorgungslage von ehemaligen Sozialhilfe-Haushalten im neuen System spielt es insofern eine Rolle, inwieweit vor 2005 einmalige Leistungen nach dem Bundessozialhilfegesetz in Anspruch genommen worden sind. Dies dürfte von der Dauer des Hilfebezugs abhängig gewesen sein.

---

3 Im Sozialhilferecht gab es zwar auch eine Bedarfsgemeinschaft, bei der aber alle Bedarfe und Einkommen ohne Berücksichtigung von Individualansprüchen zusammengelegt wurden. In der Bedarfsgemeinschaft des SGB II werden die Bedarfe für jedes Mitglied der Bedarfsgemeinschaft dagegen individuell berechnet. Im Gegensatz zur „Einsatzgemeinschaft" des Sozialhilferechts gehören zur Bedarfsgemeinschaft auch Personen, die gegenseitig nicht zum Unterhalt verpflichtet sind (Gerenkamp 2006: § 7 SGB II RN 22).

Die Pauschalierung der einmaligen Leistungen führt dazu, dass Haushalte mit einem Einkommen, das knapp über dem Regelsatz der bisherigen Sozialhilfe liegt, nun anspruchsberechtigt zum Bezug laufender Leistungen werden. Prinzipiell wäre diese Gruppe, die den Regelbedarf gerade noch aus anderen Einkommensquellen decken konnte, im alten System der Sozialhilfe in unregelmäßigen Abständen zum Bezug von einmaligen Leistungen berechtigt gewesen, immer wenn die Anschaffung von notwendigen Gebrauchsgegenständen oder Kleidung die Finanzkraft überfordert hätte. Es kann jedoch davon ausgegangen werden, dass diese Möglichkeit dem überwiegenden Teil der Haushalte an der Sozialhilfegrenze nicht bekannt war (vgl. Becker/Hauser 2006: 16). Das würde bedeuten, dass gerade die Haushalte, die im früheren System Leistungen, die ihnen zugestanden hätten, nicht beantragten, von den neuen Regelungen profitierten.

Allerdings gilt dieses positive Urteil nicht pauschal. So wurde der prozentuale Regelsatz im SGB II für Kinder im Alter von sieben bis 18 Jahren gegenüber der Sozialhilfe abgesenkt (für Kinder von sieben bis 14 Jahren von 65 auf 60 %, für Kinder von 15 bis 18 Jahren von 90 auf 80 %), sodass die nominale Regelsatzerhöhung für Haushalte mit Kindern gering ausfällt.

Bei der Ermittlung der Leistungshöhe wird beim Arbeitslosengeld II das Vermögen der Haushaltsmitglieder oberhalb festgelegter Grenzen berücksichtigt, ebenso wie dies bei der Sozialhilfe nach dem BSHG zutraf. Voll anrechenbar ist dabei grundsätzlich jedes verwertbare Sach-, Geld- und Grundvermögen oberhalb der Freibeträge. Diese liegen in der neuen Grundsicherung jedoch weit über denen des BSHG (vgl. Bäcker/Koch 2004: 92). Der Freibetrag nach dem SGB II beträgt jeweils für den Erwerbsfähigen und seinen Partner 200 Euro pro Lebensjahr, mindestens 4.100 Euro und höchstens 13.000 Euro. Abweichend gilt für vor dem 1. Januar 1948 Geborene ein Freibetrag in Höhe von 520 Euro je Lebensjahr, maximal 33.800 Euro. Für jedes minderjährige Kind erhöht sich der Vermögensfreibetrag um 4.100 Euro. In der vormaligen Sozialhilfe stand jedem Hilfesuchenden ein Freibetrag in Höhe von 1.279 Euro, 614 Euro für den Partner und 256 Euro für jedes unterhaltsberechtigte Kind zu. Die Freibeträge für Vermögen im SGB II fallen damit wesentlich höher aus als in der vormaligen Sozialhilfe.

Dagegen sind die Unterschiede bei den anrechnungsfreien Hinzuverdienstmöglichkeiten geringer. Für erwerbstätige Sozialhilfeempfänger war nach dem BSHG ein Betrag in angemessener Höhe vom Einkommen abzusetzen (vgl. Bundessozialhilfegesetz in der Fassung des Gesetzes zur Einordnung des Sozialhilferechts in das Sozialgesetzbuch vom 27. Dezember 2003, § 76(2a)). Mangels Rechtsverordnung, die die Freibeträge bei Erwerbstätigkeit einheitlich hätte regeln können, folgten die kommunalen Träger in der Praxis überwiegend den Empfehlungen des Deutschen Vereins für öffentliche und private Fürsorge zu Mehrbedarfszuschlägen für

Erwerbstätige (vgl. Winkel 2005: 220). Neben einem Grundfreibetrag von 74 Euro blieben von dem den Grundfreibetrag übersteigenden (Netto-)Einkommen weitere 15 Prozent anrechnungsfrei. Üblicherweise wurde eine Höchstgrenze von der Hälfte des Eckregelsatzes berücksichtigt. Damit ergab sich durchschnittlich ein maximaler Freibetrag von ca. 150 Euro (West) (vgl. Winkel 2005: 220).

Aufgrund zu komplexer Bestimmungen und der negativen Anreize zur Arbeitsaufnahme wurde bereits im 1. Halbjahr 2005 eine Änderung der Hinzuverdienstmöglichkeiten im SGB II beschlossen (vgl. Bundestagsdrucksache 15/5607). In der neuen Fassung des § 30 SGB II bleiben zunächst 100 Euro des bereinigten Einkommens anrechnungsfrei. Danach werden von dem weiteren Einkommen bis 800 Euro 20 Prozent und von Einkommen zwischen 800 und 1.200 Euro weitere zehn Prozent nicht bei der Bedürftigkeitsprüfung berücksichtigt. Für Hilfebedürftige mit mindestens einem minderjährigen Kind gilt anstelle der Obergrenze von 1.200 Euro ein Betrag von 1.500 Euro. Der maximale erreichbare Freibetrag beträgt demnach 310 Euro. Von den neuen Anrechnungsregeln profitieren damit v. a. Bezieher von Einkommen, die über der Höchstgrenze der alten Sozialhilfe von 150 Euro liegen.

Eine weitere Neuerung im SGB II gegenüber der vormaligen Sozialhilfe betrifft den Unterhaltsrückgriff gegen Angehörige. Ansprüche eines Hilfebedürftigen, die sich nach bürgerlichem Recht ergeben, können auf den Träger der Grundsicherung übergeleitet werden.[4] Anders als in der Sozialhilfe erfolgt die Überleitung jedoch nicht, wenn die unterhaltsberechtigte Person den Anspruch nicht geltend macht. Eine Ausnahme bilden die Ansprüche von Minderjährigen und unter 25-Jährigen, die noch keine Erstausbildung abgeschlossen haben. Ein Unterhaltsrückgriff auf die Kinder von ALG-II-beziehenden Eltern wird nicht vorgenommen, wenn die Eltern diesen Anspruch nicht selbstständig verfolgen. Auch der Unterhaltsrückgriff auf Eltern volljähriger Kinder ist auf Kinder unter 25 Jahren, die noch keine Erstausbildung abgeschlossen haben, begrenzt (vgl. Bäcker/Koch 2004: 92), sofern diese den Anspruch nicht selbst geltend machen.[5] Der Unterhaltsrückgriff gegen Angehörige fällt in der neuen Grundsicherung schwerer.

Im Ergebnis führen die dargestellten Neuerungen direkt zu einem potenziell größeren Kreis an anspruchsberechtigten Personen, deren Einkommen für einen Sozialhilfeanspruch gerade zu hoch waren. Analog gilt dies auch für das Vermögen der Haushalte, wobei die Unterschiede hier größer sind. Eine weitere Änderung betrifft den Einbezug der ALG-II-Empfänger in die Sozialversicherung.

---

4 Geändert mit SGB-II-Fortentwicklungsgesetz zum 1.8.2006. Seitdem gehen die Ansprüche gesetzlich auf den Grundsicherungsträger über.

5 Grundsätzlich gilt im SGB II im Gegensatz zum BSHG, dass Unterhaltsansprüche unter Verwandten ersten Grades nur dann übergehen, wenn die Berechtigten sie selbst geltend machen.

Im Unterschied zur Sozialhilfe werden oder bleiben die Empfänger Mitglied in der gesetzlichen Kranken-, Pflege- und Rentenversicherung. Dies hat für die Entstehung neuer Ansprüche zwar keine unmittelbare Bedeutung, allerdings entsteht damit im Vergleich zur Sozialhilfe ein zusätzlicher Anreiz zur Inanspruchnahme der SGB-II-Leistungen.

Übersicht 2.1

Vergleich von Arbeitslosen-, Sozialhilfe und Arbeitslosengeld II

	2004		2005
	Sozialhilfe	**Arbeitslosenhilfe**	**Arbeitslosengeld II**
		Konzeption	
Gesetzlich formuliertes Ziel	• Garantie einer würdigen Lebensführung • Unterstützung der Eigenständigkeit	Überbrückung von Einkommensausfällen während der Arbeitslosigkeit	• Stärkung der Eigenverantwortung • Unterstützung bei Aufnahme oder Beibehaltung einer Erwerbstätigkeit • Sicherung des Lebensunterhalts
Leitprinzip	Armutsvermeidung	Eingeschränkte Lebensstandardsicherung	Armutsvermeidung
Methode	Persönliche Hilfe, Geld- und Sachleistungen	Geldleistung	Persönliche Hilfe, Geld- und Sachleistungen
Leistungsbemessung	Gesetzlich definierter Bedarf des Haushalts	Orientierung am zuletzt bezogenen individuellen Arbeitsentgelt	Gesetzlich definierter Bedarf des Haushalts
Bezugseinheit	Alle Haushalte	Arbeitslose Personen	Haushalte mit mindestens einer erwerbsfähigen Person
Nicht-monetäre Bezugsvoraussetzungen	Hilfebedürftigkeit, kein Anspruch auf vorrangige Leistungen	Arbeitslos gemeldet, Bezug von Arbeitslosengeld innerhalb des letzten Jahres vor der Antragsstellung, Hilfebedürftigkeit	Erwerbsfähigkeit, Hilfebedürftigkeit, kein Anspruch auf vorrangige Leistungen
		Monetäre Bezugsvoraussetzungen: Einkommen	
Einkommensbegriff	Umfasst grundsätzlich alle Einkommen, wichtige Ausnahmen: Erziehungsgeld, Pflegegeld	Umfasst grundsätzlich alle Einkommen, wichtige Ausnahmen: Erziehungsgeld, Wohngeld, Pflegegeld, Kindergeld, Eigenheimzulage	Umfasst grundsätzlich alle Einkommen, wichtige Ausnahmen: Erziehungsgeld, Eigenheimzulage, Pflegegeld

Freibeträge bei Erwerbstätigkeit	Freibetrag in Abhängigkeit des erzielten Nettoeinkommens, mind. 74 €, max. 148 €	Leistungsbezieher: Freibetrag in Abhängigkeit des die Arbeitslosenhilfe um 20 % übersteigenden Nettoeinkommens, mind. 165 € Partner: Freibetrag in Höhe der hypothetischen Arbeitslosenhilfe, mind. 80 % des steuerlichen Existenzminimums	Freibetrag in Abhängigkeit des erzielten Nettoeinkommens, mind. 100 €, max. 310 € (seit 1.7.2005)
Berücksichtigtes Einkommen	Einkommen von Partner, Kindern und Eltern	Einkommen des Partners	Einkommen von Partner und minderjährigen Kindern
Monetäre Bezugsvoraussetzungen: Vermögen			
Vermögensbegriff	Umfasst grundsätzlich jedes verwertbare Geld- und Sachvermögen	Umfasst grundsätzlich jedes verwertbare Geld- und Sachvermögen	Umfasst grundsätzlich jedes verwertbare Geld- und Sachvermögen
Geschütztes Vermögen	Angemessenes, selbstgenutztes Wohneigentum, KFZ nur in Ausnahmefällen	Angemessenes, selbstgenutztes Wohneigentum, ein angemessenes KFZ (Empfänger oder Partner), Altersvorsorgevermögen	Angemessenes, selbstgenutztes Wohneigentum, ein angemessenes KFZ je erwerbsfähigem Hilfebedürftigen
Vermögensfreibeträge	1.279 € für Hilfesuchenden, 614 € für Partner, 256 € für unterhaltsberechtigte Kinder	200 € je Lebensjahr Arbeitslosenhilfeempfänger und Partner, mind. 4.100 €, max. 13.000 € pro Person	Allgemeiner Freibetrag: 200 € (520 € für Ältere) je Lebensjahr Empfänger und Partner, max. 13.000 € (33.800 € für Ältere), mind. 4.100 € pro Person Freibetrag für Altersvorsorgevermögen: 200 € je Lebensjahr Empfänger und Partner
Berücksichtigtes Vermögen	Vermögen von Partner, Eltern und Kindern	Vermögen des Partners	Vermögen von Partner und minderjährigen Kindern

Quelle: Bruckmeier/Schnitzlein 2007: 37.

2.4 Gewinner und Verlierer

Die klarsten Verlierer der Reform sind diejenigen Arbeitslosenhilfe-Haushalte, deren soziokulturelles Existenzminimum durch andere Einkommen aus Erwerbstätigkeit des Partners oder Renten gesichert wurde. Sie haben im früheren System Arbeitslosenhilfe bezogen, im neuen System entfallen ihre Ansprüche komplett. Im Vorfeld der Reform wurde aufgrund von Simulationsstudien erwartet, dass rund 15 Prozent der Arbeitslosenhilfe-Haushalte aufgrund fehlender Bedürftigkeit keine Ansprüche im SGB II haben würden (Blos/Rudolph 2005; Rudolph 2004). Diese Größenordnung wurde im Januar 2005 durch die Statistiken der BA und durch Befragungsergebnisse (Bruckmeier/Schnitzlein 2007) weitgehend bestätigt.

2.4.1 Simulationsstudie Arbeitslosenhilfe

Die Analysen des IAB zur Frage, wer durch das SGB II Mittel zum Lebensunterhalt verliert und wer von der gesetzlichen Neuregelung des Leistungsbezugs profitiert, wurden zunächst als Simulationsrechnung auf der Basis der Einkommens- und Verbrauchsstichprobe von 2003 durchgeführt (Rudolph/Blos 2005; Blos/Rudolph 2005). Gerechnet wurden vier Varianten, die bei den Kriterien Einkommensanrechnung und Vermögensberechnung von einer strengen und einer einfachen Variante ausgeht. Bei der Variante 1, die als die wahrscheinlichste betrachtet wird – und über die im Folgenden berichtet wird – gehen die Autoren von einer einfachen Einkommensanrechnung und einer strengen Vermögensanrechnung aus (vgl. i. F. Blos/Rudolph 2005). Bei der einfachen Einkommensanrechnung werden nur die laufenden Einnahmen gerechnet, nicht jedoch einmalige oder in größeren Abständen anfallende Einkünfte wie Steuerrückzahlungen, Weihnachtsgeld oder die Eigenheimzulage. Vermögen spielte bei der Bedürftigkeitsprüfung von Bedarfsgemeinschaften mit AlHi-Empfängern eine untergeordnete Rolle. Bei kleineren Vermögen und fortdauernder Arbeitslosigkeit wäre eventuell vorhandenes Vermögen in kurzer Zeit aufgebraucht gewesen; entsprechende Bedarfsgemeinschaften wären danach leistungsberechtigt gewesen.

Aus der Variante 1 ergibt sich, dass 83 Prozent der Haushalte mit Arbeitslosenhilfebezug nach den Regeln des SGB II anspruchsberechtigt gewesen wären; dies deckt sich in etwa mit den Planungen vor Einführung des Gesetzes, bei denen der Gesetzgeber von einer Bedürftigkeitsquote von 85 Prozent ausgegangen war. Demnach hätten 17 Prozent der früheren AlHi-Bezieher mit dem Übergang ins SGB II ihre Ansprüche verloren, zumeist wegen anrechenbarer Einkommen eines Partners. Daher unterscheiden sich die Einbußen stark nach Haushaltstyp und betreffen Paare (ohne und mit Kindern) deutlich stärker als Alleinstehende (ohne und mit Kindern) (vgl. Übersicht 2.2). Die geringere Bedürftigkeit ostdeutscher gegenüber westdeutschen Paarhaushalten wird mit der höheren Erwerbsbeteiligung in Ostdeutschland erklärt: in 44 Prozent der Paarhaushalte mit AlHi-Bezug war der andere Partner vollzeiterwerbstätig, in Westdeutschland dagegen nur in 25 Prozent.

Übersicht 2.2

Welche Haushalte erhalten weiterhin Leistungen beim Übergang zum SGB II?

Anteile der bedürftigen Haushalte nach Haushaltstyp, in Prozent

Haushaltstyp	Bedürftigkeit		Anspruchsberechtigt bei Variante 1 der IAB-Simulation
	von	*bis*	
		West	
Alleinstehende(r)	91,3	94,2	92,5
Alleinerziehende(r)	87,4	89,7	87,4
Paar ohne Kinder	63,0	68,1	64,9
Paar mit Kindern	65,2	78,2	74,9
Gesamt	**79,9**	**85,8**	**83,4**
		Ost	
Alleinstehende(r)	93,4	98,3	93,6
Alleinerziehende(r)	92,8	94,3	92,8
Paar ohne Kinder	49,9	65,9	61,4
Paar mit Kindern	50,8	71,4	68,0
Gesamt	**76,4**	**86,2**	**82,3**
		Bund	
Alleinstehende(r)	92,2	95,9	93,0
Alleinerziehende(r)	90,5	92,3	90,5
Paar ohne Kinder	56,9	67,1	63,3
Paar mit Kindern	59,4	75,5	72,2
Gesamt	**78,4**	**86,0**	**82,9**

Quelle: Blos/Rudolph 2005: 3.

Da häufiger die Frauen in Paarhaushalten AlHi bezogen und die Männer erwerbstätig waren als umgekehrt, führt dies dazu, dass weibliche AlHi-Bezieher seltener einen Anspruch auf ALG II hatten als männliche. Zwei Drittel der Partner von Arbeitslosenhilfebezieherinnen, bei denen absehbar war, dass sie ihre Ansprüche verlieren würden, waren nach Berechnungen von Blos und Rudolph (2005) in einer Vollzeitbeschäftigung. Dies galt allerdings auch für etwa die Hälfte der Partner derjenigen Frauen, die weiterhin anspruchsberechtigt waren. In diesen Fällen lag der ALG-II-Anspruch niedriger als der vorherige Anspruch auf Arbeitslosenhilfe.

Insgesamt teilen sich die verbleibenden 83 Prozent Anspruchsberechtigte nahezu hälftig in „Gewinner" (53 %) und „Verlierer" (47 %). Bei den Gewinnern handelt es sich um Haushalte, deren Einkommen vor der Reform bereits auf dem Niveau der Sozialhilfe lag. Hier besteht der Gewinn darin, dass die vorher gewährten einmaligen Leistungen für Kleidung etc. nunmehr in den Satz des ALG II oder Sozialgeldes hineingerechnet sind und sich somit ein nominell höheres Monatseinkommen ergibt (zur Problematik dieser Regelung siehe 2.3). Gewinner gibt es auch bei den Haushalten, die vorher ausschließlich Arbeitslosenhilfe (evtl. ergänzt mit Wohngeld) erhalten haben. Dies liegt daran, dass bei niedrigen Erwerbseinkommen die Arbeitslosenhilfe niedriger sein konnte als der Sozialhilfeanspruch. Die daraus resultierenden Ansprüche an aufstockende Sozialhilfe oder Wohngeld wurden aber häufig nicht realisiert. Dies betraf fast ein Drittel der bedürftigen AlHi-Haushalte.

Die Verlierer sind die Bedarfsgemeinschaften, die vorher eine relativ hohe Arbeitslosenhilfe erhielten, ebenso wie die Haushalte, bei denen durch die neuen Vorschriften zur Einkommens- und Vermögensanrechnung die Transferleistungen geringer ausfallen als nach dem alten Recht. Blos und Rudolph zeigen die deutliche Altersabhängigkeit von Gewinnen und Verlusten beim Systemwechsel (2005: 5). Jüngere zählen seltener zu den Verlierern, da ihre vorherigen Einkommen geringer waren, sie weniger Ersparnisse hatten, die ihnen angerechnet werden konnten, und weil sie weniger häufig einen erwerbstätigen Partner hatten als Ältere.

Zählt man die 17 Prozent der AlHi-Bezieher mit, die nach der Umstellung keinerlei Ansprüche mehr haben, dann ergeben sich insgesamt 63 Prozent materielle Verlierer der Reform. Blos und Rudolph (2005) haben auch die Höhe der Gewinne und Verluste berechnet und unterscheiden dabei zwischen:

- Haushalten, die nicht ALG-II-berechtigt sind
- Haushalten, die noch berechtigt sind aber Ansprüche verlieren
- Haushalte, die hinzugewinnen.

Das durchschnittliche Einkommen der Gewinner steigt um 107 Euro oder elf Prozent an, das der Verlierer sinkt um 238 Euro oder 20 Prozent, die nicht berechtigten Haushalte verlieren im Durchschnitt 368 Euro im Monat oder 17 Prozent, wobei ihr verbleibendes Monatseinkommen mit 1.787 Euro immer noch fast doppelt so hoch ist wie das der Verlierer mit 942 Euro.

Bei den Gewinnern dürfte der Effekt eine große Rolle gespielt haben, dass durch das neue System bestehende Ansprüche überhaupt erst erfasst und dann auch realisiert wurden: „In diesen Bedarfsgemeinschaften leben oft Kinder, die den Bedarf u. U. über den alten Leistungsbezug erhöhen. Die einheitliche Antragstellung dürfte dazu führen, dass sie stärker als bei den bisher getrennten Systemen ihre Ansprüche ... geltend machen" (Blos/Rudolph 2005: 6).

2.4.2 Arbeitslosenhilfeempfänger ohne Leistungsanspruch

Bruckmeier und Schnitzlein (2007) liefern auf der Basis der IAB-Querschnittserhebung „Lebenssituation und soziale Sicherung 2005" erste Befunde zu den materiellen Wirkungen des Gesetzes. Sie untersuchen den Einkommens- und Arbeitsmarktstatus der Arbeitslosenhilfeempfänger nach dem Verbleib in 2005. Sie kommen in der Tendenz zu den gleichen Ergebnissen wie die Simulationsrechnungen, die Größe der Effekte unterscheidet sich jedoch mitunter von diesen.

Hochgerechnet 281 Tsd. Personen, die im Dezember 2004 Arbeitslosenhilfe bezogen haben, erhielten nach ihren Angaben im Januar 2005 keine Leistungen nach dem SGB II. Dies entspricht etwa 15 Prozent der AlHi-Bezieher. Trennt man diejenigen, die aufgrund einer Arbeitsaufnahme oder des Übergangs in den Ruhestand aus dem Leistungsbezug herausgefallen sind von denen, die wegen des Gesetzeswechsels keinen Anspruch mehr haben, dann ergibt sich folgendes Bild: Erwerbstätig oder im Rentenbezug waren 4,3 Prozent. Die zweite Gruppe, die auch im Januar 2005 nicht erwerbstätig war, beträgt mit ca. 200 Tsd. Personen etwa elf Prozent der AlHi-Empfänger.

Damit sind rund 70 Prozent der Abgänge aus dem Leistungssystem mit hoher Wahrscheinlichkeit auf die veränderten Selektionskriterien zurückzuführen. 15 Prozent der weiterhin erwerbslosen Personen ohne Leistungsanspruch haben allerdings gar keinen Antrag gestellt. Als Gründe gaben diese Personen zu hohe Einkünfte des Partners an (35 %), die Angst, eigene Ersparnisse und Einkünfte offenlegen zu müssen (21 %), zu hohe Einkünfte oder Ersparnisse (18 %) oder die Angst vor dem Zwang, die eigene Wohnung oder das eigene Haus aufgeben zu müssen (16 %) (Bruckmeier/Schnitzlein 2007: 14 f.).

Von den 200 Tsd. ehemaligen Arbeitslosenhilfebeziehern, deren Ausstieg eher auf geänderte rechtliche Kriterien zurückzuführen ist, waren zehn Prozent bis März 2005 wieder im Leistungsbezug, weitere neun Prozent (insgesamt 39 Tsd.) bis November 2005 (siehe Abbildung 2.2). Dieser Anstieg lässt sich zum Teil mit verspäteter Antragstellung oder -bearbeitung erklären, zum Teil auch damit, dass vorhandenes Vermögen zunächst aufgezehrt werden musste, bevor die Bedürftigkeit der Bedarfsgemeinschaft anerkannt wurde.

Von denen, die im neuen System im Leistungsbezug verblieben, erhielten 44 Prozent eine Leistung, die über der vorherigen Höhe der Arbeitslosenhilfe lag, durchschnittlich um 220 Euro. Die übrigen 56 Prozent erlitten Verluste in Höhe von durchschnittlich 150 Euro. Da in beiden Fällen im Vergleich zu vorher Wohngeld und Sozialhilfe entfallen, sind die Gewinne geringer und die Verluste höher als die ausgewiesenen Beträge. Diejenigen, die keinen Leistungsanspruch mehr hatten, verloren im Schnitt 441 Euro, ein Betrag, der vermutlich durch Ansprüche nach dem Wohngeldgesetz noch etwas verringert worden ist.

Entsprechend der Simulation verloren arbeitslose Frauen beim Übergang ins SGB II doppelt so häufig ihre Ansprüche wie Männer. 42 Prozent dieser Frauen hatten einen Partner, der vollzeitbeschäftigt war. Umgekehrt waren es nur 18 Prozent der arbeitslosen AlHi-Bezieher (Dezember 2004), die eine Partnerin mit einem Vollzeitjob hatten. Ebenso wie Frauen sind ältere AlHi-Bezieher häufiger vom Verlust des Leistungsanspruchs betroffen. Der Anteil der weiterhin erwerbslosen Personen, die im Januar 2005 keine SGB-II-Leistungen erhielten, betrug:

- 9 Prozent bei den unter 25-Jährigen
- 9,8 Prozent bei den 25- bis unter 50-Jährigen
- 12 Prozent bei den 50- bis unter 58-Jährigen
- 14 Prozent bei denjenigen, die 58 und älter sind (Bruckmeier/Schnitzlein 2007: 19).

Abbildung 2.2

Wiedereintritt in den Leistungsbezug von erwerbslosen Arbeitslosenhilfebeziehern* ohne Bezug von SGB-II-Leistungen im Januar 2005

Monat in dem erstmalig Leistungen bezogen wurden (in Prozent, kumuliert)

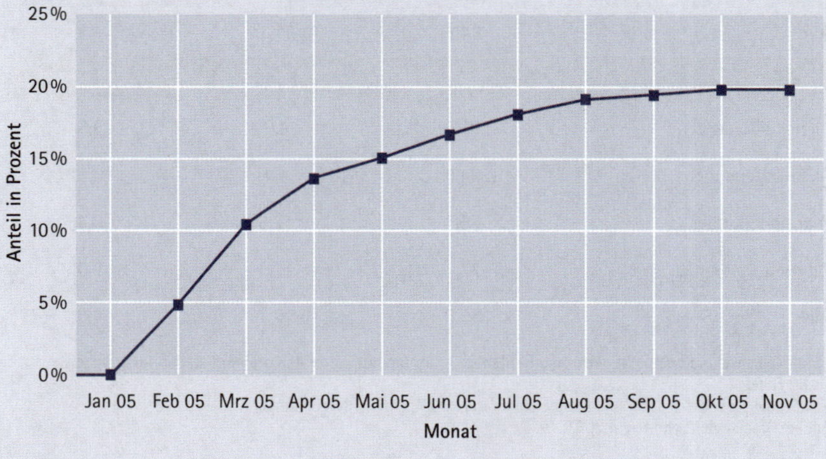

IAB-Studie „Lebenssituation und soziale Sicherung 2005"; eigene Berechnungen; * 100 % = Arbeitslosenhilfebezieher vom Dezember 2004 ohne Statuswechsel in Rente oder Erwerbstätigkeit zum Januar 2005 und ohne SGB-II-Leistungen im Januar 2005.
Quelle: Bruckmeier/Schnitzlein 2007: 16.

Auch die empirischen Ergebnisse zu den Ansprüchen verschiedener Haushaltstypen entsprechen zumindest in der Tendenz den Simulationsrechnungen (siehe Übersicht 2.3).

Übersicht 2.3

Der Übergang von Arbeitslosenhilfebeziehern in das SGB II nach Haushaltstyp und Region (Zeilenprozent)*

Haushaltstyp	Mit SGB-II-Anspruch	Ohne SGB-II-Anspruch	
		Arbeitslos	*Statuswechsel**
		West	
Alleinstehende(r)	90,6	5,6	3,8
Alleinerziehende(r)	92,3	(5,5)	(2,2)
Paar ohne Kinder	76,9	16,1	7,0
Paar mit Kindern	79,0	16,2	4,8
Alle	**85,4**	**10,1**	**4,5**
		Ost	
Alleinstehende(r)	93,1	3,9	2,9
Alleinerziehende(r)	95,8	(3,3)	(0,9)
Paar ohne Kinder	75,4	18,6	5,9
Paar mit Kindern	76,1	18,7	5,2
Alle	**84,5**	**11,1**	**4,1**
		Bund	
Alleinstehende(r)	91,6	4,9	3,5
Alleinerziehende(r)	94,0	4,4	(1,5)
Paar ohne Kinder	76,1	17,5	6,4
Paar mit Kindern	77,7	17,3	5,0
Alle	**85,0**	**10,7**	**4,3**

* Statuswechsel in Erwerbstätigkeit oder Rentenbezug im Januar; Werte in Klammern stehen für weniger als 30 Fälle.
IAB-Studie „Lebenssituation und soziale Sicherung 2005"; eigene Berechnungen.
Quelle: Bruckmeier/Schnitzlein 2007: 19.

Als Folge der strengeren Einkommensanrechnung im SGB II haben Paarhaushalte, die im Dezember noch Arbeitslosenhilfe bezogen, überdurchschnittlich oft keinen Leistungsanspruch mehr.

Auch Paarhaushalte haben aufgrund der Erwerbstätigkeit des Partners im Vergleich zu Alleinstehenden und Alleinerziehenden überdurchschnittlich oft keinen Leistungsanspruch mehr, im Osten noch stärker als im Westen. Hintergrund ist auch hier die mit dem SGB II verstärkte Anrechnung von Einkommen aus Erwerbstätigkeit und von Einkommen des Partners (Bruckmeier/Schnitzlein 2007: 19 f.). Alleinstehende und Alleinerziehende bleiben in hohem Maße anspruchsberechtigt.

Die Erhebungsdaten ermöglichen auch multivariate Analysen, sodass die Autoren im Rahmen einer Logit-Schätzung die Faktoren untersuchen, die dazu führen, dass ehemalige Arbeitslosenhilfebezieher im Januar 2005 keine Leistung mehr erhielten, obwohl sie weiter arbeitslos waren. Wie die deskriptiven Ergebnisse nahelegen, war ein wesentlicher Grund die Erwerbstätigkeit des Partners (Vollzeit). Auch das Vorhandensein eines Partners an sich erhöht die Wahrscheinlichkeit des Ausstiegs aus dem Leistungsbezug. Obwohl Wohneigentum bereits im System der Arbeitslosenhilfe berücksichtigt wurde, trägt die Tatsache, im eigenen Haus oder der eigenen Wohnung zu wohnen, signifikant zur Wahrscheinlichkeit bei, keine Leistungen zu beziehen. Eine geringe Qualifikation erhöht zumindest in Ostdeutschland die Wahrscheinlichkeit, im Leistungsbezug zu verbleiben.

Einkommensentwicklung

Wie hat sich nun das Einkommen der ehemaligen AlHi-Bezieher einige Monate nach Einführung des SGB II entwickelt? Rund ein Jahr nach dem Systemwechsel hatte das IAB mit den Ergebnissen der Querschnittsbefragung „Lebenssituation und soziale Sicherung" Forschungsdaten zur Verfügung, die Aufschluss über die Veränderung der Lebenssituation der Betroffenen gaben. Bei ihren Analysen beziehen sich Bruckmeier und Schnitzlein (2007) auf das OECD-Äquivalenzeinkommen, das allen Haushaltsmitgliedern Gewichte zuordnet: 1 für das erste Mitglied, 0,5 für die weiteren Mitglieder ab 15 Jahren und 0,3 für alle übrigen. Dieses Äquivalenzeinkommen ist mit 630 Euro in Ostdeutschland konstant geblieben, während es in Westdeutschland von 640 Euro im Dezember 2004 auf 649 Euro im November 2005 leicht anstieg. Damit liegen die Haushalte deutlich unter den auf Basis des SOEP berechneten relativen Armutsschwellen (Statistisches Bundesamt 2006).

Der Anstieg der Durchschnittseinkommen liegt im Wesentlichen an den Ausstiegen aus dem System, die mit teilweise deutlichen Einkommenszuwächsen verbunden waren. Diejenigen, die im November 2005 weiter Leistungen bezogen, erhielten im Schnitt weniger als im Dezember 2004: das durchschnittliche Äquivalenzeinkommen sank von 608 Euro auf 592 Euro.[6] Um die Ursachen der Veränderungen zu erfassen, haben Bruckmeier und Schnitzlein die Einkommen nach Erwerbsstatus aufgeschlüsselt (Übersicht 2.4).

---

6 Ein Äquivalenzeinkommen von 600 Euro bedeutet z. B. für ein Ehepaar mit zwei Kindern unter 15 Jahren, dass sie 600 plus 300 plus 2x180 Euro erhalten, also ein Haushaltseinkommen von 1.260 Euro haben.

Übersicht 2.4

Veränderung des Haushaltsnettoeinkommens zwischen Dezember 2004 und November 2005

Äquivalenzeinkommen nach neuer OECD-Skala, Mittelwert in Euro je Monat

	Haushalt bezieht kein ALG II in 11/05		Haushalt bezieht ALG II in 11/05	
Tätigkeit des ehemaligen Arbeitslosenhilfebeziehers im November 2005	*Einkommen Dezember 2004*	*Einkommens-änderung bis Nov. 2005*	*Einkommen Dezember 2004*	*Einkommens-änderung bis Nov. 2005*
Voll- oder Teilzeitbeschäftigung	745 €	+278 €	599 €	+83 €
Geringfügige Beschäftigung (gfB)	797 €	+32 €	628 €	0
Arbeitslos	779 €	-26 €	612 €	-28 €
Ein-Euro-Job	-	-	589 €	+13 €
Beschäftigung schaffende Maßnahmen*	706 €	+131 €	604 €	+33 €
Rentner	832 €	+132 €		
Alle	767 €	+106 €	608 €	-16 €

* Unter den Beschäftigung schaffenden Maßnahmen sind ABM, Ich-AG sowie Beschäftigung in einer Personal-Service-Agentur zusammengefasst.

IAB-Studie „Lebenssituation und soziale Sicherung 2005"; eigene Berechnungen.

Quelle: Bruckmeier/Schnitzlein 2007: 26.

Erwartungsgemäß hat die Aufnahme einer Erwerbstätigkeit durch den ehemaligen Arbeitslosenhilfeempfänger den größten positiven Einfluss auf die Einkommensentwicklung. Arbeitslose haben sowohl bei den Beziehern als auch bei den Nicht-Beziehern Einbußen von 28 bzw. 26 Euro. Betrachtet man Haushaltstypen der Erwerbstätigen, so fällt auf, dass der Anteil von Alleinerziehenden bei den Leistungsempfängern mit 18 Prozent mehr als dreimal so hoch ist wie bei den Nicht-Leistungsempfängern. Paare ohne Kinder sind dagegen überproportional häufig nicht im Leistungsbezug.

2.4.3 Politiksimulation „Verteilungswirkungen der Hartz-IV-Reform"

Forscherinnen und Forscher des Zentrums für Europäische Wirtschaftsforschung (ZEW) in Mannheim und des IAB untersuchen in einer Mikrosimulation auf der Basis des Sozio-ökonomischen Panels (SOEP) die Verteilungseffekte des SGB II (Arntz et al. 2007). Anders als die Studien, die sich auf die ehemaligen Empfänger von Arbeitslosenhilfe konzentrieren, analysiert diese Forschergruppe die Folgen der Reform auf die Gesamtverteilung der Einkommen und auf die Gruppe der Transferempfänger, also Personen, die vor der Reform Anspruch auf Arbeitslosengeld, Arbeitslosenhilfe oder Sozialhilfe hatten oder die vor der Reform keine Ansprüche hatten, nun aber unter die ALG-II-Regelung fallen.

Verteilung

Gesamtgesellschaftlich sind die Einkommenseffekte des SGB II gering. Schaut man sich die üblicherweise verwendeten Maßen für Einkommensungleichheit an, dann bleibt der Gini-Koeffizient praktisch unverändert, die Atkinson-Maße gehen leicht zurück (vgl. Arntz et al.: 61 f.). In beiden Fällen handelt es sich um statistische Maße, die die Einkommensungleichheiten in Gesellschaften abbilden. Der leichte Rückgang des Atkinson-Maßes bedeutet eine Tendenz in Richtung mehr Gleichheit. Nach einer Analyse von Zahlgewinnen, bei der die Bevölkerung nach ihrem Nettoäquivalenzeinkommen in zehn gleich große Gruppen (Dezile) eingeteilt wird, sind die untersten zwei Dezile, also die ärmsten 20 Prozent der Bevölkerung, klare Gewinner der Reform. Ebenso profitieren kinderreiche Haushalte. Reformverlierer sind dagegen die mittleren Gruppen der Gesamtbevölkerung (viertes bis sechstes Dezil), auf die oberen 20 Prozent der Einkommensverteilung wirkt sich die Reform praktisch nicht aus.[7]

Abbildung 2.3

Zahlgewinne nach Einkommensdezilen, Gesamtbevölkerung

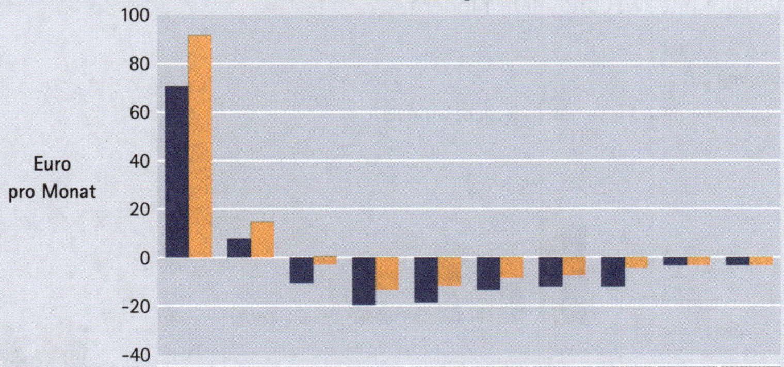

	1	2	3	4	5	6	7	8	9	10
o. Verhaltensanpass.	70,00	8,00	-10,00	-19,00	-18,00	-13,00	-11,00	-11,00	-1,00	-1,00
m. Verhaltensanpass.	91,00	15,00	-3,00	-13,00	-11,00	-8,00	-7,00	-4,00	-1,00	-1,00

Dezil

Quelle: Arntz et al. 2007: 65.

7 Die in den folgenden Abbildungen verwendeten Alternativen „ohne" bzw. „mit Verhaltensanpassung" bedeuten, dass im ersten Fall das Einkommen verwendet wird, das sich ausschließlich aus den veränderten Transferleistungen ohne daraus resultierende Verhaltensänderung und Arbeitsangebotsanpassung ergibt. Der zweiten Variante liegt eine komplexe ökonometrische Schätzung des Arbeitsangebots zugrunde. Das geschätzte Arbeitseinkommen bezieht sich auf das angepasste Arbeitsangebot.

Abbildung 2.4

Zahlgewinne nach Kinderzahl (0 bis 4 Kinder), Gesamtbevölkerung

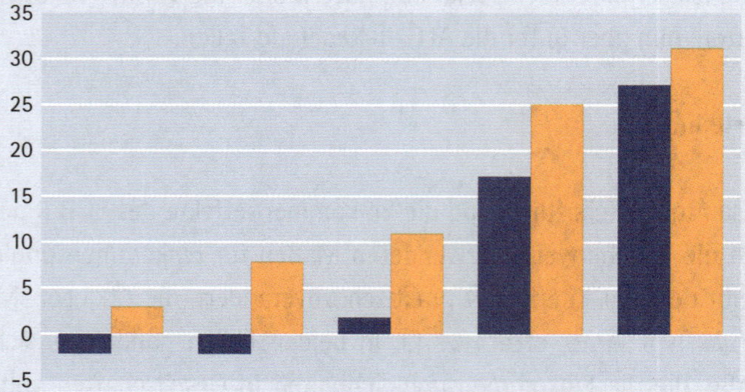

	0	1	2	3	>4
o. Verhaltensanpass.	-2	-2	2	17	27
m. Verhaltensanpass.	3	8	11	25	31

Quelle: Arntz et al. 2007: 66.

Größere Effekte treten naturgemäß dann auf, wenn man die direkt von der Reform betroffenen Gruppen betrachtet. Unter denjenigen, die im alten System Arbeitslosen- oder Sozialhilfe bezogen haben, bewirkt die Reform eine leichte Abnahme von Ungleichheit. Die obersten Dezile verlieren, während die unteren sechs Dezile gewinnen. Differenziert man die Gewinne nach der Kinderzahl, so zeigen sich wachsende Einkommensgewinne mit der Zahl der Kinder. Es profitieren vor allem Haushalte mit zwei und mehr Kindern.

Abbildung 2.5

Zahlgewinne nach Einkommensdezilen, Gruppe A

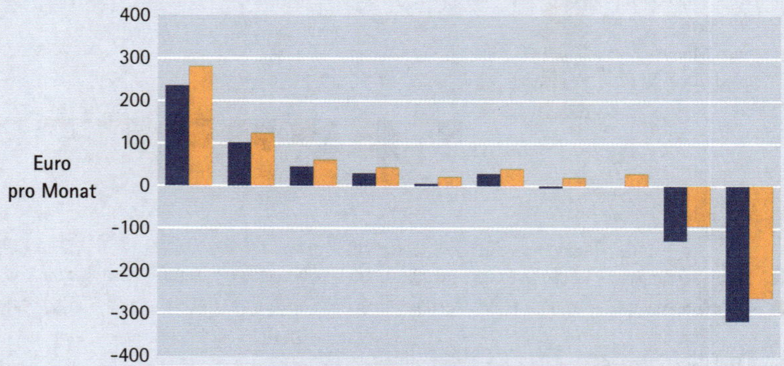

	1	2	3	4	5	6	7	8	9	10
o. Verhaltensanpass.	238,00	101,00	44,00	27,00	6,00	27,00	-4,00	-1,00	-127,00	-314,00
m. Verhaltensanpass.	280,00	122,00	62,00	44,00	23,00	39,00	14,00	29,00	-93,00	-261,00

Dezil

Quelle: Arntz et al. 2007: 66.

Dies bestätigt die Analysen der anderen Simulationen, nach denen insbesondere die ehemaligen Empfänger von Arbeitslosenhilfe von der Reform negativ betroffen sind: „Nach ihren Charakteristika sind dies besonders Haushalte, die vor der Reform einen vergleichsweise hohen Anspruch auf Arbeitslosenhilfe hatten, sowie kinderlose Haushalte und Haushalte mit nur einem Kind" (Arntz et al. 2007: 69). Es zeigt aber auch eindeutig – zumindest im Rahmen der Politiksimulation – dass die häufig geäußerte Befürchtung einer materiellen Schlechterstellung breiter Bevölkerungsteile so nicht eingetreten ist. Die Umverteilungswirkungen des SGB II werden nach Ansicht der Autoren dabei noch konservativ geschätzt, da die Gründung neuer Haushalte, die im Schnitt zu einer Besserstellung der Betroffenen geführt hätte, nicht modelliert wurde. Ebenso wurde der „Non-Take-up", also das „Liegenlassen" der Leistung durch Nicht-Beantragung, nicht berücksichtigt. Der Anstieg des Transfervolumens spricht jedoch eher dafür, dass es eine Verringerung der nicht geltend gemachten Ansprüche im Zuge der Reform gegeben hat.

Armut

Ebenfalls eindeutig ist das Ergebnis der Simulation, dass durch die Reform Armut zurückgeht. Hier ergibt sich zunächst ein leichter Rückgang der Armutsquote, gemessen als 50 Prozent oder weniger des Medianeinkommens (Arntz et al. 2007: 63 f.), sowohl für die Gesamtbevölkerung als auch innerhalb der Gruppe der Transferempfänger. Die übrigen in der Literatur verwendeten Armutsmaße entwickeln sich ebenfalls nach unten: „Insbesondere die Zahl der Haushalte unterhalb von 40 Prozent des Medianäquivalenzeinkommens geht deutlich zurück. Aber auch die Zahl der Haushalte unterhalb der 60-Prozent-Armutsgrenze nimmt ab" (Arntz et al. 2007: 68).

2.5 Fazit

Nach Einführung der Grundsicherung für Arbeitsuchende im Januar 2005 zeigte sich rasch, dass die Größenordnung an Bedarfsgemeinschaften und Hilfebedürftigen, mit denen die Politik im Vorfeld gerechnet hatte, deutlich überschritten wurde: mehr als 600.000 zusätzliche Bedarfsgemeinschaften waren zu betreuen, bis Ende 2005 kamen noch einmal 600.000 hinzu. Dies gab zu vielerlei Spekulationen über die Gründe Anlass, die bis zur These eines massenhaften Missbrauchs reichten. Simulationen des IAB konnten dagegen plausibel darlegen, dass die Entwicklung des Arbeitsmarktes und die rechtlichen Regelungen selbst, die zu einem erweiterten Kreis von Anspruchsberechtigten und zu einer Verringerung der verdeckten Armut führen, eine wesentliche Rolle beim Anstieg der Zahl der Hilfsbedürftigen spielten.

Die veränderten Regeln zur Sicherung des Lebensunterhalts zeichnen sich durch Bedarfsbezug und Pauschalierung von Leistungen aus. Die Freibeträge für eigenes Einkommen, das des Partners und für Vermögen sind strenger bzw. großzügiger, je nachdem aus welchem System man kommt. Dies führt zu einer Gemengelage aus „Verlierern" und „Gewinnern". Fast zwei Drittel der ehemaligen Arbeitslosenhilfeempfänger gehören zu den Verlierern, die in relevantem Umfang geringere Leistungen erhalten, ca. 15 Prozent fallen sogar aus dem Leistungsbezug heraus. Dieser Umstand ist viel kritisiert worden, insbesondere weil durch den Bedarfsbezug die Lebensleistung vieler, insbesondere älterer Leistungsbezieher nicht hinreichend gewürdigt werde. Andererseits leben ehemalige AlHi-Bezieher, die ab Januar 2005 nicht mehr bedürftig im Sinne des Gesetzes waren, in Haushalten, die im Durchschnitt über ein erheblich höheres Einkommen verfügten als bedürftige Haushalte, vor allem durch Erwerbseinkommen oder Renten von Lebenspartnern. Weiterhin bedürftige AlHi-Empfänger haben ebenfalls deutliche Einbußen erlitten, sie leben seit Januar 2005 auf dem Niveau des soziokulturellen Existenzminimums.

Wenig verändert hat sich das Niveau materieller Ressourcen für die Hilfebedürftigen und Mitglieder von Bedarfsgemeinschaften, die aus dem System der Sozialhilfe kamen. Im Rahmen der Pauschalierung von Einzelbedarfen verbuchen sie Einkommenszuwächse, die sich jedoch dadurch relativieren, dass Kosten für Kleidung, verschlissenes Mobiliar oder defekte Haushaltsgeräte nicht mehr übernommen werden.[8]

Gewinner sind die Haushalte, die vorher mit ihrem Erwerbseinkommen oder mit ihren Transferansprüchen knapp unterhalb des Niveaus der Grundsicherung gelebt und ihnen zustehende Leistungen nicht in Anspruch genommen haben, ebenso wie diejenigen, die aufgrund großzügigerer Einkommens- und Vermögensfreibeträge gegenüber der Sozialhilfe nunmehr Ansprüche aus der Grundsicherung haben. Nach den Simulationen des IAB kann davon ausgegangen werden, dass durch das SGB II die materielle Situation einer relevanten Personengruppe aus dem Zustand verdeckter Armut heraus- und zumindest auf das Niveau der Grundsicherung heraufgeholt worden ist. Auch wenn dieser Umstand vermutlich nicht intendiert war und zu vielerlei Klagen und Missbrauchsvermutungen Anlass gegeben hat, so muss man doch konzedieren, dass das SGB II einen relevanten Beitrag zur Armutsprävention geleistet hat.

Die Ergebnisse der Simulation werden durch eine erste empirische Überprüfung der Situation der ehemaligen Arbeitslosenhilfeempfänger weitgehend bestätigt. Diese zeigt zusätzlich, dass vom Verlust der Leistungsansprüche hauptsächlich

8 Die entsprechenden Regelungen fallen im SGB II noch deutlich rigider aus als im SGB XII mit seiner „Öffnungsklausel".

Frauen und ältere Erwerbslose betroffen waren. Bei den AlHi-Beziehern, die Ende 2005 weiter arbeitslos waren, sank das monatliche Haushaltseinkommen gegenüber Ende 2004 im Durchschnitt um knapp 30 Euro – unabhängig davon, ob sie im SGB II noch Leistungen erhielten oder nicht.

Eine armutspräventive Wirkung des SGB II wird durch weitere Untersuchungen des IAB bestätigt: Eine umfassendere Politiksimulation legt nahe, dass Armut infolge der Reform zurückgegangen ist. Dies gilt für unterschiedliche Armutsmaße, die in der Literatur verwendet werden. Die Verteilungswirkung des SGB II im Hinblick auf die Gesamtbevölkerung ist gering. Dennoch verbuchen die 20 Prozent der Bevölkerung mit dem geringsten Einkommen deutliche Gewinne. Es besteht sicher noch weiterer Forschungsbedarf, da andere Untersuchungen[9] – allerdings auf der Basis kleiner Stichproben – zum Ergebnis kommen, dass nach der Einführung des SGB II die Quote der Einkommensarmen geringfügig größer geworden ist. Stärkere Verteilungswirkungen ergeben sich innerhalb der Gruppe der Transferempfänger. Hier erleiden insbesondere die vormals relativ gut gestellten 20 Prozent deutliche Verluste, während die übrigen, insbesondere die untersten 20 Prozent, profitieren.

9 Vergleiche z. B. BMAS 2008, Göbel/Richter 2007, jeweils auf der Basis des Sozio-ökonomischen Panels.

3 Struktur, Dynamik und materielle Situation der Betroffenen

3.1 Einführung

Und wie ging es dann weiter? Die Tatsache, dass die Zahlen der Hilfebedürftigen und der Bedarfsgemeinschaften bis Mitte 2006 weiterhin anstiegen, bevor sie auch als Folge der guten Konjunktur wieder deutlich zurückgingen, ist allgemein bekannt. Weniger bekannt ist jedoch, wie sich die Dynamik im System entwickelt. Wer kommt in den Leistungsbezug, wie lange bleiben Personen hilfebedürftig, wann und aufgrund welcher Umstände gelingt ihnen der Ausstieg? Die Dynamik hat das IAB mithilfe des administrativen Panels erfasst. Die Frage, wer ins System hineinkommt, haben externe Forscher im IAB-Auftrag untersucht, indem sie auf der Basis von Prozessdaten Zugangswahrscheinlichkeiten in den Leistungsbezug ermittelten.

Darüber hinaus interessiert an dieser Stelle besonders, wie sich die materielle Lage der Hilfebezieher entwickelt hat. Reichen die Mittel aus, um eine materielle Basisversorgung sicherzustellen; reichen sie darüber hinaus auch, um soziale und kulturelle Teilhabe zu ermöglichen? Wo werden gegebenenfalls Abstriche gemacht? Die qualitative Studie „Armutsdynamik und Arbeitsmarkt" wirft einen Blick auf die Probleme, die das Leben mit dem Regelsatz des ALG II mit sich bringt. Befragungsdaten aus der ersten Welle des Haushaltspanels PASS werden ebenfalls daraufhin ausgewertet, ob und wenn ja, welche Mangellagen auftreten und wie sich diese auf soziale Teilhabe auswirken.

Seit 2005 hat das Phänomen stark zugenommen, dass in Haushalten Erwerbstätigkeit und Leistungsbezug gleichzeitig auftreten, wofür sich der Begriff des Aufstockens herausgebildet hat. Es kann dabei sowohl vorkommen, dass das nicht ausreichende Erwerbseinkommen durch Transferleistungen aufgestockt wird, als auch, dass die Grundsicherung im Rahmen der Zuverdienstmöglichkeiten aufgestockt wird. Außer der Erkenntnis, dass in vielen Fällen ein Erwerbseinkommen auf Vollzeitbasis nicht reicht, um Hilfebedürftigkeit zu beenden oder nicht entstehen zu lassen, interessiert auch in diesem Fall die Dynamik: wie lange besteht die Parallelität von Leistungsbezug und Erwerbsarbeit? Was führt dazu, dass die Abhängigkeit vom Leistungsbezug möglichst schnell beendet werden kann? Gibt es Kombinationen, die es fördern, sich im Leistungsbezug einzurichten und den Gedanken an eine existenzsichernde Beschäftigung abzuschreiben? Alle Fragen können wir (noch) nicht beantworten, aber einige Hinweise lassen sich den verschiedenen Datenquellen des IAB durchaus entlocken.

Das SGB II ist als lernendes System konzipiert. In der Tat haben viele Entwicklungen, praktische Probleme und möglicherweise sogar Ergebnisse der Wirkungsforschung dazu beigetragen, dass der Gesetzgeber seit 2005 schon an mehreren Stellen nachgesteuert hat. Gegenwärtig werden insbesondere zwei Vorschläge diskutiert, die das allgemeine Armutsrisiko abmildern könnten: eine Erhöhung des ALG-II-Regelsatzes und die Einführung einer Kindergrundsicherung. Die Politiksimulation im IAB hat diese Vorschläge unter die Lupe genommen und sich insbesondere die Verteilungswirkungen, den Einfluss auf Armutsmaße und auf das Arbeitsangebot angesehen.

3.2 SGB-II-Leistungsbezug: Zahlen und Strukturen

Bevor die Dynamik des Systems dargestellt wird, lohnt ein Blick auf die Strukturen – wie stellen sich die Bedarfsgemeinschaften und ihre Mitglieder in der Statistik dar? Für Mai 2008 weist die BA-Statistik einen Bestand von 3,62 Mio. Bedarfsgemeinschaften und rund sieben Mio. Personen im SGB II aus. Die Bedarfsgemeinschaften bestehen im Durchschnitt aus 1,9 Personen. Rund 5,1 Mio. der Hilfebezieher sind erwerbsfähig. Die Zahl der erwerbsfähigen Hilfebedürftigen ist nach Angaben des SGB-II-Jahresberichts der BA (2008c: 5) zwischen 2006 und 2007 um rund zwei Prozent auf 5,3 Mio. zurückgegangen (Jahresdurchschnitt). Zwischen 2005 (5,0 Mio.) und 2006 (5,4 Mio.) war sie um rund acht Prozent gestiegen. Die Gesamtzahl der Leistungsempfänger (erwerbsfähige und nicht erwerbsfähige) lag im Jahresdurchschnitt 2007 bei 7,2 Mio. Personen in 3,7 Mio. Bedarfsgemeinschaften.

Unter den erwerbsfähigen Hilfebedürftigen sind aktuell mehr Frauen als Männer. Im Dezember 2005 war dies noch anders, aber die Zahl der Bezieherinnen von Grundsicherung ist zwischen Dezember 2006 und Dezember 2007 nur um drei Prozent gesunken, während die der männlichen Bezieher im gleichen Zeitraum um sechs Prozent abnahm. Während die Zahl der jugendlichen SGB-II-Leistungsempfänger im gleichen Zeitraum um rund sieben Prozent auf etwas weniger als eine Million sank, ist die Zahl der älteren Arbeitslosengeld-II-Empfänger in den letzten zwölf Monaten um über 40.000 oder rund sieben Prozent angestiegen – und dies trotz einer Zunahme der Erwerbstätigkeit in dieser Gruppe.

Einen Überblick über die Entwicklung der Zahlen und Strukturen bietet Übersicht 3.1.

Ergänzend zu den Bestandsdaten der BA über die Bedarfsgemeinschaften im SGB II untersuchten Graf und Rudolph (2006) die Fluktuation und Dauerhaftigkeit des Leistungsbezugs. Sie kommen für das Jahr 2005 zu dem Ergebnis, dass 5,1 Mio. Bedarfsgemeinschaften – also deutlich mehr als mit Blick auf die Bestandszahlen angegeben – zumindest vorübergehend Leistungen des SGB II in Anspruch genommen haben. Für das Jahr 2006 stellt Graf (2007) fest, dass insgesamt 6,2 Mio. Bedarfsgemeinschaften und 10,3 Mio. Personen zumindest zeitweise Unterstützung erhielten. So hat in den ersten beiden Jahren seit Einführung der Grundsicherung etwa jeder siebte Einwohner Deutschlands unter 65 Jahren bereits Leistungen aus diesem System erhalten.

Übersicht 3.1

Erwerbsfähige Hilfebedürftige – Entwicklung nach Personengruppen

	Dezember			*Veränderung Dez. 2007 gegenüber Dez. 2006*		*Veränderung Dez. 2007 gegenüber Dez. 2006*	
	2007	2006	2005	absolut	in Prozent	absolut	in Prozent
Erwerbsfähige Hilfebedürftige	**5.098.196**	**5.310.821**	**5.224.494**	**–212.625**	**–4,0**	**+86.327**	**+1,7**
Geschlecht							
Männer	2.490.484	2.635.500	2.656.509	–145.016	–5,5	–21.009	–0,8
Frauen	2.607.695	2.675.320	2.567.985	–67.625	–2,5	+107.335	+4,2
Alter							
Unter 25 Jahre	978.154	1.049.183	1.111.401	–71.029	–6,8	–62.217	–5,6
25 bis 55 Jahre	3.450.599	3.633.678	3.547.272	–183.079	–5,0	+86.407	+2,4
55 Jahre und älter	669.443	627.959	565.823	+41.484	+6,6	+62.137	+11

Quelle: Statistik der Bundesagentur für Arbeit.

74 Prozent der Bedarfsgemeinschaften, die im Januar 2005 SGB-II-Leistungen bezogen, verblieben das ganze Jahr über im Leistungsbezug, 56 Prozent sogar durchgehend 24 Monate. Insgesamt handelt es sich in den beiden betrachteten Jahren um 2,7 Mio. Abgänge aus dem Leistungsbezug. Etwa die Hälfte konnte den Leistungsbezug aufgrund von Einkommen aus einer Beschäftigung beenden. Die anderen Abgänge sind überwiegend auf die rechtliche Neuabgrenzung der Bedarfsgemeinschaften (u25-Gesetzesänderung), ein Erreichen des Rentenalters oder formale Veränderungen der Bedarfsgemeinschaften zurückzuführen. Solche formale Veränderungen können beispielsweise durch Umzug oder einen verringerten Bedarf durch den Auszug von Personen verursacht sein.

Abbildung 3.1

Bestand, Zu- und Abgänge von Bedarfsgemeinschaften 2005/2006

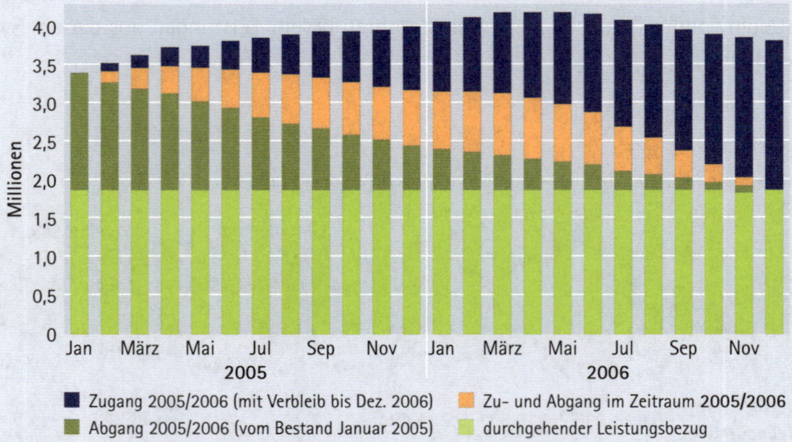

Administratives Panel des IAB, 255 vollständige Kreise; Statistik der Bundesagentur für Arbeit: Hochrechnung auf Bundesgebiet.

Quelle: Graf 2007.

Bei den Neuzugängen, die zwischen Februar und Juni 2005 Arbeitslosengeld II beantragten, ist die Wahrscheinlichkeit rund 50 Prozent höher, innerhalb von zwölf Monaten die Hilfebedürftigkeit zu überwinden, als bei den Bedarfsgemeinschaften, die zuvor bereits Arbeitslosenhilfe oder Sozialhilfe bezogen haben. Der Ausstieg aus dem Leistungsbezug wird also umso schwieriger, je länger die Arbeitslosigkeit bzw. der Leistungsbezug dauert.

Paare ohne Kinder überwinden Hilfebedürftigkeit am schnellsten. Dieser Befund ist robust, sowohl für 2005 (Graf/Rudolph 2006) als auch für 2006 (Graf 2007). Im Jahr 2006 waren Veränderungen der Abgangsraten bei Alleinstehenden zu beobachten. Graf (2007: 4 f.) stellt fest, dass das SGB-II-Änderungsgesetz vom 24.3.2006, das die unter 25-Jährigen in die Bedarfsgemeinschaft der Eltern integriert, zu einer erheblich schnelleren Beendigung des Leistungsbezugs bei Alleinstehenden unter 25 Jahren geführt hat. Hierbei handelte es sich allerdings um Einmaleffekte bei den unmittelbar von der Änderung betroffenen Personen. Bei den Alleinstehenden über 25 waren dagegen nach neun Monaten 57 Prozent im Jahr 2006 und 65 Prozent im Jahr 2005 ununterbrochen von SGB-II-Leistungen abhängig.

Bei den Paaren mit Kindern und den Alleinstehenden blieb etwas mehr als die Hälfte zwölf Monate ohne Unterbrechung auf die staatlichen Leistungen angewiesen. Deutlich schwieriger ist der Ausstieg für Alleinerziehende: Mehr als zwei Drittel bezogen innerhalb eines Jahres durchgehend die Leistungen der Grundsicherung.

Nachhaltigkeit

Der IAB-Forschungsbereich „Niedrigeinkommen und Verteilung" untersucht auch die Häufigkeit einer Rückkehr nach Leistungsunterbrechung, um Hinweise auf die „Nachhaltigkeit" des Abgangs aus dem SGB II zu erhalten. Abbildung 3.2 zeigt die kumulierten Zugänge von Bedarfsgemeinschaften (BG) von Februar 2005 bis Juli 2007. Mittels einer Survival-Analyse wird für die einzelnen Zugangskohorten und deren Verbleibskurven eine „Gesamtverbleibskurve" gebildet. Die so errechnete Verbleibsrate, die den ununterbrochenen Leistungsbezug anzeigt, sinkt kontinuierlich. Der Anteil der Rückkehrer, die den Leistungsbezug für einen Zeitraum unterbrochen haben, steigt hingegen an. Damit lässt sich die Verbleibswahrscheinlichkeit, die Rückkehrwahrscheinlichkeit und die Wahrscheinlichkeit für einen nachhaltigen Ausstieg, unabhängig von saisonalen Schwankungen und konjunkturellen Veränderungen, angeben. Als zeitabhängige Nachhaltigkeit kann der Anteil der Bedarfsgemeinschaften angesehen werden, die t Monate nach Zugang nicht im Leistungsbezug stehen.

Abbildung 3.2

Verbleib, Rückkehr und Nachhaltigkeit (Zugänge, alle BG)

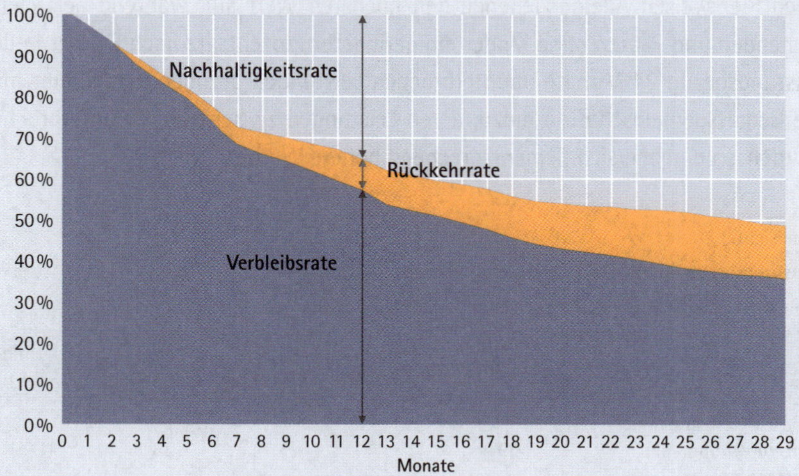

Quelle: Berechnungen des Forschungsbereichs „Niedrigeinkommen und Verteilung" aus dem Administrativen Panel SGB II, 255 vollständige Kreise.

Abbildung 3.3 zeigt im Vergleich zu Abbildung 3.2 Bedarfsgemeinschaften von Alleinerziehenden. Auch hier bestätigt sich, dass der Ausstieg für diese Gruppe langsamer stattfindet. Die Rückkehrrate ist jedoch wesentlich geringer.

Abbildung 3.3

Verbleib, Rückkehr und Nachhaltigkeit (Zugänge, Alleinerziehende)

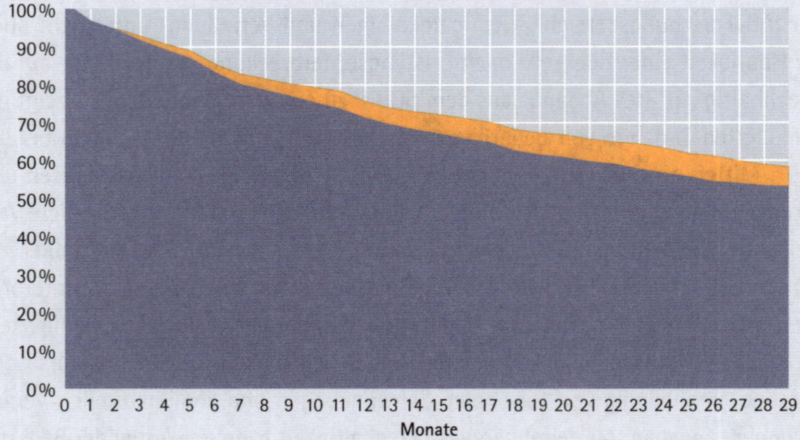

Quelle: Berechnungen des Forschungsbereichs „Niedrigeinkommen und Verteilung" aus dem Administrativen Panel SGB II, 255 vollständige Kreise.

Übersicht 3.2 zeigt den Anteil der Bedarfsgemeinschaften, die nach 24 Monaten ohne und mit Unterbrechung im Leistungsbezug sind. 39 Prozent der Bedarfsgemeinschaften haben einen ununterbrochenen Leistungsbezug von 24 Monaten. Auch hier weisen Alleinerziehende den höchsten Wert auf, während bei Alleinstehenden und Paaren ohne Kinder ein geringerer Prozentsatz nach Eintritt in den Leistungsbezug 24 Monate ununterbrochen Leistungen bezogen hat. Nimmt man die Bedarfsgemeinschaften hinzu, deren Leistungen zwischendurch unterbrochen wurden, so ergeben sich dementsprechend höhere Werte.

Übersicht 3.2

Leistungsbezug von Bedarfsgemeinschaften nach 24 Monaten

Kumulierte Zugänge von Bedarfsgemeinschaften (BG) von Februar 2005 bis Juli 2007

	Gesamt	Allein-stehend	Allein-erziehend	Paar ohne Kind	Paar mit Kind(ern)
BG ist 24 Monate **ohne Unterbrechung** im Leistungsbezug	39 %	34 %	57 %	36 %	41 %
BG ist 24 Monate **ohne und mit Unterbrechung** im Leistungsbezug	52 %	44 %	63 %	47 %	51 %
BG ist nach 24 Monaten nicht mehr im Leistungsbezug	48 %	56 %	37 %	53 %	49 %

Quelle: Berechnungen des Forschungsbereichs „Niedrigeinkommen und Verteilung" aus dem Administrativen Panel SGB II, 255 vollständige Kreise.

Rückkehr in den Leistungsbezug

Innerhalb von zwölf Monaten nach einem vorläufigen Ende des Leistungsbezugs erhalten etwas mehr als 40 Prozent der Bedarfsgemeinschaften erneut (evtl. nur für kurze Zeit) Leistungen. Gerade in den ersten Monaten nach einem Ausstieg aus dem Bezug kehren viele wieder zurück. Innerhalb eines Zeitraums von 18 Monaten erhalten rund die Hälfte aller Bedarfsgemeinschaften irgendwann noch einmal SGB-II-Leistungen. Abbildung 3.4 verdeutlicht diese Zusammenhänge, ohne dass jedoch dabei Aussagen darüber getroffen werden können, wie lange die Rückkehrer Leistungen beziehen.

Abbildung 3.4
Rückkehrrate (alle BG)

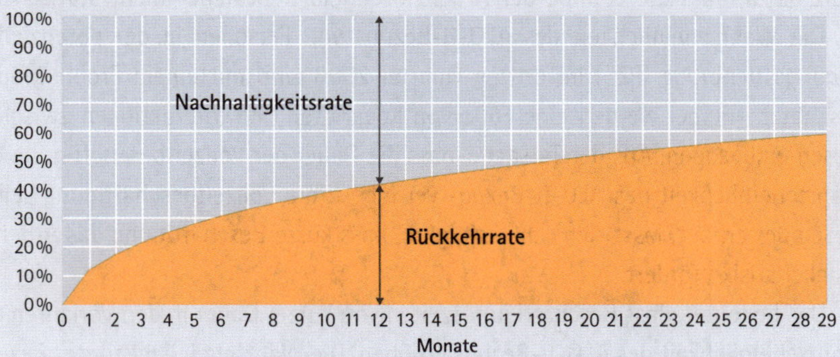

Quelle: Berechnungen des Forschungsbereichs „Niedrigeinkommen und Verteilung" aus dem Administrativen Panel SGB II, 255 vollständige Kreise.

3.3 Wer kommt neu ins System – Wahrscheinlichkeit des ALG-II-Bezugs

Neben der Feststellung, wie viele Personen im System sind und einer Analyse, ob und wie lange sie die Abhängigkeit von ALG II wieder beenden können, wäre es wünschenswert, wenn man vorhersagen könnte, welche Gruppen oder Personen ein besonders hohes Risiko tragen, in absehbarer Zeit hilfebedürftig zu werden. Im Rahmen eines Auftrags des IAB untersuchen Fitzenberger und Aldashev (2008) dieses Risiko anhand einer Stichprobe von jeweils über 400.000 Männern und Frauen, die 2006 erstmalig ALG II beziehen könnten, ohne zwischen 2000 und 2005 entsprechende Leistungen bezogen zu haben. Untersucht wurde die Wahrscheinlichkeit des ALG-II-Bezugs im dritten Quartal 2006 für diesen Personenkreis.

Für die Analyse benutzten sie BA-Prozessdaten, insbesondere die Beschäftigten-Leistungsempfänger-Historik und Maßnahmeteilnehmerstatistik für die Jahre 2000 bis 2006. Das IAB stellte eine zweiprozentige Stichprobe aus den IEB-Daten für die Jahre 2000 bis 2006 zur Verfügung, die mit den LHG-Dateien (Leistungshistorik Grundsicherung) verknüpft wurde (vgl. ebd. S. 4 und Anhang dieses Berichts).

In der deskriptiven Statistik der Basisstichprobe stellen sie fest, dass Männer häufiger ALG II beziehen als Frauen, sie stellen ca. 55 Prozent der Leistungsbezieher. Der Leistungsbezug geht mit dem Niveau von Bildung und Ausbildung zurück (Fitzenberger/Aldashev 2008: 8). Erwartungsgemäß hatten ALG-II-Empfänger, die vorher beschäftigt waren, einen erheblich niedrigeren Lohn als Nicht-Leistungsbezieher. Der Median des Tagesverdienstes in Vollzeit lag bei denen, die keine Leistungen erhalten, knapp unter 70 Euro. Bei den Leistungsbeziehern betrug er dagegen weniger als 40 Euro. Mehr als 80 Prozent der Empfänger waren in den letzten Jahren vor dem Leistungsbezug wenigstens einmal Vollzeit beschäftigt, ein Indiz dafür, dass die Gruppe der Arbeitslosengeld-II-Bezieher nicht statisch ist.

Die Wahrscheinlichkeit des ALG-II-Bezugs von Personen in der potenziellen Zugangsstichprobe (PZS) im dritten Quartal 2006 wird mit einem Probit-Modell geschätzt. Hierbei werden eine Fülle von Kovariaten und Interaktionen zwischen diesen einbezogen. Aus der Tatsache, dass die Dauer der Vollzeitbeschäftigung die Wahrscheinlichkeit des ALG-II-Bezugs verringert, die Vollzeitbeschäftigung selbst diese aber erhöht, lässt sich schlussfolgern, dass kurze Beschäftigung das Arbeitslosigkeitsrisiko fördert.

Das bedeutet, dass Beschäftigungszeiten von kurzer Dauer in den Vorjahren die Wahrscheinlichkeit des ALG-II-Bezugs erhöhen. Die Wahrscheinlichkeit des Bezugs ist für Ausländer geringer als für Deutsche, sie sinkt mit dem letzten Lohn und mit dem Ausbildungsniveau. In einer altersbezogenen Betrachtung steigt sie zunächst an, sinkt dann aber mit weiter zunehmendem Alter wieder ab.

Weiterhin zeigt sich, dass die Bezugsdauer von Arbeitslosengeld I in 2005 sich stark positiv auf die Wahrscheinlichkeit auswirkt, im dritten Quartal 2006 ALG II zu beziehen. Schließlich beeinflusst der Wirtschaftszweig, in dem die Person zuletzt beschäftigt war, den ALG-II-Bezug. So ist seine Wahrscheinlichkeit für Männer, die im öffentlichen Dienst beschäftigt waren und für Frauen, die im Bereich Bergbau und Energie erwerbstätig gewesen sind, höher als in anderen Branchen (vgl. Fitzenberger/Aldashev 2008: 12).

Wegen der großen Anzahl der benutzten Kovariaten berechnen die Autoren Prognosen für verschiedene Szenarien, die aus verschiedenen Kombinationen von Vollzeit-, Teilzeit- und geringfügiger Beschäftigung in den Jahren 2000 bis 2004 mit mittleren bzw. geringen Löhnen bestehen. Alle Szenarien beinhalten den Bezug von ALG I im Jahr 2005, um potenziell hohe Risiken des Bezugs von ALG II zu erfassen. In den Analysen wurde auch nach Wirtschaftsbereichen unterschieden: Eine vorherige Tätigkeit im verarbeitenden Gewerbe (VG) geht mit einem geringen Risiko des ALG-II-Bezugs einher, eine Beschäftigung im Bereich privater Dienstleistungen (PD) dagegen erhöht das Risiko, ALG II zu erhalten.

Die Modelle zeigen, dass Frauen in allen Fällen ein größeres ALG-II-Risiko haben als Männer. „Die höchsten Risiken beobachten wir für Frauen mit niedriger Ausbildung, die in den Jahren 2000 bis 2004 teilzeitbeschäftigt waren (bis zu 25 % wenn sie im VG und bis zu 35 % wenn sie in PD beschäftigt waren)" (ebd. S 14). Für Männer werden die höchsten Risiken ermittelt, wenn sie früher in Teilzeit beschäftigt waren und ihr Lohn im unteren Fünftel der Verteilung lag.

Die Autoren schlussfolgern, dass sich mit ihren Analysen zwar keine Personengruppen identifizieren lassen, die ein besonders hohes ALG-II-Risiko, beispielsweise über 50 Prozent, tragen. Dennoch ist es möglich, deutliche Unterschiede zwischen Personengruppen zu finden. Die Verteilung zeigt, dass in der PZS eine deutlich messbare Konzentration der ALG-II-Risiken auf bestimmte Personengruppen vorliegt. „Am 99-Prozent-Quantil liegt der Wert bei 6,9 Prozent für Männer und bei 4,8 Prozent für Frauen" (ebd. S. 14).

Vergleicht man abschließend die Anteile derjenigen, deren „ALG-II-Wahrscheinlichkeit" einen bestimmten Wert überschreitet, mit den tatsächlichen Übergängen ins SGB II, stellt man fest, dass Personen, mit einem Risiko von über zwei Prozent bei den Männern die Hälfte und bei den Frauen ein Drittel der ALG -II-Zugänge ausmachen. Diese Gruppe hat in der PZS einen Anteil von 5,8 Prozent bei den Männern und 4,2 Prozent bei den Frauen. Dies ist deshalb relevant, weil es belegt, dass sich auf der Basis der administrativen Daten vergleichsweise kleine Gruppen identifizieren lassen, aus der ein großer Teil der künftigen ALG-II-Zugänge stammen werden. „Beispielsweise kann eine Teilstichprobe von zwölf Prozent aller Personen ohne bisherigen Arbeitslosenhilfe- oder Arbeitslosengeld-II-Bezug innerhalb des Zeitraums 2000 bis 2005 in administrativen Daten identifiziert werden, aus der ca. zwei Drittel aller ALG-II-Zugänge von Männern und ca. 55 Prozent aller ALG-II-Zugänge von Frauen entstammen" (Fitzenberger/Aldachev 2008: 4).

3.4 Armut und Deprivation – materielle Lage und Teilhabe

In der Öffentlichkeit stark diskutiert wurde und wird die Frage nach den Wirkungen des SGB II auf der individuellen Ebene. Zeitungen, Zeitschriften und andere Medien präsentierten immer wieder Reportagen und Features über Arbeitslosengeld-II-Empfänger und ihr Abrutschen in Armut. Dabei wird sehr häufig – implizit oder explizit – ein Zusammenhang zwischen dem SGB II und einer Vergrößerung der Armut der betroffenen Personen thematisiert. Die Evaluationsforschung des IAB hat sich dieser Fragen mit verschiedenen Projekten und Analysen angenommen und parallel zur Forschungsarbeit immer auch versucht, die öffentliche Diskussion mit wissenschaftlich fundierten Argumenten anzureichern.

Neuere Analysen aus dem qualitativen Projekt „Armutsdynamik und Arbeitsmarkt" verweisen darauf, dass die Abhängigkeit vom ALG II bestimmte Dimensionen der Teilhabe einschränken kann (vgl. im Folgenden Hirseland 2008). Dies betrifft sowohl die eigentliche materielle Dimension, also die Sicherung der Grundversorgung durch Konsum, aber auch die Dimension der sozialen Teilhabe.[10] Einschränkend muss angemerkt werden, dass man mit dieser Studie keine Aussagen darüber treffen kann, wie viele Hilfebedürftige oder Bedarfsgemeinschaften von den dargestellten Problemen betroffen sind. Auch kann die Studie, da sie die Personen nicht in der Zeit vor der SGB-II-Einführung begleitet hat, keine Aussagen dazu machen, inwieweit sich *durch* die Einführung des Gesetzes etwas an den beobachteten Problemen geändert hat. Ziel der Studie ist es dagegen, Aussagen zum Umgang mit Erwerbslosigkeit und Armut im Zeitverlauf ab 2006 und zu den Wahrnehmungen, Gefühlen und Strategien der Betroffenen zu treffen.

3.4.1 Materielle Lage

Neben einigen Fällen, denen es gelingt, sich in befriedigender Weise mit der Höhe des ALG-II-Budgets zu arrangieren, fanden die Forscher doch überwiegend Fälle, die sich mit deutlichen Probleme und Einschränkungen konfrontiert sahen. So wird berichtet, dass die Themen „Verzicht" und „Einschränkung" in fast allen Interviews des Projekts präsent waren. Extremere Formen wie leere Kühlschränke und Geldbeutel zur Monatsmitte oder abgestellte Strom- und Wasserleitungen aufgrund von Zahlungsrückständen werden als Ausnahmefälle dargestellt. Versorgungsengpässe zum Monatsende tauchten dagegen häufiger auf. Einschränkungen oder Verzicht werden auf fast allen Gebieten des täglichen Bedarfs berichtet, ob Ernährung, Mobilität, Gesundheitsversorgung oder Energieverbrauch. Die Notwendigkeit, auf Dauer materiellen Mangel verwalten zu müssen, kann zu psychosozialen Problemen führen. Umgangsweisen mit dieser Situation variierten in der Kooperationsstudie zwischen einem fatalistischen „Sich-Abfinden" und dem starken Erleben materieller Deprivation mit depressiven Tendenzen. Die Forscher fanden aber auch das Gefühl dankbarer Wertschätzung dafür, zumindest Leistungen auf diesem Niveau beziehen zu dürfen.

Das „Knappheitsmanagement" (Hirseland 2008: 13) ist nicht mit dem eines normalen Haushalts zu vergleichen. In den Haushalten der befragten Personen ging es darum, ob elektrisches Licht durch Haushaltskerzen ersetzt wird, Telefonanschlüsse abgemeldet werden oder ob defekte Haushaltsgeräte wiederbeschafft

10 Zur Dimension der rechtlichen Teilhabe vgl. Kapitel 3.8.

werden können. Die Pauschalierung der Einmalleistungen, die früher im Rahmen der Sozialhilfe gewährt worden sind, erfordert eine besonders hohe Disziplin in Fragen der Haushaltsführung und der Verwaltung der häuslichen Finanzen. Damit sind jedoch einige der Befragten deutlich überfordert. Zum Beispiel werden keine Rücklagen gebildet, sodass bei Engpässen Schulden gemacht werden, die dann wieder zu Folgeproblemen führen.

Die Studie findet mehrere Einflüsse, die für das Versorgungsniveau wie auch für den Umgang damit von Belang sind. Dazu gehört die Ressourcenausstattung der Haushalte zu Beginn der Hilfsbedürftigkeit, Zuverdienstmöglichkeiten, das Vorhandensein sozialer, insbesondere familialer Netzwerke und die regionale Verortung der Bedarfsgemeinschaft. Die Ressourcenausstattung der Haushalte drückt sich zum Beispiel im Vorhandensein von Mobiliar und Haushaltsgeräten oder von Ersparnissen im Rahmen der Freibeträge aus. Damit können zumindest für einige Zeit Schwankungen und Engpässe ausgeglichen werden. Auf Dauer ist es sicher noch wichtiger, die Möglichkeit zu haben, die Grundsicherung durch Zuverdienste aufzubessern.

Soziale Netzwerke können mehrere Funktionen einnehmen, etwa den Austausch von Informationen, gegenseitige Hilfe bei Reparaturen oder das gegenseitige Gewähren von Kleinkrediten zur Überbrückung von Engpässen. Familiale Unterstützung spielt eine Rolle etwa bei Betreuungsleistungen für Kinder oder auch in materieller Hinsicht: berichtet wurden Kleidungs- oder Sachgeschenke wie z. B. Lebensmittel, die dazu beitragen, den Haushalt zu entlasten. Umgekehrt führen fehlende Ressourcenausstattung und wenig ausgeprägte Netzwerke dazu, dass die materiellen Entbehrungen unmittelbarer auf die Lebenssituation der Bedürftigen durchschlagen. Größere Bedarfsgemeinschaften, meist mit Kindern, haben größere Gestaltungsspielräume, die allerdings auf internen Umverteilungen beruhen, sodass z. B. das Motto „alles für die Kinder" zulasten anderer Haushaltsmitglieder geht.

Mit der Dauer des Hilfebezugs verschärfen sich offenbar materielle Probleme, weil z. B. Rücklagen aufgebraucht sind oder Haushaltsinvestitionen fällig werden, die nicht mehr finanziert werden können.

Im Extremfall können auch die Zuzahlungen im Bereich der medizinischen Versorgung nicht mehr geleistet werden, sodass notwendige medizinische Behandlungen unterbleiben oder Vorsorgeleistungen nicht wahrgenommen werden.

3.4.2 Soziale und kulturelle Teilhabe

In den Interviews des Projekts findet sich eine Tendenz, die Ausgaben für das Pflegen von Sozialkontakten zurückzufahren, also etwa das Aussprechen respektive die Annahme von Einladungen oder den Besuch von Gaststätten. Dies kann einen schrittweisen Verlust von sozialen Kontakten zur Folge haben, mit dem Ergebnis einer zunehmenden Marginalisierung und Isolation. Über solche auf die jeweilige Bedarfsgemeinschaft bezogenen Aspekte machen die Forscher aber auch Bedingungen aus, die mit der regionalen Lage und den örtlichen Angebots- und Preisstrukturen zusammenhängen (Hirseland 2008: 15).

Überraschenderweise schneiden hierbei ländliche Regionen schlechter ab als städtische. Durch den schlecht ausgebauten öffentlichen Nahverkehr sehen sich viele Betroffene genötigt, ein Auto zu unterhalten, u. a. um die Termine beim Grundsicherungsträger wahrnehmen zu können, Behördengänge zu erledigen oder aber, um zu einer Beschäftigungsstelle zu gelangen. Dies erhöht aber die Kosten des Haushalts. Gleichzeitig fehlen karitative Strukturen wie „Tafeln" – oder diese sind geringer ausgebaut –, die bedürftigen Stadtbewohnern einen kostengünstigen Erwerb von Lebensmitteln ermöglichen. Andererseits wirkt sich der übliche Vorteil, in einer ländlichen Region zu wohnen, die niedrigeren Mieten, nicht aufs Haushaltseinkommen aus, da die Kosten der Unterkunft im Rahmen der Grundsicherung getragen werden.

Weitere Einflüsse auf soziale und kulturelle Teilhabe, die außerhalb der einzelnen Bedarfsgemeinschaft liegen, bestehen im örtlichen Angebot an Kultur- und Freizeiteinrichtungen wie Schwimmbäder oder Bibliotheken. Hier besteht das generelle Problem, dass diese Angebote im Rahmen kommunaler Sparmaßnahmen eingeschränkt wurden; dies betrifft auch die Möglichkeiten, durch Sozialtarife ihre Inanspruchnahme durch Bedürftige zu erleichtern. Ähnliches gilt für den ÖPNV, auch hier wurden Sozialtarife vielerorts abgeschafft oder eingeschränkt. Auch im Bereich der Bildung – zentrale Voraussetzung für die zukünftige Teilhabe der minderjährigen BG-Mitglieder – leiden die Bedarfsgemeinschaften unter politischen, fiskalisch motivierten Entscheidungen wie fehlende oder eingeschränkte Lernmittelfreiheit. Betroffene Hilfebezieher berichten, dass diese Belastungen von ihnen nur mühsam getragen werden können.

3.5 Lebensstandard von SGB-II-Empfängern – Ergebnisse des IAB-Haushaltspanels PASS

Analysen zu materiellen Problemlagen gibt es auch auf der Basis von Befragungsergebnissen des IAB. Christoph (2008) wertet die erste Welle des (Haushalts-)Panels „Arbeitsmarkt und soziale Sicherung" (PASS) unter der Fragestellung aus, welche als notwendig empfundenen Güter oder Lebensbedingungen den ALG-II-Empfängern im Vergleich zur Bevölkerung (nicht) zur Verfügung stehen. Dieser Ansatz – in der Armutsforschung als Deprivationsansatz bezeichnet – zeichnet ein anderes, konkreteres Bild des Lebens am Existenzminimum als dies die Diskussion relativer Einkommensarmut tut. Die hier vorgestellte Analyse macht sich die Tatsache zunutze, dass es im PASS zwei Stichproben gibt: eine allgemeine Bevölkerungsstichprobe (ca. 9.568

Befragte in 5.990 Haushalten) und eine Stichprobe von 9.386 Personen aus 6.804 Haushalten, in denen mindestens eine Person Leistungen nach dem SGB II erhält.

Zur Erhebung des Lebensstandards wurde den Befragten eine Liste mit 26 Gütern und Aktivitäten vorgelegt. Diese Güter wurden nach ihrer Wichtigkeit beurteilt, es wurde erhoben, über welche dieser Güter ein Haushalt verfügt und welche aus finanziellen Gründen nicht vorhanden sind. Die wichtigsten zehn dieser Güter wurden als Maßstab für eine Grundversorgung genommen. Dazu gehörten neben einer warmen Mahlzeit am Tag und ausreichender Winterkleidung auch Haushaltsgeräte wie Waschmaschine und Gefrierschrank sowie Eigenschaften der Wohnung wie trockene Wände, Innentoilette oder ein separates Bad. Abbildung 3.5 stellt dar, in wie vielen Haushalten bestimmte Güter nicht vorhanden sind oder bestimmte Aktivitäten nicht durchgeführt werden können, weil die nötigen Mittel nicht vorhanden sind.

Dabei zeigt sich zunächst, dass die Grundversorgung bei der Gruppe der ALG-II-Bezieher im Allgemeinen gegeben ist, auch wenn es durchaus relevante Defizite in dieser Beziehung gibt: „Jeweils sechs bis acht Prozent der ALG-II-Bezieher berichten, dass sie sich keine warme Mahlzeit pro Tag leisten können, dass die Wände in ihrer Wohnung feucht sind, dass sie Probleme bei der pünktlichen Bezahlung der Nebenkosten haben" (Christoph 2008: 8).

Abbildung 3.5

Unterversorgung mit relevanten Gütern des Lebensstandards bei ALG-II-Empfängern und Nichtempfängern im Vergleich (in Prozent)

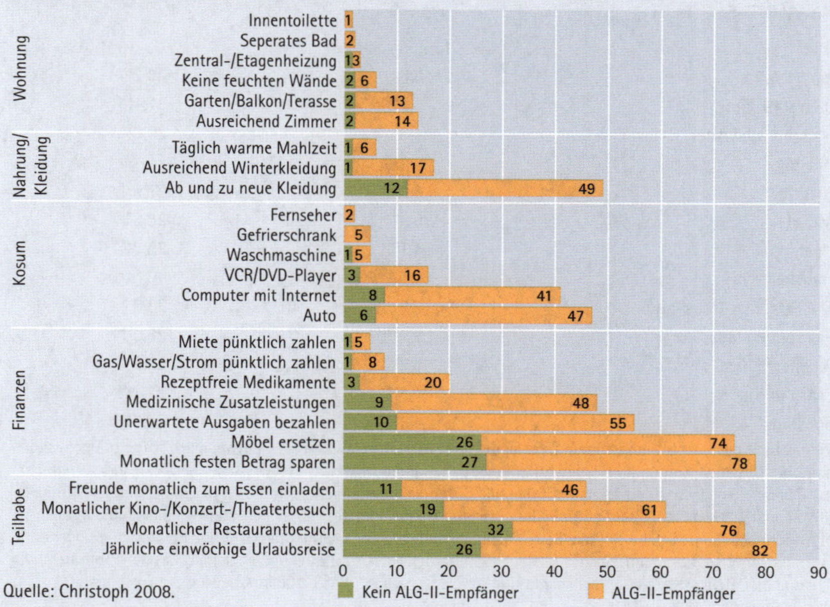

Quelle: Christoph 2008.

Immerhin 17 Prozent geben an, sich keine angemessene Winterkleidung leisten zu können; 20 Prozent der Befragten können rezeptfreie Medikamente nicht bezahlen. Bei solch grundlegenden Gegebenheiten wie warmes Essen, warme Kleidung oder Medikamente liegt die Unterversorgungsquote damit ein Vielfaches höher als beim Rest der Bevölkerung. Die größten Versorgungslücken gibt es bei der Möglichkeit, Geld anzusparen, die nur etwa 22 Prozent der Empfänger sehen, was aber andererseits aufgrund der Pauschalisierung von Einmalleistungen von allen erwartet wird. Ebenfalls in hohem Maße betroffen sind Aktivitäten der sozialen und kulturellen Teilhabe wie Freunde zum Essen einladen, Besuche kultureller Veranstaltungen oder eines Restaurants. Am häufigsten „nicht drin" ist mit über 80 Prozent eine kurze Urlaubsreise.

In einem weiteren Analyseschritt wurden „Deprivationsindizes" gebildet, die darüber Auskunft geben sollten, welche Gruppen unter den Leistungsbeziehern besonders von Unterversorgung betroffen sind (siehe Übersicht 3.3). Dabei werden die Mängel der wichtigsten zehn Items (Grundversorgung) und aller 26 aufgelisteten Güter gegenübergestellt. Die Maße sind auf 100 normiert, sodass sich die Indexwerte als Prozentanteil fehlender Güter lesen lassen.

Übersicht 3.3
Deprivationsindizes für Grund- und Gesamtversorgung

	Grundversorgung	Gesamtversorgung
Gesamt		
Nicht-ALG-II-Empfänger R	0,8	7,8
ALG-II-Empfänger	5,6***	29,8***
Nur ALG-II-Empfänger		
Alter		
Bis 34 Jahre R	5,6	28,7
35 bis 49 Jahre	6,5***	31,4***
50 Jahre und Älter	4,6	29,6**
Bildung		
Niedrig R	6,4	31,7
Mittel	5,0**	28,6*
Hoch	4,1***	25,8***
Haushaltstyp		
Ein-Personen-Haushalt R	7,2	33,0
Paar ohne Kinder	3,7***	28,0***
Alleinerziehend	5,2***	29,8***
Paar mit Kindern	4,7***	27,1***
Sonstige	4,3***	24,8***

Deprivationsindex der Grundversorgung: Fehlende Güter von zehn „grundsätzlich notwendigen" Gütern. Deprivationsindex der Gesamtversorgung: Fehlende Güter von 26 relevanten Gütern des Lebensstandards. Beide Indizes wurden auf den Bereich 0 (= kein Gut fehlt) bis 100 (= alle Güter fehlen) normiert. Signifikanz gegenüber Referenzgruppe (R):* = p<,05; ** = p<,01; *** = p<,001. Bildung: Niedrig = kein Schulabschluss oder Hauptschulabschluss mit oder ohne Berufsbildung; Mittel = Mittlere Reife, Fachhochschulreife oder Abitur mit oder ohne Berufsbildung oder ohne FH- oder Universitätsstudium; Hoch = Fachhochschul- oder Universitätsstudium (entspricht Casmin-Grobkategorien 1, 2 und 3). Datenbasis: Panel „Arbeitsmarkt und soziale Sicherung" (PASS) 2006/07, gewichtete Ergebnisse.
Quelle: Christoph 2008.

Dabei zeigt sich zunächst, dass Mängel in der Grundversorgung bei Leistungsempfängern des SGB II mit 5,6 Prozent etwa siebenmal so häufig auftreten wie bei Nicht-ALG-II-Empfängern. Innerhalb der ALG-II-Empfänger spielt das Alter eine Rolle; insbesondere die mittlere Altersgruppe von 35 bis 49 Jahren ist von Deprivation betroffen. Schließlich zeigt sich, dass bei den Mehrpersonenhaushalten die Alleinerziehenden die größten Probleme haben.

Zum ersten Mal kann auf der Basis empirischer Daten eine detaillierte Untersuchung des Lebensstandards von Empfängern der Grundsicherung nach dem SGB II vorgelegt werden, die über die Berechnung von Einkommensmaßen hinausgeht. Dies ist insofern ein wichtiger Schritt, als er es ermöglicht, die Bereiche abzugrenzen, in denen die Versorgung funktioniert und in denen es Probleme gibt. Die Grundsicherung im Sinne der Vermeidung manifester absoluter Armut, wie sie sich beispielsweise in Mangel an Nahrung ausdrückt, scheint im Wesentlichen zu funktionieren. Dies schließt nicht aus, dass dennoch an anderer Stelle Mängellagen bestehen, die durchaus Grund zur Sorge geben, etwa bei der Versorgung mit Winterkleidung. Geht man vom Anspruch des Gesetzes aus, Teilhabe zu sichern, dann hat die Versorgung offensichtlich deutliche Lücken: Wenn es für einen relevanten Anteil von Hilfebeziehern nicht mehr finanzierbar ist, Freunde zum Essen einzuladen, ab und zu ins Kino oder in ein Konzert zu gehen oder sich einmal im Monat einen Restaurantbesuch zu leisten, dann kann dies insbesondere im Fall eines längeren Hilfebezugs zu einer Verstärkung von Isolation und einer Abkopplung von sozialen und kulturellen Prozessen führen, die einer Marginalisierung der ALG-II-Empfänger Vorschub leistet.

Auch die fehlende Möglichkeit vieler Empfänger, Geld zurückzulegen, könnte sich auf Dauer als problematisch erweisen und auch die Versorgung im Bereich grundlegender Güter beeinträchtigen, falls sich die Hilfsbedürftigkeit über einen längeren Zeitraum erstreckt. Gerade die niedrig Qualifizierten, Alleinerziehenden und Alleinlebenden scheinen in dieser Hinsicht besonders bedroht, sodass man diesen Gruppen ein entsprechendes Augenmerk widmen sollte.

3.6 Grundsicherung und Erwerbstätigkeit: die „Aufstocker"

Die bisher genannten Befunde treffen nicht allein auf Langzeitarbeitslose zu, denn auch Haushalte mit Erwerbseinkommen beziehen Leistungen der Grundsicherung für Arbeitslose nach dem SGB II – und dies in steigendem Umfang: Es hat sich gezeigt, dass immer mehr Bedarfsgemeinschaften mit geringem Erwerbseinkommen, das zur Deckung des soziokulturellen Existenzminimums nicht ausreicht, aufstockende Leistungen beziehen. Diese Entwicklung hat eine Diskussion um Ausmaß und Ursachen von Armut trotz Erwerbstätigkeit ausgelöst. Für erwerbstätige Leistungsbezieher kursierte in der öffentlichen Debatte auch der Begriff „Aufstocker".

Der IAB-Forschungsbereich „Niedrigeinkommen und Verteilung" untersucht mithilfe von SGB-II-Leistungsdaten in Verbindung mit Beschäftigungszeiten aus dem administrativen Panel zeitliche Verläufe von Leistungsbezugs- und Beschäftigungszeiten, um so mehr Aufschluss über Problemlagen und Ursachen des Parallelbezugs zu bekommen (Bruckmeier et al. 2007b). Als beschäftigte Leistungsbezieher gelten hier, abweichend von den Messkonzepten der BA-Statistik, diejenigen, die einen gesamten Kalendermonat lang beschäftigt waren und deren Bedarfsgemeinschaften für den Kalendermonat Leistungen erhielten.[11] Diese Definition reduziert die Zahl der beschäftigten Leistungsbezieher mit sehr kurzem Leistungsbezug im Vergleich zu früheren Berechnungen. Angerechnete Gelegenheitsarbeiten während eines Kalendermonats werden nicht betrachtet.

Kurzfristige Aufstockungen können auf verschiedene Weise erklärt werden (Bruckmeier et al. 2007b: 3 f.):

- Während der Beschäftigung eines Hauptverdieners entsteht eine kurzfristige Notlage, die durch Leistungen aus der Grundsicherung überbrückt wird. Beispiele sind Kurzarbeit oder ein Wegfall des Minijobs des Partners.
- Während eines Leistungsbezugs wird ein Beschäftigungsverhältnis von kurzer Dauer ausgeübt (z. B. Saisonarbeit).
- Bei der Aufnahme einer Erwerbstätigkeit kann die erste Gehaltszahlung erst im Folgemonat eintreffen. Der Leistungsbezieher bleibt somit noch einen Monat lang im Leistungsbezug.
- Eine Erwerbstätigkeit muss nicht zum Ende eines Monats auslaufen. Unter Umständen wird das letzte Gehalt nicht für den vollen Monat gezahlt, daraus entstehen möglicherweise Ansprüche auf SGB-II-Leistungen.

Abbildung 3.6

Zeiträume von SGB-II-Leistungsbezug und Beschäftigung

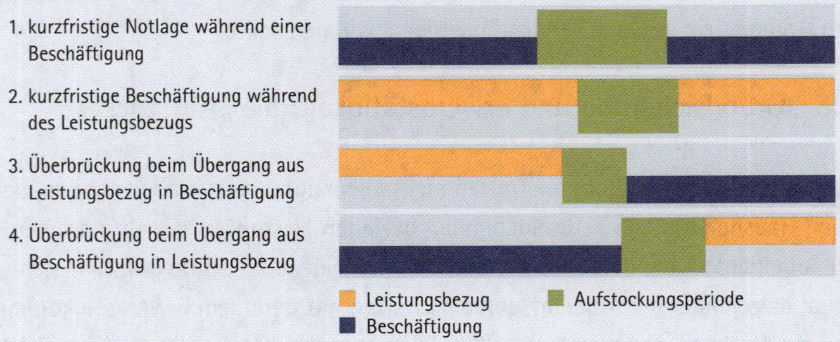

Quelle: Bruckmeier et al. 2007b. © IAB

11 Zum Konzeptvergleich siehe Bruckmeier et al. (2008): Working poor: Arm oder bedürftig? Eine Analyse zur Erwerbstätigkeit in der SGB-II-Grundsicherung mit Verwaltungsdaten, IAB-Discussion Paper Nr. 34/2008.

Übersicht 3.4

Beschäftigte Leistungsbezieher im SGB II (in Tsd.)

Jahr	Monat	Definition IAB				
		Vollzeit (VZ)	Teilzeit (TZ)	Ausbildung	Geringfügige Beschäftigung (gfB)	Gesamt
2005	Januar	188	110	44	405	747
	Februar	201	116	46	424	787
	März	210	121	47	436	814
	April	222	124	48	446	840
	Mai	227	125	49	454	855
	Juni	235	129	48	468	880
	Juli	232	129	44	471	876
	August	242	133	50	479	905
	September	246	139	64	485	933
	Oktober	248	142	68	492	950
	November	255	145	68	507	974
	Dezember	244	144	68	518	975
2006	Januar	238	146	68	515	968
	Februar	252	152	68	542	1.015
	März	264	156	68	557	1.045
	April	274	159	67	567	1.066
	Mai	289	161	66	577	1.093
	Juni	307	164	63	593	1.127
	Juli	312	165	58	593	1.128
	August	330	168	64	596	1.159
	September	328	172	75	596	1.170
	Oktober	332	175	80	593	1.180
	November	339	175	79	599	1.192
	Dezember	325	176	77	603	1.181

Administratives Panel SGB II, 255 vollständige Kreise; Statistik der Bundesagentur für Arbeit: Hochrechnung der Leistungsbezieher auf Bundesgebiet.

Quelle: Bruckmeier et al. 2008.

Übersicht 3.4 zeigt die Zeitreihe zur Entwicklung der beschäftigten Leistungsbezieher 2005 und 2006. Hinzuzurechnen sind Leistungsbezieher mit Einkommen aus selbstständiger Erwerbstätigkeit, die nach der BA-Statistik im September 2005 45.000, im Januar 2007 56.000 und im Januar 2008 89.000 Personen ausmachten. Unter den beschäftigten Mitgliedern der Bedarfsgemeinschaften befanden sich sieben Prozent in einem betrieblichen Ausbildungsverhältnis.

Zum Vergleich: Im Dezember 2004 erhielten etwa 117.000 Haushalte, in denen mindestens eine Person erwerbstätig war, Sozialhilfe. Nach den Simulationsrechnungen gab es zum gleichen Zeitpunkt 233.000 Arbeitslosenhilfe-Haushalte mit erwerbstätigen Haushaltsmitgliedern, die voraussichtlich SGB-II-Ansprüche geltend machen konnten. Dies dürfte zunächst durch die großzügigere Anrechnung von Erwerbseinkommen im SGB II begründet sein, der den Kreis der Anspruchsberechtigten ausweitete. Es ist davon auszugehen, dass im Verlauf des Jahres 2005 viele Wohngeld-Haushalte in das SGB II übergegangen sind. Bei eigenem Erwerbseinkommen konnten auf diese Weise höhere Miet- und Heizkostenzuschüsse in Anspruch genommen werden (vgl. Kapitel 1).

In welchem Umfang die Ausweitung des Niedriglohnsektors (Rhein/Stamm 2006) in Verbindung mit schärferen Kriterien für die Zumutbarkeit von Beschäftigung zum Anstieg der „Aufstocker"-Zahlen geführt hat, kann nicht nachgewiesen werden. Die bisherigen Untersuchungen von Bruckmeier et al. (2007b) zeigen, dass bei Vollzeitbeschäftigung sowohl niedrige Lohnsätze als auch die Größe der Haushalte die verbleibende Transferabhängigkeit beeinflussen.

In den Jahren 2005 und 2006 waren 2,9 Mio. Empfänger von SGB-II-Leistungen (ohne Selbstständige) mindestens einen Monat lang beschäftigt. 602 Tsd. waren mindestens zwölf Monate durchgehend beschäftigt, 131 Tsd. davon in Vollzeit-Beschäftigungsverhältnissen. Der Vergleich mit den Bestandszahlen deutet darauf hin, dass es eine hohe Fluktuation unter den beschäftigten Leistungsbeziehern gibt. Verbleibsanalysen bestätigen, dass der Parallelbezug der Transfers vielfach nur von kurzer Dauer war.

Abbildung 3.7 zeigt den Verbleib im Leistungsbezug für Aufstocker anhand der Zugänge von beschäftigten Leistungsbeziehern von Februar 2005 bis November 2006. Betrachtet wird hier nur die Dauer von parallelem Leistungsbezug und Beschäftigung unabhängig vom Zeitpunkt einer „Aufstocker-Episode". Es zeigt sich, dass der Parallelbezug bei einer Vollzeitbeschäftigung häufig schon in den ersten Monaten endet. Nach einem Monat haben bereits ca. 43 Prozent der vollzeitbeschäftigten Leistungsempfänger entweder den Leistungsbezug oder die Beschäftigung beendet. Vor allem für diese Gruppe handelt es sich bei den aufstockenden SGB-II-Leistungen somit eher um Überbrückungszahlungen bei Ausstieg aus der Bedürftigkeit. Nach sechs Monaten dauern noch ca. 23 Prozent der Episoden an.

Nach einem Jahr sind nur noch ca. 13 Prozent Vollzeitbeschäftigte ununterbrochen auf Leistungen nach dem SGB II angewiesen.

Die Abbildungen 3.7. und 3.8. zeigen, welcher Anteil der Vollzeitbeschäftigten (Abbildung 3.7.) und der geringfügig Beschäftigten (3.8.) Erwerbstätigkeit und gleichzeitigen Leistungsbezug („Aufstockung") beendet und geben Aufschluss über die Ursachen. Bei einer Vollzeitbeschäftigung endet die Aufstockung oft schon nach den ersten Monaten. So sind nach einem Monat bereits rund 43 Prozent aus dem Leistungsbezug ausgeschieden, und dies überwiegend deshalb, weil die Leistung, und nicht etwa das Beschäftigungsverhältnis endete. Nach sechs Monaten dauern nur noch etwa 23 Prozent der Aufstocker-Episoden an, nach zwölf Monaten nur noch 13 Prozent.

Ein anderes Bild ergibt sich bei geringfügig Beschäftigten. Es zeigt sich, dass die Bedürftigkeit hier deutlich länger andauert und das Ende der Aufstocker-Episoden meistens durch ein Beenden des Beschäftigungsverhältnisses verursacht ist: Bei denjenigen, die das Aufstocken beenden, geschah dies nur in 15 Prozent der Fälle wegen der Einstellung der Leistungen, bei 43 Prozent wegen Beendigung der geringfügigen Beschäftigung. Nach sechs Monaten dauern noch 43 Prozent der Episoden an.

Abbildung 3.7

Gründe für die Beendigung von Leistungsbezug und Vollzeitbeschäftigung

Beendigung des gleichzeitigen Bezugs von Leistungen nach dem SGB II und Erwerbseinkommen aus Vollzeitbeschäftigung in Gesamtdeutschland

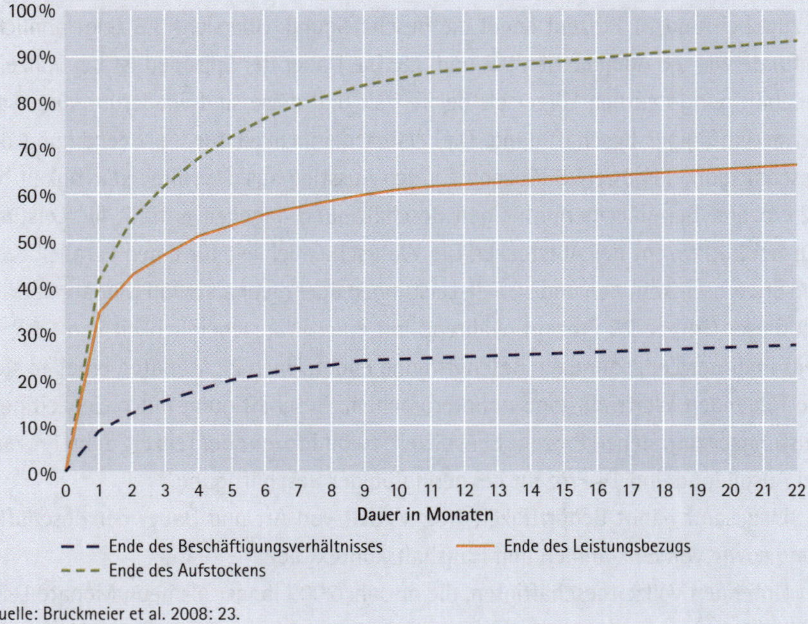

Quelle: Bruckmeier et al. 2008: 23.

Abbildung 3.8

Gründe für die Beendigung von Leistungsbezug und geringfügiger Beschäftigung

Beendigung des gleichzeitigen Bezugs von Leistungen nach dem SGB II und Erwerbseinkommen aus geringfügiger Beschäftigung in Gesamtdeutschland

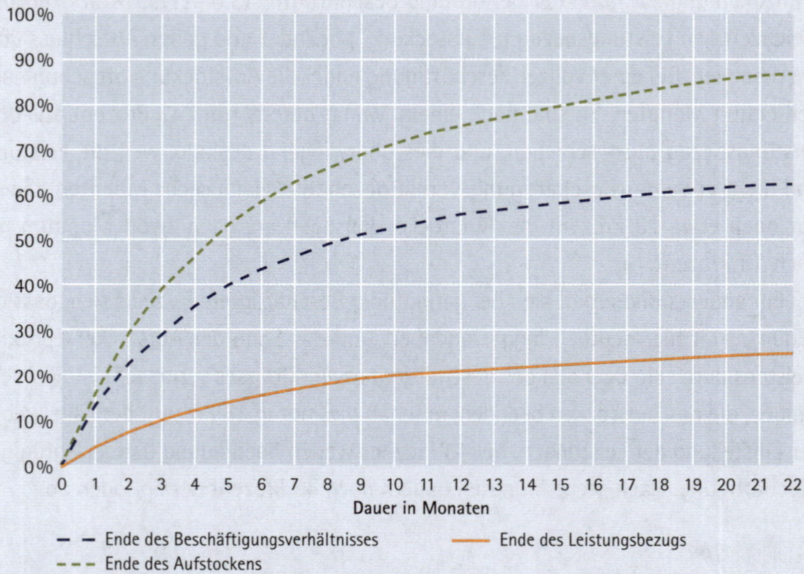

Quelle: Bruckmeier et al. 2008: 23.

Insgesamt endet bei rund 56 Prozent der betrachteten Aufstocker der Leistungsbezug, bei rund 21 Prozent endet die Beschäftigung. Übersicht 3.5 zeigt ähnliche Befunde wie die Abbildungen 3.7 und 3.8. Die Dauer der Episoden ist bei Vollzeitbeschäftigung deutlich kürzer als bei Teilzeit und diese sind wiederum kürzer als bei geringfügiger Beschäftigung. Die Wahrscheinlichkeit für die Beendigung der Beschäftigung liegt bei 25 Prozent, für den Ausstieg aus der Hilfebedürftigkeit bei 62 Prozent. Bei einer geringfügigen Beschäftigung dagegen entfällt die Leistung nur bei 20 Prozent der Aufstocker. Die Wahrscheinlichkeit für einen Parallelbezug von Erwerbseinkommen und SGB-II-Leistungen über mehr als zwölf Monate beträgt bei dieser Gruppe 25 Prozent, während mit einer Wahrscheinlichkeit von 55 Prozent in dieser Zeitspanne die Beschäftigung endet. Nach 22 Monaten ergeben sich die folgenden Werte für eine ununterbrochene Beschäftigung mit gleichzeitigem Leistungsbezug: sieben Prozent bei Vollzeit, zwölf Prozent bei Teilzeit, zehn Prozent bei Ausbildung und 14 Prozent bei geringfügiger Beschäftigung.

Insgesamt hängt Bedürftigkeit trotz Arbeit von Art und Dauer der Beschäftigung sowie von Einkommen und Haushaltskontext ab.

Unter den Vollzeitbeschäftigten, die im Jahr 2005 länger als neun Monate Leistungen bezogen haben, leben 80 Prozent in einem Paarhaushalt. Rund 51 Prozent der Beschäftigten leben in Paarhaushalten mit Kindern. Bruckmeier et al. (2007b: 5) erklären dies mit einem erhöhten Bedarf durch Partner und Kinder, höheren Kosten der Unterkunft sowie fehlender Erwerbstätigkeit des Partners. Bei den kurzfristigen Leistungsbeziehern, die vollzeiterwerbstätig sind, ist die Mehrheit (55 %) alleinstehend. Sie haben einen geringeren Bedarf als die anderen Haushaltstypen, sodass die Überwindung der Bedürftigkeit leichter fällt. Auffällig ist, dass unter den Teilzeitbeschäftigten der Frauenanteil sehr hoch ist. Ein möglicher Grund ist das Abrutschen des Ehemanns in die Arbeitslosigkeit in Paarhaushalten mit traditioneller Arbeitsteilung. So könnten Frauen, die schon länger einer Teilzeitbeschäftigung nachgehen, in den Leistungsbezug geraten sein.

Bei den Vollzeitbeschäftigten spielt die Zeitarbeit eine herausragende Rolle. Etwa ein Viertel der kurzfristigen Aufstocker – bis drei Monate – arbeitet für Zeitarbeitsunternehmen. Mehr als die Hälfte von ihnen konnte innerhalb von drei Monaten im Jahr 2005 die Hilfebedürftigkeit überwinden.

Übersicht 3.5

Verbleibswahrscheinlichkeiten und Beendigungen des Leistungsbezugs und der Beschäftigung nach zwölf Monaten in Prozent

	Verbleibswahrscheinlichkeit in Leistungsbezug und Beschäftigung	Ende des Leistungsbezugs	Ende des Beschäftigungsverhältnisses
Vollzeit	13	62	25
Teilzeit	21	48	31
Ausbildung	28	46	26
Geringfügige Beschäftigung	25	20	55

Quelle: Bruckmeier et al. 2008: 24.

3.7 Höheres ALG II und Kindergrundsicherung: Vorschläge zur Verringerung von Armut

Betroffene sind also wie beschrieben nicht nur Langzeitarbeitslose, sondern auch Personen, die ein (geringes) Erwerbseinkommen beziehen. Aber es geht immer auch um Menschen, die gar nicht direkt im Fokus öffentlicher Arbeitsmarktpolitik stehen, sondern als Angehörige bzw. als Teil einer Bedarfsgemeinschaft. Zu diesem Personenkreis gehören die Kinder. Ihre Situation ist ebenfalls Gegenstand öffentlicher Debatten im Zusammenhang mit dem SGB II. Der dritte Armuts- und Reichtumsbericht der Bundesregierung hat die generelle Frage in den Fokus der öffentlichen Diskussion gerückt, wie staatliche Transferleistungen zur Reduzierung von Armut, insbesondere Kinderarmut, beitragen können. Im IAB-Forschungsbereich „Wachstum und Demographie" gingen Feil und Wiemers (2008) der Frage nach, welche Effekte zwei gegenwärtig diskutierte Maßnahmen der Armutsprävention im Falle ihrer Umsetzung haben würden: eine Erhöhung des ALG-II-Regelsatzes von derzeit 351 auf 420 Euro sowie die Einführung einer Kindergrundsicherung (KGS) in Höhe von 300 Euro/Monat. Wir fassen im Folgenden ihre Argumentation zusammen.

Die Forscher untersuchen die Kosten sowie die Anreiz- und Verteilungswirkungen im Rahmen von Schätzungen mit dem IAB-Mikrosimulationsmodell. Reformeffekte werden als Differenz einer Basissimulation und eines Reformszenarios berechnet. Effekte des bereits beschlossenen höheren Wohngeldes und des modifizierten Kinderzuschlags werden auf der Basis des Rechtsstandes vom Juli 2008 geschätzt. Bei den Berechnungen zu den Reformvorschlägen höheres ALG II und KGS bildet der voraussichtliche Rechtsstand zum 1. Januar 2009 (also mit Wohngelderhöhung und höherem Kinderzuschlag) das Basisszenario.

Wohngelderhöhung und Kinderzuschlag

Die Simulation der Wirkungen dieser beiden bereits verabschiedeten Maßnahmen ergibt zunächst einmal auf der Kostenseite ein Volumen von ca. 1,4 Mrd. Euro. Nahezu eine dreiviertel Million Haushalte hat nach der neuen Regelung zusätzlich Anspruch auf Wohngeld. Allerdings gehen die Autoren davon aus, dass diese Zahl in der Praxis nicht erreicht wird, da das Modell von einer vollständigen Inanspruchnahme von Ansprüchen ausgeht. Damit wird sowohl der Bestand als auch der Zuwachs überschätzt, mit der Konsequenz, dass auch die Kosten geringer ausfallen dürften als in der Schätzung ausgewiesen. Mit diesen vergleichsweise geringen Kosten würde aber ein deutlicher Effekt hinsichtlich des Ziels erreicht, den Bezug von SGB-II-Leistungen zu beenden: Voraussichtlich würden etwa 325.000 Haushalte mit über 800.000 Personen aus dem Leistungsbezug ausscheiden, was sich überwiegend auf die Kosten der Unterkunft, weniger auf die Regelleistung, auswirken würde. Es sind gerade Einkommen von Familien, die durch Wohngelderhöhung und Kinderzuschlag steigen – in einigen Fällen auch über das soziokulturelle Existenzminimum. Abnehmen wird somit auch die Zahl der SGB-II-Haushalte, in denen minderjährige Kinder leben. Die beiden IAB-Autoren haben errechnet, dass so die Zahl der Minderjährigen, die über die Bedarfsgemeinschaften SGB-II-Leistungen erhalten um rund 340.000 sinken wird.

ALG-II-Erhöhung

Die Simulation einer Erhöhung des ALG II greift die Debatte auf, nach der die aktuellen Regelsätze das soziokulturelle Existenzminimum in Deutschland nicht mehr abdecken. Der Deutsche Paritätische Wohlfahrtsverband, Bündnis 90/Die Grünen und die Partei Die Linke fordern daher eine Erhöhung auf 420 Euro/Monat. Dies würde sich auch auf das Sozialgeld auswirken, das 60 bzw. 80 Prozent der Regelleistung des ALG II beträgt. Eine solche Anhebung hätte nach den Ergebnissen der Simulation gravierende fiskalische Auswirkungen. Die zusätzlichen Kosten summieren sich auf etwa zehn Mrd. Euro pro Jahr. Diese setzen sich zusammen aus ca. 3,8 Mrd. Euro für das ALG II selbst, drei Mrd. Euro für die Kosten der Unterkunft (KdU), eine Mrd. für die Sozialhilfe sowie etwa drei Mrd. Euro an Mindereinnahmen aus der Einkommenssteuer wegen der notwendigen Erhöhung des Grundfreibetrags, die aus dem gestiegenen Existenzminimum resultiert. Dem stehen Einsparungen von knapp 900 Mio. Euro bei Wohngeld und Kinderzuschlag gegenüber.

Abbildung 3.9

Verteilungseffekte einer Anhebung des ALG-II-Regelsatzes auf 420 Euro und einer Kindergrundsicherung – Ergebnisse einer IAB-Simulation

Zahlgewinnanalyse für alle Haushalte nach Dezilen, inkl. Zuschlag zur Einkommenssteuer

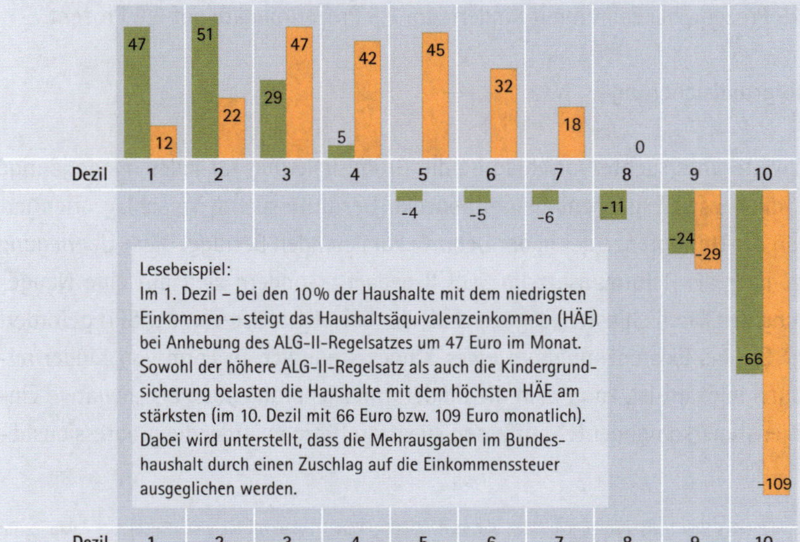

Dezil	1	2	3	4	5	6	7	8	9	10
Mittleres HÄE	608	876	1053	1223	1389	1554	1747	2005	2383	3499

■ Wirkung des höheren ALG-II-Regelsatzes auf das Haushaltsäquivalenzeinkommen (HÄE)
■ Wirkung einer Kindergrundsicherung auf das Haushaltsäquivalenzeinkommen (HÄE)

Quelle: Feil/Wiemers 2008.

Bemerkenswert ist, dass eine solche Regelung die Zahl der Anspruchsberechtigten bei den KdU um knapp zwei Mio. Personen ausweiten würde, während die der Empfänger von Wohngeld um mehr als eine Million zurückginge. Diese „wechseln sozusagen vom Wohngeldamt zur Arbeitsgemeinschaft" (Feil/Wiemers 2008: 4). Zusätzliche Probleme sehen die Autoren durch einen transferinduzierten Rückgang des Arbeitsangebots, den sie auf etwa 200.000 Vollzeitäquivalente beziffern. Hierdurch könnten überschlägig noch einmal zwei bis drei Mrd. Euro an Kosten entstehen.

Auf der Basis der Nettoäquivalenzeinkommen[12] errechnen die Autoren die Verteilungseffekte der Anhebung des Regelsatzes (ohne Berücksichtigung von Verhaltensänderungen). Dabei gehen sie davon aus, dass die Kosten der Reform durch einen Zuschlag auf die Einkommenssteuer aufgebracht werden.

Bei einer Aufteilung aller Haushalte nach ihrem Nettoeinkommen in zehn gleichgroße Gruppen (Dezile) ergibt sich ein Gewinn für die untersten Dezile und Verluste für die obersten Dezile, während sich im mittleren Bereich der Verteilung fast nichts ändert.[13] Das Armutsrisiko, gemessen als 60 Prozent des Median-Nettoäquivalenzeinkommens[14] würde bei dieser Maßnahme um zwei Prozentpunkte sinken: „damit könnte der von 2001 bis 2005 beobachtbare Anstieg der Quote (+3 Prozentpunkte ...) zu etwa zwei Dritteln rückgängig gemacht werden" (Feil/Wiemers 2008: 5). Besonders profitieren würden Haushalte mit Kindern. Bei der Gruppe der Alleinerziehenden sinkt die Armutsrisikoquote um 7,5 Prozentpunkte auf 15 Prozent, bei Paaren mit Kindern um 2,5 Prozentpunkte auf 3,6 Prozent.

Kindergrundsicherung

Der zweite untersuchte Vorschlag ist die Grundsicherung für jedes minderjährige Kind, die dessen Existenzminimum abdeckt. Der untersuchte Vorschlag orientiert sich an der Untergrenze der in der Debatte kursierenden Beträge. Diese Überlegung ist weniger als Reformansatz im SGB II gedacht, sondern zielt auf eine Neugestaltung des Familienlastenausgleichs ab, der beispielsweise von der SPD gefordert wird: „Da das Existenzminimum eines Kindes steuerlich in Form von Kinderfreibeträgen relevant ist, kann man die Kindergrundsicherung auch als „negative Einkommensteuerkomponente" auffassen, die dazu führen würde, die progressionsbe-

12 Gewichtetes Haushaltseinkommen: Nach der neuen OECD-Skala werden für die erste Person der Faktor 1, für weitere Personen ab 15 der Faktor 0,5 und für Personen unter 15 Jahren der Faktor 0,3 berechnet. Bei einem Paar würde zur Ermittlung des Äquivalenzeinkommens also das vorhandene Einkommen durch 1,5 geteilt, bei einer vierköpfigen Familie mit einem Kind über und einem Kind unter 15 durch 2,3.

13 Zum Vergleich: Die vierköpfige Familie, ein Kind über, eines unter 15, hat im untersten Dezil ein monatliches Nettoeinkommen von 1.398 Euro, im obersten Dezil eines von 8.048 Euro.

14 Der Median steht für den mittleren Wert einer Rangfolge, d. h. für den Empfänger des Medianeinkommens gilt, dass genauso viele Personen/Haushalte mehr wie weniger verdienen.

dingten Unterschiede bei der steuerlichen Entlastung zu nivellieren" (Feil/Wiemers 2008: 6). Dennoch hätte er erheblichen Einfluss auf die Einkommensverteilung im unteren Bereich, insbesondere bei Transferempfängern, da er das als Minimum für jedes Kind gezahlte Kindergeld von 154 Euro/Monat praktisch verdoppelt.

Die fiskalischen Kosten einer solchen Regelung sind beträchtlich: Beim Kindergeld entstehen Ausgaben von 20,7 Mrd. Euro, durch Einsparungen bei ALG II und KdU sowie Mehreinnahmen bei der Einkommenssteuer verbleiben Gesamtkosten von 18,3 Mrd. Euro. Etwa 440 Tsd. Personen würden das SGB II verlassen – darunter 220 Tsd. Kinder, drei Viertel von ihnen hätten Anspruch auf Wohngeld. Gerade für Minderjährige wären die Wirkungen eines solchen Schrittes beträchtlich: „Die Zahl der auf Sozialgeld bzw. auf die (teilweise) Übernahme der Warmmiete angewiesenen Minderjährigen würde um 15 Prozent sinken" (Feil/Wiemers 2008: 7). Allerdings hat die Kindergrundsicherung (KGS) keinen Einfluss auf die Armutsrisikoquote. Dies liegt daran, dass diese Regelung das Einkommen über breite Bereiche der Einkommensverteilung erhöht, womit auch der Medianlohn entsprechend ansteigt. Damit ändert sich die relative Einkommensarmut insgesamt nicht. Die spezifische Armutsrisikoquote von Alleinerziehenden sinkt jedoch um knapp vier Prozentpunkte auf 17,8 Prozent, die der Paare mit Kindern um einen Punkt auf 5,1 Prozent.

Übersicht 3.6

Armutsrisiko und Armut in Deutschland, Quoten in Prozent

	Status quo	ALG-II-Regelleistung 420 €	Kindergrundsicherung
Alle Haushalte			
Armutsrisiko (unter 60 % des Medians*)	14,8	12,8	15,0
Relative Armut (unter 50 % des Medians*)	7,7	5,0	8,1
Armut (unter 40 % des Medians*)	2,6	2,1	2,7
Armutsrisiko (unter 60 % des Medians*) von Haushalten mit Kindern			
Alleinerziehende	22,5	15,0	17,8
Paare mit Kindern	6,1	3,6	5,1

*mittleres bedarfsgewichtetes Einkommen

Quelle: Feil/Wiemers 2008.

Auswirkungen dieses Vorschlags auf das Arbeitsangebot sehen die Forscher per Saldo nicht. Die Verteilungswirkungen wären aber beträchtlich, wenn man unterstellt, dass die KGS durch die Erhebung eines Zuschlags auf die Einkommenssteuer so gestaltet wird, dass keine zusätzlichen Belastungen des Bundeshaushalts entstehen. Insbesondere in den obersten Dezilen kommt es zu Verlusten, die unteren sechs Dezile profitieren von dieser Regelung, wobei in den untersten Dezilen der Einkommenszuwachs mit 20 bzw. 37 Euro bescheiden ausfällt. Gleichzeitig führt eine solche Reform auch innerhalb der mittleren Dezile zu einer Umverteilung von Haushalten ohne (minderjährige) Kinder zu Haushalten mit Kindern.

Die Autoren kommen zu dem Schluss, dass eine Erhöhung der Regelleistung prinzipiell zu einer gleichmäßigeren Einkommensverteilung beitragen und die Armutsrisikoquote verringern würde, dass dies aber mit Kosten von zehn Mrd. Euro zu teuer erkauft wäre, zumal damit negative Anreizeffekte im Hinblick auf Arbeitsaufnahme verbunden wären. Die KGS würde noch viel höhere Kosten verursachen, ohne das relative Armutsrisiko zu senken. Daher halten sie gezielte Maßnahmen wie die Ausweitung des Kinderzuschlags und die Erhöhung des Wohngeldes für den besseren Weg.

3.8 Fazit

Es hat sich gezeigt, dass der Leistungsbezug in vielen Fällen von Dauer ist: drei Viertel der Hilfebedürftigen von Januar 2005 sind auch noch am Jahresende im Leistungsbezug, über die Hälfte auch noch Ende 2006. Aber es gibt auch eine beträchtliche Dynamik, die durch 2,7 Mio. Abgänge aus dem System deutlich wird. Am ehesten gelingt dies Paaren ohne Kinder, die größten Probleme haben Alleinerziehende. Wenn diese das System aber verlassen, kehren sie relativ selten wieder zurück. Innerhalb von zwölf Monaten sind 40 Prozent derer, die den Leistungsbezug zwischenzeitlich beenden konnten, wieder in den Bezug zurückgekehrt. Dies ist ein verhältnismäßig hoher Anteil, der Abbau der Hilfebedürftigkeit ist hier nicht nachhaltig.

Die Dynamik des Systems legt es nahe, in Erfahrung zu bringen, ob es sich vorhersehen lässt, welche Personen mit einiger Wahrscheinlichkeit vom ALG II abhängig werden. In einer Analyse der Zugänge ins System konnte zunächst gezeigt werden, dass bekannte Risikofaktoren wie Bildungsdefizite oder ungünstige Beschäftigungsverhältnisse mit niedrigem Einkommen bei den ALG-II-Beziehern häufiger vorkommen. Multivariate Analysen zeigen auch Zusammenhänge mit vorhergehendem Bezug von ALG I, Geschlecht und dem Wirtschaftszweig der letzten Beschäftigung. Die Möglichkeit, auf der Basis von Prozessdaten ALG-II-Risiken zu berechnen, gehen zwar nicht so weit, dass man sehr große Wahrscheinlichkeiten bestimmen kann. Immerhin ist es aber möglich, einen Anteil von zwölf Prozent der untersuchten Stichprobe einzugrenzen, aus denen bei den Männern zwei Drittel, bei den Frauen mehr als die Hälfte der Zugänge ins ALG II stammen.

Wir hatten im vorigen Kapitel argumentiert, dass insgesamt gesehen das SGB II keine Verarmung begünstigt, sondern in der Tendenz sogar armutspräventiv wirkt.

Für diejenigen, die mit dem Budget zurechtkommen müssen, auf das sie nach dem SGB II Anspruch haben, ist dies unter Umständen jedoch wenig tröstlich. Qualitative Studien zeigen, dass sich Bezieher-Haushalte von ALG II durchaus in mehreren Dimensionen eingeschränkt fühlen können. Dies betrifft zum einen die materielle Situation selbst, insofern als die zur Verfügung stehenden Mittel oft als inadäquat empfunden werden. Mangellagen und Versorgungsengpässe zum Monatsende wurden ebenso berichtet wie das Ersetzen von elektrischem Licht durch Haushaltskerzen. Insbesondere dort, wo die Ressourcenausstattung (materiell wie sozial) bereits vor dem ALG-II-Bezug zu wünschen übrigließ, traten solche Mangellagen verstärkt auf. Im Bereich der sozialen und kulturellen Teilhabe gibt es die Tendenz, sich aus dem sozialen Leben zurückzuziehen; mit der Gefahr von Marginalisierung und Isolation. Auch die Bildungsbeteiligung kann darunter leiden, dass notwendige Ausgaben für Lernmittel nicht aufgebracht werden können. ALG-II-Haushalte sind besonders angewiesen auf eine kulturelle und verkehrstechnische Infrastruktur, die sie häufiger in Städten finden, während im ländlichen Bereich die Wege weiter und die Angebote schlechter sind.

Diese Ergebnisse werden gestützt durch Analysen von Befragungsdaten aus dem Haushaltspanel PASS. Die materielle Grundversorgung wird durch das ALG II ganz überwiegend sichergestellt. Allerdings gibt es auch Bereiche, in denen das Versorgungsniveau bedenklich ist wie bei Winterkleidung oder rezeptfreien Medikamenten. Insbesondere unter dem Aspekt sozialer Teilhabe fällt ins Gewicht, dass viele Aktivitäten sozialer und kultureller Art mit dem Budget des ALG II nicht möglich zu sein scheinen, sodass längerfristig Prozesse der sozialen Isolation nicht auszuschließen sind. Insgesamt treten Mängel in der Grundversorgung bei ALG-II-Empfängern siebenmal so häufig auf wie bei Nicht-Beziehern. Besonders betroffen von Deprivationserfahrungen sind bildungsschwache Personen, Alleinlebende und Alleinerziehende.

Eine auffällige Entwicklung im SGB bestand im Umfang der sogenannten „Aufstocker"-Haushalte, also dem gleichzeitigen Vorkommen von Erwerbsarbeit und Leistungsbezug. Gegenstand der Diskussion war die rasante Entwicklung der Bestandszahlen, die Ende Dezember 2006 bei fast 1,2 Mio. Personen lag. Zum Teil lässt sich dies mit der Erweiterung des Kreises der Anspruchsberechtigten im neuen Recht erklären, eine gewisse Rolle dürfte besonders das Wohngeld gespielt haben. Für die Annahme, das die Ausweitung des Niedriglohnsektors eine entscheidende Rolle gespielt hätte oder dass das SGB II Löhnen unterhalb der Grenze des Existenzminimums Vorschub leistet, gibt es bislang jedoch keine Belege. Verbleibsanalysen zeigen, dass Aufstocker, die eine Vollzeitbeschäftigung eingehen, sehr viel schneller den Leistungsbezug verlassen als Leistungsbezieher mit einer Teilzeit- oder geringfügigen Beschäftigung. Dies könnte darauf hindeuten, dass das letztere Modell eher ein Einrichten im Leistungsbezug fördert. Gerade geringfügig beschäftigte Leistungsbezieher schaffen einen Abgang aus dem Leistungsbezug selten. Auch der Haushaltstyp spielt eine wichtige Rolle bei der Frage, ob und wann der Leistungsbezug beendet werden kann. Alleinstehenden Vollzeiterwerbstätigen gelingt dies eher als Paaren mit einem Verdiener, insbesondere wenn noch Kinder zu versorgen sind. Hier spielt sowohl der höhere Bedarf als auch die höheren Unterkunftskosten eine Rolle.

Daran anschließend stellt sich die Frage, ob sich durch aktuelle Vorschläge wie die Erhöhung des ALG-II-Regelsatzes oder die Einführung einer Kindergrundsicherung (KGS) die materielle Lage derer verbessern lässt, die – mit oder ohne Erwerbstätigkeit – auf Grundsicherung angewiesen sind. Die KGS würde zwar dazu führen, dass ein erheblicher Teil von Bedürftigen, besonders Minderjährige, die Grundsicherung verlassen könnten, allerdings mit erheblichen fiskalischen Kosten. Die Erhöhung des Regelsatzes würde sich nivellierend auf die Einkommensverteilung auswirken, das Armutsrisiko senken und sich insbesondere positiv auf die Haushalte mit Kindern auswirken. Neben einem negativen Effekt auf das Arbeitsangebot werden hier auch die ebenfalls hohen fiskalischen Kosten angeführt, die eine solche Erhöhung als nicht wünschenswert erscheinen lassen. Allerdings kann die Frage nach der Höhe des Regelsatzes nicht nur fiskalisch beantwortet werden. Schließlich dienen die Leistungen der Grundsicherung der Sicherung eines menschenwürdigen Lebens, „die aus dem Gebot zum Schutz der Menschenwürde in Verbindung mit dem Sozialstaatsgebot folgt" (BVerfG 1 BvR 569/05 v. 12.5.2005). Insofern wäre zunächst eine Prüfung der Frage anzustreben, ob die Grundsicherung in ihrer aktuellen Höhe diesem Basisanspruch genügt, insbesondere im Hinblick auf die soziale und kulturelle Teilhabe.

4 Aktivierung und Betreuung – Prozess und Wahrnehmungen

4.1 Einführung

Das Paradigma der Aktivierung ist zentral für die Arbeitsmarktreform, aber es gibt durchaus unterschiedliche Vorstellungen darüber, was denn nun genau damit gemeint ist. Wir wollen uns von daher zunächst um eine kurze Begriffsklärung bemühen und dann den Ablauf der Argumentation anhand dieser Definition(en) erläutern.

In der öffentlichen Diskussion versteht man unter Aktivierung hauptsächlich den stärker fordernden Teil des Maßnahmespektrums. Die vom SGB II geforderte Eigenverantwortung bedeutet in diesem Kontext eine stärkere Verpflichtung der Hilfebedürftigen, im Sinne der Vermeidung oder Beendigung der Bedürftigkeit aktiv zu werden und diese Aktivitäten nachzuweisen. Entsteht der Eindruck, dass Hilfebedürftige dieser Verpflichtung nicht nachkommen, erfolgen korrigierende Maßnahmen. Diese reichen von ermahnenden Gesprächen über die Zuweisung in Maßnahmen, die die Kooperationsbereitschaft der Hilfebedürftigen überprüfen sollen (z. B. Trainingsmaßnahmen als „Work-Test") bis hin zu Sanktionen im Bereich der passiven Leistungen. Der Gesetzgeber hat diese Definition von Aktivierung dominant im Gesetz verankert und auch die Rhetorik während der Diskussion des SGB II vor seiner Verabschiedung verleiht diesem Aktivierungsdiskurs, der das „Fordern" in den Vordergrund stellt, eine gewisse Dominanz. Äußerster Ausdruck dieses Verständnisses ist das Workfare-Konzept, nach dem die Leistung des Staates durch Transferzahlungen bereits erfolgt ist und nun eine reziproke Leistung des Transferempfängers erwartet wird. Diese besteht darin, ohne weitere Entlohnung bzw. um überhaupt in den Genuss der vollen Transferzahlung zu kommen, im Rahmen gemeinnütziger Tätigkeit zu arbeiten. Ein solches Konzept von Aktivierung, das einseitig auf Druck setzt, kann nicht für sich in Anspruch nehmen, individuelle Autonomie und Eigenverantwortung zu fördern. Ob es möglich ist, Eigenverantwortung zu erzeugen, indem man diese den Betroffenen im Prozess selbst nicht zugesteht, erscheint zunächst zweifelhaft.

Daneben gibt es jedoch einen breiteren Aktivierungsbegriff, der sehr viel stärker die Gleichgewichtigkeit und Parallelität von Fördern und Fordern betont. Dieses Konzept ist materiell im SGB II dadurch verankert, dass erwerbsfähigen Hilfebedürftigen grundsätzlich fast das gesamte Förderinstrumentarium des SGB III zur Verfügung steht. In einem solch umfassenden Verständnis bestehen im Aktivierungsprozess gegenseitige Verpflichtungen, d. h. die Hilfebedürftigen erhalten als Leistung nicht nur die materielle Absicherung ihrer Existenz, sondern haben einen

Anspruch darauf, dass ihre Bemühungen um die Integration ins Erwerbsleben unterstützt werden mit Beratungs- und Vermittlungsdienstleistungen, aber auch mit Maßnahmen, die ihre Chancen auf dem Arbeitsmarkt verbessern wie z. B. Qualifizierung. Die Ausgestaltung der Eingliederungsvereinbarung als Vertrag mit gegenseitigen Verpflichtungen ist – unabhängig von manchen Abweichungen, die sich in der Praxis feststellen lassen – zunächst einmal ebenfalls Ausdruck dieses erweiterten Verständnisses von Aktivierung. Ein solches Verständnis von Aktivierung hat das Potenzial, Eigenverantwortung zu fördern und damit im Prozess der Aktivierung das Prinzip von Autonomie und Teilhabe anzuwenden, das in der Zielbestimmung des SGB II verankert ist.[15]

Schließlich gibt es einen Begriff von Aktivierung, der quer zu diesen Definitionen liegt. Bei diesem Begriff geht es nicht darum, „wie" aktiviert wird, sondern „wer" aktiviert werden soll. Bei dieser Frage gibt es international große Unterschiede, die sich jedoch etwas anzugleichen scheinen. Eine enge Definition des zu aktivierenden Personenkreises hat den Vorteil einer größeren Homogenität; Maßnahmen können sich auf arbeitsmarktbezogene Aspekte konzentrieren und der zu betreuende Personenkreis bleibt überschaubar. Außerdem wirkt sich eine solche Definition positiv, soll sagen: senkend auf die Quote der erfassten Arbeitslosigkeit aus. Umgekehrt hat eine weite Definition zunächst einmal den Effekt, dass viele Personen ins System kommen, dadurch werden Unterbeschäftigung und soziale Problemlagen sichtbarer. Gleichzeitig wird die Klientel heterogener, was eine größere Bandbreite von Maßnahmen erfordert und die Anforderungen an individuelle Betreuung erhöht. Schließlich kommen neben den arbeitsmarktbezogenen Aspekten zunehmend auch soziale, gesundheitliche und psychologische ins Spiel, was die Komplexität weiter steigert.

Die Darstellung in diesem Kapitel beginnt mit dem internationalen Vergleich von Aktivierungsstrategien. Zunächst geht es dabei im Sinne des letztgenannten Aktivierungsbegriffs um die Frage, welche Personengruppen in beschäftigungspolitisch erfolgreichen Ländern aktiviert werden und welche Erwerbslosen in anderen Sozialsystemen „versteckt" werden. Dann werden Strategien und Politikansätze dargestellt; schließlich diskutieren wir die Frage, welche Probleme sich angesichts der zunehmenden Einbeziehung arbeitsmarktferner Gruppen in diesen Ländern ergeben und welche Konsequenzen zu ziehen sind, wenn man diese aussichtsreich und nachhaltig integrieren will.

Die Situation in Deutschland ist geprägt durch die sehr weite Definition von Erwerbsfähigkeit im Rechtskreis des SGB II, womit Deutschland bei der Frage, wer aktiviert wird, eine Sonderstellung einnimmt. Dadurch ist eine sehr heterogene

15 Zu diesem weiten, autonomiefördernden Verständnis von Aktivierung vgl. etwa Penz (2006).

Klientel im System, unter anderem waren im Januar 2005 mehr als 90 Prozent der ehemaligen Sozialhilfeempfänger im Rechtskreis SGB II. Diese wird mit statistischen Kennziffern beschrieben, besonders mit Blick auf diejenigen, die nur eine geringe Wahrscheinlichkeit auf Integration in den allgemeinen Arbeitsmarkt haben. Es folgen Ergebnisse zur Arbeitsmarktnähe der hilfebedürftigen Population, die anhand der Dimension „Konzessionsbereitschaft" beschrieben wird.

Ein wichtiger Punkt bei der Gestaltung des Aktivierungsprozesses ist die Frage, wie das Gesetz wahrgenommen wird, welche Hoffnungen und Befürchtungen es auslöst. Hierzu werden Ergebnisse einer Befragung vorgestellt, die die Situation etwa ein Jahr nach dem Systemwechsel darstellt. Die Wahrnehmung der Situation im engeren Sinne wird als Ergebnis einer qualitativen Studie vorgestellt: Wie passen eigentlich die Wahrnehmungen der Betroffenen zu den Intentionen des Gesetzes? Kann die Aktivierung gelingen, wenn die Fachkraft nicht weiß, ob diese Person den Prozess als Autonomieverlust oder als biografische Chance interpretiert? Mit diesem und den nächsten Abschnitten beziehen wir uns auf den weiteren Aktivierungsbegriff, der „Carrots and Sticks", Fördern und Fordern, einschließt.

Eine „Black Box" der Arbeitsmarktevaluation war bislang die eigentliche Fallbearbeitung, in der Hoffnungen und Befürchtungen der Betroffenen mit Strategien und Deutungsmustern der Fachkräfte zusammentreffen und wo letztendlich die Mischung aus Fördern und Fordern entsteht, mit der die Adressaten konfrontiert werden. In diesem Abschnitt werden die Ergebnisse zweier Studien vorgestellt. Die eine wurde schon vor der SGB-II-Reform begonnen und beschäftigt sich mit der „Organisationsreform der Arbeitsämter". Nach dem Inkrafttreten des SGB II wurden rechtskreisübergreifend Wahrnehmungen und Strategien der Beteiligten mithilfe qualitativer Interviews untersucht. Die Studie „Neue Soziale Dienstleistungen im SGB II" geht noch einen Schritt weiter und beobachtet direkt die Vorsprachen der Adressaten bei den Fachkräften. Beide Studien analysieren Problemfelder der Interaktion, aber auch die Angemessenheit des Aktivierungsparadigmas selbst.

Bei der Aktivierung im engeren Sinn stehen Sanktionen im Mittelpunkt der Aufmerksamkeit. Im Mittelpunkt der Forschung standen sie bislang noch nicht – überwiegend aus Datengründen. Die bislang vorliegenden Ergebnisse, eine quantitative Analyse aus der Befragung „Lebenssituation und soziale Sicherung" sowie fragmentarische Befunde aus verschiedenen qualitativen Studien, werden präsentiert. Schließlich folgt noch ein Befund, der eher den Charakter eines Merkpostens hat: Die Fallstudien lassen darauf schließen, dass die rechtliche Relevanz von Interaktionen (z. B. die Verbindlichkeit der Eingliederungsvereinbarung) oft nur als Subtext vorkommt. Sollte sich diese Beobachtung bestätigen, würde dies Fragen im Hinblick auf rechtliche Teilhabe der ALG-II-Empfänger aufwerfen.

4.2 Die Anwendung qualitativer Verfahren in der Evaluationsforschung

Da in diesem Kapitel mehrere qualitative Studien vorgestellt werden, soll hier erläutert werden, welchen Stellenwert qualitative Verfahren in der Evaluationsforschung haben und in welchem Zusammenhang sie mit den quantitativen Methoden stehen.

Evaluationsforschung zeichnet sich durch einen eklektischen Methodeneinsatz aus (von Kardorff 2006: 81). Gerade aufgrund der Vielfalt der Phänomene, die zu untersuchen sind, kann es nicht darum gehen, eine bestimmte Methode zu perfektionieren – dies ist eher Sache der universitären Grundlagenforschung. Vielmehr geht es darum, das zur Verfügung stehende Instrumentarium auf hohem Niveau auf die zu untersuchenden Fragen anzuwenden. Dabei steht immer die Frage nach der *Gegenstandsangemessenheit* im Vordergrund: die Methode soll sich nach dem Gegenstand richten und nicht umgekehrt. Eine der wesentlichen Entwicklungen in der Geschichte der Evaluation von Arbeitsmarktpolitik besteht in der zunehmenden Nutzung sogenannter qualitativer Verfahren der Sozialforschung. Diese steht wiederum in einem engen Zusammenhang mit ihrer thematischen Erweiterung: während sich bei der Evaluation der Integrationswirkung von Maßnahmen weiterentwickelte ökonometrische Methoden hervorragend eignen, haben sie bislang kein Instrumentarium beispielsweise zur Untersuchung sozialer Integration oder Ausgrenzung – jedenfalls solange es nicht überzeugend gelingt, diese für quantitative Untersuchungen zu operationalisieren. Hier kommen qualitative Verfahren zum Einsatz.

Das Verfahren der qualitativen Sozialforschung, das in der Praxis am häufigsten zum Einsatz kommt, sind leitfadengestützte Interviews: Experteninterviews erfassen spezifisches Wissen zu bestimmten Verfahren, Maßnahmen oder Rahmenbedingungen, biografische Interviews würden dagegen eher auf die Erfassung von Deutungen und Bewertungen, der Wahrnehmung von Problemlagen etc. abzielen. Die verschiedenen Interviewarten korrespondieren mit Auswertungsmethoden, die z. B. überwiegend auf die Extraktion von Fakten abstellen oder aber stärker versuchen, die Tiefenstruktur des Denkens und Handelns der Interviewten zu analysieren. Neben Interviews spielen auch Gruppendiskussionen oder teilnehmende und nichtteilnehmende Beobachtung eine wichtige Rolle.

Der Einsatzbereich qualitativer Verfahren liegt dort, wo es um theoretisch gehaltvolle Deutungen von Handlungsmustern und Interaktionsprozessen geht, wo die Wirkungen unterschiedlicher Kontexte identifiziert werden sollen und Bedingungen, die spezifische Handlungsmuster generieren. Sie sind unverzichtbar, da sie die Perspektive der Beteiligten in die Forschung einführen, da sie in der Lage sind, bislang wenig erforschte Wirklichkeitsbereiche zu erschließen und da sie zur Vertiefung und zum besseren Verständnis repräsentativer Studien beitragen können. Schließlich können sie beschreiben, wie und durch welche kausalen Pfade bestimmte Maßnahmen wirken (zum erweiterten Kausalitätsbegriff in der qualitativen Forschung vgl. Kelle 2006) und sie können zur Identifikation von Methodenproblemen der Evaluationsforschung sowie zur Aufdeckung von Validitätsbedrohungen quantitativer Verfahren verwendet werden (Kelle 2006: 83). „Eine eigenständige und besondere Qualität der qualitativen Evaluationsforschung liegt darin, dass Prozesse beobachtet, Entwicklungen dokumentiert und im Detail rekonstruiert, subjektive Sichtweisen der Betroffenen sichtbar und Interessen somit transparenter und nachvollziehbar gemacht werden" (von Kardorff 2006: 83).

Ein bekanntes Phänomen bei der Präsentation der Ergebnisse qualitativer Studien ist, dass die Ergebnisse auf großes Interesse stoßen, weil sie meist sehr dicht, konkret und nah an der Realität sind und sich diejenigen, die mit dem jeweiligen Untersuchungsbereich vertraut sind, darin wiederfinden können. Gleichzeitig haben sie aber gerade dadurch etwas Anekdotisches und provozieren zu Fragen wie: Ist das denn Wissenschaft? Ist das denn repräsentativ?

Um mit der letzten Frage zu beginnen: Qualitative Forschung ist nicht repräsentativ im statistischen Sinne, gleichwohl hat sie methodische Richtlinien für die Erfassung relevanter Variationen. Bei diesen Verfahren dominiert die Vorstellung einer inhaltlichen oder „symptomatischen" Repräsentativität. In der sogenannten „Grounded Theory" (z. B. Strauss/Corbin 1990) gibt es zu ihrer Erreichung das Vorgehen des „theoretischen Sampling", nach dem versucht wird, im Verlauf des Forschungsprozesses möglichst alle für eine Frage relevanten Fallkonstellationen zu erfassen und zu untersuchen.

Qualitative Studien in der Evaluationsforschung sind dann wissenschaftlich (wie quantitative Untersuchungen auch!), wenn sie durchdachte und klar definierte Erfolgskriterien haben, wenn sie ihre Informationen auf eine nachvollziehbare und überprüfbare Art und Weise beziehen, wenn sie ausgewiesene und anerkannte Analysemethoden verwenden und wenn sie die einzelnen Evaluationsschritte angemessen dokumentieren (vgl. Lüders 2006: 47). Es ist nicht möglich, auf ihrer Basis Aussagen über die Verteilung von Phänomenen in einer Population zu treffen, aber es können sehr wohl verallgemeinernde Aussagen getroffen werden, etwa durch die Konstruktion von Typen.

Eine Kombination qualitativer und quantitativer Verfahren kann auf verschiedene Arten nutzbringend sein (Flick 2006: 16). Sie kann der wechselseitigen Überprüfung der Ergebnisse dienen, wenn wir z. B. wie in Kapitel 3 materielle Deprivation einmal mit Befragungsdaten und einmal mit qualitativen Interviews untersuchen. Sie kann unterschiedliche Erkenntnismöglichkeiten nutzbar machen, z. B. wenn die

Wirkung von Maßnahmen quantitativ-ökonometrisch analysiert wird und im Rahmen einer qualitativen Implementationsstudie genauer untersucht wird, wie ein bestimmtes Ergebnis mit Handlungsmustern und Deutungen von Akteuren sowie mit organisatorischen Rahmenbedingungen zu tun hat.

Die Verfahren können sich gegenseitig unterstützen und Denkanstöße für weitere Arbeiten geben, indem etwa Aspekte qualitativ untersucht werden, bei denen die Interpretation quantitativer Daten an Grenzen stößt, z. B. wenn es darum geht herauszufinden, ob gute Ergebnisse einer Maßnahme durch Mitnahmeeffekte erzeugt werden. Und sie können komplementär verwendet werden, indem sie unterschiedliche Aspekte in einem komplexen Design abdecken, z. B. die Beschäftigungswirkung von Zusatzjobs (quantitativ mit Prozessdaten) und die Motivation von Betrieben, Personen in einem solchen Beschäftigungsverhältnis anzustellen (qualitativ mit Fallstudien). Für das IAB ist die Verwendung qualitativer und quantitativer Verfahren in der Evaluationsforschung unverzichtbar; die gleichzeitige und inhaltlich wie theoretische aufeinander bezogene Verwendung in einem Projekt ist jedoch bislang noch die Ausnahme.

4.3 Aktivierung im internationalen Vergleich

Deutschland ist nicht das einzige Land, in dem in den letzten Jahren Arbeitsmarktreformen durchgeführt wurden. Viele europäische Länder haben mit Ansätzen, die sich als Wandel von einer *aktiven* zu einer *aktivierenden* Arbeitsmarktpolitik beschreiben lassen, auf Finanzierungsprobleme und auf eine gewandelte Wahrnehmung des Arbeitskräftebedarfs reagiert. Allerdings sind diese Strategien in sehr unterschiedliche wohlfahrtsstaatliche Arrangements eingebettet. Im nachfolgenden Abschnitt stellen wir die unterschiedlichen Strategien und Politiken dar.

4.3.1 Definition des Aktivierungspotenzials

Bereits vor der Einführung des SGB II war in Deutschland die Zahl der „sichtbaren" Arbeitslosen deutlich höher als in einigen Ländern, denen große beschäftigungspolitische Erfolge zugeschrieben wurden, wie z. B. Dänemark, Großbritannien, Niederlande und Schweden. Dort befinden sich viel „Inaktive", d. h. Personen im erwerbsfähigen Alter, die weder arbeitslos gemeldet noch beschäftigt sind, in anderen Sicherungssystemen wie Vorruhestand, Sozialhilfe, Unterstützung bei langfristiger Krankheit oder Invalidität. Wenn man diese berücksichtigt, relativiert sich die positive Arbeitsmarktbilanz dieser Länder deutlich (vgl. Konle-Seidl/Lang 2006b: 14). So kann gezeigt werden, dass der Anteil der Bezieher von Erwerbsunfähigkeitsrenten an der Bevölkerung im erwerbsfähigen Alter in den Niederlanden 8,8 Prozent und in

Großbritannien 7,7 Prozent beträgt. Der entsprechende Wert in Deutschland liegt dagegen bei 3,1 Prozent (Konle-Seidl/Lang 2006a; siehe Abbildung 4.1). „Gerade die sogenannten „Beschäftigungswunderländer" Dänemark, Niederlande, Großbritannien und Schweden verzeichneten in den 90er Jahren jeweils stark gesunkene Arbeitslosenquoten, aber gleichzeitig ansteigende Inaktivitätsquoten" (dies. 2006d: 287).

Abbildung 4.1

Anteil der Bezieher von Sozialleistungen an der Bevölkerung im erwerbsfähigen Alter (15 bis 64 Jahre) in 2004

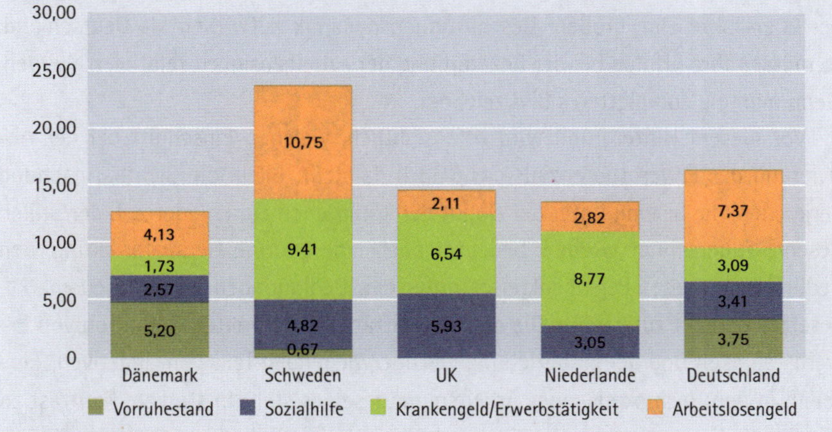

Quelle: Konle-Seidl/Lang 2006c: 286.

Entsprechende Tendenzen kann man auch verdeutlichen, wenn man die Arbeitslosenquoten und Beschäftigungsquoten abgleicht. Im Jahr 2004 war die Arbeitslosenquote bei den Geringqualifizierten in Deutschland mehr als dreimal so hoch (20,5 %) wie in Großbritannien (6,6 %). Dieser Differenz von 14 Prozentpunkten stehen aber nur gut vier Prozentpunkte Unterschied bei der Beschäftigungsquote (D: 48,6 %, GB: 53 %) gegenüber. Die verbleibende Differenz deutet auf eine höhere „verdeckte" Arbeitslosigkeit in Großbritannien hin (2006b).

Konle-Seidl und Lang kommen zu folgendem Ergebnis: „Es lassen sich vier Hauptpfade der Ausgliederung von Personen im erwerbsfähigen Alter aus dem Arbeitsmarkt unterscheiden. ...

- Frühverrentung und Vorruhestand im engeren Sinne;
- Vorzeitiger Rückzug über die Arbeitslosenversicherung durch längere Bezugsdauer von Arbeitslosenunterstützung, gleichzeitig führt das dazu, dass Ältere von Aktivierungsbemühungen ausgenommen sind;
- Vorzeitiger Rückzug über Erwerbsunfähigkeit, Erwerbsminderung bzw. langfristige Erkrankung;

- Sozialhilfe, wenn der Bezug von Fürsorgeleistungen mit keiner oder nur eingeschränkter Verpflichtung zur aktiven Suche nach Arbeit verbunden ist" (2006a: 8).

Diese Pfade werden in den europäischen Nachbarländern unterschiedlich genutzt. So wurde der Rückzug aus dem Arbeitsmarkt in der Vergangenheit in Dänemark wesentlich durch Vorruhestand und Beurlaubungsprogramme bewerkstelligt, in Schweden durch Langzeiterkrankung und in den Niederlanden und Großbritannien durch Erwerbsunfähigkeit. In Großbritannien gab es 2005 2,8-mal so viele Bezieher von Arbeitsunfähigkeitsrente (IB) wie arbeitslose Leistungsbezieher, die „Jobseeker's Allowance" (JSA) erhielten (vgl. dies. 2006a: 17). Auch wenn diese Länder seit Mitte der 90er-Jahre eine größere Beschäftigungsdynamik aufwiesen als Deutschland, so müssen ihre Erfolge bei der Bekämpfung der Arbeitslosigkeit relativiert werden, wenn man ein kompletteres Bild zeichnet.

Vor diesem Hintergrund wird offensichtlich, welchen Einschnitt bei der Aktivierung des Erwerbspotenzials das SGB II darstellt. Allein die Sichtbarmachung derjenigen, die bislang unter der Obhut der Kommunen waren oder z. T. der Stillen Reserve zugerechnet wurden, bedeutet auch eine enorme Herausforderung, den Bedürfnissen dieses Personenkreises unter den Bedingungen eines Arbeitsmarktgesetzes gerecht zu werden. Die deutsche Strategie der breiten Definition von Erwerbsfähigkeit und der Einbeziehung des überwiegenden Teils von „inaktiven" Personen in den Rechtskreis eines Arbeitsmarktgesetzes steht in starkem Kontrast zu den Strategien anderer Länder, die beschäftigungspolitisch als erfolgreich gelten.

Der Personenkreis der formal Erwerbsfähigen ist durch die weit gefasste Definition der Erwerbsfähigkeit im SGB II deutlich größer als der Kreis der unmittelbar Beschäftigungsfähigen. In dem Maße, in dem sich die Arbeitsmarktlage spürbar verbessert, verlassen zwar zunehmend auch Langzeitarbeitslose und andere Problemgruppen den ALG-II-Bezug. Dadurch könnte – auch wenn sich dies momentan empirisch noch nicht zeigen lässt – der Kreis der Hilfebezieher, die aufgrund multipler Problemlagen kaum oder nur sehr langfristig Chancen auf Integration in den regulären Arbeitsmarkt haben, deutlicher sichtbar werden.

4.3.2 Strategien und Politikansätze

Im Rahmen einer größeren Literaturstudie befassen sich Konle-Seidl und Lang (2006a–d) mit den unterschiedlichen Modellen des Umgangs mit arbeitslosen und „inaktiven" Transferbeziehern. In Dänemark, Schweden und den Niederlanden wurde das Aktivierungsprinzip seit Ende der 1990er-Jahre auch auf erwerbsfähige Sozialhilfeempfänger ausgedehnt. Bis vor kurzem waren allerdings Ältere, Alleinerziehende und Gruppen mit sozialen und gesundheitlichen Problemen unter den Hilfeempfängern davon ausgenommen. In Großbritannien können Erwerbsfähige keinen Sozialhilfeantrag stellen; dort konzentrierte man sich besonders auf die Gruppen der Älteren und Alleinerziehenden. Für die letzten Jahre konstatieren Konle-Seidl und Lang eine Umsteuerung, die einem Paradigmenwechsel gleichkommt, nämlich von einer „Ausgliederung zur Integration inaktiver Transferbezieher" (2006b: 18) Dies sei „Ausdruck der hohen fiskalischen Kosten von Inaktivität. ... Zudem hat der mit dem demographischen Wandel einhergehende künftige Arbeitskräftemangel in allen Ländern den politischen Kurswechsel forciert" (ebd.). Inzwischen wurde auch in den Ländern, die in die Studie einbezogen waren, die Definition von Erwerbsfähigkeit ausgeweitet und damit der Personenkreis, der in verpflichtende Aktivierungsprogramme einbezogen wird, vergrößert. Nirgendwo geht diese Ausweitung jedoch so weit wie in Deutschland, wo die Aktivierung der registrierten Arbeitslosen und die Einbeziehung weiterer Gruppen in einem Schwung erledigt wurden.

In allen untersuchten Ländern wird auf eine „Work-First"-Politik gesetzt. Dies bedeutet, dass Arbeit nicht nur der Vorzug vor passiven Hilfeleistungen (From Welfare to Work) gegeben wird, sondern die rasche Integration in reguläre Arbeit die Ausrichtung der Instrumente bestimmt. In Bezug auf die konkrete Ausgestaltung von Work-First-Maßnahmen unterscheiden sich die Länder graduell, aber nicht grundsätzlich (Konle-Seidl 2008).

Große Unterschiede bestehen aber nach wie vor in der Frage, wie lang die Phase des Leistungsbezugs von Arbeitslosengeld ist und wie diese ausgestaltet ist. Die bedürftigkeitsgeprüfte „Income based Jobseeker's Allowance" oder „JSA (IB)" in *Großbritannien* wird bei Erfüllung der Anspruchsvoraussetzungen unbegrenzt gewährt. Das Sicherungsniveau ist allerdings mit etwa 76 Euro/Woche für erwachsene Alleinstehende oder 120 Euro/Woche für Paare (Stand: August 2008) bescheiden (Jobcentre Plus 2008) und kann durch andere Leistungen nur geringfügig angehoben werden. In *Dänemark* beträgt seit Ende der 90er-Jahre die maximale Bezugsdauer von Arbeitslosengeld vier Jahre. Nur im ersten Jahr befinden sich die Arbeitslosen im passiven Leistungsbezug, danach beginnt eine maximal dreijährige „aktive Phase" mit verpflichtender Beteiligung an Arbeitsmarktprogrammen (Sproß/Lang 2008). Das Niveau der Leistungen blieb dabei weitgehend unverändert: „Für Geringverdiener ist das Sicherungsniveau nach Steuern nach wie vor eines der höchsten in Europa" (Eichhorst et al. 2006: 149).

Auch die *Niederlande* haben mit vier Jahren eine nach unseren Maßstäben lange Bezugsdauer des Bezugs von Arbeitslosengeld. Die lohnbezogene Anschlussleistung, die etwa unserer Arbeitslosenhilfe entsprach, wurde allerdings 2004 abgeschafft. Nach einer kurzen Übergangszeit greift dann auch dort die Sozialhilfe (Eichhorst et al. 2006). In *Schweden* trat mit den Reformen von 2007 die Beschäftigungs- und Entwicklungsgarantie in Kraft, nach der das großzügige Niveau der

Arbeitslosenversicherung in mehreren Stufen auf 65 Prozent des letzten Lohnes abgesenkt wird. Gleichzeitig sind nun alle Personen bereits nach 300 Tagen (in Ausnahmefällen ab 450 Tagen) Leistungsbezug zur Teilnahme an Programmen verpflichtet (Sproß/Lang 2008).

Großbritannien

Im Vereinigten Königreich folgt man einer abgestuften, schrittweisen Aktivierungsstrategie, nach der im Rahmen des New Deal-Programms von 1997 zunächst Jugendliche unter 25 Jahren und Langzeitarbeitslose zwischen 25 und 50 Jahren mit recht guten Erfolgen wieder ins Erwerbsleben integriert wurden. In einem zweiten Schritt werden nun Empfänger von Sozialhilfe und Erwerbsunfähigkeitsleistungen einbezogen. Bis dahin waren 80 Prozent der Leistungsbezieher in den Systemen der Arbeits- und Sozialverwaltung nicht in das „Welfare-to-Work"-Projekt der Regierung einbezogen. Mit der Umsetzung eines „New Deal for Welfare", sollen bis 2010 2,3 Mio. oder 60 Prozent der Transferempfänger wieder in reguläre Arbeit integriert werden. Als übergeordnete Zielsetzung der neuen Aktivierungsstrategie wird eine Erhöhung der Beschäftigungsquote ins Visier genommen. Im Fokus stehen dabei diejenigen Personengruppen, die sowohl geringe Beschäftigungs- als auch geringe Arbeitslosenraten, aber überdurchschnittlich hohe Inaktivitätsraten aufweisen. Dies sind insbesondere Personen mit Behinderungen mit einer Beschäftigungsquote von 49 Prozent, Geringqualifizierte (47 %), Alleinerziehende (40 %), Angehörige ethnischer Minoritäten (32 %) und Ältere ab 50 Jahren (28 %) (Konle-Seidl 2008: 96–99).

Dänemark

Auch in Dänemark wird eine Politik verfolgt, die nicht mehr auf die Reduktion, sondern auf die Ausweitung des Arbeitsangebots zielt. Zusätzliche Gruppen werden in die Aktivierung einbezogen, insbesondere Ältere und Frührentner. Andere Gruppen wie Sozialhilfeempfänger mit zusätzlichen gesundheitlichen oder psychosozialen Problemen oder Alleinerziehende sind von einer verpflichtenden Aktivierung ausgenommen. Für sie gibt es aber freiwillige Programme im Rahmen einer sozialen Aktivierung, deren Ziele sich weniger an Integration als an einer Steigerung der Beschäftigungsfähigkeit und an sozialer Stabilisierung ausrichten. Eine dänische Besonderheit sind die sogenannten „Flexjobs", eine Art sozialer Arbeitsmarkt für Menschen mit Erwerbsminderungen. Die Teilnehmer sind in zeitlich unbefristeten Beschäftigungsverhältnissen bei öffentlichen oder privaten Arbeitgebern; diese erhalten bis zu zwei Drittel des Mindestlohns als Lohnkostenzuschuss.

Ein wichtiger Reformschritt fand 2003 statt: in einer gemeinsamen Anstrengung für „Mehr Menschen in Arbeit" wurde die Erwerbsunfähigkeitsrente reformiert, Verfügbarkeitsregeln verschärft sowie Regeln und Maßnahmen für unterschiedliche Gruppen von Arbeitslosen (versichert, nicht versichert, Sozialhilfeempfänger) vereinheitlicht. Dabei wurde die Zahl der Maßnahmen stark reduziert (Sproß/Lang 2008). Für Bezieher von Arbeitslosengeld und Sozialhilfe gibt es nach dem Sozialgesetz (2003) nun drei Maßnahmearten: Beratung und Weiterqualifizierung, Unternehmenspraktikum sowie Anstellung mit Lohnkostenzuschuss (Fromm/Sproß 2008b).

Niederlande

Wesentliches Reformelement bei der Reduzierung der „Inaktiven" in den Niederlanden ist die Umorientierung bei der Gewährung von Invaliditätsleistungen. Die im Jahr 2002 neu geschaffenen „Zentren für Arbeit und Einkommen" überprüfen zunächst die verschiedenen Leistungsansprüche in den unterschiedlichen Sozialsystemen und machen sich ein Bild von der Arbeitsmarktnähe der Antragsteller. Die monatlichen Neuzugänge in die Erwerbsunfähigkeit konnten so innerhalb weniger Jahre auf ein Viertel reduziert werden (von 7.500 im Jahr 2002 auf 1.300 im Jahr 2005).

Mit der Sozialhilfereform im Jahr 2004 war ein Wandel von einer sozialen Aktivierung mit einer eher sozialpolitischen Motivation hin zu einer stärkeren Work-First-Orientierung verbunden. Die Kommunen können seitdem beim Zugang in die Sozialhilfe Sofortmaßnahmen anbieten (Sproß/Lang 2008). Für Leistungsbezieher mit Vermittlungshemmnissen werden geschützte Beschäftigungsmöglichkeiten ausgebaut. Dies betrifft sowohl private Arbeitgeber als auch spezielle Einrichtungen, die für diesen Zweck gegründet wurden. Mit der Reform der Erwerbsunfähigkeitsversicherung (2007) sind zusätzlich die Zugangsvoraussetzungen für Invaliditätsleistungen verschärft worden und auch ein Ausweichen auf andere Systeme wurde erschwert.

Schweden

Für die „Inaktiven" in Schweden gibt es neue Regeln, die zunächst einmal unterstützenden Charakter haben: Bezieher einer Erwerbsunfähigkeitsrente können seit dem Jahr 2000 probeweise arbeiten, ohne Ansprüche zu verlieren, allerdings bislang ohne großen Erfolg. Auch die Versuche, durch verbesserte Diagnostik die Zahl der langfristig Kranken zu reduzieren, waren ebenfalls nicht sehr erfolgreich. Im Jahr 2005 wurden 21 regionale Sozialversicherungsbüros zusammengelegt, um die Einhaltung einheitlicher Standards zu gewährleisten. Ein umfassendes Konzept zur Reduzierung der Fehlzeiten wegen Langzeiterkrankungen gibt es jedoch noch nicht. „Im Vergleich mit anderen Ländern ist die Leistung im Krankheitsfall sowohl generös ausgestaltet als auch einfach zu bekommen" (Konle-Seidl/Lang 2006b: 20). Sozialhilfeempfänger werden in Schweden wie in Dänemark und den Niederlanden von den Kommunen betreut. Es gab jedoch keine durchgehende Aktivierungspolitik und die Regeln gegen passives Verhalten von erwerbsfähigen Sozialhilfeempfängern wurden offensichtlich liberal gehandhabt. Ab 2006 wurden Änderungen in Richtung einer stärkeren Aktivierung eingeführt, seit Anfang 2008 gibt es für Antragsteller auf Sozialleistungen nur noch eine Anlaufstelle, die Arbeitsvermittlung.

Fromm und Sproß vertreten die These, dass sich aus den Untersuchungen jenseits der nationalen Unterschiede ein „europäischer Weg" der Aktivierung erkennen lasse (2008a: 2), etwa im Vergleich zu den USA, wo es keine Norm der Absicherung eines soziokulturellen Existenzminimums gibt. In allen untersuchten Ländern ist eine Stärkung der Reziprozitätsnorm zu beobachten, nach der der Bezug von Transferzahlungen an eigene Aktivitäten der Bezieher geknüpft wird. Diese Norm wird dabei in die jeweiligen wohlfahrtsstaatlichen Traditionen eingebettet: In den skandinavischen Ländern gilt Arbeit nicht als Mittel zum Lebensunterhalt, sondern als Basis für eine aktive Teilhabe am gesellschaftlichen Leben. In Großbritannien und den Niederlande wird dagegen eher von der Grundidee individueller Unabhängigkeit ausgegangen, die durch eine Überwindung des Transferbezugs gestärkt werden soll, was in Formulierungen wie „from dole to dignity" ausgedrückt wird.

4.3.3 Internationale Erfahrungen – Konsequenzen für Deutschland

In ihrem Forschungsbericht zu „Hilfereformen und Aktivierungsstrategien im internationalen Vergleich" analysiert Konle-Seidl (2008) neuere Entwicklungen in den oben beschriebenen Ländern und auch in den USA. Dabei betrachtet sie insbesondere die Entwicklung in „Last-Resort"-Systemen für die arbeitsmarktferneren Hilfebezieher und diskutiert Konsequenzen für Deutschland. Nachfolgend werden Ergebnisse dieser Studie zusammengefasst.

Verpflichtende Maßnahmen

Länderübergreifend zeigt sich, dass die Überprüfung der faktischen Verfügbarkeit, der potenziellen Beschäftigungsfähigkeit und der tatsächlichen Erwerbsfähigkeit eine wichtige Voraussetzung erfolgreicher Aktivierungspolitik darstellt. In einer Reihe von Experimenten zur Wirkung von strikteren Anforderungen in Bezug auf die Arbeitsuche konnte in Dänemark, Schweden und den Niederlanden eine signifikante Erhöhung der (Netto-)Übergangsraten in Beschäftigung festgestellt werden. Dabei scheinen die „Abschreckungseffekte" eines intensiven Monitorings, einer verpflichtenden Maßnahmeteilnahme oder von Sanktionen ausschlaggebender für positive Reintegrationseffekte zu sein als die eigentlichen „Treatment"-Effekte. Ein hoher Verbindlichkeitsgrad scheint aber nicht nur aus Effektivitätsgründen vorteilhaft zu sein, sondern könnte auch in solchen Fällen angezeigt sein, wo Hilfebezieher Schwierigkeiten haben, für sich selbst zu entscheiden (z. B. wegen einer psychischen Erkrankung). Beispiele aus Großbritannien und den USA zeigen aber auch, dass insbesondere für arbeitsmarktferne Gruppen unter den Hilfebeziehern, die im arbeitsmarktpolitischen Sinne nicht (unmittelbar) beschäftigungsfähig sind, Druck allein nicht ausreicht. Ohne Formen der Nachbetreuung von vermittelten Hilfebeziehern oder stärker differenzierten Maßnahmen zur Förderung der Beschäftigungsfähigkeit läuft das „Fördern und Fordern" ins Leere.

Nachhaltigkeit von „Work First"

Nach mehr als einer Dekade von „Welfare-to-Work"-Politik in Großbritannien und den USA zeigt sich, dass kurzfristig erfolgreiche Integrationsstrategien nicht zwangsläufig auch langfristig wirksam sind. Erzwungene Abgänge in „prekäre" Formen der Beschäftigung sind nicht immer von Dauer, weil sie mit „Drehtüreffekten" einhergehen. Der hohe Anteil von Wiederholern in den britischen New Deal-Programmen oder an „Wisconsin Works" zeigt, dass insbesondere die vielen Geringqualifizierten unter den Teilnehmern in einer Art „Niedriglohn- und Einstiegsjobfalle" sitzen. Dies bedeutet aber auch, dass die Philosophie der aktivierenden Sozialpolitik, nämlich dass über die Aufnahme einer Niedriglohntätigkeit der Sprung in gut bezahlte Arbeit möglich ist, nur bedingt richtig ist und dieses Instrumentarium für eine nachhaltige Überwindung von Hilfebedürftigkeit durch Integration in Arbeit nicht ausreicht. Die Länderbeispiele zeigen, dass arbeitsmarktnahe Personengruppen durch „Fördern und Fordern" bzw. Work First erfolgreich in den regulären Arbeitsmarkt integriert werden können.

Letztlich verbleiben aber arbeitsmarktfernere Personengruppen im System, die nicht in der Lage sind, eine Arbeit zu einem existenzsichernden Lohn zu bekommen. US-Studien zur langfristigen Wirkung von Weiterbildungsprogrammen im Rahmen von Work-First-Ansätzen zeigen jedoch auch, dass Geringqualifizierte durch lange Trainingseinheiten bereits nach drei bis fünf Jahren bessere Resultate in Bezug auf Beschäftigung und Einkommen erzielen als bei nur kurzfristigen Unterweisungen. Daraus kann man den Schluss ableiten, dass nicht in jedem Fall die unmittelbare Vermittlung in Arbeit langfristig die bessere Strategie darstellt.

Breite der Personengruppe

Konle-Seidl und Lang (2006b) kommen zu dem Schluss, dass in keinem der untersuchten Länder die Erfassung von Personengruppen, die zu aktivieren sind, so weit reicht wie in Deutschland. Insbesondere arbeitsmarktferne Bezieher von Sozialleistungen, d. h. Menschen mit multiplen gesundheitlichen, sozialen oder psychischen Problemen, werden in den genannten Ländern nicht oder erst in jüngster Zeit von verpflichtender Aktivierung erfasst (vgl. auch 2006c: 310). Allerdings gibt es in Dänemark und den Niederlanden Ansätze einer „sozialen Aktivierung", die zunächst einmal soziale Teilhabe sicherstellen soll, aber auch einer schrittweisen Annäherung an den Arbeitsmarkt dienen kann. Eine solche soziale Aktivierung würde aber ein differenzierteres Fallmanagement erforderlich machen und wäre auch schwer vereinbar mit einer Work-First-Strategie. In allen Ländern sind die Problemlösungsmuster zur Bekämpfung sozialer Ausgrenzung aber begrenzt. Die meisten Länder haben keinen „Plan B" für die tatsächlich nicht mehr Aktivierbaren (Konle-Seidl 2008).

In den untersuchten Ländern zeigen sich mittlerweile Probleme bei der Nachhaltigkeit der Arbeitsmarktintegrationen, von denen auch Deutschland betroffen sein könnte.[16] Hier wären Wege der „Nachbetreuung" zu entwickeln, um einen dauerhaften Verbleib in Beschäftigung zu unterstützen. So besteht eine zentrale Herausforderung darin, durch längerfristige Qualifizierungsmaßnahmen und stärker individualisierte Instrumente zur Förderung der Beschäftigungsfähigkeit den individuellen Verbleib in Arbeit und die Aufstiegsperspektiven von Menschen mit geringem Verdienstpotenzial zu erhöhen. Damit rücken Ansätze, die neben (Langzeit-)Arbeitslosigkeit auch die soziale Ausgrenzung bekämpfen, stärker in das Blickfeld. Soziale Integration zu ermöglichen, auch ohne dass die betroffenen Hilfebezieher einer regulären Erwerbstätigkeit nachgehen, wird deshalb wohl auf absehbare Zeit eine unverzichtbare Perspektive in allen Ländern sein.

4.4 Arbeitsmarktnähe und Aktivierungsbedarf der Hilfebedürftigen

Gerade wenn ein breiter Personenkreis in einen arbeitsmarktbezogenen Rechtskreis einbezogen wird, stellt sich die Frage, wie nah am Arbeitsmarkt verschiedene Gruppen und Personen sind, welche Konsequenzen sich daraus für die Aktivierung ergeben und wie sich diese auf die verschiedenen Teilhabedimensionen auswirken.

---

16 Die Zeiträume, die das IAB bislang untersucht hat (vgl. Kapitel 5) sind bislang nicht groß genug, um die Nachhaltigkeit von Integrationen abschätzen zu können.

Mit Inkrafttreten des SGB II am ersten Januar 2005 fand eine „Umdefinition" eines großen Personenkreises statt. Hunderttausende von Sozialhilfeempfängern, an die zuvor keine großen Ansprüche hinsichtlich ihrer Arbeitsbereitschaft gestellt wurden (auch wenn es dafür durchaus gesetzliche Grundlagen gab), wurden aus der Obhut der kommunalen Sozialverwaltungen entlassen und traten ihren Weg in den Verantwortungsbereich der Grundsicherungsträger an. Aus ihnen wurden innerhalb eines Wimpernschlags „erwerbsfähige Hilfebedürftige (eHb)". Dasselbe passierte auf der anderen Seite mit den Empfängern von Arbeitslosenhilfe, die zum Teil langjährige Berufserfahrung und gute Qualifikationen hatten und denen man bis dahin eine gewisse Arbeitsmarktnähe zuschreiben konnte.

Wir haben in den vergangenen Kapiteln erläutert, welchen Einfluss diese Transformation auf die Strukturen und Quantitäten im SGB II hatte und wie sich für den Personenkreis die Leistungsansprüche hinsichtlich der Sicherung des Lebensunterhalts geändert haben. In diesem Abschnitt wollen wir darlegen, um welchen Personenkreis es sich insbesondere am „unteren Ende" der vermuteten Arbeitsmarktnähe handelt. Die gesellschaftliche Debatte um ehemalige AlHi-Bezieher kreiste ja weniger um deren Einbeziehung in den Geltungsbereich eines Arbeitsmarktgesetzes als vielmehr um die materiellen Einbußen und das rasche Absenken der Transferleistungen auf das Niveau der Grundsicherung. Bei der Debatte um die eher arbeitsmarktfernen Hilfebedürftigen geht es dagegen darum, wie sinnvoll ihre Einbeziehung in ein Arbeitsmarktgesetz überhaupt ist und was erforderlich ist, um diese Personengruppe soweit möglich an den Arbeitsmarkt heranzuführen.

4.4.1 Weit gefasste Kriterien

Fakt ist, dass die Kriterien, nach denen Personen zum Geltungsbereich eines Arbeitsmarktgesetzes gehören, in Deutschland sehr weit gefasst sind. Grundlage ist die sozialversicherungsrechtliche Definition von Erwerbsunfähigkeit (volle Erwerbsminderung nach § 43 SGB VI), die Personen betrifft, die nicht mehr in der Lage sind, mindestens drei Stunden am Tag zu arbeiten. Im Umkehrschluss definiert § 8 des SGB II alle Personen, die „unter den üblichen Bedingungen des allgemeinen Arbeitsmarktes" in der Lage sind (oder in absehbarer Zeit sein werden), mindestens drei Stunden täglich erwerbstätig zu sein, als erwerbsfähig. „Soziale Einschränkungen" wie Alter, Kindererziehung, Pflege von Angehörigen, Sprachdefizite, Obdachlosigkeit oder Untersuchungshaft bilden laut Gesetzeskommentar von Mergler/Zink (Gerenkamp 2006: § 8, Rn 5,6) keine Einschränkung der Erwerbsfähigkeit. Dies gilt für alle Personen, die das 15. Lebensjahr vollendet haben bis zum Erreichen der Altersgrenze, die je nach Geburtsjahr zwischen 65 und 67 Jahren liegt.

Diese Regelung bedeutet, dass mit dem ersten Januar 2005 mehr als 90 Prozent der Sozialhilfeempfänger in den Zuständigkeitsbereich der Grundsicherung wechselten. Darunter waren auch Personen, die sehr lange arbeitslos waren, Erwachsene, die vielleicht noch nie gearbeitet hatten, Menschen, die sich als Obdachlose, Haftentlassene, Drogensüchtige etc. am Rande der Gesellschaft befanden, die der deutschen Sprache nicht mächtig waren oder weder einen Schul- noch einen Ausbildungsabschluss vorweisen konnten. Diese Personen sollten nicht nur wie bislang im Rahmen ihrer sozialen Probleme betreut, sondern im Hinblick auf Beschäftigungsfähigkeit und Integration in den Arbeitsmarkt aktiviert werden.

4.4.2 Arbeitslose mit Vermittlungshemmnissen

Diese Probleme dieses Personenkreises lassen sich statistisch nicht angemessen erfassen, dennoch ist es sinnvoll, die Fakten, die dokumentiert sind, zu verwenden, um einen Überblick über die Quantitäten bei den Personengruppen zu gewinnen, die größere Probleme auf dem Arbeitsmarkt haben. Das Arbeitslosigkeitsrisiko ist unter den Erwerbspersonen sehr ungleich verteilt: so differieren die Arbeitslosenquoten sowohl nach Qualifikation als auch nach Alter erheblich. Personen mit gesundheitlichen Einschränkungen sind ebenfalls überdurchschnittlich häufig von Arbeitslosigkeit betroffen.

Zwar steigen mit wachsender Höhe der Arbeitslosigkeit grundsätzlich die Risiken aller Beschäftigten, arbeitslos zu werden. Dennoch lassen sich Gruppen identifizieren, die ein besonders hohes Zugangsrisiko aufweisen oder lange arbeitslos bleiben. Hervorzuheben sind hier besonders Personen mit gesundheitlichen Einschränkungen, Ältere und Personen ohne Berufsausbildung. Sie stellen (auch in Kombination dieser drei Merkmale) mehr als zwei Drittel des Arbeitslosenbestandes. Auch ist in diesen Gruppen der Anteil der Langzeitarbeitslosen höher als bei Personen ohne diese Merkmale.

In diesem Zusammenhang stellt sich die Frage nach möglichen Gesundheitsproblemen von Hilfebedürftigen. Schließlich ist Nähe zum Arbeitsmarkt nicht nur eine Frage von Qualifikation, Motivation und Konzessionsbereitschaft, es müssen zunächst die körperlichen und psychischen Vorraussetzungen gegeben sein, um einen Arbeitsplatz ausfüllen zu können. Die gesundheitliche Situation von ALG-II-Beziehern wurde etwa ein Jahr nach Einführung des SGB II in der Erhebung „Lebenssituation und soziale Sicherung" erfasst (Achatz et al. 2009). Aussagen zum Gesundheitszustand im Vergleich zu Personen, die keine Arbeitsmarktprobleme haben, können auf Basis der vorliegenden Daten allerdings nicht getroffen werden, da nur ALG-II-Bezieher bzw. Personen mit Sozialhilfe- oder Arbeitslosenhilfe-Vergangenheit zur Befragungspopulation gehörten. Analysiert wurde eine Unterstichprobe aller Befragungsteilnehmer, die zum Zeitpunkt der Befragung arbeitslos waren. Ein hoher Anteil der Befragten von 80 Prozent war bereits seit mehr als drei Jahren arbeitslos. Von den ALG-II-Empfängern bejahen 45 Prozent, dass sie gesundheitliche Einschränkungen haben, dabei steigt dieser Wert mit dem Lebensalter der Befragten an (Übersicht 4.1).

Abbildung 4.2

Langzeitarbeitslose nach gesundheitlichen Einschränkungen, September 2005

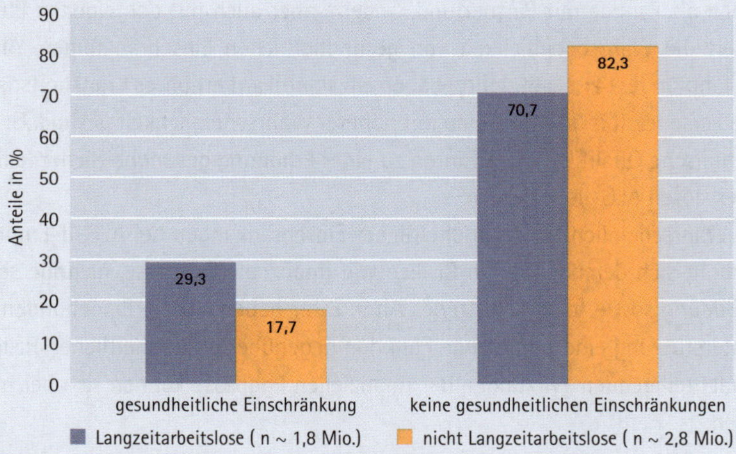

Quelle: Statistik der Bundesagentur für Arbeit, Koch/Kupka 2007.

Übersicht 4.1

Alter der ALG-II-Empfänger mit gesundheitlichen Einschränkungen

Alter	Relative Häufigkeit
Bei den unter 40-Jährigen	40
Bei den unter 40- bis 50-Jährigen	53
Bei den unter 51- bis 60-Jährigen	59
Bei den unter 61- bis 65-Jährigen	64

Quelle: Lebenssituation und soziale Sicherung 2005, Achatz et al. 2009.

Bei vielen leiden das Gesundheitsverhalten und die gesundheitliche Vorsorge unter finanziellen Engpässen: 57 Prozent der arbeitslosen ALG-II-Empfänger verzichten aus finanziellen Gründen auf regelmäßige Mahlzeiten und notwendige Kleidungsstücke, knapp die Hälfte auf Arztbesuche und den Kauf von notwendigen Medikamenten. Knapp ein Drittel der Befragten leidet unter psychischen Problemen wie häufige Traurigkeit oder Niedergeschlagenheit in den letzten 12 Monaten; junge Frauen unter 20 sind mit 41 Prozent überproportional häufig betroffen.

Multivariate Analysen ergeben eine unterschiedliche Betroffenheit von Gesundheitsproblemen, z. B. haben Frauen ein geringeres Krankheitsrisiko als Männer. Soziale Unterstützung durch Verwandte und Freunde sowie das Eingebundensein in die Familie dienen als Puffer gegen Krankheitsrisiken. Besonders das Zusammenleben als Familie mit Partner und Kindern, aber auch mit den eigenen Eltern, verringert die Wahrscheinlichkeit von gesundheitlichen Einschränkungen. Ältere ALG-II-Empfänger (41 bis 65 Jahre) haben ein signifikant erhöhtes Krankheitsrisiko, jüngere Personen (bis 30 Jahre) sind mit höherer Wahrscheinlichkeit gesund. Geringere schulische Qualifikationen führen zu einer Erhöhung gesundheitlicher Risiken bei arbeitslosen ALG-II-Beziehern.

Die Wahrscheinlichkeit gesundheitlicher Einschränkungen bei ALG-II-Empfängern erhöht sich demnach durch Risiken wie finanzielle Engpässe, niedrige schulische Bildung sowie fortgeschrittenes Alter. Zwar haben soziale Eingebundenheit und Unterstützung eine schützende Funktion gegenüber gesundheitlichen Risiken, die benachteiligenden Wirkungen der finanziellen Engpässe können sie aber nicht aufheben.

Abbildung 4.3

Langzeitarbeitslose nach Altersstruktur, September 2005

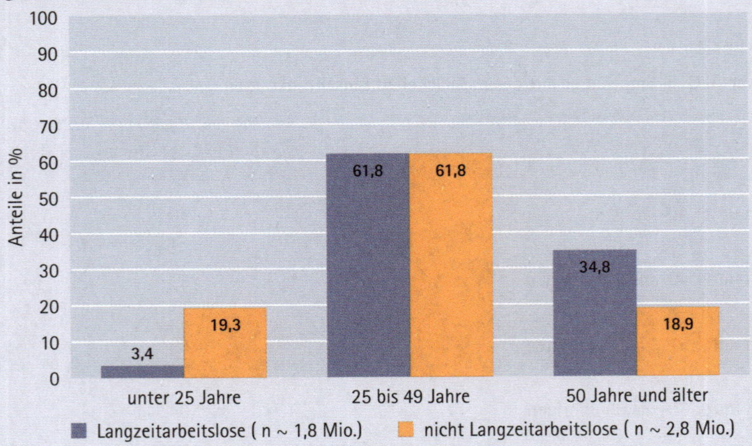

Quelle: Statistik der Bundesagentur für Arbeit, Koch/Kupka 2007.

Neben den gesundheitlich Beeinträchtigten haben auch Ältere einen höheren Anteil unter den Langzeitarbeitslosen (vgl. Kapitel 6). Dagegen ist der Anteil der Langzeitarbeitslosen unter den Personen ohne Ausbildung kaum erhöht. Dies deutet darauf hin, dass Personen ohne Berufsausbildung häufiger kurze Phasen der Arbeitslosigkeit (Mehrfacharbeitslosigkeit) erfahren.

Abbildung 4.4

Langzeitarbeitslose nach Qualifikationsstruktur, September 2005

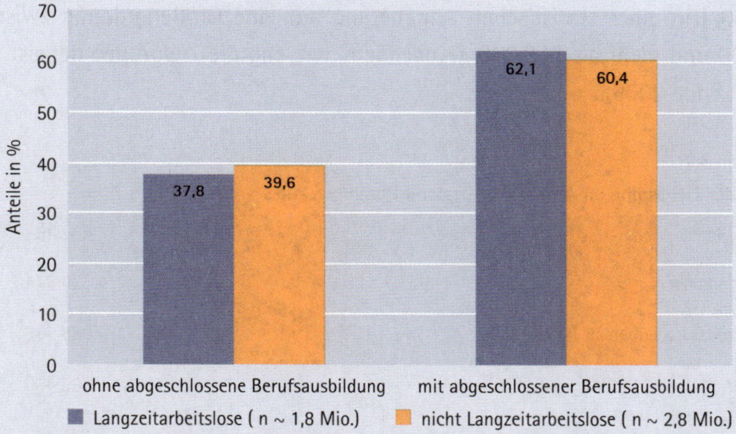

Quelle: Statistik der Bundesagentur für Arbeit, Koch/Kupka 2007.

Abbildung 4.5

Qualifikationsspezifische Arbeitslosenquoten 1975 bis 2005

Männer und Frauen, in Prozent

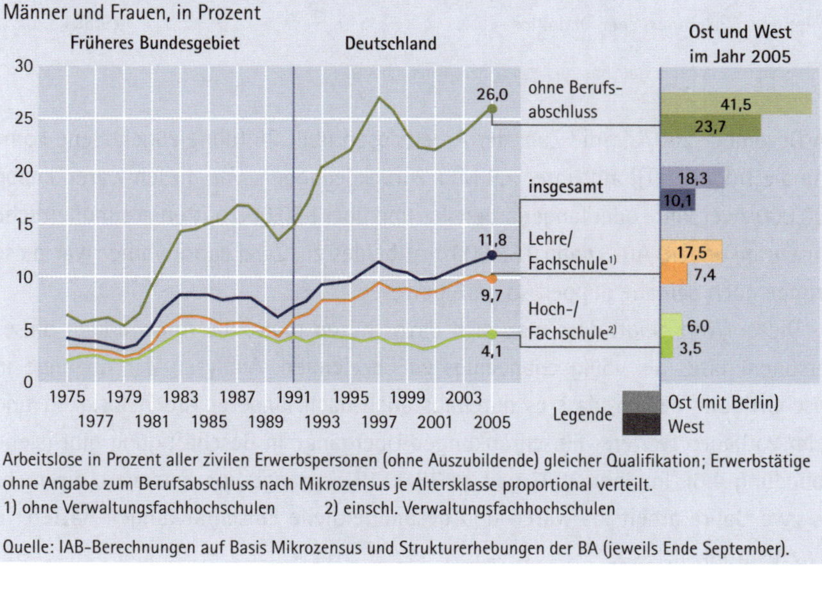

Arbeitslose in Prozent aller zivilen Erwerbspersonen (ohne Auszubildende) gleicher Qualifikation; Erwerbstätige ohne Angabe zum Berufsabschluss nach Mikrozensus je Altersklasse proportional verteilt.

1) ohne Verwaltungsfachhochschulen 2) einschl. Verwaltungsfachhochschulen

Quelle: IAB-Berechnungen auf Basis Mikrozensus und Strukturerhebungen der BA (jeweils Ende September).

Menschen ohne Berufsabschluss haben ein mehr als doppelt so hohes Risiko, arbeitslos zu sein wie der Durchschnitt der Erwerbspersonen, verglichen mit Personen, die einen Berufsabschluss (Lehre, Fachschule) haben, sogar ein mehr als dreimal so hohes Risiko. Dieses Bild zeigt sich in West- wie in Ostdeutschland, allerdings im Osten auf höherem Niveau. Formal nicht Qualifizierte weisen eine erheblich über dem Durchschnitt liegende und zudem ansteigende Arbeitslosenquote auf.

Für die Gruppe derjenigen, denen nach allgemeinem Verständnis keine Chancen auf dem regulären Arbeitsmarkt zugeschrieben werden, kommen Koch und Kupka (2007) in einer statistischen Annäherung auf eine Größenordnung zwischen 130.000 und mehr als 550.000, je nachdem, wie eng die Zielgruppe gefasst wird (Stand: Ende 2005).

Übersicht 4.2
Größe der Zielgruppe im Arbeitslosenbestand Dezember 2005

Kategorie	Anzahl
Alle Arbeitslosen	4.539.874
Alle Arbeitslosen über 25 Jahre	4.035.396
Darunter: 2 Jahre und länger arbeitslos	966.486
Darunter: mit gesundheitlichen Einschränkungen	311.446
Darunter: ohne Berufsausbildung, ohne gesundheitliche Einschränkungen	243.902
Potenzielle Zielgruppe, weite Definition	**555.348**
Potenzielle Zielgruppe, enge Definition	**129.591**

Quelle: Statistik der Bundesagentur für Arbeit, eigene Berechnungen.

Im Dezember 2007 ist die Zahl der Arbeitslosen über 25 (ohne zugelassene kommunale Träger (zkT)) auf unter 2,8 Mio. zurückgegangen. Von diesen waren knapp 700.000 zwei Jahre oder länger arbeitslos und über 550.000 hatten gesundheitliche Einschränkungen. Auf knapp 165.000 traf beides zu. Zwei Jahre vorher war diese Gruppe noch beinahe doppelt so groß gewesen.

Dieser Wert zeigt, dass man sich davor hüten muss, die Angehörigen dieses Personenkreises als völlig chancenlos zu bezeichnen. Analysen der Abgänge in Beschäftigung zeigen, dass es durchaus auch nach längerer Arbeitslosigkeit und beim Vorliegen weiterer Einschränkungen Übergänge in Beschäftigung gibt (siehe Abbildung 4.6). Im Jahr 2007 gab es 38.000 Übergänge von Personen, die mehr als zwei Jahre arbeitslos waren und gesundheitliche Einschränkungen hatten, in Erwerbstätigkeit.

Abbildung 4.6

Abgangsraten in Beschäftigung nach Arbeitslosigkeitsdauer und Rechtskreis, 2005 und 2007

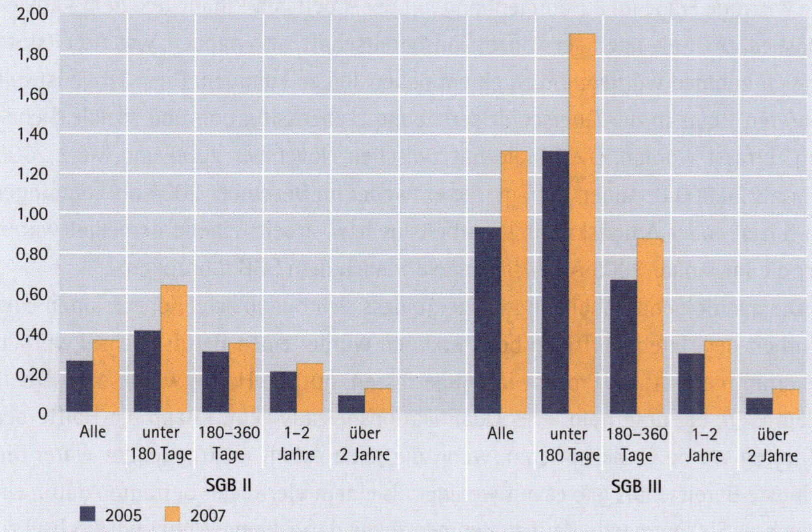

Quelle: Statistik der Bundesagentur für Arbeit, eigene Berechnungen.

Andererseits sind weniger als die Hälfte der Arbeitslosen im SGB II langzeitarbeitslos und ein beträchtlicher Teil der erwerbsfähigen Hilfebedürftigen hat zumindest zeitweilig Kontakt zum Arbeitsmarkt (siehe Kapitel 3 „Aufstocker"). Ergebnisse der qualitativen Studie „Neue Soziale Dienstleistungen im SGB II" legen nahe, dass die Nähe von Arbeitslosen zum Arbeitsmarkt sehr stark von ihrer persönlichen Situation abhängt. Die Studie fand überwiegend „vermittlungsorientierte Arbeitslose" mit hoher Motivation und Eigenaktivitäten, eine Reihe von „vermittlungsgehemmten Arbeitslosen", bei denen persönlicher Problemdruck Eigenaktivitäten oder deren Erfolg verhindert, sowie einige „resignierte Arbeitslose" mit einem Aktivierungsdefizit aufgrund langer Arbeitslosigkeit. Bemerkenswert ist dabei, dass es häufig keine Übereinstimmung dieser Zuordnung mit denen des jeweiligen Fallmanagements gab.

Nach den Ergebnissen der Zugangsanalysen scheint die Aktivierung selbst oft einer anderen Logik zu folgen als der des Aktivierungsbedarfs. So sind Jugendliche (u25) in allen Programmen überrepräsentiert, was allerdings politisch gewollt ist. Unterrepräsentiert sind dagegen Frauen in betriebsnahen Maßnahmen (v. a. westdeutsche Frauen beim Eingliederungszuschuss und in betrieblichen Trainingsmaßnahmen, Ältere (ü55) bei fast allen Maßnahmen mit Ausnahme von ABM in Ostdeutschland, Ausländer weitgehend mit der Ausnahme „Beauftragung Dritter" sowie Geringqualifizierte mit der Ausnahme ABM im Westen (im Einzelnen vgl. Kapitel 5 und 6).

4.4.3 Konzessionsbereitschaft

Eine wichtige Frage im Zusammenhang mit der Arbeitsmarktnähe und dem Aktivierungsbedarf ist die nach der Konzessionsbereitschaft, also danach, was Arbeitslose auf sich nehmen würden, um zu einem neuen Job zu kommen. Diese Frage ist mit mehreren Items in der Querschnittserhebung „Lebenssituation und soziale Sicherung" erfasst worden. Die Studie hat zwischen November 2005 und März 2006 mehr als 20.000 Personen befragt, die entweder im Dezember 2004 als Empfänger von Sozial- oder Arbeitslosenhilfe arbeitslos bzw. arbeitsuchend gemeldet waren oder die im Januar 2005 Arbeitslosengeld II nach dem SGB II bezogen.

Die nachfolgende Abbildung 4.7 zeigt, dass sich nur zu zwei Konzessionen eine Mehrheit der Hilfebedürftigen bereiterklären würde: einen Berufswechsel würden immerhin mehr als 60 Prozent ins Auge fassen, gut die Hälfte würde eine Arbeit akzeptieren, die unterhalb ihres Qualifikationsniveaus liegt. Knapp die Hälfte der Befragten würde es akzeptieren, wenn die neue Arbeit anstrengender wäre. Die geringste Bereitschaft gab es mit weniger als einem Viertel der Befragten dafür, ein geringeres Einkommen in Kauf zu nehmen sowie dafür, einen Wohnungswechsel zu akzeptieren (15 %).

Etwas andere Ergebnisse wurden auf annähernd die gleichen Fragen in der ersten Welle des Haushaltspanels PASS erzielt. Allerdings wurde hier nicht die größere Gruppe der erwerbsfähigen Hilfebedürftigen (eHb) ausgezählt, sondern die konkret Arbeitsuchenden. Zwischen zwei Dritteln und der Hälfte der Befragten waren hier bereit, geringer qualifizierte Arbeit zu akzeptieren, Belastungen wie Lärm, Schmutz oder körperliche Anstrengung zu ertragen, sich mit ungünstigen Arbeitszeiten zu arrangieren oder längere Arbeitswege in Kauf zu nehmen. Immerhin knapp 40 Prozent würden ein geringeres Einkommen akzeptieren und etwas mehr als ein Viertel würde auch den Wohnort wechseln. Fast 15 Prozent gaben sogar an, sich in den letzten vier Wochen auf Stellen beworben zu haben, für die sie hätten umziehen müssen. Dabei unterschied sich die Mobilitätsbereitschaft deutlich zwischen erwerbstätigen und nicht erwerbstätigen Befragten sowie zwischen denen, die zum Zeitpunkt der Befragung ALG II erhielten und denen, die nicht im Leistungsbezug waren. Die ALG-II-Bezieher liegen nahe am Durchschnitt, bei denen, die mehr als geringfügig beschäftigt sind, ist die Mobilitätsbereitschaft etwas größer. Bei den Nicht-Beziehern sind die Unterschiede deutlich ausgeprägter: die, die nicht oder nur geringfügig erwerbstätig sind, zeigen mit 20 Prozent die geringste Mobilitätsbereitschaft, die, die mehr als geringfügig erwerbstätig sind, mit 36 Prozent die höchste. Die Aussagen zu konkreten Bewerbungen folgen – auf niedrigerem Niveau – demselben Muster.

Abbildung 4.7

Konzessionsbereitschaft von erwerbsfähigen Hilfebedürftigen

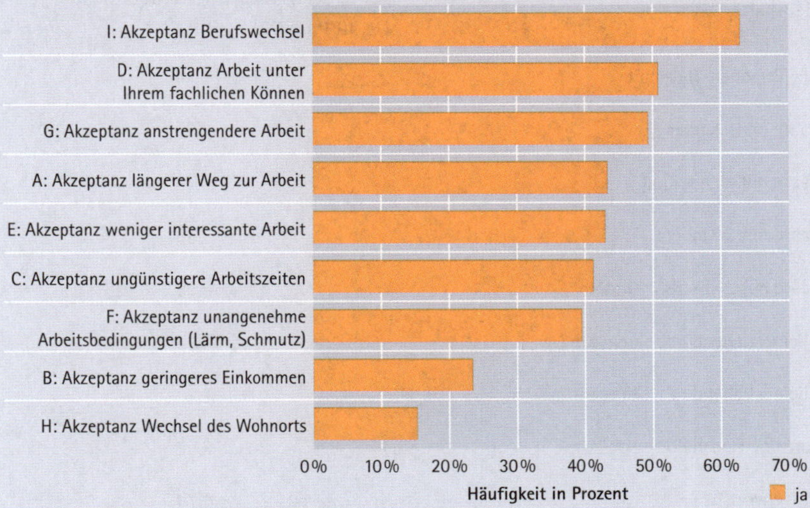

Darstellung bezieht sich auf Personen, die entweder zum Befragungszeitpunkt oder zumindest schon einmal erwerbstätig waren; „Lebenssituation und soziale Sicherung" (2005/06), eigene Darstellung.

Quelle: Bender et al. 2008.

Reservationslöhne

Näher untersucht wurde auf Basis der Erhebung „Lebenssituation und soziale Sicherung" der sogenannte Reservationslohn, d. h. der Lohn, zu dem eine arbeitslose Person gerade noch bereit ist, eine Arbeit aufzunehmen (Bender et al. 2008). Deskriptive Ergebnisse zeigen, dass der durchschnittliche Reservationslohn auf Stundenbasis bei knapp 6,80 Euro liegt, was einem Netto-Monatslohn von etwa 1.088 Euro entspricht. Dabei spielt es kaum eine Rolle, ob ein Hilfebedürftiger zum Zeitpunkt der Befragung beschäftigt oder arbeitslos ist. Die Art der Beschäftigung ist dagegen schon von Bedeutung; so hatten Personen in einer Arbeitsgelegenheit einen deutlich geringeren Reservationslohn als der Durchschnitt. Ebenfalls von Bedeutung für die Höhe des Anspruchslohns ist die Frage, ob Personen in einer Partnerschaft leben und welchen Erwerbsstatus die Partner haben. Bei alleinlebenden Personen liegt der durchschnittliche Reservationslohn bei 6,60 Euro. Bei vollzeiterwerbstätigen Partnern sinkt dieser Wert auf 6,13 Euro, bei teilzeitbeschäftigten Partnern oder solchen ohne eigene Erwerbstätigkeit steigt der Wert dagegen auf ca. 7,27 Euro an. Die Haushaltgröße hat erwartungsgemäß einen noch größeren Einfluss auf die Wahrnehmung, welches Einkommen durch Erwerbstätigkeit mindestens erzielt werden muss (Übersicht 4.3).

Übersicht 4.3

Reservationslohn nach Haushaltszusammensetzung

Haushaltsgröße	Durchschnittlicher Reservationslohn in Euro (netto)
Ein-Personen-Haushalt	6,44
Paare ohne Kinder	6,35
Paare mit einem Kind	6,73
Paare mit 2 Kindern	7,36
Paare mit mehr als 2 Kindern	7,98
Alleinerziehend mit einem Kind	6,87
Alleinerziehend mit 2 Kindern	7,26
Sonstige Haushalte	6,52
Mittelwert	**6,74**

„Lebenssituation und soziale Sicherung" (2005/06), eigene Berechnungen.
Quelle: Bender et al. 2008

Dabei scheint unabhängig vom Vorhandensein einer Partnerschaft die Zahl der Kinder den größten Einfluss zu haben: Ein-Personen-Haushalte und Paare ohne Kinder liegen ebenso dicht beieinander (6,44/6,35) wie Paare/Alleinerziehende mit einem Kind (6,73/6,87) und Paare/Alleinerziehende mit zwei Kindern (7,36/7,26). Das höchste monatliche Mindestnettoeinkommen von 1.286 Euro geben Personen in Haushalten mit mehr als zwei Kindern an. Dies entspricht einem Stunden-Reservationslohn von 7,98 Euro.

Dass aus den genannten Netto-Reservationslöhnen für die Haushaltstypen ganz unterschiedliche Anreizprobleme entstehen, zeigt ein Blick auf die zur Erzielung der Netto-Reservationslöhne erforderlichen Bruttostundenlöhne: Diese liegen zwischen gut acht Euro bei den Paaren ohne Kinder und knapp 9,5 Euro bei Alleinstehenden. Dass insbesondere für Letztere dadurch ein gravierendes Anreizproblem entstehen kann, das unabhängig von der Höhe der empfangenen Transferleistung ist, wird im Vergleich der Brutto-Reservationslöhne mit den äquivalenten Marktlöhnen deutlich. Die äquivalenten Marktlöhne geben an, wie viel ein bestimmter Haushalt – unter Berücksichtigung von Steuern, Sozialversicherung, Kindergeld und Wohngeld – brutto verdienen müsste, um netto ein Einkommen zu haben, das seiner durchschnittlichen Transferleistung entspricht (Dietz/Walwei 2007). Wie Abbildung 4.8 zeigt, liegt der äquivalente Marktlohn für Alleinstehende mit gut 4,4 Euro in einem Bereich, der kaum Probleme für eine Beschäftigungsaufnahme mit sich bringen dürfte. Mögliche Anreizprobleme erwachsen hier nicht aus der Höhe der Transferleistung, sondern aus dem hohen Anspruchslohn verbunden mit einem Steuer- und Abgabensystem, dass gerade bei Alleinstehenden zu einem hohen Abgabenkeil führt. Bei den anderen Haushaltstypen ist die Diskrepanz deutlich geringer.

Abbildung 4.8

Bruttostundenlöhne in Höhe des ALG II bei 40 Stunden pro Woche, in Euro

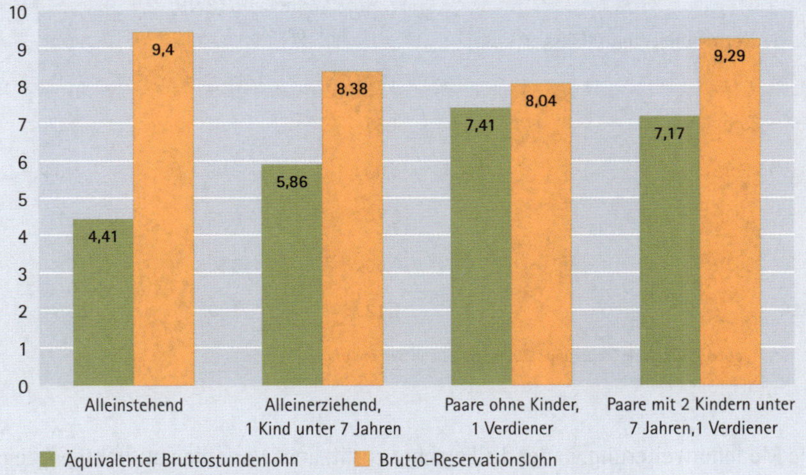

Quelle: Lebenssituation und soziale Sicherung 2005/06, eigene Berechnungen.

Wichtig bei der Analyse des Reservationslohns ist schließlich auch der Bezug auf den letzten Lohn vor der Arbeitslosigkeit, mit dem man die Reservation Wage Ratio (RWR) berechnen kann. Durchschnittlich liegt der Anspruchslohn 13 Prozent über dem mittleren Stundenlohn derjenigen, die hierzu Angaben machten. Dieser Wert ist weitgehend unabhängig von der Dauer der Arbeitslosigkeit, aber deutlich abhängig von der Höhe des zuletzt erzielten Lohnes.

Bender et al. kommen zu dem Schluss, dass ehemalige Geringverdiener „offenkundig einen höheren Lohn erzielen wollen. ... Personen mit vormals hohem Gehalt würden demnach bereit sein, bei einer Neueinstellung erhebliche Einbußen hinzunehmen" (2008: 81). Diese Bereitschaft geht aber nicht so weit, dass sie die ursprünglichen Lohnunterschiede nivellieren würde. Dementsprechend bleibt in den multivariaten Analysen der letzte Lohn – ebenso wie eine höhere Stellung im Beruf – der wichtigste Faktor bei der Erklärung des Reservationslohns. Auch eine hohe berufliche Qualifikation beeinflusst den Reservationslohn positiv, während eine schlechte regionale Arbeitsmarktlage zu einem niedrigeren Lohnanspruch führt (signifikant nur für Ostdeutschland). Wie durch die deskriptiven Ergebnisse zu erwarten, hat die Anzahl der Kinder unter 16 Jahren, die im Haushalt leben einen hochsignifikanten positiven Einfluss. Ebenfalls bestätigt werden die deskriptiven Ergebnisse, nach denen die Dauer der Arbeitslosigkeit kaum Einfluss auf den Reservationslohn hat.

Übersicht 4.4
Reservation Wage Ratio nach letztem Lohn (klassiert)

Letzter Nettostundenlohn (klassiert)	Reservation Wage Ratio (RWR) in Prozent		Anzahl
	Mittelwert	Median	
1 bis 5 Euro	1,53	1,41	987
5 bis 10 Euro	1,00	0,98	2104
10 bis 15 Euro	0,74	0,74	241
15 bis 20 Euro	0,60	0,53	22
Total	**1,13**	**100**	**3354**

„Lebenssituation und soziale Sicherung" (2005/06), eigene Berechnungen.
Quelle: Bender et al. 2008.

Eine Modellerweiterung, in der die Forscher zusätzliche Variablen aufnahmen, zeigte zunächst, dass eine höhere Transferleistung auch den Reservationslohn signifikant erhöht. Dagegen beeinflussen unterschiedliche Einstellungen zur Wichtigkeit der Arbeit oder zur Selbstverortung in der Gesellschaft den Reservationslohn kaum. Dies gilt auch für die Häufigkeit der Kontakte zur ARGE, die als ein Maß für die Betreuungsintensität in die Schätzungen aufgenommen wurde.

4.5 Wahrnehmungen, Akzeptanz und Bewältigungsstrategien bei den Betroffenen

Die Erwartung, ob eine Institution hilfreich und unterstützend ist oder ob sie denen, die sie in Anspruch nehmen (müssen) eher kontrollierend und repressiv gegenübertritt, hat einen wesentlichen Einfluss auf ihre Inanspruchnahme. Auch der Hilfeprozess selbst ist geprägt von diesen Erwartungen. Die Einführung des SGB II war begleitet von intensiven politischen Debatten, die in Vorwürfen gipfelten, „Hartz IV" schaffe „Armut per Gesetz" oder sei gar „offener Strafvollzug".[17] In den international vergleichenden Studien war herausgestellt worden, dass die Wahrnehmung der Ab-

17 So erklärte Götz Werner, Chef einer Drogeriemarktkette, in einem Interview mit dem „Stern": „Und was ist denn Hartz IV? Hartz IV ist offener Strafvollzug. Es ist die Beraubung von Freiheitsrechten. Hartz IV quält die Menschen, zerstört ihre Kreativität" (Luik 2006).

sicht, die hinter Arbeitsmarktreformen steht, in Deutschland ganz besonders kritisch ist: „Unterschiede zu Deutschland zeigen sich nicht nur auf institutioneller, sondern insbesondere auf soziokultureller Ebene: In den betrachteten Ländern ist es weit besser als in Deutschland gelungen, die unterstützenden Aspekte von Aktivierung zu betonen" (Fromm/Sproß 2008a: 3). In der öffentlichen Diskussion sei das Thema daher auch weniger negativ besetzt und nicht so umstritten wie in Deutschland.

Für Wissenschaft wie für Politik ist es daher eine zentrale Frage, wie das Gesetz eigentlich von den Betroffenen wahrgenommen wird, welche Akzeptanz es im Allgemeinen hat – und welche die mit ihm verbundenen Maßnahmen im besonderen haben, und wie die Betroffenen mit ihrer Situation umgehen. Diese Fragen wurden vom IAB sowohl im Rahmen quantitativer als auch qualitativer Forschungsprojekte untersucht.

Lebenssituation und soziale Sicherheit

Die Querschnittsbefragung „Lebenssituation und soziale Sicherung 2005", die zwischen November 2005 und März 2006 mit ca. 20.000 ALG-II- und ehemaligen Arbeitslosenhilfebeziehern durchgeführt wurde (vgl. Anhang, Abschnitt 2.2.1 dieses Berichts) enthielt Fragen, die sich auf die Integrationszuversicht wie auch auf die Wahrnehmung einer Statusabwertung bezogen (vgl. Achatz/Wenzig 2007, 2008).

Nur etwa ein Fünftel der Befragten sah kurz nach Einführung des Gesetzes durch die Zusammenlegung von Arbeitslosen- und Sozialhilfe verbesserte Integrationschancen. Ein Drittel äußerte durchweg negative Erwartungen, während der Rest keine großen Einflüsse auf seine Lebenssituation erwartet.

Die Fragen, die sich mit der Gefahr einer Statusabwertung befassen, ergeben ein gemischtes Bild der Wahrnehmung des SGB II. Insgesamt nehmen fast zwei Fünftel der Befragten eine Verschlechterung ihres Status wahr. Sie stimmen z. B. der Aussage zu, dass ihre beruflichen Erfahrungen und Leistungen nichts mehr wert sind; mehr als 40 Prozent haben die Erwartung zu verarmen. Dies sind hohe Werte; trotzdem kann man nicht von durchgehend negativen Erwartungen sprechen. Schaut man sich die Extremwerte an, so ist die Gruppe derer, die eine Abwertung ihres Status überhaupt nicht empfinden, mit 14 Prozent doppelt so groß wie die derjenigen, die eine solche Abwertung sehr stark empfinden.

Achatz differenziert die Aussagen nach soziodemografischen Merkmalen und kommt zu dem Schluss, dass Ältere, Menschen mit gesundheitlichen Problemen und Personen, die relativ arbeitsmarktnah sind, d. h., die bereits mehrere Erwerbsphasen zu verzeichnen hatten, skeptischer hinsichtlich der Einschätzung ihrer Arbeitsmarktchancen und der Lebenssituation waren. Diese Menschen bringen auch häufiger als andere die Reform mit einem Verlust des Ansehens, mit Ungerechtigkeit und Abwertung ihrer beruflichen Kenntnisse in Verbindung (vgl. Achatz/Wenzig 2008). Menschen mit geringem Bildungsniveau oder mit Migrationshintergrund haben dagegen stärker als andere die Erwartung einer Verbesserung ihrer Situation.

Abbildung 4.9
Integrationszuversicht

Durch die Zusammenlegung von Sozialhilfe und Arbeitslosenhilfe ...

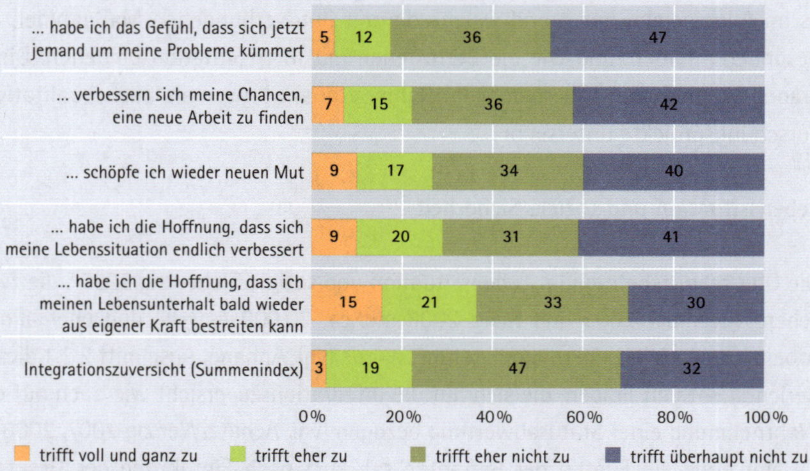

Quelle: Lebenssituation und soziale Sicherung 2005; Achatz/Wenzig 2007: 9.

Abbildung 4.10
Statusabwertung

Durch die Zusammenlegung von Sozialhilfe und Arbeitslosenhilfe ...

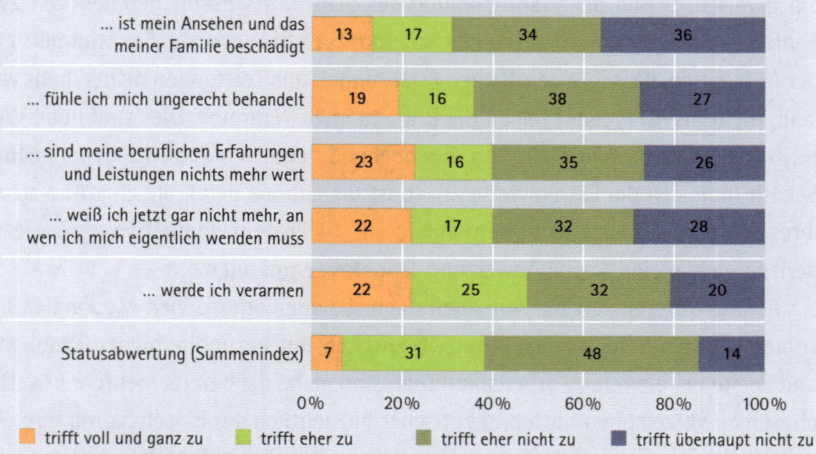

Quelle: Lebenssituation und soziale Sicherung 2005; Achatz/Wenzig 2007: 9.

Neben den soziodemografischen Merkmalen sind die bislang gemachten Erfahrungen mit dem Grundsicherungsträger von zentraler Bedeutung bei der Einschätzung der Reform: Beratungsleistungen stärken die Akzeptanz des SGB-II-Angebots durch die Betroffenen und sind sogar in der Lage, der Erwartung von Statusverlusten entgegenzuwirken. Der Abschluss von Eingliederungsvereinbarungen wirkt hingegen – zumindest in dieser frühen Phase der Reform – in die entgegengesetzte Richtung, verringert die Akzeptanz des SGB II und verstärkt das Gefühl der Statusabwertung. Die Autorin sieht darin ein Vermittlungsproblem hinsichtlich der Ziele und Wirkungen der Eingliederungsvereinbarung (EinV), es wäre aber auch denkbar, dass die Administration dieses Instruments als eher einseitig und die entsprechende Bewertung seitens der Betroffenen als Oktroi zu diesem Ergebnis beigetragen haben.

Akzeptanz und Deutung

Der Erfolg der Maßnahmen zur Aktivierung von Arbeitslosen hängt nicht nur davon ab, wie gut diese Maßnahmen zur objektiven Situation des Hilfebedürftigen passen und welche Intentionen der Leistungserbringer ihnen zugrunde liegen. Vielmehr kommt es darauf an, wie diese Maßnahmen von den Betroffenen gedeutet werden. Die eigentliche Leistungserbringung entsteht somit als sozialer Prozess; der Gegenstand „Aktivierungsmaßnahme" wird zwischen organisationalen Bedingungen, Praxis auf der Ebene der Fachkräfte und der subjektiven Aneignung der Maßnahmen durch die Betroffenen konstituiert (vgl. Wenzel 2008: 6). Damit werden nicht so sehr vermeintlich „objektive" Bedingungen, sondern die Aneignung und Bewertung der Situation durch die Betroffenen für das Gelingen oder Misslingen der Aktivierung in den Mittelpunkt gerückt. Eine solche Sichtweise ist folgenreich, weil sie komplexer ist als die Feststellung eines Aktivierungsbedarfs und die Einleitung entsprechender Maßnahmen.

Der Frage nach der Akzeptanz sozialer Dienstleistungen, und als solche sind Aktivierungsmaßnahmen zu verstehen, sind nach Wenzel folgende Fragen vorgeordnet: „Wie und als was verstehen Betroffene des SGB II die ihnen gemachten Beratungs- und Unterstützungsangebote? Welchen Sinn schreiben sie ihnen zu, in welchem Verhältnis steht dieser in der Lebenspraxis gewonnene Sinn zu den Intentionen des Gesetzestextes und den im Betreuungsprozess an sie gerichteten Erwartungen?" (Wenzel 2008: 8). Diese Fragen werden im qualitativen Projekt „Armutsdynamik und Arbeitsmarkt" (Hirseland et al. 2007) untersucht. Auf der Basis der ersten Erhebungswelle mit 106 Interviews arbeiteten die Forscher verschiedene Deutungsmuster der Wahrnehmung und Aneignung arbeitsmarktpolitischer Maßnahmen heraus.

Der erste Typus erlebt das SGB II und seine Angebote vorrangig in Form eines *Autonomieverlustes*, wie am Beispiel eines ostdeutschen Bauarbeiters erläutert wird. Dieser hat in den Anfängen seiner Arbeitslosigkeit mit einigen Freunden, seiner „Truppe", seine Situation zu bewältigen versucht und in gemeinsam besuchten Maßnahmen der Arbeitsmarktpolitik noch Perspektiven entwickelt. Nach Zerfall der „Truppe" und einigen Misserfolgserlebnissen erlebt er seinen Ein-Euro-Job als vorläufigen Endpunkt einer Abwärtsentwicklung. Dieser vermittelt ihm zwar keine Perspektiven, aber immerhin einen geregelten Tagesablauf und im privaten Bereich das temporäre Gefühl, es sei so „wie sich das gehört" (Wenzel 2008: 13). Er und seine Frau frühstücken zusammen, gehen aus dem Haus, kehren abends zurück und tauschen sich über das Erlebte aus. Das Angebot der Arbeitsgelegenheit dient also in diesem Kontext als „Surrogat gesellschaftlicher Teilhabe" (ebd. S. 14), es ersetzt die wirkliche Normalität und die Teilhabedimensionen, die nur eine wirkliche Erwerbsarbeit bieten könnte.

Dem Typus des Autonomieverlustes verwandt ist der Typ der *internen Ausgrenzung*, der dadurch charakterisiert ist, dass er den Zwangscharakter von Maßnahmen stärker empfindet als der erste Typ. Im von Wenzel zitierten Beispiel wird das SGB II negativ abgegrenzt von „der Arbeitsagentur", wo man zumindest ein kleines bisschen Hilfe bekommen habe, dagegen regiere beim SGB-II-Träger das Motto „friss oder stirb". Diese beiden Typen stellt Wenzel in den Zusammenhang einer Deutung, die die Angebote des SGB II vor dem Hintergrund einer wohlfahrtsstaatlichen Inklusion bewertet: in einem Fall als temporäre Alltagsressource und Ersatz eines normalen Lebens, im anderen Fall als „Zwangszusammenhang einer nur scheinbaren Teilhabe" (ebd. S. 15).

Vertreter weiterer Typen deuten die Maßnahmen eher in einem ökonomischen Kontext. Hierfür steht das *Workfare*-Deutungsmuster, das Maßnahmeteilnahme als Gegenleistung für die erhaltenen Transferzahlungen interpretiert oder der *Grundeinkommen*-Typus, der die Grundsicherung als gegeben hinnimmt und die Möglichkeit betont, auf dieser Basis weiteres Erwerbseinkommen zu erzielen. Der Typus der *Marktoptimierung* sieht, im Einklang mit den Intentionen des Gesetzgebers, eine Maßnahmeteilnahme als Chance zur Verbesserung der Marktsituation, während die Vertreter der *Gabenökonomie* die Angebote des Wohlfahrtsstaates als unverlangt, plötzlich über das Individuum hereinbrechend und in ihrer Wirkung unüberschaubar empfinden.

Nur einen Typus, den der *Biografieadäquanz*, bilden die Vertreter, die auf die gesellschaftliche Sphäre Bildung rekurrieren. Maßnahmen werden von diesem Typus hauptsächlich daraufhin bewertet, ob sie an das erreichte Bildungs- und Qualifikationsniveau anknüpfen und dies in sinnvoller Weise ergänzen oder nicht.

Die letzte Gruppe von Typen argumentiert moralisch. Zu ihnen gehört der Typus *soziale Entgrenzung*, der vor allem von der Furcht getrieben wird „mit als unterklassig empfundenen Personen in Berührung zu kommen und als ebensolche behandelt zu werden" (ebd. S. 17). Angehörige des Deutungsmusters *Missbrauchsvorwurf* betonen als überzogen empfundene Honorare von Leistungsanbietern oder „Lohndrückerei", die auf Zumutbarkeits- und Zuverdienstregeln des SGB II abgestimmt sei.

Die Ergebnisse des Projekts „Armutsdynamik und Arbeitsmarkt" deuten darauf hin, dass man, gerade wenn man mittels Aktivierung die Eigenanteile der Betroffenen stärken und diese in den Prozess der Integration einbeziehen will, sich nicht nur auf den von den Fachkräften erhobenen Aktivierungsbedarf stützen kann. Der Aktivierung vorgeordnet ist die Frage, wie die Angebote in die Selbst- und Weltsicht der Betroffenen eingeordnet werden und welche Bedeutung ihnen die Subjekte zuweisen. Für die Praxis würde dies bedeuten, dass eine gelingende Aktivierung sich nicht nur auf Standardisierungsinstrumente stützen dürfte, sondern auch auf eine entwickelte Deutungskompetenz der Fachkräfte. Dies müsste ggf. im Rahmen von Personalansätzen und Überlegungen zur Professionalisierung der Fachkräfte seinen Ausdruck finden.

4.6 Fallbearbeitung im SGB II: Ergebnisse qualitativer Forschung

Auch wenn die Evaluation arbeitsmarktpolitischer Maßnahmen in den letzten Jahren massive Fortschritte gemacht hat, so blieb doch ein Bereich übrig, der bislang den Status einer wissenschaftlichen Black Box hatte, nämlich die konkrete Fallbearbeitung, also die Interaktion zwischen hilfebedürftigen Bürgern und den Fachkräften der zuständigen Grundsicherungsträger. Dabei lässt sich mit guten Gründen argumentieren, dass diese Schnittstelle entscheidend dafür ist, wie das SGB II in der Praxis umgesetzt wird, wie es von den Bürgern und Bürgerinnen wahrgenommen wird und sicher auch, welcher Erfolg den gesetzlichen Bestimmungen und organisatorischen Vorgaben beschieden ist. Aus einer kritischen Sicht auf die Reformen ließe sich sogar postulieren: „Hier entscheidet sich, was an Sozialstaat überlebt und wie gesellschaftsverträglich der Modernisierungsprozess gelingt" (Göckler 2006: 41).

Aber die Fallbearbeitung lässt sich natürlich nur bedingt aus Prozessdaten herauslesen. Entsprechende Projekte müssen zu aufwendigen qualitativen Methoden greifen, etwa Interviews mit Fachkräften und Hilfebedürftigen oder Beobachtung der Interaktion selbst. Dabei sind die Fallzahlen naturgemäß klein. Entsprechende Ergebnisse liegen hauptsächlich aus zwei Projekten vor: der Studie der Universität Siegen „Organisationsreform der Arbeitsämter und neue Maßnahmen für Arbeitsuchende: Soziale Ungleichheit und Partizipationschancen Betroffener" unter Leitung von Prof. Dr. Ludwig-Mayerhofer (im Folgenden: Organisationsreform) und der Konzeptstudie „Neue Soziale Dienstleistungen im SGB II" (im Folgenden: NSDL) des Soziologischen Forschungsinstituts Göttingen unter Leitung von Dr. Peter Bartelheimer. Während die erste Studie sich auf Interviews mit den Beteiligten stützt und beide Rechtskreise umfasst, bezieht sich die Göttinger Untersuchung ausschließlich auf das SGB II und stützt sich als zentrales Erhebungsinstrument auf nicht-teilnehmende Beobachtung, die durch Interviews und Dokumentenanalyse ergänzt wird. In diesem Abschnitt werden die Ergebnisse beider Studien im Hinblick auf zentrale Dimensionen der Fallbearbeitung vorgestellt.

4.6.1 Deutungsmuster von Fachkräften und Hilfebedürftigen

Bei der Studie „Organisationsreform" ist es aufgrund ihrer Anlage nicht möglich, Aussagen ausschließlich zum SGB II zu extrahieren, da es der Anspruch der Forscher war, übergreifende Deutungsmuster in der Wahrnehmung der Fallbearbeitung zu analysieren. In der Darstellung greifen wir die Punkte heraus, die für das SGB II besonders relevant sind und verwenden nur Beispiele aus ARGEn und zkT.

Die Autoren unterscheiden drei verschiedene Deutungsmuster bei den Fachkräften. Der am häufigsten vorkommende *aktivierende* Typ ist kongruent mit den Prämissen der Arbeitsmarktpolitik, nach denen alle Arbeitslosen mit dem Ziel der Integration aktiviert werden müssen. An diesem Typ kritisieren sie, „dass in tendenziell de-autonomisierender Weise die Motivation von Arbeitslosen zum Gegenstand pädagogischer Interventionen gemacht wird" (Ludwig-Mayerhofer et al. 2008: 2). Die „naturwüchsige Pädagogik" einer persönlichen Ansprechpartnerin, die diesem Deutungsmuster zugeordnet ist, wird als „*objektiv inadäquat*, da enorm übergriffig" (ebd. S. 130, Herv. i. O.) beschrieben. Die Aktivierer zeichnen sich durch die Dimensionen „Integration durch Arbeit (egal was)" aus, durch einen Rekurs auf eine neue Reziprozität (keine Leistung ohne Gegenleistung) und die Subjektivierung von Arbeitslosigkeit, die hauptsächlich an individuellen Einstellungen und Fähigkeiten ansetzt und deren gesellschaftliche Aspekte weitgehend ausblendet. Es gibt zwar auch „einfühlsame Aktivierer" und solche, die „freundlich und bestimmt" steuern; in der Summe wird dieser Typ als recht technokratisch beschrieben.

Traditionell paternalistische Fachkräfte fühlen sich persönlich für ihre Klientel verantwortlich und spüren die Pflicht, ihnen zu helfen, „üben dabei aber soziale Kontrolle aus und ‚wissen' in letzter Instanz selbst, was für die Klienten gut ist (ebd. S. 3). Damit stehen sie auch den standardisierten Instrumenten der BA kritisch gegenüber. Die Forschergruppe fand mehr „Paternalisten" in den ARGEn als in den Agenturen und vermutet, es hätte sie dorthin gezogen, weil sie dort mehr Freiheitsgrade für ihre eher individualistischen Strategien gesehen hätten. Mit ihrer Mischung aus sich-verantwortlich-fühlen und wissen-was-richtig-ist produzieren sie häufig Umgangsweisen, die von den Forschern als übergriffig angesehen werden.

Das *sozialstaatskonservative Deutungsmuster* schließlich, definiert eine institutionelle Verantwortung für den Klienten, die aber auf der handlungspraktischen Ebene durchaus mit Verständnis für den Fall und Respekt vor dessen Autonomie einhergeht" (ebd. S. 3). Wesentlicher Ausdruck dieses Respekts ist die „Sichtweise, dass nicht alle Klienten aktiviert werden müssen" (ebd. S. 168). Sie verzichten darauf, die Chancenlosen zu „quälen", akzeptieren, dass sich ein Sozialstaat um die kümmern muss, die nicht selbst für sich sorgen können und sind nur bereit, Druck auszuüben, wenn es um die Besetzung von Arbeitsstellen geht. Sie reflektieren am stärksten die soziale Kontrolle, die sie ausüben und ihre Position in einem Herrschaftsgefüge. Ebenso sind sie nach Auffassung der Autoren am ehesten zur Perspektivübernahme (also etwa Empathie im psychologischen Sinne) in der Lage. Vertreter dieser Gruppe sind in der untersuchten Gruppe häufiger als die Paternalisten, aber deutlich in der Minderzahl gegenüber den Aktivierern. Dies sagt jedoch wenig über ihre Verteilung in der Grundgesamtheit aus.

Als zentrales Handlungsproblem für alle ‚Vermittler' sieht die Forschergruppe, dass „sie die Aktivierung der ‚Kunden' gemäß der neuen Reziprozität (einer formalen Tauschlogik) realisieren sollen, bei der die Gewährung von Leistungen an eine Gegenleistung geknüpft wird" (Ludwig-Mayerhofer et al. 2008: 179; vgl. auch Behrend et al. 2006). Dies führt dazu, dass sie sich „gegenüber ihren Klienten übergriffig und de-autonomisierend" verhalten. Insbesondere den Aktivierern, die dies in besonderer Weise tun, wird auf der anderen Seite jedoch eine größere Effizienz zugestanden, die allerdings nicht weiter ausgeführt wird.

Besonderer Ausdruck dieser reziprozitätsorientierten Logik ist der Umgang mit der EinV: „Die Eingliederungsvereinbarung wird von Arbeitsvermittlern[18] fast durchgängig asymmetrisch gehandhabt" (Ludwig-Mayerhofer et al. 2008: 4). Die Organisationsreform-Studie fand in ihren Interviews überwiegend einen Umgang mit der EinV, der stark von der Idee einer Vereinbarung unter prinzipiell gleichberechtigten Partnern abweicht. Von den Fachkräften, insbesondere vom Typ der Aktivierer, wird ein Primat ihrer eigenen Zielvorstellungen über die des Klienten betont. Dies deckt sich damit, dass der Grad von Verpflichtung sehr unterschiedlich ist und vor allem auch die Folgen bei Nichteinhaltung der EinV extrem differieren, z. B. „erneute Vorlage eines Angebots" vs. einer materiellen Sanktion. Die Betroffenen selbst wissen oft nicht um den bindenden Charakter der EinV.

Die Asymmetrie führt dazu, dass Fachkräfte oft selbst auf Distanz zu diesem Instrument gehen und Verständnis dafür äußern, wenn die Betroffenen sich dadurch gegängelt fühlen. Einige halten die Eingliederungsvereinbarung hauptsäch-

18 So werden in der Studie alle Fachkräfte mit direktem Kundenkontakt genannt, auch die persönlichen Ansprechpartner und Fallmanager im SGB II.

lich für ein Instrument bei Kunden, die selbst nicht recht wissen was sie wollen oder solchen, die tatsächlich unwillig sind. Bei anderen sind sie bemüht, den Abschluss der Vereinbarung möglichst beiläufig zu erledigen, damit die Entwicklung der Gesprächsebene möglichst wenig gestört wird. Von den interviewten Arbeitslosen wurde der Inhalt der EinV zumeist unkritisch gesehen: „Ich sage mal aber jeder der – gewillt ist zu arbeiten – der füllt das einfach aus – für mich ist das eine Formalie – damit irgend jemand in irgendeinem Büro eine Daseinsberechtigung hat" (Ludwig-Mayerhofer et al. 2008: 231). Die Forscher kommen zu dem Schluss, dass „die Eingliederungsvereinbarung für die befragten Arbeitslosen nur selten krisenhaft ist, da dort meist Forderungen festgehalten sind, denen sie auch ohne dieses Schriftstück nachkommen. Deutlich wird allerdings auch, dass die befragten Arbeitslosen fast nie von einem Aushandlungsprozess sprechen" (Ludwig-Mayerhofer et al. 2008: 233).

Mobilität

Ein wichtiges Thema der Organisationsreform-Studie ist der Anspruch an Mobilität, vor den sich die Arbeitslosen gestellt sehen, und zwar in sozioökonomischer wie in räumlicher Hinsicht. Sie berichten aus der Sicht von Fachkräften über Weigerungen von Hilfebedürftigen, Stellen anzutreten, weil in einem Fall der zu erzielende Lohn als nicht ausreichend angesehen wurde (was zu einer Sanktion führte) und in einem anderen Fall die Einstellung an eine zweiwöchige Trainingsmaßnahme geknüpft war, wozu der Betreffende nicht bereit war. In diesem Fall soll die Konsequenz in einer Zuweisung in eine Arbeitsgelegenheit bestehen (ebd. S. 268).

Bezüglich der räumlichen Mobilität berichten die Forscher, dass einige Fachkräfte mehr Verständnis für Arbeitslose mit geringer Mobilitätsbereitschaft haben als der gesetzliche Rahmen es vorsieht, beispielsweise für ältere Ostdeutsche, die an einer solchen Forderung ‚kaputt gehen' würden. Gegenüber jungen Leuten wird die Mobilitätserfordernis jedoch intensiver vertreten, wenn auch mit einem gewissen Verständnis für diejenigen, die sich damit schwertun, z. B.: „Ich, als Mutter, würd' ich auch nicht wollen, dass mein Junge weg ist oder so. Aber das nützt doch nichts" (Ludwig-Mayerhofer et al. 2008: 279). Sanktionen werden in diesen Fällen nur selten ins Auge gefasst, vielmehr geht es darum, den Arbeitslosen die Einsicht in die Notwendigkeit von Mobilität zu vermitteln. Aus Sicht der interviewten Arbeitslosen lösen die Anforderungen an Mobilität oft Ängste aus, beispielsweise sich nicht mehr hinreichend um die Kinder kümmern zu können, was auch bei einer Arbeitsaufnahme im Tagespendelbereich problematisch sein kann. Auch vorgängig negative Erfahrungen mit einer Arbeit in einer entfernten Region können zu einer Weigerung führen, in Zukunft mobil zu sein. Die Forscher sehen darin ein zu geringes Eingehen auf die jeweilige Lebenssituation der Betroffenen und kommen zu dem weitreichenden Schluss, dass „die Deutungen von Arbeitsvermittlern der Komplexität der biographischen Erfahrungen und der Lebenswelten ihrer Klienten kaum gerecht werden" (Ludwig-Mayerhofer et al. 2008: 287).

Konsequenzen

Zusammenfassend schließen die Autoren, dass es in den meisten Fällen gar keinen Unterschied zwischen dem durch die Fachkräfte vertretenen Allgemeininteresse und dem Eigeninteresse gibt, da die meisten Arbeitslosen aus Gründen der Autonomie, der persönlichen Sinngebung, aber auch, weil sie niemandem auf der Tasche liegen wollen, selbst daran interessiert sind, wieder in Arbeit zu gelangen. Sie leiten daraus die Forderung ab, anstelle von Aktivierung Autonomie und Solidarität zum Ausgangspunkt des Arbeitsbündnisses zu machen, mit der Konsequenz, den Grad der Verbindlichkeit in der Fallbearbeitung erheblich herabzusetzen (vgl. Ludwig-Mayerhofer et al. 2008: 316).

Die zweite Hauptkonsequenz besteht in einer (Teil-)Professionalisierung der Tätigkeit der Fachkräfte (siehe auch Behrend et al. 2006), die nicht einfach als bessere Qualifizierung zu verstehen ist, sondern als Ausrichtung auf die vom Klienten selbst geäußerten Probleme und deren „stellvertretenden" Bewältigung, etwa vergleichbar einem therapeutischen Setting. Dies wäre mit einer Stärkung der Deutungs- und Handlungskompetenzen der Fachkräfte verbunden, die den Einsatz standardisierter Elemente in der Fallbearbeitung weitgehend ausschlösse.

4.6.2 Aktivierung als Dienstleistung

Ausgangspunkt der Göttinger Studie „Neue Soziale Dienstleistungen im SGB II" ist der Dienstleistungsbegriff und die Frage, ob unter den rechtlichen und organisatorischen Bedingungen des SGB II eine moderne Dienstleistung, die durch die Arbeitsmarktreformen angestrebt wurde, entstehen kann. Dabei sehen sie schon den Ausgangspunkt, den das Gesetz definiert, als kritisch an: „Das SGB II stellt Fachkräfte und Adressat/inn/en vor ein Dilemma: es verlangt eine moderne Dienstleistung unter Bedingungen einseitiger, existenzieller Abhängigkeit. Von ihren Aushandlungen, für die beide Seiten informelle Spielräume nutzen müssen, hängt aber ab, ob im Rahmen der Fallbearbeitung überhaupt Beratung, Betreuung oder Vermittlung zustande kommt oder ob es beim einseitigen Verwaltungshandeln bleibt" (Baethge-Kinsky et al. 2007a: 43). Vor diesem Hintergrund macht der Bericht zentrale Probleme der Dienstleistungsqualität in der Grundsicherung für Arbeitsuchende aus (vgl. auch Baethge-Kinsky et al. 2007a; Baethge-Kinsky et al. 2007b), die im Folgenden erläutert werden.

Übersicht 4.5
Drei Standorte im Überblick

Typisierende Merkmale	Standort X	Standort Y	Standort Z
Status der Kommune	kreisfreies Oberzentrum	kreisangehörige Stadt	kreisangehörige Sonderstatusstadt
Agenturbezirk (Vergleichstypen 2005)	Regionaltyp IIIb (Bezirke mit durchschnittlicher Arbeitslosigkeit)	Regionaltyp Ia (Bezirke in Ostdeutschland mit schlechtesten Arbeitsmarktbedingungen)	Regionaltyp IIIa (Bezirke mit überdurchschnittlicher Arbeitslosigkeit, aber mäßiger Dynamik)
Regionale Typisierung des SGB-II-Trägers	Typ 7 (städtisch geprägte Gebiete mit ungünstiger Arbeitsmarktlage)	Typ 16 (sehr ländliche Gebiete mit extrem schlechter Arbeitsmarktlage und starkem Rückgang der svp. Beschäftigung)	Typ 9 (ländlich geprägte Gebiete mit durchschnittlicher Arbeitsmarktlage und leicht überdurchschnittlicher Sozialhilfequote)
Trägerschaftsmodell	Arbeitsgemeinschaft nach § 44b SGB II	Arbeitsgemeinschaft nach § 44b SGB II	zugelassener kommunaler Träger nach § 6a SGB II
Beschäftigungspakt für Ältere	Ja	Ja	Ja
Arbeitslosenquote* Jahresdurchschnitt 2005	15,3 %	20,4 % (Landkreis)	13,0 % (Landkreis)

* Bezogen auf alle Erwerbspersonen (Berechnung auf Kreisebene).
Quelle: Baethge-Kinsky et al. 2007a.

Zeitliche Verfügbarkeit der Fachkräfte

Die Studie stellte an den drei beobachteten Standorten eine große Bandbreite an Kontakthäufigkeit, Dauer und Länge der Gespräche fest. In einer ARGE war das Erstgespräch besonders lang, dort wurde in der Regel eine Eingliederungsvereinbarung abgeschlossen. In der zweiten ARGE dauerte das Zweitgespräch besonders lange, da dort erst beim zweiten Kontakt eine EinV abgeschlossen wird. In der zkT waren die Vorsprachen überwiegend kurz und beschränkten sich zumeist auf den Nachweis von Bewerbungen; ein größerer Fall der eigentlichen Fallarbeit fand dort in Maßnahmen statt.

„Die beobachtete Kontaktdichte ... ist ein Argument dafür, die Ziele und Erwartungen an Vermittlung oder Fallmanagement realistisch zu beschränken. Was sich an Unvorhergesehenem und Ungeplantem im Leben der Adressat/inn/en ereignet, muss in einen begrenzt flexiblen Zeitrahmen eingepasst und im Durchschnitt in einer Vorsprache alle sechs bis zehn Wochen besprochen und bearbeitet werden. Zweifellos steht den „persönlichen Ansprechpartnern" damit mehr Zeit zur Verfügung als den Fachkräften in den Arbeitsagenturen, aber für eine umfassende Betreuung in prekären Lebenslagen reicht dies nicht" (Baethge-Kinsky et al. 2007a: 45 f.).

Konflikt zwischen standardisierten Abläufen und Einzelfallgrundsatz

Das Dilemma, bei großen Fallzahlen eine individualisierte Dienstleistung erbringen zu müssen, führte zu verschiedenen Umgangsweisen. In einer ARGE galt es als legitim, sich auf einen Teil des Fallbestandes zu konzentrieren. Da dies über die Kundensegmentierung hinaus geschieht, wird dieses Vorgehen in der Studie als „Nachsegmentieren" bezeichnet. In der ostdeutschen ARGE mit einem weitgehend geschlossenen Arbeitsmarkt wird das Handlungsdilemma dahingehend aufgelöst, dass die Abläufe stark formalisiert und routinisiert sind.

Auch der Umgang mit der Eingliederungsvereinbarung variierte stark. In der ostdeutschen ARGE wird auch der Umgang mit diesem Instrument stark formalisiert: „Nach einer Begrüßung auf dem Flur führt der Vermittler ohne weitere Datensammlung oder vorbereitendes Gespräch in die Inhalte der EinV ein, und diese wird unmittelbar anschließend ausgedruckt und unterschrieben" (Baethge-Kinsky et al. 2007a: 47). Bei den anderen Trägern wird die EinV dagegen gründlich vorbereitet, allerdings mit dem Ergebnis, dass insgesamt in weniger als der Hälfte der Fälle (9 von 20) während des Beobachtungszeitraums eine Vereinbarung abgeschlossen wurde. In den beiden ARGEn wurde beobachtet, dass ein großer Teil der Vorsprachen von notwendigen Dateneingaben geprägt war. Trotz der Einführung von VerBIS („Vermittlungs-, Beratungs- und Informationssystem" der BA) benutzen die Vermittler dort auch eigene Abfrageroutinen. In der zkT gab es zum Zeitpunkt der Beobachtung noch kein gängiges IT-Verfahren.

Aktivierungsauftrag als hierarchische Beziehung

Die Autoren sehen im gesetzlichen Auftrag – inklusive der Möglichkeit zu sanktionieren – eine Gefährdung der ‚Handlungsform Beratung', nicht in dem Sinne, dass sie dadurch unmöglich wird, aber doch so, dass sie eine hierarchische Beziehung begründet, „die im Gespräch immer wieder hergestellt, befestigt und als Konfliktpotenzial abgemildert werden muss" (Baethge-Kinsky et al. 2007a: 49). Dies zeige sich insbesondere bei der Eingliederungsvereinbarung, deren Funktion, auch als Grundlage für Sanktionen zu dienen, die Hierarchie unumkehrbar mache.

Als nicht störend erwies sich die Hierarchie in der Fallbeobachtung dann, wenn die Fachkräfte Arbeitsmarktkompetenz bewiesen, indem sie den Klienten Stellenvorschläge unterbreiteten oder sie beim Erreichen der eigenen Ziele unterstützen. „Die Dienstleistungsbeziehung geriet dagegen immer dann erkennbar unter Druck, wenn Adressat/inn/en die Arbeitsmarktkompetenz der Fachkräfte bezweifelten oder wenn der Weg zur Arbeitsmarktintegration kontrovers blieb" (Baethge-Kinsky et al. 2007a: 51).

Dies betraf z. B. die Zuweisung zu Bewerbertrainings in den Fällen, in denen die Klienten über ausreichende Kompetenzen zu verfügen meinten oder wo es den Gepflogenheiten der angestrebten Arbeitsumgebung nicht entsprach, sich mit formellen Unterlagen zu bewerben: „Ja die lachen sich tot. ... Die sagen mir, wir wollen Sie seh'n. ... Können Sie überhaupt'n Bier zapfen? Oder ein Glas Cola einschütten? Aber die wollen nicht meinen Lebenslauf haben" (ebd.). Auch einer von zwei beobachteten Sanktionsfällen beruhte nicht auf einer vermuteten Unwilligkeit der Klientin, sondern auf einer misslungenen Kommunikation, die die Teilnehmerin einer Trainingsmaßnahme veranlasst, diese ohne vorherige Rücksprache mit der Fachkraft abzubrechen. Zwar akzeptiert diese die Gründe für den Abbruch, aber nicht die Eigenmächtigkeit der Klientin.

Aushandlung der zu bearbeitenden Themen

Das Spektrum der potenziell ansprechbaren Themen ist im SGB II größer als im SGB III. Beide Seiten können Themen ansprechen, aber die Definitionsmacht, welche Themen Gegenstand der Fachbearbeitung sind, liegt letztlich bei der Fachkraft. Beide Seiten haben auch Gründe, bestimmte Themen zu vermeiden. So wurden Klienten mit Fragen, die im Zusammenhang mit ihrer prekären materiellen Lage standen, meist an die Leistungssachbearbeitung verwiesen, die allerdings für die Hilfebedürftigen kaum zu erreichen ist. Die Fachkräfte begründen dies auch damit, dass ihnen dieses Thema (zu) nahe geht. Die Betroffenen behalten sich dagegen vor, dass bestimmte Themen, die sie ihrem Privatbereich zurechnen, in den Gesprächen mit den Fachkräften nicht behandelt werden, sei es die häusliche Arbeitsteilung in der Beziehung, Alkoholprobleme oder Schulden. Auch Fachkräfte verzichten ggf. darauf, solche Probleme zum Gegenstand der Fallbearbeitung zu machen und nehmen sie beispielsweise nicht in die EinV auf, damit sie überhaupt darüber im Gespräch bleiben können.

Arbeitsteilung zwischen Ansprechpartnern, Sachbearbeitung und fallbeteiligten Dritten

Das Versprechen, Leistungen aus einer Hand zu erhalten, wurde nach Beobachtungen der Göttinger Forscher bereits bei der internen Bearbeitung fragwürdig. Alle drei Organisationseinheiten verfolgten das Modell einer strikten organisatorischen Trennung zwischen passiven Leistungen und Beratung/Vermittlung. Dies war für die Betroffenen misslich, wenn sie Probleme hatten, aber die Leistungssachbearbeiter nicht erreichbar waren und die persönlichen Ansprechpartner sich für unzuständig erklärten. In mehreren Fällen führte die unzureichende Koordination beider Bereiche zu Problemen in der Fallbearbeitung.

Auch im Verhältnis zu Dritten gab es Probleme, wenn z. B. eine Maßnahmezuweisung auf der Basis unzureichender Informationen erfolgte oder wenn der Verweis an einen spezialisierten Dritten nicht daraufhin überprüft wird, ob der Klient auch tatsächlich dort gewesen ist: „Im Fall des verschuldeten Kraftfahrers FX3-1 erfuhr die Fallmanagerin erst, als der Familie die Wohnung bereits fristlos gekündigt war, dass der Adressat nicht in der Schuldnerberatung ‚angekommen' war, und auch die Verweisung an die Sachbearbeiterin (die den Mietrückstand durch Anrechnung überzahlter Leistungen verschärfte) und an die kommunale Wohnungsfachstelle (die wieder an die Schuldnerberatung verwies) führte nicht zur Problembearbeitung" (Baethge-Kinsky et al. 2007a: 58).

Rechtsunsicherheit in der Fallbearbeitung

Der breite Ermessenspielraum der Fachkräfte trägt dazu bei, dass viele Anliegen adäquat und problembezogen behandelt werden können, er muss sich jedoch auch an der Forderung nach Rechtssicherheit für die betroffenen Bürgerinnen und Bürger messen lassen. Hier sehen die Forscher des SOFI das Problem, dass viele gesprächsförmige Aushandlungen, die zwischen den Beteiligten stattfinden, einen rechtlichen Subtext haben, der aber zumindest den Betroffenen nicht klar ist und der deshalb auch nicht bearbeitet werden kann. So lassen sich Eingliederungsleistungen weder beantragen noch kann gegen eine Ablehnung Widerspruch eingelegt werden.[19] Selbst der rechtlich bindende Charakter der EinV wurde in mehreren Fällen nicht deutlich, da diese von den Fachkräften z. B. als „Gesprächsprotokoll" deklariert wurde. Dass die EinV damit rechtlich unwirksam ist, wissen wiederum die Betroffenen nicht und können sich beispielsweise bei Sanktionen darauf nicht berufen.

---

19 Sollte sich dieses Problem in weiteren Studien erhärten, dann hätten wir es mit einem Defizit bei der wichtigen Dimension der rechtlichen Teilhabe zu tun.

Unsicherheit über die Berücksichtigung der Bedarfsgemeinschaft

Schließlich beobachteten die Göttinger Forscherinnen und Forscher sowohl erhebliche Unsicherheiten als auch große Unterschiede in der zentralen Frage, welches Mitglied einer Bedarfsgemeinschaft vorrangig zu aktivieren sei. In der Organisationseinheit „X" wurde hauptsächlich am Einzelfall gearbeitet, in „Z" bemühte man sich, Partnerinnen und Partner in die Fallbearbeitung einzubeziehen. Wer in Haushalten mit Kindern für deren Betreuung zuständig sein sollte, wurde in einigen Fällen angesprochen, in anderen wurde stillschweigend unterstellt, dass die Partnerin diese Aufgabe übernimmt.

Konsequenzen

Der Aktivierungsauftrag der Grundsicherungsträger passte unterschiedlich gut auf die beobachteten Fälle: Der Bericht unterscheidet vermittlungsorientierte Arbeitsuchende, solche mit Vermittlungshemmnissen und resignierte Arbeitslose. Daraus leiten die Autoren der Studie die Forderung ab, den Aktivierungsbedarf der Hilfebedürftigen nicht zu unterstellen, sondern konkret zu ermitteln. Andernfalls entstünden unnötig hierarchische Beziehungen zwischen Fachkräften und Klienten, die Problemlösungen eher behinderten als förderten. Ein solcher Ausgangspunkt würde bedeuten, die Freiheitsgrade sowohl aufseiten der Fachkräfte als auch für die Klienten zu erhöhen und Kontrollansprüche zurückzunehmen. In der konkreten Dienstleistung müsste der Nutzen für die Klienten stärker ins Auge gefasst werden als bislang, was dazu führen würde, die existenzsichernden materiellen Fragen stärker als in der Studie beobachtet in die Fallbearbeitung einzubeziehen und mehr Angebote an Stellen und Maßnahmen zu machen. Schließlich wurden auf beiden Seiten „widerständige Potenziale" beobachtet: Fachkräfte legten gesetzliche Regelungen liberal aus (Verzicht auf Sanktionen, Zurückstellen der EinV), wenn sie dies für sinnvoll hielten, Betroffene verzichteten auf Leistungen oder nahmen Sanktionen in Kauf, um Entscheidungsspielräume zu behalten. Die Autoren schlagen vor, diese widerständigen Potenziale zu nutzen, um an der weiteren Ausgestaltung der Dienstleistung zu arbeiten.

4.6.3 Gemeinsame Ergebnisse

Beide Studien hatten unterschiedliche Forschungsfragen, benutzten unterschiedliche Methoden und haben einen je eigenen Blickwinkel auf das Verhältnis von Fachkräften zu Klienten der Arbeitsverwaltung. Dennoch kommt es in Teilbereichen zu Überschneidungen, die sowohl für weitere Forschung als auch für Konsequenzen auf der Ebene von Politik und Verwaltung relevant sind (siehe Kapitel 8 und 9).

Aktivierung

In einer Zusammenführung der Perspektiven von Fachkräften und Arbeitslosen kommen die Siegener Forscher zu dem Ergebnis, dass die Sicht auf Erwerbsarbeit als zentralem Integrationsmodus von beiden Seiten geteilt wird. Von daher seien die Arbeitslosen in der Regel aktiv und bedürften keiner weiteren Aktivierung, insbesondere wenn bei dieser nicht die entsprechenden Arbeitsplätze im Hintergrund vorhanden wären. Auch die SOFI-Studie findet bei 20 untersuchten Fällen lediglich zwei „resignierte" Arbeitslose, bei denen man also einen Aktivierungsbedarf unterstellen könnte. Während die Forderung der „Arbeitsamtsreform-Studie" eher dahingeht, die Arbeitslosen, die sich mit ihrer Situation arrangiert haben oder die sowieso keine Chance auf dem Arbeitsmarkt (mehr) haben, in Ruhe zu lassen, plädiert die Dienstleistungsstudie des SOFI zunächst einmal dafür, den Aktivierungsbedarf konkret zu ermitteln.

Hierarchie

Ohne Zweifel ist die Interaktion zwischen Hilfebedürftigen und Fachkräften hierarchisch strukturiert. Dies lässt sich in beiden Studien recht gut an der Eingliederungsvereinbarung festmachen, die Pflichten und Rechte ungleichmäßig verteilt und bei der die Konsequenzen, die aus einer Nichteinhaltung der eingegangenen Pflichten resultieren, für die Klienten sehr viel gravierender ausfallen als für die Grundsicherungsträger. Allerdings zeigt gerade die Göttinger Studie, dass es sehr wohl das Bemühen geben kann, die EinV tatsächlich zusammen mit den Klienten zu erarbeiten; dies schließt aber einen Abschluss bei der ersten Vorsprache regelmäßig aus und kann auch dazu führen, dass nicht mit allen Klienten eine Eingliederungsvereinbarung abgeschlossen werden kann.

Auch hier sind die Konsequenzen aus beiden Studien durchaus unterschiedlich: Während die Siegener Gruppe die Hierarchie und das sich daraus ergebende Agieren der Fachkräfte grundsätzlich als inadäquat ansieht, zeigt die Göttinger Studie, dass es durchaus die Möglichkeit von Arbeitsbündnissen gibt und dass sich beide Seiten auch darum bemühen. Allerdings sind aus Sicht des Dienstleistungsprozesses manche Regeln und Vorschriften dabei nicht hilfreich. Daraus leiten sie die Forderung ab, beiden Seiten mehr Autonomie zu gewähren.

Lebenswelt

Die Siegener Studie stellt fest, dass es gerade die Arbeitslosen, die von ihrem Habitus und ihren Bildungsvoraussetzungen von der Arbeitsverwaltung entfernt sind, geringere Chancen haben, ihre Interessen zu vertreten und damit auch Gehör zu finden als solche, die ein „verwaltungsbezogenes kulturelles Kapital" haben, die also wissen, wie man sich in einer Behörde bewegt, wie man mit den Mitarbeitern kommuniziert, die die Notwendigkeit schriftlicher Nachweise für ihre Bemühungen nicht anzweifeln etc. Generell leiten sie aus ihrer Untersuchung ab, dass die Lebenswelt der Hilfebedürftigen zu wenig Berücksichtigung findet, z. B. bei den Anforderungen an Mobilität. In der Göttinger Studie taucht dieses Argument in der Form auf, dass schriftliche Bewerbungen auch in Berufen gefordert werden, in denen dies absolut unüblich ist. Die Lebenswelt (im Sinne von Partnern, Kindern, regionalen Bezügen etc.) erscheint dort eher als etwas, das in den Handlungen der Fachkräfte durchaus eine Rolle spielt, aber zum Teil Unsicherheit auslöst, weil nicht geklärt ist, wie weit der Auftrag reicht oder weil dort, wo ein Auftrag aus dem Gesetz abzuleiten wäre (Aktivierung der Bedarfsgemeinschaft), dieser selbst als übergriffig empfunden wird.

Trennung von Leistung und Dienstleistung

Die Siegener Forscher sehen ein besonderes Problem in der strikten Trennung von monetären Leistungen und dem Bereich von Beratung, Aktivierung und Vermittlung, da gerade im SGB-II-Bereich die Wahrnehmung der Institution sehr stark von Abstiegsängsten strukturiert sei (Ludwig-Mayerhofer et al. 2008: 222). Auch in der Göttinger Untersuchung taucht dieses Problem auf. Einmal als Anspruch, dass die materiellen Probleme der Bedarfsgemeinschaften auch Teil der Fallbearbeitung sein müssen, dann aber auch ganz konkret als Ursache, dass eine Maßnahme nicht angetreten werden kann oder dass Wohnprobleme durch fehlende Absprachen zwischen passiven Leistungen und Fallmanagement verschärft wurden.

4.7 Struktur und Wirkung der Verhängung von Sanktionen: erste Ergebnisse

Die Möglichkeit, die Mitwirkung der Hilfebedürftigen einzufordern und dies ggf. auch mithilfe von Sanktionen durchzusetzen, bildet einen wesentlichen Aspekt der fordernden Aktivierung. Das Spektrum der Sanktionen reicht von einer zehnprozentigen Minderung des ALG II bei unentschuldigten Terminversäumnissen über eine dreißigprozentige Minderung, wenn der Betroffene sich weigert, eine Eingliederungsvereinbarung abzuschließen, bis hin zum vollständigen Wegfall des ALG II bei mehrfacher Wiederholung sanktionswürdiger Tatbestände. Liegen bei Jugendlichen zwischen 15 und unter 25 Jahren Verhaltensweisen vor, die üblicherweise zu einer 30-Prozent-Sanktion führen würden, wird der Leistungsbezug sofort auf die Kosten der Unterkunft beschränkt (SGB II § 31, für das Sozialgeld gelten nach § 32 dieselben Regeln). Die Erforschung der Wirkungen von Sanktionen im SGB II steht mehr als drei Jahre nach Inkrafttreten des Gesetzes noch mehr oder weniger am Anfang. Gründe hierfür sind insbesondere die bislang fehlende Verfügbarkeit von Prozessdaten. Daher sind die wenigen vorliegenden Ergebnisse entweder auf der Basis von Analysen der IAB-Querschnittsbefragung „Lebenssituation und soziale Sicherung 2005" entstanden oder im Rahmen qualitativer Projekte.

4.7.1 Sanktionen und Reservationslöhne

Im IAB wird gegenwärtig auf der Basis der Querschnittserhebung „Lebenssituation und soziale Sicherung 2005" der Einfluss von Sanktionen auf Reservationslöhne untersucht. Schneider (2008) kommt zu dem Ergebnis, dass unter 25-Jährige besonders häufig sanktioniert werden (10,4 % zu 5,7 % im Durchschnitt für die 15- bis 57-Jährigen). Auch in multivariaten Analysen zeigt sich: Je älter eine Person, desto unwahrscheinlicher eine Sanktionierung. Unter 25-Jährige werden häufiger, nicht aber – und dies ist angesichts der Gesetzeslage erstaunlich – strikter sanktioniert als Ältere: Meist wurde, wie bei den anderen Altersgruppen, um 30 Prozent reduziert und die Sanktionsdauer war bei u25 um zwei Wochen kürzer. Insgesamt erschien der Zusammenhang zwischen Sanktionsgrund und Härte der Sanktion unsystematisch: wiederholte Sanktionen führten nicht zu intensiveren Kürzungen, andererseits wurden auch Terminversäumnisse im Schnitt mit einer 30-Prozent-Kürzung geahndet.

In neueren Arbeiten analysiert die Autorin Effekte von Sanktionen auf den Reservationslohn der sanktionierten ALG-II-Empfänger (Schneider 2008). Folgt man der Argumentation suchtheoretischer Modelle am Arbeitsmarkt, sollen Sanktionen die betroffenen Arbeitslosen dazu bringen, ihre eventuell überhöhten Lohnforderungen (Reservationslöhne) zu reduzieren, um schlussendlich deren Arbeitslosigkeitsdauer zu verkürzen. Die Autorin kommt jedoch zu dem Ergebnis, dass Sanktionen keine statistisch signifikanten Auswirkungen auf die Reservationslöhne von sanktionierten SGB-II-Empfängern haben.

Dieses Ergebnis ist auch bei zahlreichen Spezifikationen des Modells und bei unterschiedlichen Zeitpunkten der Sanktion robust. Dies kann grafisch und tabellarisch verdeutlicht werden. Bereits auf einer rein deskriptiven Ebene (Abbildung 4.11) sieht man keinen Unterschied in der Verteilung der Reservationslöhne zwischen sanktionierten und nicht sanktionierten Personen. Mit durchschnittlich sechs Euro ist der Reservationslohn der untersuchten SGB-II-Empfänger am untersten Level der Nettolohnverteilung in Deutschland – das heißt, die untersuchten Personen würden ohnehin fast jedes existierende Lohnangebot akzeptieren. Auch in der folgenden Analyse bleibt der Effekt einer Sanktion auf den Reservationslohn der Sanktionierten insignifikant. Dass eine durch zu hohe Lohnforderungen entstandene Arbeitslosigkeit durch den Gebrauch von strikten Sanktionen effektiv verkürzt wird, indem die Lohnforderungen dadurch verringert werden, kann demnach von der Studie nicht bestätigt werden. Ein Nebenergebnis der Analyse ist, dass eine erfolgte Sanktion auch nicht die Wahrscheinlichkeit erhöht, dass die untersuchten Personen Ende 2005 in Beschäftigung waren.

Abbildung 4.11

Verteilung von Reservationslöhnen (Nettostundenlohn) nach Sanktionsstatus in Euro

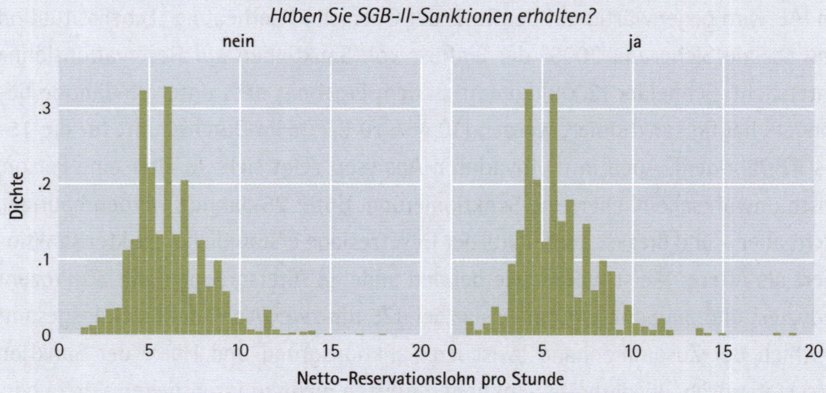

Quelle: Schneider 2008, Daten aus „Lebenssituation und soziale Sicherung 2005".

4.7.2 Sanktionen als Dilemma und letzte Zuflucht

Die Fachkräfte, die im Projekt der Uni Siegen befragt wurden, sahen Sanktionen überwiegend als Ultima Ratio an. Sofern eine kommunikative Ebene zwischen den Protagonisten vorhanden war, wurde zumeist auf ihren Einsatz verzichtet. Die interviewten Fachkräfte berichteten aber häufiger von Fällen, wo diese Ebene mangels Anwesenheit des Antragstellers erst gar nicht zustande kam. In diesen Fällen werden bis auf die Mietzahlungen alle Zahlungen eingestellt, wodurch aber nicht unbedingt ein Kontakt hergestellt wird, sodass bis zur nächsten Antragstellung gewartet werden muss, bis man den Kunden wieder zu sehen bekommt.

Oftmals waren die Fachkräfte in der Studie in einem Dilemma, ob sie eine angedrohte Sanktion auch tatsächlich in Kraft setzen sollten. In der gesetzlich vorgesehenen Anhörung können die Arbeitslosen ihre Gründe darlegen und die Fachkräfte haben zu entscheiden, ob sie diesen Glauben schenken und sie für triftig genug halten, um eine Sanktion zu vermeiden. Insbesondere bei Jugendlichen ist die Androhung der Sanktion, auch wenn sie dann nicht verhängt wird, ein „Warnschuss", damit sie sich überhaupt erst einmal bewusst werden, dass ein unkooperatives Verhalten Konsequenzen haben kann.

Einige Einzelfälle sollen hier noch angerissen werden, weil die empirische Evidenz zu Sanktionen bislang noch etwas schwach ist: In einem Fall beginnt der Bezug von ALG II damit, dass die Betroffene gleich einige Wochen kein Geld bekommt. Dies liegt daran, dass sie sich zwar noch während ihrer Erwerbstätigkeit arbeitslos gemeldet hat, aber doch nicht früh genug, um die Sanktion zu vermeiden (warum sie gleich im SGB II ist, wird nicht erklärt). In einem anderen Fall bildeten fehlende schriftliche Bewerbungsnachweise den Grund für eine Sanktion. Der Arbeitslose gibt an, sich persönlich erkundigt und erfahren zu haben, dass die betreffenden Arbeitsplätze schon vergeben seien. Dies wird ihm jedoch nicht geglaubt. Die Autoren der Arbeitsmarktreform-Studie erklären solche Fälle mit habituellen Differenzen zwischen ihrer Welt und der der BA oder fehlendem „verwaltungsbezogenem kulturellen Kapital" insbesondere von Erwerbslosen mit geringen Qualifikationen oder aus handwerklichen Berufen.

In der qualitativen Untersuchung, die das SOFI Göttingen im Auftrag des IAB durchführte (Baethge-Kinsky et al. 2007a; vgl. auch Baethge-Kinsky et al. 2007b), wurden Sanktionen bei der Betrachtung der Prozesse der Fallbearbeitung am Rande beleuchtet. Zwar weisen die Fachkräfte die Arbeitsuchenden häufig auf mögliche Sanktionen hin, unter den beobachteten Fällen waren aber nur zwei junge Erwachsene mit einer Sanktion (Wegfall der Leistung für drei Monate; vgl. Baethge-Kinsky et al. 2007a: 52); selbst diese beiden Sanktionsgespräche wurden freundlich geführt und der Konflikt übertrug sich nicht auf eine persönliche Ebene (ebd. S. 62).

Wie die Fachkräfte ihre Spielräume nutzen und bewahren, wird auch in ihrer Einstellung zu Sanktionen deutlich. So werden in einer Organisationseinheit Sanktionen als letztes Handlungsinstrument gesehen und sollen nach Möglichkeit vermieden werden, z. B. dadurch, dass die Eingliederungsvereinbarung nicht im Erstgespräch abgeschlossen wird. In der anderen Organisation hingegen wird nicht versucht, Sanktionen allgemein zu vermeiden, jedoch sind die Fachkräfte bereit, in manchen Fällen auf Sanktionen zu verzichten (Baethge-Kinsky et al. 2007: 25).

4.7.3 Jugendliche und Sanktionen – erste Eindrücke

In einer Vorstudie zum IAB-Projekt „Sanktionen im SGB II – Perspektiven von Fachkräften und jungen KlientInnen" wurden im vierten Quartal 2007 sechs offene

Experteninterviews mit Fachkräften aus Vermittlung und Fallmanagement in drei ausgewählten ARGEn durchgeführt. Prinzipiell halten die interviewten Fachkräfte die Möglichkeit zur Sanktionierung sinnvoll. Abgesehen von Meldeversäumnissen schätzen die sechs Befragten die Sanktionsregelungen gegenüber unter 25-Jährigen (§ 31 SGB II) aber als zu hart ein. Gewünscht wird eine Flexibilisierung insbesondere der Sanktionshöhe bei u25, eine Sanktionierung um 100 Prozent wird als im Regelfall zu hoch eingeschätzt. Die Neuregelung vom 1. Januar 2007, wonach bei sog. wiederholten Pflichtverletzungen nun auch die Kostenerstattung für Unterkunft und Heizung wegfallen kann, wird besonders negativ beurteilt und von den Befragten bisher auch nicht angewandt.

4.8 Rechtliche Teilhabe

Im Hinblick auf rechtliche Teilhabe sind im Projekt „Armutsdynamik und Arbeitsmarkt" Beobachtungen gemacht worden, die zu einer vorläufigen Typisierung des Rechtsbewusstseins der Hilfebedürftigen führten. Dies bezieht sich nicht nur auf den Aktivierungsprozess, sondern auf die gesamte Interaktion zwischen den Betroffenen und den Grundsicherungsträgern (Hirseland 2008: 10 f.). Hauptsächlich werden in der Studie drei Typen unterschieden. Leistungsempfänger vom Typ *Personalisierung* sind sich der Rechtsförmigkeit des Prozesses in der Regel nicht bewusst. Dies führt dazu, dass deren Entscheidungen hinsichtlich Aktivierung oder auch passiver Leistungen stark aus der persönlichen Warte gesehen werden. Die Ansprechpartner erscheinen dann entweder als großzügig, wohlwollend und hilfsbereit oder aber als wenig unterstützend, nicht verständnisvoll und Hilfe verweigernd. Der Typ *Rechtsfatalismus* steht für eine passive Erduldung von Entscheidungen. Angehörige dieser Gruppe gehen davon aus, dass diese schon ‚ihre Richtigkeit' haben werden, auch wenn sie aus der persönlichen Perspektive hart erscheinen. Der Hilfeprozess „wird als Exekution eines übergeordneten Rechts erfahren, dem man ebenso ausgesetzt ist, wie die Vertreter der ausführenden Behörde" (ebd. S. 10). Der Typ *partizipative Rechtswahrnehmung* repräsentiert eine Blickweise, nach der das Recht ein Medium des Ausgleichs von Interessen und der Durchsetzung von Ansprüchen ist.

Auf dieser Basis versuchen Hilfebedürftige, in eine zumindest teilweise symmetrische Situation innerhalb des Hilfeprozesses zu kommen. Eine Abweichung dieses Typs besteht in der Anwendung von *Recht als Drohkulisse*. Sind die Vertreter der partizipativen Rechtsauffassung durchaus in der Lage, aktiv Leistungen einzufordern oder gegen Entscheidungen Rechtsmittel einzulegen, wird die Berufung auf das Recht in Interaktionen für Vertreter dieses (Teil-)Typs quasi zum Selbstzweck. Es geht nicht mehr darum, seine Interessen zu vertreten, sondern darum, Dominanz in der konkreten Situation zu erlangen. Hier sind deutliche Verbindungen zum Querulantentum auszumachen.

Auch wenn die letzten beiden Typen Aufwände verursachen und insbesondere die Vertreter der *Drohkulisse* zu Recht unbeliebt sind, so sind im Hinblick auf Teilhabe besonders die ersten beiden Typen problematisch. Sie nehmen Entscheidungen einer Behörde nicht als das, was sie sind, nämlich Entscheidungen einer Behörde – die man ggf. auch anders hätte treffen können – sondern als Gegebenheiten, die entweder vom persönlichen Wohl- oder Übelwollen der Fachkraft abhängig sind oder gar von unbeeinflussbaren höheren Mächten, nämlich einem abstrakten übergeordneten Recht. Soweit dies dazu führen kann, dass Hilfebedürftige im Prozess nicht als rechtsstaatliche Subjekte agieren, sondern entweder als persönliche Bittsteller bei ihren Fachkräften oder als fatalistische Erdulder von Entscheidungen, wäre zu überlegen, wie man hier Abhilfe schaffen kann. Als erster Schritt wäre die Rechtsförmigkeit von Entscheidungen, die auch in der Göttinger Studie oft nur als Subtext auftaucht, jederzeit deutlich zu machen.

4.9 Fazit

Im internationalen Vergleich unterscheidet sich der deutsche Weg der Aktivierung von erwerbsfähigen Menschen in zweierlei Hinsicht: Die deutsche Definition von Erwerbsfähigkeit geht über diejenige aller Länder, die es sich zum Ziel gesetzt haben, Arbeitslose zu aktivieren, weit hinaus. Auch wenn dort – in so unterschiedlichen Ländern wie Schweden und Großbritannien – im Laufe der Zeit immer mehr Personengruppen in die Aktivierungsregime einbezogen wurden, liegt Deutschland weit vorne, was die Offenlegung von Unterbeschäftigung angeht und den Anspruch, aus Arbeitsmarktinaktiven Arbeitsmarktteilnehmer zu machen. Der zweite große Unterschied bezieht sich auf den Zeitrahmen: Während entsprechende Aktivitäten in Vergleichsländern in den neunziger Jahren begannen und sukzessive ausgebaut wurden, erfolgte der Wechsel in Deutschland in einem großen Wurf zum ersten Januar 2005. Damit schloss Deutschland sich dem Paradigmenwechsel von einer Reduzierung zu einer Ausweitung des Arbeitsangebots an – trotz der nach wie vor großen und in den ersten eineinhalb Jahren nach der Reform noch steigenden Probleme auf dem Arbeitsmarkt.

Die Erfassung der Wirkungen der Aktivierungspolitik und ihrer Maßnahmen gestaltete sich als schwierig, da es große Datenprobleme gab und nur wenige Studien existierten, die tatsächlich Nettoeffekte von Maßnahmen untersuchten. Es zeigt sich jedoch eine ähnliche Tendenz wie in Deutschland, dass betriebsnahe Maßnahmen, insbesondere Lohnsubventionen, recht erfolgreich sind. Unabhängig vom Erfolg der einzelnen Maßnahmen ergab sich aber, dass qualifizierte Beratung und professionelles Fallmanagement eine wesentliche Bedingung des Erfolgs war, sowohl im Hinblick auf Übergänge in Erwerbstätigkeit als auch hinsichtlich subjektiver Zufriedenheit. Untersuchungen der Lage der eher arbeitsmarktfernen Hilfeempfänger zeigen, dass eine Work-First-Strategie nicht unbedingt zu nachhaltigen Ergebnissen führt, sodass Elemente von Qualifikation und Nachbetreuung gestärkt werden sollten. Gerade für diesen Personenkreis könnte es sinnvoll sein, die soziale Integration in den Vordergrund zu stellen.

Der erste Schritt zur Aktivierung besteht darin, dass man bestimmte Personenkreise überhaupt als Arbeitsmarktteilnehmer definiert. Dies geschieht im SGB II mit dem Konstrukt der Erwerbsfähigkeit in Abgrenzung zur Definition der vollen Erwerbsminderung. Erwerbsfähig und damit im Geltungsbereich eines Arbeitsmarktgesetzes ist, wer drei Stunden täglich arbeiten kann. Diese sehr weit gefasste Definition führt zu einer großen Heterogenität des SGB-II-Klientels: arbeitslose Hochschulabgänger, die sich noch keine Ansprüche im Versicherungssystem erworben haben, gehören ebenso dazu wie Menschen, die sich aufgrund unterschiedlichster sozialer, psychischer oder anderer Problemlagen am Rand der Gesellschaft befinden. Viele Hilfebedürftige leiden unter gesundheitlichen Problemen, die ihre Integrationschancen schmälern und die sich wiederum mit der Dauer der Arbeitslosigkeit verschlimmern können. Besonders betroffen sind Ältere, Personen mit geringer Bildung und die, die besonders von finanziellen Engpässen berichten.

Für einen großen Teil des letzten Personenkreises dürfte eine ungeförderte Beschäftigung nicht in realistischer Reichweite liegen, sodass speziell für diesen Personenkreis eine Diskussion über einen sozialen Arbeitsmarkt entstanden ist, aus dem die „JobPerspektive", der Beschäftigungszuschuss nach § 16a, hervorging. Je nachdem, wie weit oder eng man die Kriterien fasst, könnte die Größe der Personengruppe für eine solche Maßnahme aktuell unter 100.000 oder mehrere Hunderttausend Personen betragen. Berücksichtigt man die Übergänge in Beschäftigung, die auch Personen mit mehreren Vermittlungshemmnissen in relevanter Größenordnung gelingen, scheint es ratsam, den sozialen Arbeitsmarkt nicht zu groß anzulegen. Personen, die in ihrem Arbeitsvermögen zwischen dem sozialen Arbeitsmarkt und einer marktgängigen Beschäftigungsfähigkeit liegen, müssten durch Maßnahmen der sozialen Stabilisierung, Aktivierung mit dem Regelinstrumentarium des SGB II und ggf. Verbesserung ihrer Qualifikation an den Arbeitsmarkt herangeführt werden.

Für einen anderen Personenkreis kann vermutet werden, dass seine Arbeitsmarktnähe darunter leidet, dass die Ansprüche an Arbeitsbedingungen, Arbeitsort oder Entlohnung nicht nah genug an den Bedingungen des Arbeitsmarktes liegen, obwohl von den individuellen Voraussetzungen eine reguläre Beschäftigung in Reichweite läge. Entsprechende Untersuchungen des IAB geben unterschiedliche Auskünfte über das Maß der Konzessionsbereitschaft, stimmen aber darin überein, dass ein geringeres Einkommen und ein Wohnortwechseln die größten Hindernisse auf dem Weg in eine Erwerbstätigkeit darstellen. Andererseits zeigt eine Untersuchung der Reservationslöhne eine durchschnittliche Bereitschaft, für einen Nettostundenlohn von etwas über sechs Euro (plus einem Zuschlag für jedes Kind) zu arbeiten. Damit liegen alle Haushaltstypen etwa auf dem Niveau der Grundsicherung, lediglich Alleinstehende würden dieses Niveau mit einem Netto-Anspruchslohn von etwas über 1.000 Euro deutlich überschreiten. Dies gilt ebenfalls für Arbeitslose, die vorher gut verdient haben, ein hohes ALG I bezogen oder sich nach ihrer Selbsteinschätzung „oben" in der Gesellschaft verorteten. Hier könnte man sich Aktivierung im Sinne einer Anpassung der Ansprüche an die realen Marktbedingungen vorstellen. Für Personen mit gesundheitlichen und sozialen Problemen müssten diese in vielen Fällen zunächst im Vordergrund stehen, bevor an eine Integration in den Arbeitsmarkt zu denken ist.

Ob es die Radikalität der Umstellung zu einem Zeitpunkt war oder die Tatsache, dass in Deutschland der Aspekt des Forderns in der Gesetzesformulierung, der politischen Rhetorik und auch in der Praxis im Vordergrund steht – es scheint so, dass „Hartz IV" ein großes Akzeptanzproblem hatte und noch hat. Dies zeigt sich an den Erwartungen der Befragten aus der IAB-Querschnittserhebung „Lebenssituation und soziale Sicherung", die überwiegend skeptische Sichtweisen zutage förderte. Die Integrationszuversicht war gering, die Angst vor Statusabwertung und sogar Verarmung betraf dagegen eine größere Gruppe. In einer qualitativen Studie des IAB wurden die „Deutungsmuster", die Hilfebedürftige mit der Aktivierung verbanden, genauer beleuchtet. Es ergab sich, dass der Prozess der Aktivierung nicht zu verstehen ist, wenn man nicht die Wahrnehmungen und Deutungen der Betroffenen in die Analyse einbezieht: Wird die Aktivierung primär als Autonomieverlust erlebt, wird die Maßnahmeteilnahme als Gegenleistung für den Transferbezug betrachtet oder sieht der Betroffene das Angebot als Chance, anknüpfend an seine Erfahrungen und Kompetenzen seine Lage auf dem Arbeitsmarkt zu verbessern? Gerade wenn man die Eigenverantwortung der Klienten stärken will, müssen solche Aspekte in die Arbeit einbezogen werden.

In eine ähnliche Richtung gehen die Untersuchungen, die sich speziell mit der Fallbearbeitung beschäftigt haben. So kritisieren Ludwig-Mayerhofer et al., dass die Fachkräfte oft nicht wirklich auf die Situation und die Bedürfnisse der Adressaten eingehen, sondern sie mit einer normativ geprägten „naturwüchsigen Pädagogik" behandeln, die oft übergriffig sei und die Autonomie der Betroffenen einschränke. Als Konsequenz wird eine Professionalisierung angemahnt, die ebenfalls stärkere Elemente einer Deutungskompetenz und „stellvertretenden Problembewältigung" beinhalten müsste. Ähnliche Beobachtungen macht die Studie „Neue Soziale Dienstleistungen im SGB II", die moniert, dass der Aktivierungsauftrag eine hierarchische Beziehung herstellt, die einer Dienstleistung abträglich sei. Nach ihren Beobachtungen waren die meisten Betroffenen bereits von sich aus aktiv; Probleme traten dann auf, wenn die Fachkräfte andere Vorstellungen über die notwendigen nächsten Schritte hatten als sie selbst. Darüber hinaus bestanden bei den Fachkräften Unsicherheiten darüber, wie weit der Aktivierungsauftrag bei anderen Mitgliedern der Bedarfsgemeinschaft reicht. Insofern sehen beide Studien den Aktivierungsauftrag in vielen Fällen als obsolet oder gar hinderlich an, kritisieren die hierarchische Beziehung, konstatieren, dass Unterschiede der Lebenswelt und des Habitus oft eine Verständigung erschweren (oft zulasten der geringer gebildeten Hilfesuchenden) und monieren die geringe Verzahnung der Aktivierung mit den Leistungen zum Lebensunterhalt.

Inwieweit schließlich Sanktionen zur Aktivierung beitragen oder welche Rolle sie im Prozess spielen, ist aufgrund der Datenlage noch unklar. Erste quantitative Ergebnisse zeigen, dass sie nicht dazu beizutragen scheinen, Reservationslöhne zu senken. Qualitative Studien berichten von Sanktionen als Ergebnis „habitueller Differenzen" (Aktivitäten werden nicht geglaubt, da nicht schriftlich vorgelegt), als Drohkulisse, die in den meisten Fällen nach Anhörung dann nicht in eine konkrete Sanktion mündet oder als zu hartes Instrument bei Jugendlichen, dessen Einsatz die Fachkräfte daher zu vermeiden suchen.

Aktivierung dient vom Auftrag her primär der Teilhabe am Erwerbsleben. Andere Dimensionen wie die der sozialen Teilhabe, die im Kontext von Beschäftigungsfähigkeit durchaus von Bedeutung wären, sind bislang noch nicht untersucht, wären aber offenbar wichtig bei Personen mit Gesundheitsproblemen oder bei „Arbeitsmarktfernen". Zwei Studien bringen dagegen einen bislang in der Diskussion wenig beachteten Punkt in die Diskussion, den der rechtlichen Teilhabe. Diese kann im Aktivierungsprozess gefährdet sein, wenn Personen mit fatalistischen oder personalisierenden Deutungsmustern sich im Rechtskontext des SGB II befinden oder wenn der Rechtscharakter der Interaktion (etwa Eingliederungsvereinbarung) von den Fachkräften verborgen wird, z. B. um die Beziehung zu den Adressaten nicht zu gefährden.

5 Instrumente und ihre Wirkung auf die Hilfebedürftigen

5.1 Einführung

Im vorangegangen Kapitel wurden die Hilfebezieher des SGB II hinsichtlich ihrer Arbeitsmarktnähe und ihres Aktivierungsbedarfs beschrieben und analysiert, inwieweit der Aktivierungs- und Betreuungsprozess bei den Betroffenen „ankommt", also dazu geeignet ist, sie im positiven Sinne zu aktivieren und ihre Autonomie zu fördern. Dieses Kapitel wendet sich nun den arbeitsmarktpolitischen Instrumenten als einem Baustein des Aktivierungsprozesses zu und präsentiert Befunde zu den Wirkungen des Instrumenteneinsatzes auf der individuellen Ebene. Das IAB hat hier im Zeitraum 2005 bis 2008 den Schwerpunkt der Untersuchungen auf die arbeitsmarktpolitischen Instrumente im engeren Sinne gelegt, da insbesondere in der Einführungszeit des SGB II die Informationen, die über den Einsatz weiterer – insbesondere der flankierenden sozialintegrativen – Leistungen zur Verfügung standen, für eine valide Messung der Wirkungen nicht ausreichten.

Dabei muss zunächst definiert werden, um welche Wirkungen es überhaupt geht. Wie in der Einführung ausführlich dargestellt, stellt das SGB II die Teilhabe am Erwerbsleben in den Vordergrund der Aktivierungsanstrengungen, da davon ausgegangen wird, dass die anderen Dimensionen gesellschaftlicher Teilhabe sich vermittelt dadurch ebenfalls erreichen lassen.

Die in den folgenden Abschnitten zusammengestellten Analysen aus dem IAB konzentrieren sich daher bei der Messung der Wirkungen auf die Ziele „Teilhabe am Erwerbsleben" und „Überwindung der Hilfebedürftigkeit" (im Sinne eines Beitrags zur Verbesserung der individuellen monetären Potenziale). Ein weiterer Grund für die Konzentration auf diese Ziele ist, dass es für sie einfache Operationalisierungen gibt – wie etwa Übertrittswahrscheinlichkeit in Beschäftigung, Nachhaltigkeit der Beschäftigung, Reduzierung des Hilfebezugs. Betreuung, Aktivierung und Maßnahmeeinsatz im SGB II können auf der individuellen Ebene, d. h. bei den betreuten ALG-II-Beziehern, aber auch zu Veränderungen von Teilhabechancen und -realisierungen in anderen Dimensionen führen. Dabei geht es zum Beispiel um eine Verbesserung der Beschäftigungsfähigkeit oder weiterer Teilhabedimensionen wie der sozialen oder kulturellen Teilhabe.

Diese „weichen" Ziele sind aber ungleich schwieriger messbar zu machen. Für die Beschäftigungsfähigkeit ist im Rahmen der Forschung zur Experimentierklausel ein erster Anlauf unternommen worden (Apel/Fertig 2009). Ob dieser Ansatz handhabbar ist und plausible Ergebnisse bringt, wird einer breiteren (Forschungs-)Öffentlichkeit mit der Veröffentlichung der Endberichte aus der § 6c-Forschung vorgestellt werden. Zusätzliche Hinweise für eine Verfeinerung der Operationalisierung sind im

Jahr 2009 aus dem einen qualitativen Projekt des IAB zum Arbeitsvermögen als einer Komponente der Beschäftigungsfähigkeit zu erwarten (Promberger et al. 2008).

Weitere Teilhabedimensionen, wie etwa die kulturelle und soziale Teilhabe, stehen für eine quantifizierbare Operationalisierung an, die Bestandteil der Forschung zur Evaluation des Beschäftigungszuschusses nach § 16a sein wird. Aber selbst wenn auch hier valide Indikatoren gefunden werden, stellt die Einbeziehung dieser und anderer „weicher" Ziele doch einen gewissen Bruch in der in den letzten Jahren gewachsenen quantitativen Evaluations„kultur" dar. Denn die Einbeziehung der Indikatoren in die quantitative Evaluation erfordert das Verlassen der inzwischen auch im SGB II einigermaßen umfassenden und zuverlässigen Prozessdatenbasis und die Einbeziehung von Befragungsdaten oder gar von Daten aus Kompetenz- und anderen Tests in die Untersuchungen. Selbst wenn es gelingt, diese mit den Prozessdaten zusammenzuspielen, werden doch die Befragungsdaten immer nur für eine Stichprobe der Untersuchungspopulation zur Verfügung stehen können und somit der Möglichkeit, tief disaggregierte Wirkungsanalysen durchzuführen, wieder enge(re) Grenzen setzen. Abgemildert wird diese Einschränkung dadurch, dass ein Teil der Wirkung, den arbeitsmarktpolitische Interventionen auf die anderen Teilhabedimensionen ausüben sollte, mittelbar über die Erwerbsintegration und die damit – hoffentlich – einhergehende finanzielle Besserstellung erreicht wird.

Bevor in den folgenden Unterabschnitten detailliert Methoden, Datengrundlagen und Ergebnisse der Wirkungsmessung für die SGB-II-Instrumente beschrieben werden, lohnt ein Blick über die Grenzen. Da – wie in Kapitel 4 ausführlich dargestellt – andere Länder schon längere aktivierende Programme für Hilfeempfänger einsetzen, können die internationalen Erfahrungen auch für die Bewertung der Instrumente in Deutschland hilfreich sein.

5.2 Wirkungen aktivierender arbeitsmarktpolitischer Maßnahmen im internationalen Vergleich

Im Rahmen eines internationalen Vergleichs von Programmen für erwerbsfähige Hilfeempfänger wurden mehr als 250 Studien aus Großbritannien, Schweden, Dänemark und den Niederlanden ausgewertet (Fromm/Sproß 2008 a, b). Davon enthielten gut die Hälfte Informationen bzw. Daten zu Programmteilnahme und -wirkungen, jedoch analysierten davon lediglich 36 Studien Nettoeffekte.

5.2.1 Ausgestaltung

Der Prozess der Aktivierung ist in den beobachteten Ländern ähnlich geregelt. Dem Erstgespräch mit einem Berater folgt die Erstellung einer Vereinbarung, welche den zukünftigen Verlauf steuern soll (Situationseinschätzung, NL; Handlungsplan, S; Arbeitsplan, DK oder Aktionsplan, GB) und die Pflichten und geplanten Aktivitäten des Teilnehmers enthält. Im Anschluss erfolgt die Zuweisung zu einer Maßnahme oder einem Programm. Im Gegensatz zu Deutschland mit seinem umfassenden Aktivierungsansatz liegt der Schwerpunkt der Maßnahmen in diesen Ländern auf den Jugendlichen und den Langzeitarbeitslosen. Ein weiterer Unterschied besteht darin, dass es sich z. B. bei den New-Deal-Maßnahmen in Großbritannien weniger um Einzelmaßnahmen handelt, sondern um eine strukturierte Abfolge von Aktivitäten, die von dem persönlichen Berater im Rahmen des Fallmanagements mitgestaltet wird. Auch in den Niederlanden gibt es übergreifende Maßnahmebündel, sogenannte „Reintegrations-Trajekte" die „z. B. Beratungsgespräche, Schulungen, oder Trainingsmaßnahmen, Sprachkurse oder Arbeitsgelegenheiten kombinieren" (2008a: 3). In Dänemark und Schweden ist die Ausgestaltung von Maßnahmen sehr stark von den Kommunen abhängig, die Sozial(hilfe)gesetze geben nur Rahmenbedingungen vor, wobei diese in Dänemark strenger formuliert sind als in Schweden.

5.2.2 Zugang

Nur für Großbritannien liegen lückenlose Geschäftsdaten über die Teilnahme an den New-Deal-Programmen (New Deal for Young People, NDYP, New Deal for Long-Term Unemployed) vor. Die Informationen in den anderen Ländern sind fragmentarisch. In allen betrachteten Ländern ist der Zugang zu den Maßnahmen in irgendeiner Weise selektiv in dem Sinne, dass sich nicht alle Gruppen gleichermaßen bei den Maßnahmeteilnehmern finden. Dabei kann diese Zugangsselektivität ganz unterschiedliche Gründe haben: Sie kann Folge einer Selbstselektion der Teilnehmer ebenso sein wie das Resultat gezielter Steuerung oder auch (möglicherweise unintendierter) Diskriminierung. Das in der Studie vorliegende Datenmaterial ließ jedoch keine Schlüsse hinsichtlich der Ursachen der Selektivität zu (Fromm/Sproß 2008b: 5).

In Großbritannien bezieht sich die Selektivität nur auf den Zugang zu bestimmten Programmtypen, was sich in der Regel mit deren Zielgruppenorientierung (biografische und qualifikatorische Problemlagen etc.) erklären lässt. Andere soziodemografische Merkmale, wie Alter, Geschlecht oder ethnische Zugehörigkeit, haben dagegen einen geringen Einfluss auf den Zugang zu Programmen.

In Dänemark und den Niederlanden erfolgt schon der Zugang in irgendeine Art von Aktivierung selektiv (für Schweden liegen keine hinreichend belastbaren Daten vor). In beiden Ländern sind Männer, jüngere Leistungsbezieher und solche, die erst seit kurzem im Leistungsbezug sind, überrepräsentiert. Noch ausgeprägter wird die Selektivität, wenn man auf unterschiedliche Programmtypen schaut. So zeigt sich, dass Männer, Jüngere, Personen ohne jüngere Kinder und Personen mit größerer Arbeitserfahrung und kurzer Leistungsbezugsdauer mehr Chancen auf subventionierte Beschäftigung haben, während Personen ohne diese Charakteristika eher in eine Maßnahme zur sozialen Aktivierung zugewiesen werden. Steht hinter diesen unterschiedlichen Maßnahmezugängen eine Zuweisungsstrategie in dem Sinne, dass individuell jede Person die Maßnahme erhält, die am besten zu ihrer jeweiligen Problemlage passt, dann ist eine solche Zielgruppenorientierung durchaus zu rechtfertigen. Kritisch kann die beschriebene Selektivität aber dann werden, wenn dadurch Angehörige vermeintlicher Problemgruppen von solchen Maßnahmen ausgeschlossen werden, die die Chancen auf eine Wiedereingliederung in Beschäftigung in besonderer Weise erhöhen.

5.2.3 Wirkung

Die Wirkung der arbeitsmarktpolitischen Maßnahmen wurde in den ausgewerteten Studien daran gemessen, ob sie die Chancen von Teilnehmern auf Integration in eine ungeförderte Beschäftigung erhöhen. Eine Übersicht über die Integrationswirkung verschiedener Programmtypen enthält Übersicht 5.1.

Übersicht 5.1
Netto-Integrationseffekte* von Aktivierungsprogrammen

Programm	UK		NL	DK	SE
	NDYP	ND 25+			
Beratung, Monitoring und Vermittlung	++	+	++	+	+/-
Lohnsubventionierungen	++	+	++	++	+
Qualifizierungs- und Trainingsprogramme	+	-	+	+/-	(+)
Arbeitsbeschaffungsmaßnahmen oder Arbeitsgelegneheiten in öffentlichen oder privaten Unternehmen	+	k. A.	+	+	k. A.
Soziale Aktivierung/Programmen für besonders arbeitsmarktferne Gruppen			-	-	
Zahl der Studien	10	5	7	8	5

* Betrachtet werden jeweils die Effekte auf den Übergang in Beschäftigung. Dabei bedeuten: „++" stark positiver Effekt, „+" positiver Effekt, „(+)" schwacher positiver Effekt, „+/-" widersprüchliche Ergebnisse, „-" negativer Effekt, „k. A." keine Angabe.

Quelle: Fromm/Sproß 2008b.

Am erfolgreichsten für den Übergang haben sich in allen Ländern Maßnahmen der Lohnsubventionierung erwiesen. In Großbritannien trifft dies besonders auf die Gruppe der jungen Erwachsenen zu, deren absolute Zahl aber sehr niedrig war (680 Teilnehmer im Februar 2007). Dabei scheint subventionierte Beschäftigung nach britischen und dänischen Studien auch für arbeitsmarktferne Gruppen relativ erfolgreich zu sein – dies spräche dafür, dass die beobachtete Konzentration dieser Maßnahme auf arbeitsmarktnähere Personen nicht gerechtfertig ist. Die Effekte von Qualifizierungsmaßnahmen lassen sich mit den vorliegenden Daten und in dem für die Analyse relevanten Zeitrahmen nicht verlässlich bestimmen. Programme der „sozialen Aktivierung" für Personen mit multiplen Vermittlungshemmnissen haben nach Studien aus Dänemark und den Niederlanden zwar eher negative Beschäftigungseffekte. Dies könnte aber daran liegen, dass in solchen Programmen tiefer gehende Probleme wie Schulden oder Wohnungslosigkeit angegangen werden und die Erwerbsintegration erst dann betrieben wird, wenn diese Probleme gelöst sind. Diese Maßnahmen zielen somit eher auf soziale Stabilisierung und sollten deshalb nicht ausschließlich an ihrem Beschäftigungserfolg gemessen werden. Gewisse Lock-In-Effekte können dann in Kauf genommen werden, wenn anschließend eine Arbeitsmarktintegration häufiger dauerhaften Erfolg hat.

Ein übergreifendes Ergebnis der Studien besteht darin, dass die Qualität der Arbeitsmarkt-Dienstleistungen einen entscheidenden Einfluss sowohl auf die „harten" Ergebnisse „Abgang aus dem Leistungsbezug" und „Übergang in Beschäftigung" hat als auch auf den eher weichen Faktor „Zufriedenheit der Teilnehmer": „Als besonders wirksam ... erweist sich in allen Ländern ein professionelles und unterstützendes Fallmanagement mit intensiver Betreuung der Arbeitsuche bzw. qualifizierter Beratung für den Übergang in ein Aktivierungsprogramm" (2008a: 6). Die große Mehrheit von Teilnehmern bewerten Aktivierungsprogramme auch dann positiv, wenn eine Teilnahme nicht unmittelbar aus der Sozialhilfe hinaus und in Beschäftigung hineinführte. Der Zuwachs an Selbstvertrauen, das Erlernen neuer Fähigkeiten und die Bearbeitung persönlicher Probleme führen zu dieser Bewertung. „Dies gilt jedoch nur dann, wenn die Programme auch als sinnvoll und nicht als Instrument der Repression erlebt werden" (2008a: 7).

5.3 Methoden der Wirkungsmessung

Die Messung der individuellen Wirkungen arbeitsmarktpolitischer Instrumente ist im letzten Jahrzehnt weit vorangeschritten. Für den Rechtskreis SGB III liegen inzwischen für alle zahlenmäßig bedeutsamen Instrumente quantitative Wirkungsanalysen vor. Allerdings gilt diese Aussage wie oben bereits betont nur für diejenigen Erfolgsindikatoren, die sich unmittelbar aus den zur Verfügung stehenden

Daten ableiten lassen – im Regelfall also die Aufnahme einer regulären Beschäftigung oder die Vermeidung von Arbeitslosigkeit.

Auch für die Wirkungsforschung zu den arbeitsmarktpolitischen Instrumenten im SGB II wurde zunächst der Weg gewählt, die in den Prozessdaten vorliegenden Erfolgsindikatoren zu verwenden, um die Effektivität der Instrumente zu messen. Neben den unterschiedlichen Indikatoren für die Aufnahme einer Beschäftigung – sozialversicherungspflichtig beschäftigt bzw. ungefördert sozialversicherungspflichtig beschäftigt – sowie für die Beendigung von Arbeitslosigkeit wird auch die Überwindung oder Reduzierung von Hilfebedürftigkeit durch die Prozessdaten abgebildet.

Bei der Messung der individuellen Maßnahmeeffekte ist – wie immer – das fundamentale Evaluationsproblem zu lösen.[20] Wenn Personen an einer arbeitsmarktpolitischen Maßnahme teilgenommen haben, kann beobachtet werden, wie viele Teilnehmer sich zu einem gegebenen Zeitpunkt nach Maßnahmeeintritt beispielsweise in Beschäftigung befinden. Es kann aber nicht beobachtet werden, wie hoch diese Beschäftigungsquote ausgefallen wäre, wenn diese Personen gar nicht an der Maßnahme teilgenommen hätten. Der Unterschied zwischen ihrer Beschäftigungsquote bei Teilnahme und bei Nicht-Teilnahme würde die Wirkung der Maßnahmeteilnahme auf die Teilnehmer messen. Aber dieser kausale Effekt ist grundsätzlich unbeobachtbar.

Um das fundamentale Evaluationsproblem zu lösen, könnte durch ein Experiment eine Schätzung für das potenzielle Ergebnis der Teilnehmer ohne Förderung konstruiert werden, indem auf Basis eines Zufallsmechanismus Personen, die ansonsten an der Maßnahme teilgenommen hätten, von dieser Maßnahme ausgeschlossen werden. Unter bestimmten Bedingungen lässt sich dann durch einen einfachen Vergleich des durchschnittlichen Arbeitsmarktergebnisses der Teilnehmer- und der Kontrollgruppe eine konsistente Schätzung der Maßnahmewirkung auf die Geförderten ermitteln. Solche experimentellen Designs sind aber bei der Evaluation von flächendeckend eingeführten Regelinstrumenten nicht anwendbar, folglich kamen sie auch bei der Einführung des SGB II nicht zum Einsatz.

Hier muss die für die Evaluation notwendige Vergleichsgruppe ex post mithilfe statistischer Methoden gefunden werden. Dabei ist zu beachten, dass die Teilnehmerselektion Einfluss auf die Erreichung der Zielgrößen haben kann. Die Teilnahmeentscheidung wird durch den Vermittler, den Teilnehmer selbst und gegebenenfalls durch den Träger der Maßnahme beeinflusst. So mögen bestimmte Maßnahmen wie beispielsweise Zusatzjobs (die Arbeitsgelegenheiten in der Mehraufwandsvariante, umgangssprachlich auch „Ein-Euro-Jobs") geeignet sein, schwer

20 Vgl. für die Darstellung im Folgenden auch Bernhard et al. (2008e).

vermittelbare bedürftige Arbeitslose wieder an den Arbeitsmarkt heranzuführen. Die Teilnehmer könnten dann aber Personen sein, die ohne die Teilnahme weit schlechtere Beschäftigungsaussichten hätten als bedürftige Arbeitslose, die nicht an den Zusatzjobs teilnehmen. Auch der umgekehrte Fall ist denkbar. Vermittlungsfachkräfte könnten ein Interesse daran haben, dass ein möglichst hoher Anteil der Zusatzjobteilnehmer nach der Teilnahme eine reguläre Beschäftigung ausübt. Das würde einen vermeintlichen Erfolg ihrer Maßnahmezuweisung in Form einer hohen Bruttoeingliederungsquote vorweisen, die für die Beurteilung ihrer Arbeit vor Ort herangezogen wird. In diesem Falle käme es zu einer Teilnehmerauswahl mit überdurchschnittlich hohen Eingliederungschancen für die Zusatzjobs.

Aufgrund dieser Selektionsprobleme können die Beschäftigungsquoten oder andere Zielgrößen der Teilnehmer nicht mit denen zufällig ausgewählter Nicht-Teilnehmer verglichen werden. Ein solcher Vergleich würde je nach Art der Selektion Maßnahmeeffekte über- oder unterschätzen. Mit anderen Worten, es sollten keine Äpfel mit Birnen verglichen werden. In diesem Fall ist die experimentelle Situation nachträglich mithilfe statistischer Verfahren herzustellen.

Dies geschieht in der Evaluationsliteratur vorherrschend mit Propensity-Score-Matching, das auch in den IAB-Studien zu den individuellen Wirkungen der Instrumente im SGB II Anwendung fand. Hierbei gilt es für Maßnahmeteilnehmer solche (teilnahmeberechtigte) Nicht-Teilnehmer zu finden, die sich bezüglich wichtiger Eigenschaften unmittelbar vor dem Teilnahmezeitpunkt nicht von den Teilnehmern unterscheiden. Eine Vergleichbarkeit muss bezüglich aller wichtigen Charakteristika hergestellt werden, die sowohl einen Einfluss auf die Teilnahmewahrscheinlichkeit als auch auf die jeweils betrachteten Erfolgsvariablen wie die Beschäftigungsquote haben.

In der Praxis werden dabei für Teilnehmer wie Nicht-Teilnehmer die Teilnahmewahrscheinlichkeiten (Propensity-Scores) in Abhängigkeit von diesen Einflussfaktoren geschätzt. Im nächsten Schritt werden jedem Teilnehmer mit einer bestimmten Teilnahmewahrscheinlichkeit ein oder mehrere Nicht-Teilnehmer mit einer etwa ebenso hohen Teilnahmewahrscheinlichkeit zugeordnet. Für eine solche Paarung mit gleicher Teilnahmewahrscheinlichkeit ist es letztlich wie bei einem echten Experiment nur noch Zufall, dass eine Person an der Maßnahme teilnimmt und die andere nicht. Und der zu erwartende künftige Arbeitsmarkterfolg der so gebildeten Vergleichsgruppe unterscheidet sich nur noch, weil eine Person an der Maßnahme teilnimmt und die andere nicht (Annahme der konditionalen Unabhängigkeit). Nach der Auswahl der Vergleichsgruppe von „statistischen Zwillingen" wird die Maßnahmewirkung als Differenz zwischen Arbeitsmarktergebnissen der Teilnehmer und der Vergleichsgruppe für verschiedene Zeitpunkte oder Zeiträume nach dem Maßnahmeeintritt bestimmt.

Für die Konstruktion der Vergleichsgruppe gibt es unterschiedliche Ansätze. Grundsätzlich werden Teilnehmer- und Vergleichsgruppe von Stichproben aus Zugang oder Bestand an Arbeitslosen verwendet, die bei der zu untersuchenden Maßnahme teilnahmeberechtigt sind. Wird etwa die Gruppe der Maßnahmeteilnehmer als arbeitslose Personen definiert, die in den ersten drei Monaten nach dem Eintritt in die Arbeitslosigkeit eine Arbeitsbeschaffungsmaßnahme (ABM) beginnen, so können die Nicht-Teilnehmer arbeitslos werdende Personen sein, die bis zum Ende ihrer Arbeitslosigkeit nie an einer ABM teilnehmen. Es gibt auch andere Möglichkeiten, die Nicht-Teilnehmergruppe abzugrenzen, und zwar zum Beispiel als Personen, die nur in den ersten drei Monaten nach Eintritt in die Arbeitslosigkeit nicht an einer ABM teilnehmen; eine Teilnahme zu einem späteren Zeitpunkt wird jedoch nicht ausgeschlossen. Dieser zweite Ansatz hat den Vorteil, dass zukünftige Ereignisse nicht a priori ausgeschlossen werden, was letztlich eine Grundannahme der Matching-Methodik darstellt. Wählt man den ersten statischen Ansatz, muss davon ausgegangen werden, dass die Effektivität einer Maßnahme unterschätzt wird (Stephan 2008).

Die Validität des Matching-Ansatzes hängt maßgeblich davon ab, dass bei der Schätzung der Teilnahmewahrscheinlichkeit alle entscheidenden Einflussvariablen berücksichtigt wurden. Dafür sind qualitativ hochwertige Personendaten notwendig, die eine Vielzahl von Informationen enthalten: Soziodemografische Informationen wie Alter, Kinderzahl, Familienstand, Bildung, aber auch Informationen zur Arbeitsmarkthistorie gehören dazu ebenso wie Informationen zum regionalen Arbeitsmarkt. Die Prozessdatensätze am IAB enthalten solche Personendaten aus der Beschäftigungsstatistik, den Arbeitslosigkeits- und Leistungsempfängerhistoriken oder der Maßnahmeteilnehmerhistorik. Durch die Einführung des Arbeitslosengeldes II und der damit verbundenen Neuorganisation der Träger wurden im Jahr 2005 zudem Erfassungssysteme eingeführt, die alle Personen einer Bedarfsgemeinschaft gemeinsam abbilden. Für die Wirkungsmessung der Instrumente im SGB II können somit auch Eigenschaften der Bedarfsgemeinschaft und ihrer Mitglieder zur Modellierung der Teilnahmewahrscheinlichkeit an den Maßnahmen verwendet werden.

Dennoch bleiben viele Faktoren, die für die Selektivität der Teilnehmer und ihren Arbeitsmarkterfolg eine Rolle spielen könnten, in den vorliegenden Prozessdaten unbeobachtbar. Dazu gehören persönliche Talente, Motivation zu Arbeiten, Eigenschaften der Vermittlungsfachkräfte und vieles mehr. Zudem werden Prozessdaten, die von Arbeitgebern oder den Trägern der Arbeitsmarktpolitik in verschiedenen Eingabesystemen erfasst werden, nicht primär für wissenschaftliche Zwecke gesammelt. In welchem Umfang Eingabefehler verschiedener Art vorliegen, lässt sich nur schwer einschätzen.

5.4 Datengrundlagen

In die quantitativen Analysen zu den individuellen Wirkungen der arbeitsmarktpolitischen Instrumente auf die Wiedereingliederungschancen und den Verbleib im Hilfebezug wurden Personen einbezogen, die am 31. Januar 2005 arbeitslos gemeldet waren und Arbeitslosengeld II bezogen haben. Die untersuchten Maßnahmen starteten jeweils in den Monaten Februar bis April 2005. Die im Folgenden dargestellten Untersuchungsergebnisse beschränken sich damit auf Maßnahmeteilnahmen kurz nach Einführung des SGB II. Um einigermaßen verlässliche Aussagen über die Wirkungen der Maßnahmeteilnahme auf Beschäftigung und Hilfebedürftigkeit tätigen zu können, müssen diese Variablen auch über einen hinreichend langen Zeitraum nach Abschluss der Förderung beobachtet werden.

Die potenzielle Vergleichsgruppe ist eine Stichprobe der arbeitslosen Arbeitslosengeld-II-Bezieher am 31. Januar 2005, die in den folgenden drei Monaten keine entsprechende Maßnahme begonnen hat. Angaben zu Maßnahmeteilnahmen in optierenden Kommunen standen nicht zur Verfügung, sodass sie aus der Datenbasis ausgeschlossen wurden. Die Stichprobengrößen der Teilnehmergruppen und der potenziellen Vergleichsgruppe sind jeweils groß genug, um valide Aussagen treffen zu können.

Die Datengrundlage setzt sich aus mehreren administrativen Datensätzen zusammen. Hierzu gehört eine Stichprobe der Integrierten Erwerbsbiografien (IEB). Dieser Datensatz enthält detaillierte Informationen zur Beschäftigungs- und Arbeitslosigkeitshistorie, zu persönlichen Charakteristika sowie zur regionalen Arbeitsmarktsituation. Außerdem wurde ein Datensatz mit Informationen über die Bedarfsgemeinschaft und den Arbeitslosengeld-II-Bezug verwendet, die Leistungshistorik Grundsicherung (LHG).[21] Damit können auch Informationen über den Partner in die Analyse mit einbezogen werden, die den Arbeitsmarkterfolg ebenso wie die Teilnahmewahrscheinlichkeit beeinflussen. Zudem werden Informationen zum regionalen Arbeitsmarkt auf Kreisebene verwendet. Für den Verbleib in sozialversicherungspflichtiger Beschäftigung nach dem Maßnahmeeintritt wurde außerdem aus dem Data Warehouse der Statistik der Bundesagentur für Arbeit für jeden Monatsersten ein Verbleibsnachweis generiert. Mithilfe von Daten zur aktiven Arbeitsmarktpolitik der IEB wurde dann festgestellt, ob es sich um eine ungeförderte Beschäftigung handelt. Die Nutzung dieser Zusatzinformation war notwendig, da die Daten zur sozialversicherungspflichtigen Beschäftigung der IEB nur bis Ende 2005, in den Verbleibsnachweisen jedoch bis Anfang 2007 zur Verfügung stehen.

21 Vgl. auch die detaillierte Darstellung im Anhang, Kapitel 1.

Ohne die Verbleibsnachweise hätte die Zielvariable reguläre Beschäftigung nicht bis zu 20, sondern nur bis zu acht Monate nach Maßnahmebeginn verfolgt werden können.

Übersicht 5.2
Stichprobengrößen bei der Evaluation verschiedener arbeitsmarktpolitischer Instrumente

	Westdeutschland				Ostdeutschland			
	Treatmentgruppe		Kontrollgruppe		Treatmentgruppe		Kontrollgruppe	
	Männer	Frauen	Männer	Frauen	Männer	Frauen	Männer	Frauen
Eingliederungszuschüsse (bis 3 Monate)	699	304	64.320	64.320	381	236	58.768	48.092
Eingliederungszuschüsse (4 bis 6 Monate)	1.134	412	94.423	69.528	735	568	60.582	50.540
Betriebliche Trainingsmaßnahmen	5.400	2.058	101.318	69.100	3.256	2.168	61.831	52.579
Nicht-betriebliche Trainingsmaßnahmen	10.886	7.134	101.318	69.100	7.779	6.774	61.831	52.579
Beauftragung Dritter	3.196	1.708	93.578	68.832	3.599	2.768	59.471	49.563
Arbeitsgelegenheiten	20.968	9.470	102.310	70.990	21.267	19.111	60.513	51.215
	Gesamtdeutschland				Männer und Frauen			
	Treatment		Kontrollgruppe		Treatment		Kontrollgruppe	
	Männer	Frauen	Männer	Frauen	West	Ost	West	Ost
Einstiegsgeld	944	263	129.311	97.438	773	434	133.635	93.114

Quelle: Eigene Zusammenstellung auf Basis der zitierten Studien.

5.5 Der Instrumentenkasten im SGB II

Der Instrumentenkasten im SGB II ist im § 16 (Leistungen zur Eingliederung) geregelt. Er sieht vor, dass zum einen nahezu alle arbeitsmarktpolitischen Instrumente aus dem SGB III auch für die Grundsicherungsempfänger angewendet werden können. Dies umfasst Maßnahmen der beruflichen Weiterbildung ebenso wie die Förderung der Aufnahme einer abhängigen Beschäftigung mittels Eingliederungszuschüssen oder Eignungsfeststellungs- und Trainingsmaßnahmen. Ebenso ist es möglich, private Dritte mit der gesamten Vermittlung oder Teilaufgaben hiervon zu beauftragen. Schließlich gehören auch die Arbeitsbeschaffungsmaßnahmen des SGB III gegenwärtig noch zum Instrumentenkasten des SGB II – hier ist allerdings mit dem Gesetz zur Neuausrichtung der Instrumente eine Änderung geplant. Nicht im SGB II angewendet werden dürfen dagegen z. B. die Maßnahmen zur Förderung von Existenzgründungen aus Arbeitslosigkeit (früher Überbrückungsgeld und Existenzgründungszuschuss, seit 2006 zusammengelegt zum Gründungszuschuss nach § 57 SGB III). Gleichwohl kann auch im SGB II die Existenzgründung gefördert werden. Das Instrument, das hier eingesetzt werden kann, ist das Einstiegsgeld nach § 29 SGB II. Es ermöglicht einerseits die Förderung der Aufnahme einer niedrig entlohnten Beschäftigung mittels einer Subvention an den Arbeitnehmer, andererseits eben die Förderung einer Existenzgründung.

Neben dem Einstiegsgeld werden im SGB II zwei eigene Formen der öffentlich geförderten Beschäftigung definiert. Die Arbeitsgelegenheiten nach § 16(3) können als sozialversicherungspflichtiges Beschäftigungsverhältnis („Entgeltvariante") oder als Zusatzjobs („Mehraufwandsvariante") im Sozialrechtsverhältnis ausgestaltet sein. Letztere müssen gemeinnützig und zusätzlich sein. Die Arbeitsgelegenheiten in der Mehraufwandsvariante sind das am meisten genutzte Instrument im SGB II, auch wenn ihre anfängliche Dominanz sich in den letzten Jahren etwas reduziert hat. Neu hinzugekommen ist seit dem 01. Oktober 2007 der Beschäftigungszuschuss, der für langzeitarbeitslose Personen mit mindestens zwei weiteren Vermittlungshemmnissen einen bis zu 75-prozentigen Lohnkostenzuschuss an Träger oder private Unternehmen vorsieht. Dieser Zuschuss ist zunächst auf zwei Jahre befristet, kann aber danach nach entsprechender Prüfung auch dauerhaft gewährt werden.

Der besonderen Klientel geschuldet und dem Anspruch, individuell passgenaue Förderung anzubieten, enthält das SGB II aber nicht nur präzise definierte Instrumente der aktiven Arbeitsmarktpolitik. Hinzu kommt über den § 16(2) zum einen die Möglichkeit, weitere Leistungen zu erbringen, die der Eingliederung in Arbeit dienen. Festgelegt ist für die sogenannten „sonstigen weiteren Leistungen" nur, dass hiermit nicht einfach bestehende aktive Leistungen aufgestockt werden können. Ein Beispiel für solche Leistungen ist etwa die Finanzierung des Führerscheinerwerbs, wenn dieser beruflich notwendig ist. Zum anderen können flankierende, sozialintegrative Leistungen durch die SGB-II-Träger finanziert werden, wenn sie Hindernisse bei der Arbeitsaufnahme beseitigen. Hierzu gehören etwa Betreuungsleistungen für Kinder oder pflegebedürftige Angehörige, psychosoziale Beratung, Sucht- und Schuldnerberatung.

Abbildung 5.1

Zugänge in arbeitsmarktpolitische Maßnahmen im SGB II (2005 bis 2007, ohne zkT)

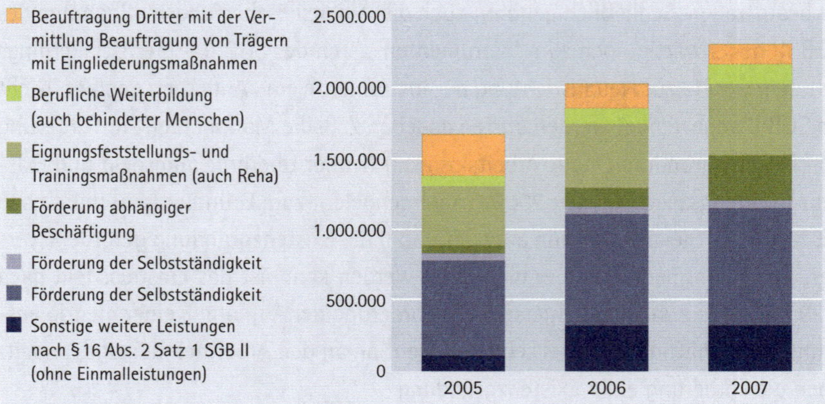

Quelle: Statistik der Bundesagentur für Arbeit.

5.6 Betriebsnahe Maßnahmen

Wie oben beschrieben, hält der Instrumentenkasten des SGB II die ganze Palette an arbeitsmarktpolitischen Maßnahmen bereit, von Qualifizierungsmaßnahmen über vermittlungsunterstützende Leistungen und betriebsnahe Maßnahmen bis zu Beschäftigung schaffenden Maßnahmen. Im Vorfeld der Gesetzeseinführung und in der Anfangsphase seiner Geltung war heftig umstritten, ob die weitgehende Übernahme der Instrumente aus dem SGB III für die im Durchschnitt deutlich arbeitsmarktfernere Klientel des SGB II angemessen ist. Vor allem war a priori nicht klar, ob diejenigen Instrumente, die direkt auf die Wiedereingliederung in reguläre Beschäftigung zielen, im SGB II überhaupt sinnvoll eingesetzt werden können. Insofern ist von besonderem Interesse, ob die Wirkungen im Hinblick auf die Arbeitsmarktintegration sich für die ALG-II-Empfänger von denen für die Empfänger von Versicherungsleistungen wesentlich unterscheiden. Wie oben schon beschrieben, kamen die betriebsnahen Leistungen – vor allem die Eingliederungszuschüsse – aber auch die betrieblichen Trainingsmaßnahmen nach einer Aufbauphase durchaus in beträchtlichem Umfang zum Einsatz.

5.6.1 Individuelle Wirkungen von Eingliederungszuschüssen

Im Folgenden sollen nun die individuellen Wirkungen betriebsnaher Maßnahmen im SGB II auf Beschäftigungschancen und Hilfebedürftigkeit dargestellt werden.

Hier geht es zunächst um die Wirkung der Eingliederungszuschüsse (EGZ).[22] Eingliederungszuschüsse – bei denen Arbeitgeber zeitlich befristet einen Zuschuss zum Arbeitsentgelt erhalten – mindern die Lohnkosten und können so während des Förderzeitraums Wettbewerbsnachteile bzw. Minderleistungen von Arbeitnehmern finanziell ausgleichen. Zudem geben sie Unternehmen die Gelegenheit, kostengünstig die Eignung der Geförderten zu überprüfen.

Die Gewährung eines Eingliederungszuschusses an einen Betrieb, der eine Person mit Vermittlungshemmnissen einstellt, liegt im Ermessen des Arbeitsvermittlers bzw. Fallmanagers. Die Vermittlungshemmnisse müssen sich dabei im konkreten Einzelfall in einer vorübergehenden Leistungsminderung äußern. Den Zuschuss gibt es nur für eine sozialversicherungspflichtige Beschäftigung mit einer regelmäßigen Wochenarbeitszeit von mindestens 15 Stunden.

Um Missbrauch zu vermeiden, ist eine Förderung ausgeschlossen, wenn der Arbeitgeber vorher eine Entlassung veranlasst hat oder die Einstellung bei einem früheren Arbeitgeber erfolgt. Der Zuschuss kann zudem teilweise zurückgefordert werden, wenn die Beschäftigung während der Förderdauer oder der daran anschließenden „Nachbeschäftigungszeit" – die in der Regel noch einmal so lang wie die Förderdauer ist – beendet wird. Ausnahmen sind Kündigungen aus dringenden betrieblichen Erfordernissen oder eine geförderte Einstellung älterer Arbeitsloser.

Der Zuschuss darf 50 Prozent des tariflichen oder ortsüblichen Arbeitsentgelts (bis zur Beitragsbemessungsgrenze) sowie des pauschalierten Arbeitgeberanteils am Gesamtsozialversicherungsbeitrag nicht übersteigen. Die Höchstförderdauer beträgt zwölf Monate. Für (schwer)behinderte Menschen gibt es erweiterte Konditionen; für Ältere ab 50 Jahren und Jüngere unter 25 Jahren gelten seit 2007 separate Regelungen.

Höhe und Dauer des Eingliederungszuschusses richten sich dabei nach dem Umfang der Minderleistung und den jeweiligen Eingliederungserfordernissen. Sie einzuschätzen liegt im Ermessen des Vermittlers, der sich auf lokale ermessenslenkende Weisungen stützt. Diese präzisieren die gesetzlichen Vorgaben zur Förderung und sollen ein einheitliches lokales Vorgehen im Rahmen des vorgesehenen Budgets gewährleisten. Die geplanten Förderdauern im untersuchten Zeitraum sind in Abbildung 5.2 dargestellt. Etwa die Hälfte der Förderdauern lag zwischen vier und sechs Monaten.

Auch wenn die Förderung mit dem EGZ an eine individuelle Minderleistung in Bezug auf einen spezifischen Arbeitsplatz gebunden ist, legt doch das Vorhandensein von – möglicherweise multiplen – Vermittlungshemmnissen die Notwendigkeit einer Förderung eher nahe. Betrachtet man die Gruppe der EGZ-Geförderten im Jahr

22 Zur Darstellung im Folgenden vgl. Bernhard et al. 2008c, d.

2005, so fällt auf, dass Langzeitarbeitslose, Ältere und Ausländer weniger häufig in den Genuss einer Förderung kamen, als ihrem Anteil an den ALG-II-Beziehern entsprach. Gleiches gilt für Frauen, während Personen unter 25 – wegen ihrer besonderen Stellung im SGB II – häufiger gefördert wurden. Dies legt zum einen den Schluss nahe, dass die Geförderten im Durchschnitt zu den eher arbeitsmarktnahen aus der SGB-II-Klientel gehören dürften. Wenn nicht in erheblichem Umfang die Förderung für solche Beschäftigungsverhältnisse gewährt wurde, die eigentlich nicht förderfähig gewesen sind, spricht dies weiterhin dafür, dass die ALG-II-Bezieher ohne eine arbeitsmarktpolitische Förderung nur schwierig in den ersten Arbeitsmarkt zu integrieren sind. Eine Messung der Netto-Förderwirkungen gibt u. a. Aufschluss darüber, ob trotz der offensichtlichen Positivauslese für die geförderten Personen noch eine Verbesserung der Eingliederungschancen gegenüber Ungeförderten erreicht wurde.

Abbildung 5.2

Verteilung der geplanten Förderdauern

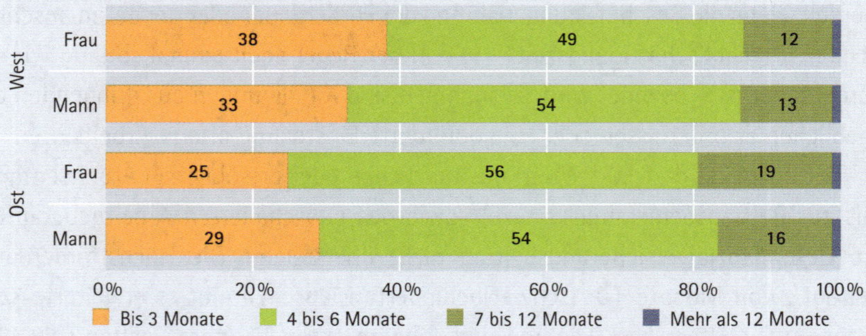

Eigene Auswertungen auf Basis der IEB V5.01 und V6.01, LHG V2.0 und V3.0 sowie der Datamarts der Statistik der Bundesagentur für Arbeit; ohne optierende Kommunen.
Anmerkung: Aufnahme eines mit einem Eingliederungszuschuss geförderten Beschäftigungsverhältnisses im Rechtskreis SGB II im Zeitraum Februar bis April 2005.
Quelle: Bernhard et. al 2008c.

Das IAB hat für eine Stichprobe von Personen, die in der Zeit zwischen Februar und April 2005 in die EGZ-Förderung eingetreten sind, mit den oben beschriebenen Matching-Verfahren eine Messung der Nettowirkungen vorgenommen (Bernhard et al. 2008d). Alle Auswertungen wurden für West- und Ostdeutschland sowie für Männer und Frauen getrennt durchgeführt. Für die Gruppe der westdeutschen Männer, bei der die Fallzahlen hoch genug waren, konnte zudem für weitere Merkmale eine getrennte Wirkungsanalyse durchgeführt werden. Die Analysen wurden schließlich für die unterschiedlichen Förderdauern differenziert.

Wendet man sich zunächst den am häufigsten vorkommenden Förderdauern von vier bis sechs Monaten zu, so lassen sich über alle vier betrachteten Gruppen hinweg durchweg stark positive Effekte der Förderung auf die Wahrscheinlichkeit, regulär beschäftigt zu sein, ausmachen: Nach Ablauf von Förderdauer und Nachbeschäftigungsfrist – für die hier untersuchten Förderdauern von vier bis sechs Monaten sind das maximal zwölf Monate nach Förderbeginn – haben die geförderten Personen im Durchschnitt einen deutlichen Vorsprung gegenüber der Vergleichsgruppe. Abbildung 5.3 zeigt die Situation 20 Monate nach Förderbeginn: Knapp 70 Prozent der Geförderten in den vier Gruppen sind regulär sozialversicherungspflichtig beschäftigt, bei den ungeförderten Vergleichspersonen sind es weniger als 30 Prozent. Die Förderwirkung auf die Wahrscheinlichkeit ungefördert beschäftigt zu sein beträgt damit rund 40 Prozentpunkte.

Abbildung 5.3

Verbleib der Personen, die mit einem Eingliederungszuschuss gefördert wurden, aufgegliedert nach Verbleib ohne Förderung und geschätzter Förderwirkung

20 Monate nach Förderbeginn, geplante Förderdauer 4 bis 6 Monate, nur Arbeitslosengeld-II-Empfänger

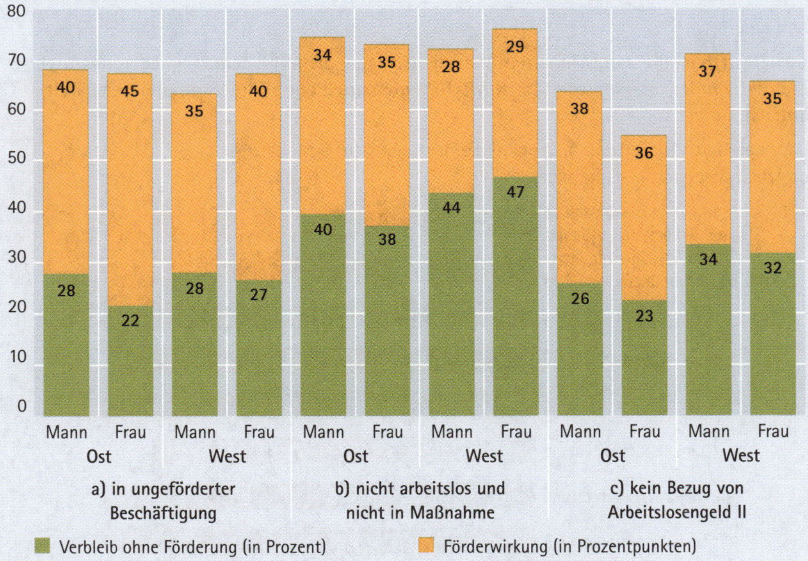

Eigene Auswertungen auf Basis der IEB V5.01 und V6.01, LHG V2.0 und V3.0 sowie der Datamarts der Statistik der Bundesagentur für Arbeit; ohne optierende Kommunen.

Anmerkung: Aufnahme eines mit einem Eingliederungszuschuss geförderten Beschäftigungsverhältnisses im Rechtskreis SGB II im Zeitraum Februar bis April 2005.

Lesehilfe: 20 Monate nach Förderbeginn waren 68 Prozent der geförderten Männer in Ostdeutschland in ungeförderter Beschäftigung. Da 28 Prozent der Vergleichspersonen ungefördert beschäftigt waren, beträgt die Förderwirkung 40 Prozentpunkte.

Quelle: Bernhard et al. 2008c.

Weder arbeitslos gemeldet noch in einer Maßnahme sind über 70 Prozent der Personen, die mit einem Eingliederungszuschuss gefördert wurden, aber gut 40 Prozent der Vergleichspersonen. Hier fällt die Förderwirkung – mit rund 30 Prozentpunkten – damit etwas geringer aus als bei der ungeförderten Beschäftigung. Dass die Nettowirkung auf den Erfolgsindikator „nicht arbeitslos gemeldet/nicht in Maßnahme" geringer ausfällt, kann zum Beispiel daran liegen, dass mehr Personen aus der Vergleichs- als aus der Teilnehmergruppe sich im betrachteten Zeitraum in Nichterwerbstätigkeit abgemeldet haben.

Für Männer in Westdeutschland konnte vertiefend untersucht werden, ob Eingliederungszuschüsse nach Alter, Berufsausbildung, Arbeitsmarktnähe oder Migrationshintergrund unterschiedlich wirken (Abbildung 5.4). Zunächst ist sowohl bei geförderten als auch bei ungeförderten Personen – wie zu erwarten war – der Beschäftigtenanteil in den Teilgruppen am höchsten, bei denen weniger individuelle Vermittlungshemmnisse zu vermuten sind. Dies sind Jüngere zwischen 25 und 34 Jahren, mit Ausbildungsabschluss sowie ohne Migrationshintergrund.

Abbildung 5.4

Beschäftigtenanteile von Männern in Westdeutschland, die mit einem Eingliederungszuschuss gefördert wurden, aufgegliedert nach Beschäftigtenanteil ohne Förderung und geschätzter Förderwirkung

20 Monate nach Förderbeginn, geplante Förderdauer 4 bis 6 Monate, nur Arbeitslosengeld-II-Empfänger

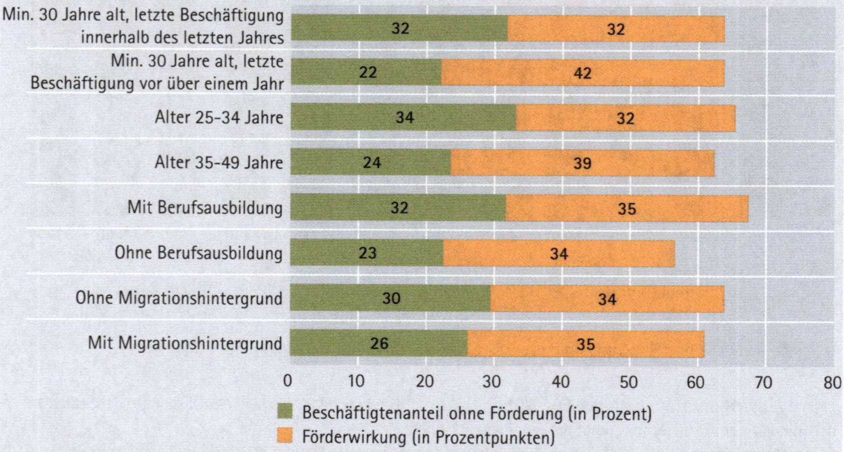

Eigene Auswertungen auf Basis der IEB V5.01 und V6.01, LHG V2.0 und V3.0 sowie der Datamarts der Statistik der Bundesagentur für Arbeit; ohne optierende Kommunen.

Anmerkung: Aufnahme eines mit einem Eingliederungszuschuss geförderten Beschäftigungsverhältnisses im Rechtskreis SGB II im Zeitraum Februar bis April 2005.

Lesehilfe: 20 Monate nach Förderbeginn waren 64 Prozent der geförderten Männer in Westdeutschland unter 30, die im Kalenderjahr vor dem Fördereintritt beschäftigt waren, in ungeförderter Beschäftigung. Da 32 Prozent der Vergleichspersonen ungefördert beschäftigt waren, beträgt der Fördereffekt 32 Prozentpunkte.

Quelle: Bernhard et al. 2008c.

Der geschätzte Fördereffekt fällt hingegen bei denjenigen Personengruppen höher aus, bei denen eher vermittlungshemmende Merkmale zu erwarten sind – also Männer zwischen 35 und 49 Jahren im Vergleich zu jüngeren, Männer ohne Ausbildungsabschluss oder Männer mit Migrationshintergrund. Am höchsten ist die geschätzte Förderwirkung mit 42 Prozentpunkten bei den Männern über 30 Jahren, deren letzte Beschäftigung länger als ein Jahr zurücklag, die also bei Beginn der Förderung bereits langzeitarbeitslos waren. Insgesamt lassen sich zwar für alle untersuchten Teilgruppen deutlich positive Wirkungen der Eingliederungszuschüsse auf die Beschäftigungswahrscheinlichkeit ausmachen. Sie sind aber für solche Personen ganz besonders deutlich, die ohne Förderung geringere (Wieder-)Eingliederungschancen hätten. Personen mit ohnehin besseren Beschäftigungschancen können durch die Förderung ihre Arbeitsmarktchancen etwas weniger deutlich verbessern als Arbeitsuchende mit schlechteren Beschäftigungschancen, weisen aber auch noch erhebliche Steigerungen auf.

Die Ergebnisse ändern sich kaum, wenn man Eingliederungszuschüsse mit kürzeren Förderdauern betrachtet, die in rund einem Drittel der untersuchten Fälle zum Einsatz kamen: Bei den EGZ mit höchstens drei Monaten Förderdauer bewegen sich die Nettoeffekte 20 Monate nach Beginn der Förderung in ähnlichen Größenordnungen wie bei den längeren EGZ und erreichten wie diese bei der Zielvariable „ungeförderte Beschäftigung" zwischen 30 und 45 Prozent Steigerung der Beschäftigungswahrscheinlichkeit. Wie bei den längeren EGZ profitierten auch bei den kürzeren Frauen in Ostdeutschland ganz besonders. Die Dauer des EGZ ist hiernach kein Indikator für die Schwere der Vermittlungshemmnisse bzw. der individuellen Minderleistung bei den geförderten Personen.

Vergleicht man schließlich die Ergebnisse zu den Eingliederungswirkungen des EGZ im SGB II mit den früheren Analysen aus der Zeit vor der Einführung der Grundsicherung, so lassen sich ähnliche Größenordnungen feststellen. Auch für Personen, die im Jahr 2002 durch einen EGZ gefördert wurden, wurden mit ähnlicher Methode und Vergleichsgruppenkonstruktion Nettoeffekte zwischen 30 und 45 Prozent gemessen (vgl. ZEW et al. 2006). Zumindest nach diesen Analysen spricht einiges dafür, dass Eingliederungszuschüsse auch für die arbeitsmarktfernere Klientel des SGB II durchaus geeignet sind, den Übergang in reguläre Beschäftigung zu erleichtern. Wie immer bei betriebsnahen Maßnahmen stehen die Ergebnisse aber unter einem gewissen Vorbehalt: Weil relativ wenig über das Zustandekommen des EGZ im Einzelfall bekannt ist, könnten die Nettoeffekte positiv überzeichnet sein. Dies wäre vor allem dann der Fall, wenn nicht die EGZ-Förderung den Abschluss des Beschäftigungsverhältnisses bedingt hätte, sondern das „Match" schon vorher stattgefunden hätte und der EGZ erst nachträglich ins Spiel gekommen wäre. Dann wäre das „Treatment" nämlich nicht der EGZ alleine, sondern „Match" plus EGZ, und die Vergleichsgruppe wäre falsch konstruiert. Allerdings legen Implementationsstudien aus dem Jahr 2005 nahe, dass dieses Problem bei den SGB-II-Trägern weniger häufig auftrat als im SGB III. Während der EGZ hier nämlich im Regelfall vom potenziellen Arbeitgeber ins Spiel gebracht wurde, waren es in den ARGEn weit überwiegend die Vermittlungsfachkräfte, die – auch mit relativ pauschalen EGZ-Zusagen – versuchten, arbeitslose ALG-II-Bezieher in reguläre Beschäftigungsverhältnisse zu bekommen.

Übersicht 5.3

Verbleib der Personen, die mit einem Eingliederungszuschuss gefördert wurden, Verbleib der Vergleichsgruppe und geschätzte Förderwirkung

20 Monate nach Förderbeginn, geplante Förderdauer 4 bis 6 Monate, nur Arbeitslosengeld-II-Empfänger

		Förderdauer ≤ 3 Monate				Förderdauer 4 bis 6 Monate			
		Ost		West		Ost		West	
Anteil		Männer	Frauen	Männer	Frauen	Männer	Frauen	Männer	Frauen
In ungeförderter Beschäftigung	Teilnehmer	0,64	0,69	0,62	0,66	0,68	0,67	0,63	0,67
	Vergleichsgruppe	0,31	0,23	0,32	0,29	0,28	0,23	0,29	0,26
	Förderwirkung	**0,33**	**0,45**	**0,30**	**0,37**	**0,40**	**0,45**	**0,35**	**0,40**
Weder arbeitslos noch in Maßnahme	Teilnehmer	0,72	0,79	0,69	0,76	0,74	0,73	0,72	0,76
	Vergleichsgruppe	0,43	0,39	0,47	0,49	0,40	0,38	0,44	0,47
	Förderwirkung	**0,29**	**0,40**	**0,22**	**0,28**	**0,34**	**0,35**	**0,28**	**0,29**
Kein ALG-II-Bezug	Teilnehmer	0,63	0,53	0,68	0,69	0,64	0,59	0,71	0,67
	Vergleichsgruppe	0,28	0,24	0,37	0,34	0,26	0,23	0,34	0,32
	Förderwirkung	**0,35**	**0,30**	**0,31**	**0,35**	**0,38**	**0,36**	**0,37**	**0,35**

Eigene Berechnungen mit Daten aus IEB V5.01 und V6.01, LHG V2.0 und V3.0, Datamarts der Statistik der Bundesagentur für Arbeit; ohne optierende Kommunen.

Anmerkung: Alle geschätzten durchschnittlichen Teilnahmeeffekte sind signifikant bei $\alpha = 0{,}01$.

Quelle: Bernhard et al. 2008c.

Abschließend wurde auch analysiert, inwieweit eine Förderung mit dem EGZ zu einer Überwindung der Hilfebedürftigkeit führt. Von den geförderten Personen bezogen je nach Teilgruppe zwischen 60 und 70 Prozent 20 Monate nach Förderbeginn keine ALG II mehr, während es bei den Ungeförderten zum gleichen Zeitpunkt nur 30 Prozent waren – die Förderwirkung betrug somit rd. 40 Prozentpunkte. Auffällig sind hier die Unterschiede zwischen Ost- und Westdeutschland: In Ostdeutschland war der Anteil geförderter Personen, die nach 20 Monaten erwerbstätig waren, höher als der Anteil der nicht mehr Hilfebedürftigen. Dies deutet darauf hin, dass ein Teil der Geförderten zwar beschäftigt war, aber ein nicht bedarfsdeckendes Einkommen erzielte.

5.6.2 Betriebliche Trainingsmaßnahmen

Nach der Logik des SGB III gehören betriebliche Trainingsmaßnahmen (TM) nicht zu den beschäftigungsbegleitenden Maßnahmen, sondern bilden mit den nichtbetrieblichen Trainingsmaßnahmen eine eigene Gruppe, die Eignungsfeststellungs- und Trainingsmaßnahmen. Die Berichte zur Implementationspraxis der betrieblichen Trainingsmaßnahmen legen es aber nahe, ihre Wirkungen im Verbund mit den betriebsnahen Maßnahmen abzuhandeln. Denn vielfach werden die betrieblichen Trainingsmaßnahmen als Praktika genutzt und dienen damit ähnlich wie die Eingliederungszuschüsse der Erprobung im Betrieb.

Im Jahr 2005 gab es rd. 130.000 Eintritte in betriebliche Trainingsmaßnahmen. Zur Teilnehmerstruktur lässt sich Ähnliches sagen wie bei den Eingliederungszuschüssen: Auch bei den betrieblichen TM waren die jungen Erwachsenen unter 25 Jahren gemessen an ihrem Anteil an den Arbeitslosen im SGB II überrepräsentiert. Unterrepräsentiert waren hingegen die Älteren über 50 Jahren, Ausländer, Personen mit gesundheitlichen Einschränkungen und Personen ohne Schulabschluss.

Die Wirkung betrieblicher Trainingsmaßnahmen auf die Beschäftigungschancen der Geförderten wurde im IAB mit dem oben beschriebenen Matching-Ansatz und für die Einstiegskohorte Februar bis April 2005 untersucht (Jozwiak/Wolff 2007). Die Analysen wurden wiederum zunächst für Ost- und Westdeutschland sowie nach Geschlecht getrennt durchgeführt. Da die Förderzahlen insgesamt deutlich höher lagen als die des EGZ, sind zusätzlich nahezu durchgängig nach weiteren Merkmalen differenzierte Analysen möglich.

Insgesamt zeigt sich für die Beschäftigungswahrscheinlichkeit der geförderten Personen ein ähnlich positives Bild wie bei den EGZ: Bereits sechs Monate nach Förderbeginn waren die Maßnahmeteilnehmer zwischen 13 und 19 Prozentpunkte häufiger regulär beschäftigt als die entsprechende Vergleichsgruppe von Nicht-Teilnehmern. Die rasch einsetzende und starke Eingliederungswirkung spricht dafür, dass die Teilnehmer vielfach im selben Betrieb weiterbeschäftigt wurden, in dem die betriebliche TM stattgefunden hatte. Dies wiederum stützt unsere Interpretation, dass die Maßnahmen häufig zur Erprobung und Einarbeitung im Betrieb genutzt werden und somit in der Intention etwa der der EGZ entsprechen.

Die Nettoeffekte der Förderung blieben bis 20 Monate nach Förderbeginn – dem letzten beobachteten Zeitpunkt – für alle Gruppen in etwa stabil. Sie waren für Frauen in Westdeutschland mit 12,9 Prozentpunkten am geringsten und für Frauen in Ostdeutschland mit 19,6 Prozentpunkten am höchsten.

Abbildung 5.5

Effekte der Teilnahme an Trainingsmaßnahmen auf ungeförderte sozialversicherungspflichtige Beschäftigung und auf die Vermeidung von ALG-II-Bezug

Differenz der Anteile bei Teilnehmern und Nicht-Teilnehmern, in Prozentpunkten

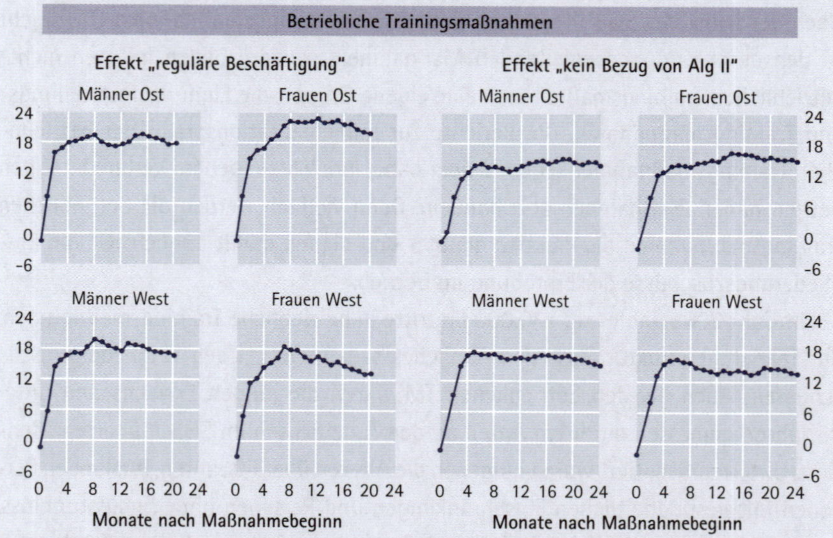

Integrierte Erwerbsbiografien und weitere Personendatensätze des IAB, eigene Berechnungen.
Quelle: Jozwiak/Wolff 2007.

Betrachtet man die Ergebnisse differenziert für einzelne Gruppen, so ergeben sich zum Teil recht deutliche Unterschiede. Beispielsweise ist die Förderwirkung für den überproportional geförderten Personenkreis u25 am geringsten, während die unterproportional geförderten Älteren über 50 deutlich profitieren. Besonders gravierend ist dieser Abstand bei den Männern in Ostdeutschland, wo die Förderwirkung für die ü50 mit gut 25 Prozentpunkten doppelt so hoch ist wie die der u25 (12 Prozentpunkte). Hinsichtlich der Arbeitsmarktnähe scheinen die betrieblichen TM ein Instrument zu sein, von dem vor allem Personen mit „mittlerer" Arbeitsmarktnähe profitieren: Geförderte, deren letzte sozialversicherungspflichtige Beschäftigung zum Zeitpunkt der Förderung zwei bis vier Jahre zurücklag, profitierten mehr als Personen mit kürzerer oder längerer Beschäftigungslosigkeit. Nur geringe bzw. insignifikante Unterschiede bei den Förderwirkungen zeigen sich dagegen hinsichtlich des Bildungsabschlusses oder der regionalen Arbeitsmarktlage.

Auch für die betrieblichen Trainingsmaßnahmen wurden schließlich die Wirkungen hinsichtlich des Ziels „Reduzierung oder Überwindung der Hilfebedürftigkeit" untersucht. Die Befunde ähneln denen beim Eingliederungszuschuss: Männer und Frauen in West- wie Ostdeutschland schaffen es durch die betriebliche Trainingsmaßnahme häufiger als Ungeförderte, die Hilfebedürftigkeit zu überwinden. 20 Monate nach Maßnahmestart waren die Anteile der Geförderten, die kein ALG II mehr bezogen, um rd. 15 Prozentpunkte höher als in den entsprechenden Vergleichsgruppen. Auch hier gelingt es allerdings den Geförderten in Ostdeutschland nicht immer, eine bedarfsdeckende Erwerbstätigkeit aufzunehmen. Dies kann dem geringeren Lohnniveau in Ostdeutschland geschuldet sein, aber ebenso der Tatsache, dass die Geförderten-Bedarfsgemeinschaften in Ostdeutschland etwas größer sind als in Westdeutschland.

5.6.3 Einstiegsgeld – Gründungsförderung

Neben den Lohnkostenzuschüssen an Arbeitgeber sieht das SGB II – anders als das SGB III – auch die direkte Subventionierung der Arbeitslosen bei Arbeitsaufnahme vor. Die „echte" Kombilohnvariante, das Einstiegsgeld (ESG) in der Variante „Förderung abhängiger sozialversicherungspflichtiger Beschäftigung", wurde im Jahr 2005 kaum in Anspruch genommen und konnte deswegen noch keiner quantitativen Evaluation unterzogen werden. Bei den Förderzugängen im Jahr 2006 war im Berichtszeitraum der Beobachtungszeitraum für eine Wirkungsanalyse noch zu kurz.

Mit dem Einstiegsgeld kann aber auch die Aufnahme einer selbstständigen Tätigkeit gefördert werden. Damit wurde ein Ersatz geschaffen für die Instrumente der Gründungsförderung im SGB III, die wegen der Kopplung an die Höhe des Arbeitslosengeldes für Grundsicherungsempfänger nicht zur Verfügung stehen. Zwar erreichte das Einstiegsgeld in der Gründungsvariante bisher noch nicht die Bedeutung, wie sie Überbrückungsgeld, Existenzgründungszuschuss bis 2006 und nun der neue Gründungszuschuss haben. Dennoch waren mit 17.000 Eintritten in die Förderung im Jahr 2005 genug Förderfälle vorhanden, um eine quantitative Evaluation durchzuführen.

Die Teilnehmerstruktur beim Einstiegsgeld/Gründung unterscheidet sich etwas von der der anderen Instrumente. Dies gilt vor allem für die Gruppe der Jugendlichen und jungen Erwachsenen unter 25 Jahren, die gemessen an ihrem Anteil an den Arbeitslosen unterproportional gefördert werden. Ebenfalls „gegen den Trend", aber überproportional in der Gründungsförderung vertreten waren die Personen mit ausländischer Staatsangehörigkeit. Betrachtet man hingegen die Förderung nach Geschlecht, so zeigt sich wieder das „gewohnte" Bild – Frauen sind im ESG/Gründungsvariante stark unterproportional vertreten. Dies ist deswegen bemerkenswert, weil Frauen im inzwischen abgeschafften Instrument für „Kleingründungen" im SGB III, dem Existenzgründungszuschuss, durchaus in relevanter Höhe gefördert wurden. Was die Förderung nach Alter, Ausbildung und gesundheitlichem Status angeht, so ist das ESG eher ein Instrument für die mittlere Altersgruppe, die am stärksten in den Genuss der Förderung kommt, für besser ausgebildete und Personen ohne gesundheitliche Einschränkungen (Noll et al. 2006; Nivorozhkin/Wolff 2008).

Wie in den oben beschriebenen Evaluationsstudien zum Eingliederungszuschuss und zu betrieblichen Trainingsmaßnahmen wurden auch für das ESG in der Gründungsvariante für die Zugangskohorte Februar bis April 2005 die Nettowirkungen der Förderung ermittelt (Nivorozhkin/Wolff 2008). Die Analysen wurden getrennt nach Geschlecht und getrennt für West- und Ostdeutschland sowie für einzelne Subgruppen durchgeführt.

Anders als bei Instrumenten, die auf die Förderung abhängiger Beschäftigung zielen, ist bei der Existenzgründungförderung der „direkte" Erfolg der Verbleib in der Selbstständigkeit. Die oben herangezogene Erfolgsvariable „Anteil in ungeförderter abhängiger Beschäftigung" ist deshalb zur Erfolgsmessung nicht geeignet. Wenn ein hoher Anteil der geförderten Existenzgründer eine abhängige Beschäftigung aufnähme, deutete dies eher auf eine ineffiziente Förderung hin.

Die Unterschiede zwischen Geförderten und Vergleichsgruppe hinsichtlich dieser Größe geben aber einen Eindruck davon, in welchem Ausmaß die Förderung der Selbstständigkeit den Übergang in abhängige Beschäftigung reduziert. Für die hier betrachtete Eintrittskohorte und 20 Monate nach Eintritt in die Förderung war die Wahrscheinlichkeit, ungefördert abhängig beschäftigt zu sein, für die einzelnen Teilgruppen zwischen neun und elf Prozent niedriger als für die Vergleichsgruppen. Dass der negative Effekt in Westdeutschland etwas größer war, lässt sich aus der besseren Arbeitsmarktlage und damit den besseren Chancen für die Vergleichsgruppe, einen Arbeitsplatz zu finden, erklären. Etwas kleinere negative Effekte bei den Frauen deuten auf Unterschiede in der Risikoaversion hin, könnte aber auch auf unterschiedliche Arbeitsmarktchancen von Männern und Frauen in der Vergleichsgruppe zurückzuführen sein.

Mit den administrativen Daten, die für die hier beschriebenen Analysen herangezogen wurden, ist der Status „selbstständig" direkt nicht abbildbar. Als Erfolgskriterium wurde deshalb primär herangezogen, ob die betrachteten Personen nicht mehr arbeitslos oder arbeitsuchend gemeldet waren. Da Teilnehmer an arbeitsmarktpolitischen Maßnahmen in der Regel weiter als arbeitsuchend registriert sind, kann das gewählte Erfolgskriterium dreierlei bedeuten: Entweder, die entsprechende Person ist weiterhin selbstständig. Oder, sie ist abhängig beschäftigt. Oder schließlich, sie hat sich ganz aus dem Erwerbsleben zurückgezogen.

Betrachtet man die Wirkung der Existenzgründungsförderung auf diese Erfolgsvariable, so ist der Anteil der Geförderten, die 20 Monate nach Eintritt in die Förderung weder arbeitslos noch arbeitsuchend gemeldet sind, um etwa 20 Prozentpunkte höher als der entsprechende Anteil in der Vergleichsgruppe. Zu beachten ist, dass zu diesem Zeitpunkt in den allermeisten Fällen die Förderung bereits ausgelaufen ist. Für die untersuchten Teilgruppen Männer und Frauen, Ost- und Westdeutsche unterscheiden sich die Effekte nur wenig. Ebenfalls recht homogen sind die Wirkungen, wenn für unterschiedliche Alters- oder Qualifikationsgruppen, Ausländer und Deutsche und Personen mit unterschiedlich großer Arbeitsmarktnähe differenziert wird.

Ein etwas anderes Bild ergibt sich, wenn untersucht wird, inwieweit der Schritt in die geförderte Selbstständigkeit auch die Hilfebedürftigkeit beendet. Zwar ist auch hier die Wirkung der Förderung für alle Gruppen signifikant positiv, es zeigen sich aber deutliche Unterschiede in der Stärke des Effekts zwischen den Gruppen: Während in Westdeutschland der Anteil derjenigen, die den Hilfebezug verlassen können, nach 20 Monaten um 16 Prozentpunkte höher ist als in der Vergleichsgruppe, sind es in Ostdeutschland nur elf Prozentpunkte. Dies kann zum einen der schlechteren Arbeitsmarktlage geschuldet sein. Weitere Untersuchungen könnten sich aber auch der Frage zuwenden, ob in Ostdeutschland die geförderten Gründungen im Durchschnitt kleiner sind. Ähnlich groß sind die Unterschiede im Hinblick auf die Geschlechter – Frauen gelingt der Ausstieg aus dem Hilfebezug durch die geförderte Gründung weniger häufig als Männern. Auch hier kann gegenwärtig nur darüber spekuliert werden, woran dies liegt. Nach den Befunden der Hartz-Evaluation zu Überbrückungsgeld und Ich-AG gründen Frauen im Durchschnitt kleinere Unternehmen, häufig auch in Teilzeit (Caliendo et al. 2006). Falls sich dieser Befund übertragen lässt, könnte dies ein Grund dafür sein, dass die Förderung bei Frauen weniger häufig zur Überwindung der Hilfebedürftigkeit führt.

5.6.4 Gesamtbewertung der betriebsnahen Maßnahmen

Wie sind die Ergebnisse der quantitativen Evaluationsstudien zu den betriebsnahen Maßnahmen nun zu bewerten? Zum einen bestätigen sie Ergebnisse aus früheren Evaluationsstudien für eine andere Klientel. Offensichtlich sind solche Maßnahmen, die direkt auf eine Arbeitsaufnahme am regulären Arbeitsmarkt zielen, auch für Arbeitslosengeld-II-Empfänger effektiv – oder zumindest für die arbeitsmarktnähere Gruppe hierunter. Durchgängig sind die Geförderten auch mit einigem Abstand zum Förderende häufiger in Beschäftigung und weniger häufig arbeitslos oder arbeitsuchend gemeldet. Auch können sie sich durch die Aufnahme der Erwerbstätigkeit in aller Regel aus dem Hilfebezug befreien. Auf Letzteres muss man aber in zukünftigen Untersuchungen noch einmal einen genaueren Blick werfen – hängen die in Ostdeutschland und bei Frauen beobachteten Schwierigkeiten, eine bedarfsdeckende Erwerbstätigkeit aufzunehmen, eher mit der spezifischen Arbeitsmarktlage oder mit der Bedarfsgemeinschaftskonstellation zusammen?

Natürlich sind die Ergebnisse – wie immer – mit Vorsicht zu interpretieren: Insbesondere bei den Analysen zur Gründungsförderung kann nicht ganz ausgeschlossen werden, dass unbeobachtete Eigenschaften, die überhaupt erst dazu führen, dass eine Unternehmensgründung in Betracht gezogen wird, bei der Bildung der Kontrollgruppe nicht berücksichtigt wurden. Denn diese lassen sich durch die Einbeziehung der Historie der abhängigen Beschäftigung nicht unbedingt approximieren. Allerdings weisen die durchgeführten Tests darauf hin, dass die ermittelten Effekte einigermaßen robust gegenüber unbeobachteter Heterogenität sind.

Die dargestellten Analysen haben sich weiterhin auf die Ermittlung individueller Teilnahmeeffekte beschränkt. Sie sagen zunächst noch nichts darüber aus, ob betriebsnahe Maßnahmen zu einem Abbau von Arbeitslosigkeit und Hilfebedürftigkeit insgesamt beitragen. Mitnahme- und Substitutionseffekte könnten dazu führen, dass trotz positiver Effekte auf der individuellen Ebene gesamtwirtschaftlich keine oder nur eine geringe Wirkung erzielt wird. Für den Rechtskreis SGB III wurde im Rahmen der Evaluation von Hartz I–III ermittelt (RWI et al. 2006), dass die Existenzgründungsförderung auch auf der aggregierten Ebene erfolgreich ist, während sich kaum positive Effekte der Förderung von abhängiger Beschäftigung nachweisen lassen. Es bleibt zu überprüfen, ob dies auch für die Anwendung der Instrumente im SGB II gilt.

Schließlich werden die Effekte betriebsnaher Maßnahmen auf der individuellen Ebene auch durch die Charakteristika der einstellenden Firma beeinflusst. Wie Krug et al. (2008) zeigen, können schon die Unterschiede in den Firmeneigenschaften, wie sie sich mit den BA-Prozessdaten abbilden lassen, bis zu der Hälfte des Teilnahmeeffekts erklären. Dies bedeutet aber im Umkehrschluss, dass nicht allein die Zuweisung der richtigen Teilnehmer in die Förderung, sondern auch die Auswahl des Betriebs, in der ein Arbeitsplatz gefördert wird, maßgeblich ist für den Erfolg der betriebsnahen Instrumente. Ein bloßes „Mehr" an betriebsnaher Förderung wird also sicherlich nicht zu einem entscheidenden Abbau der SGB-II-Arbeitslosigkeit führen. Um diese Zusammenhänge genauer zu klären, sind aber weitere Forschungsanstrengungen notwendig.

Neben der Bedeutung der Firmencharakteristika gibt es noch weiteren Forschungsbedarf bei den Wirkungen betriebsnaher Maßnahmen. So ist der Zeitraum nach dem Ende der Förderung, in der die Maßnahmeteilnehmer beobachtet werden konnten, immer noch vergleichsweise kurz. Um mehr darüber aussagen zu können, ob sich die Teilnehmer wirklich dauerhaft aus Arbeitslosigkeit und Hilfebezug befreien können, ist ein längerer Beobachtungszeitraum notwendig. Auf der anderen Seite stammt die Einstiegskohorte, die bislang analysiert werden konnte, aus der Einführungszeit des SGB II. Weitere Analysen werden zeigen, ob eine veränderte und verbesserte Zuweisungspraxis in einer stabilisierten Organisationsstruktur (noch) bessere Ergebnisse erzielt. Für diese späteren Einstiegskohorten werden wegen gestiegener Teilnehmerzahlen auch differenziertere Analysen für einzelne Teilnehmergruppen sowie Analysen zum Einstiegsgeld in der Kombilohnvariante möglich sein.

5.7 Vermittlungsunterstützende Leistungen

Neben den Maßnahmen, die direkt auf eine Beschäftigungsaufnahme auf dem regulären Arbeitsmarkt zielen, hält der Instrumentenkasten im SGB II auch vermittlungsunterstützende Leistungen bereit. Hierzu zählen z. B. der Vermittlungsgutschein, mit dem der Arbeitslose die Dienste eines privaten Arbeitsvermittlers in Anspruch nehmen kann, die Personal-Service-Agenturen, aber auch die Beauftragung Dritter mit der gesamten Vermittlung oder mit Teilaufgaben hiervon (nach § 37 SGB III). Bis Ende 2007 konnten private Träger auch mit Eingliederungsmaßnahmen beauftragt werden (§ 421i SGB III), die ausschließlich auf die unmittelbare Vermittlung in Beschäftigung zielten. Dies wurde jedoch weit weniger genutzt als die Beauftragung mit der gesamten Vermittlung.

Im Rahmen seiner Wirkungsforschung zum SGB II hat das IAB unter den vermittlungsunterstützenden Leistungen bisher die individuellen Teilnahmewirkungen der Beauftragung Dritter mit der gesamten Vermittlung untersucht (Bernhard/Wolff 2008 a, b).

5.7.1 Beauftragung Dritter mit der gesamten Vermittlung

Im Unterschied zum Vermittlungsgutschein, bei dem der Arbeitslose selbst einen privaten Vermittler auswählen muss, vergibt bei der Beauftragung Dritter der Träger der Grundsicherung die Vermittlungsdienstleistung wettbewerblich und weist die Arbeitslosen dann jeweils dem ausgewählten privaten Träger zu. Der private Träger übernimmt dann – wie der Name schon sagt – für einen festgelegten Zeitraum die kompletten Aktivierungs- und Vermittlungsaktivitäten für den Arbeitslosen. Er erhält dafür im Erfolgsfall – Übergang in Beschäftigung – eine Prämie sowie ggf. auch Fallpauschalen.

Im SGB II ist die Überweisung eine Ermessensleistung des Grundsicherungsträgers, während SGB-III-Arbeitslose nach einem halben Jahr Arbeitslosigkeit einen Anspruch auf die Überweisung zu einem privaten Dritten haben.

Die Beauftragung Dritter mit der gesamten Vermittlung war nach den Arbeitsgelegenheiten und den Trainingsmaßnahmen im Jahr 2005 mit fast 160.000 Zugängen eines der meistgenutzten Instrumente im SGB II. Nach der Einführungsphase ging die Nutzung allerdings deutlich zurück – im Jahr 2007 gab es nur noch rd. 50.000 Zugänge. Die hohe Nutzung in der Anfangsphase lässt sich sicherlich zum Teil darauf zurückführen, dass die Grundsicherungsstellen hierdurch die Kapazitätsengpässe abmildern konnten, die während der Aufbauphase der Organisation zwangsläufig vorhanden waren. Auch die geplante Überweisungsdauer zu den Privaten hat sich seit 2005 verändert: Während damals für fast zwei Drittel der zugewiesenen Maßnahmedauern von sechs Monaten und mehr geplant waren, war dies 2007 nur noch für knapp 40 Prozent der Fall. Gleichzeitig stieg der Anteil der Maßnahmedauern unter drei Monaten von zehn auf 28 Prozent.

Veränderungen gab es auch bei der Struktur der zugewiesenen Arbeitslosen: Vor allem der Anteil der Kurzzeitarbeitslosen unter drei Monaten unter den Geförderten ist in den betrachteten drei Jahren stark von 21 auf 34 Prozent gestiegen, während ihr Anteil an den SGB-II-Arbeitslosen sich kaum verändert hat (2007: 19 %). Umgekehrt ist der Anteil der Ostdeutschen unter den Überwiesenen drastisch zurückgegangen (von 55 auf 25 %), bei etwa konstantem Anteil an den Arbeitslosen (2007: 36 %). Möglicherweise wurde in Ostdeutschland im Einführungsjahr des SGB II besonders stark auf die Dienste Dritter zurückgegriffen, während nun die Vermittlungsleistungen wieder stärker bei der Grundsicherungsstelle selbst durchgeführt wurden. Unterproportional gefördert wurden auch Frauen (2007: 42 Prozent bei 47 Prozent Anteil an den Arbeitslosen), während Ausländer und Behinderte in etwa ihrem Arbeitslosenanteil entsprechend an Dritte zugewiesen wurden.

Die individuellen Wirkungen der Überweisung an den privaten Dritten wurden wie oben beschrieben mithilfe von Matching-Verfahren ermittelt. Erfolgsgrößen waren – ebenfalls analog zum oben Beschriebenen – der Übertritt in reguläre, ungeförderte sozialversicherungspflichtige Beschäftigung, die Beendigung des SGB-II-Leistungsbezugs sowie ein Ende der Arbeitslos- bzw. Arbeitsuchend-Meldung. Alle Analysen wurden für die Einstiegskohorte Februar bis April 2005 und wiederum getrennt für Männer und Frauen in West- und Ostdeutschland durchgeführt.

Wendet man sich zunächst der Frage zu, ob die Beauftragung Dritter für die Überwiesenen die Beschäftigungschancen erhöht, so zeigen sich signifikant negative Wirkungen in den ersten vier Monaten nach der Überweisung. Die Unterschiede sind allerdings nicht sehr groß, die Anteile sind bei den Teilnehmern um bis zu vier Prozentpunkte geringer. Dass es überhaupt negative Wirkungen im Sinne eines

Lock-In-Effekts gibt, mag auf den ersten Blick erstaunen. Schließlich muss der private Träger ja, um seine Erfolgsprämie nicht zu gefährden, gerade bei kürzeren Maßnahmedauern von Anfang an auf eine Vermittlung in reguläre Beschäftigung setzen. Allerdings mögen die Unterschiede darin begründet sein, dass der private Träger seinen neuen Klienten erst kennen und einschätzen lernen muss, um adäquate Stellenangebote für ihn akquirieren zu können. Außerdem muss der Private – anders als die Grundsicherungsstelle selbst – auf eine gewisse Dauerhaftigkeit des Beschäftigungsverhältnisses bedacht sein, um in den Genuss der Prämie zu kommen.

Übersicht 5.4

Durchschnittlicher Teilnahmeeffekt von Beauftragung Dritter bei den Geförderten (Prozentpunkte) auf ungeförderte sozialversicherungspflichtige Beschäftigung

Radius Matching mit Caliper 0,001

	Ostdeutschland				Westdeutschland			
	Männer		Frauen		Männer		Frauen	
	6. Monat	20. Monat	6. Monat	20. Monat	6. Monat	20. Monat	6. Monat	20. Monat
	nach Förderbeginn		nach Förderbeginn		nach Förderbeginn		nach Förderbeginn	
Gesamt	0,4	2,3 ***	0,3	2,1 ***	0,8	2,3 ***	1,8 **	3,8 ***
Alter								
15–24	1,9	4,8 ***	0,2	3,1 *	-2,0	2,3	4,2 *	2,5
25–34	-1,2	1,8	-0,5	0	0,6	2,3	2,5	5,5 **
35–49	-0,3	0,7	-0,5	1,3	2,1 **	1,6	-1,2	2,8 *
50–57	-1,8 *	-0,8	-2,2 ***	-1,0	-0,6	1,9	4,0 *	4,0 *
Nationalität								
Deutsche	0,6	2,7 ***	0,2	1,7 **	0,3	1,9 **	1,7 *	3,9 ***
Ausländer/ Migranten	0,1	2,0	0,6	4,6 **	3,7 **	5,2 ***	3,2	4,2 *
Qualifikation								
Ohne	0,1	3,4 ***	0,1	4,3 ***	0,7	1,6	1,8	3,3 **
Mit	0,6	1,8 *	0,5	0,9	1,0	3,1 ***	1,3	3,9 **
Letzte Beschäftigung bei über 30-Jährigen								
2004	-2,4	-0,9	-4,1 ***	-0,6	0,9	1,2	-3,3 *	2,1
2002 bis 2003	1,2	0,2	2,4	5,7 **	2,2 *	2,1	3,4 *	5,2 **
Vor 2002 oder gar keine	-1,0 **	0,7	0,9	0,9	1,8 **	2,5 **	1,6	3,3 **

IEB V5.01 und V6.01, LHG V2.0 und V3.0, Datamarts der Statistik der Bundesagentur für Arbeit; eigene Berechnungen.

Anmerkungen: Signifikanzniveau 0,01***/0,05**/0,10* basierend auf geschätzten Standardfehlern. ALG-II-Empfänger, die zwischen Februar und April 2005 von Dritten vermittelt wurden.

Quelle: Bernhard/Wolff 2008a.

Die negativen Beschäftigungswirkungen sind allerdings nicht von Dauer – spätestens nach sechs Monaten schneidet die private Arbeitsvermittlung genauso gut ab wie die Betreuung in der Grundsicherungsstelle. Allerdings lassen sich für Männer in Ostdeutschland nur am Ende des Beobachtungszeitraums signifikant positive Wirkungen auf die Beschäftigungschancen nachweisen. Für die anderen drei großen Gruppen gibt es diese signifikant positiven Wirkungen zwar früher, sie sind aber mit einem Ausmaß von zwei bis vier Prozentpunkten vergleichsweise gering. Auch eine weitere Differenzierung nach Untergruppen brachte kaum andere Ergebnisse: So profitierten Männer mit Migrationshintergrund in Westdeutschland zwar innerhalb ihrer Teilgruppe am stärksten (Nettoeffekt gut fünf Prozent im Vergleich zu rd. 2,5 Prozent insgesamt in dieser Gruppe), im Vergleich zu den Wirkungen betriebsnaher Maßnahmen fallen aber auch diese Effekte gering aus. Auffällig ist jedoch, dass im Rahmen dieser kleinen Unterschiede in den einzelnen Teilgruppen durchaus die arbeitsmarktferneren Personen diejenigen mit den größten Erfolgen sind.

Ähnliche Ergebnisse liefert auch die Analyse der anderen Erfolgsindikatoren: Die Unterschiede zwischen Teilnehmer- und Vergleichsgruppen sind jeweils insignifikant oder gering, sowohl was die Reduzierung des Hilfebezugs, als auch den Status „nicht mehr arbeitslos oder arbeitsuchend gemeldet" angeht. Bei Letzterem schneidet die Teilnehmergruppe sogar auch nach 20 Monaten etwas schlechter ab als die Vergleichsgruppe. Dies mag daran liegen, dass Personen aus der Vergleichsgruppe häufiger dem Arbeitsmarkt wegen Betreuung von Angehörigen, schulischer Ausbildung oder Rückzug in den Ruhestand zumindest zeitweise nicht mehr zur Verfügung stehen als die von Dritten betreuten Personen. Inwieweit dies ein positiver Effekt der Überweisung im Sinne eines „Bei-der-Stange-Haltens" sein könnte, muss in weiteren Analysen geklärt werden.

5.7.2 Zwischenfazit

Verglichen mit früheren Untersuchungen zu den Wirkungen der Beauftragung Dritter (z. B. infas et al. 2006) überraschen die hier präsentierten Ergebnisse nicht: Auch dort wurden keine oder geringe Wirkungen der privaten Vermittlungstätigkeit auf den Arbeitsmarkterfolg der betreuten Arbeitslosen ermittelt. Bemerkenswert sind die IAB-Ergebnisse aber deshalb, weil sie die Vermittlungsaktivitäten zu einem sehr frühen Zeitpunkt nach der SGB-II-Einführung umfassen: Anfang 2005 befanden sich die SGB-II-Träger noch im organisatorischen Aufbau, eine geordnete Vermittlungstätigkeit war aufgrund der Konzentration auf die Auszahlung der passiven Leistungen eigentlich nicht zu erwarten. Zudem erfolgte die Vergabe der Vermittlungsdienstleistungen freihändig. Damit hatten die Grundsicherungsstellen die Möglichkeit, solche Privaten zu beauftragen, mit denen sie in der Vergangenheit bereits positive Erfahrungen gemacht hatten. Vor diesem Hintergrund hätte man eigentlich deutlich positive Effekte der Beauftragung Dritter erwarten können. Über die Gründe, warum dies nicht eingetreten ist, kann nur spekuliert werden: Möglicherweise wurden die Dienste der Dritten in der Aufbauphase vor allem für solche Tätigkeiten in Anspruch genommen, die nicht direkt auf Vermittlung in den regulären Arbeitsmarkt zielten, wie etwa die Erstellung eines Profilings. Dann war das vorrangige Ziel der Beauftragung tatsächlich das der Kapazitätserweiterung, und die eher geringen Vermittlungserfolge sind nicht weiter erstaunlich. Weitere Analysen zu späteren Zeitpunkten werden zeigen, inwieweit sich mit dem weiteren Fortgang des SGB II hier eine Veränderung ergeben hat. Dann wird auch zu ermitteln sein, inwieweit das seit 2006 veränderte Vergabeverfahren, das andere Vergütungsregeln, eine stärkere Einbeziehung von Qualitätskriterien in die Vergabe und immer kürzere Vergabedauern beinhaltet, zu einer veränderten Effektivität des Instruments geführt hat.

Schließlich wird auch zu fragen sein, inwieweit die Beauftragung Dritter positive Wirkungen auf die Beschäftigungsfähigkeit der Teilnehmer und auf ihre gesellschaftliche Teilhabe entfalten konnte. Denn hierdurch könnten sich längerfristig durchaus wiederum Rückwirkungen auf die Teilhabe am Erwerbsleben ergeben.

5.8 Schulungs- und Qualifizierungsmaßnahmen

Unter der Überschrift „Schulungs- und Qualifizierungsmaßnahmen" subsumieren wir im Folgenden solche Maßnahmen, die nicht in Betrieben stattfinden und vorwiegend das Ziel haben, Qualifikationen zu erweitern. Unstrittig gehören in diese Gruppe die Maßnahmen zur Förderung der beruflichen Weiterbildung (FbW), die das SGB III bereithält. Für die folgende Darstellung fassen wir hierunter aber auch die nicht-betrieblichen Trainingsmaßnahmen, auch wenn dies durchaus eine gewisse Unschärfe beinhaltet. Denn nicht alle Trainingsmaßnahmen dienen tatsächlich der Vermittlung von Qualifikationen im weiteren Sinne, sondern sie werden auch zur Eignungsfeststellung oder als Test der Verfügbarkeit und Arbeitsbereitschaft eingesetzt. Andererseits sind aber kurze FbW und Trainingsmaßnahmen ebenfalls von den Inhalten nicht trennscharf.

In der ersten Runde der Evaluationen hat sich das IAB zunächst der Analyse der nicht-betrieblichen Trainingsmaßnahmen zugewandt. Die FbW sind das wohl am besten untersuchte Instrument der aktiven Arbeitsmarktpolitik (für einen Überblick vgl. Biewen et al. 2006). Die Evaluationsergebnisse zeigen, dass sich die Wirkung der Förderung, besonders bei langen Maßnahmen, erst in der relativ langen Frist einstellt. Daher erschien eine Evaluation zu einem frühen Zeitpunkt nicht angebracht. Zudem waren die Zugänge in die Förderung bei der frühen Einstiegskohorte noch so gering, dass eine sinnvolle Evaluation nicht möglich erschien. Im Rahmen der Wirkungsanalysen im Hinblick auf Beschäftigungschancen und Reduzierung der Hilfebedürftigkeit wurde deshalb auf das Instrument der nicht-betrieblichen Trainingsmaßnahmen fokussiert.

5.8.1 Nicht-betriebliche Trainingsmaßnahmen

Nicht-betriebliche Trainingsmaßnahmen sind kurze Qualifizierungsmaßnahmen mit unterschiedlichen Inhalten und Zielsetzungen. Diese reichen von Informationen rund um den Bewerbungsprozess über die Prüfung der Arbeitsbereitschaft von Arbeitslosen bis zur Eignungsfeststellung und Kenntnisvermittlung. Auch Kurse, in denen die Teilnehmer Informationen über Existenzgründungen erhalten, zählen zum Repertoire des Instruments. Nicht-betriebliche Trainingsmaßnahmen finden bei einem Bildungsträger als schulische Maßnahme statt. Nicht-betriebliche Trainingsmaßnahmen sind relativ kurz und dauern im Schnitt drei bis vier Wochen. Ein Bewerbungstraining kann bspw. nur wenige Tage dauern. Die maximale Dauer von zwölf Wochen kann durch eine Kombination von Eignungsfeststellung und Vermittlung von Kenntnissen erreicht werden. Insgesamt sind die Teilnahmedauern aber deutlich kürzer als bei anderen Maßnahmen, z. B. bei der Förderung der beruflichen Weiterbildung mit einer Förderdauer von drei Monaten bis zu drei Jahren.

Bei der Ausgestaltung der nicht-betrieblichen TM können unterschiedliche Ziele identifiziert werden. Die Inhalte der Kurse reichen von Eignungsfeststellungstests über Bewerbungstrainings bis hin zu Kursen, die spezifische Fähigkeiten und Kenntnisse vermitteln (wie beispielsweise Computer- und Sprachkurse) und damit den Humankapitalbestand der betreffenden Personen erweitern. Sie dienen dazu, die Effektivität des Suchprozesses zu erhöhen. Insbesondere Bewerbungstrainings und Eignungsfeststellungstests können auch als Mittel genutzt werden, die Arbeitsbereitschaft von Arbeitsuchenden zu überprüfen („work-test") und im Falle unzureichender Kooperationsbereitschaft mittels Leistungskürzungen zu sanktionieren.

In quantitativer Hinsicht sind Eignungsfeststellungs- und Trainingsmaßnahmen das wichtigste Instrument direkt nach den Zusatzjobs: Im Jahr 2005 gab es mehr als 400.000 Zugänge in solche Maßnahmen. Gleichzeitig sind die kurzzeitigen Trainingsmaßnahmen gerade wegen ihrer geringen Dauer relativ kostengünstig. 2005 betrugen die Gesamtkosten knapp 160 Mio. Euro – zum Vergleich: Für die Arbeitsgelegenheiten im SGB II wurden im selben Jahr fast 900 Mio. Euro aufgewendet.

Bei der Teilnehmerstruktur nicht-betrieblicher Trainingsmaßnahmen zeigt sich, dass insbesondere junge Erwachsene unter 25 Jahren durch diese Maßnahmeform gefördert werden. Obwohl ihr durchschnittlicher Anteil am Arbeitslosenbestand im SGB II im Jahr 2005 nur etwa elf Prozent betrug, waren etwa 30 Prozent aller Eintritte in kurzfristige Trainingsmaßnahmen jüngere Personen. Über 50-jährige

Personen werden im Gegensatz zu jüngeren kaum gefördert, ebenso wenig wie Personen ausländischer Herkunft, Menschen mit gesundheitlichen Einschränkungen und Geringqualifizierte, bei denen der Anteil von Personen ohne Schulabschluss im Bestand höher ist als bei den Eintritten. Verstärkt finden sich unter Geförderten hingegen Personen, die bereits in der Vergangenheit an Maßnahmen der aktiven Arbeitsmarktpolitik teilgenommen haben.

Auch die nicht-betrieblichen Trainingsmaßnahmen wurden im IAB mit dafür geeigneten Matching-Methoden evaluiert und die Ergebnisse publiziert (Wolff/Jozwiak 2007). Es stellen sich dabei wiederum die zwei grundlegenden Fragen, ob die Teilnahme an einer nicht-betrieblichen Trainingsmaßnahme dafür sorgt, dass die Teilnehmer häufiger in reguläre Beschäftigung eingegliedert werden und seltener auf Arbeitslosengeld II angewiesen sind.

Abbildung 5.6

Effekte der Teilnahme an Trainingsmaßnahmen auf ungeförderte sozialversicherungspflichtige Beschäftigung und auf die Vermeidung von ALG-II-Bezug

Differenz der Anteile bei Teilnehmern und Nicht-Teilnehmern, in Prozentpunkten

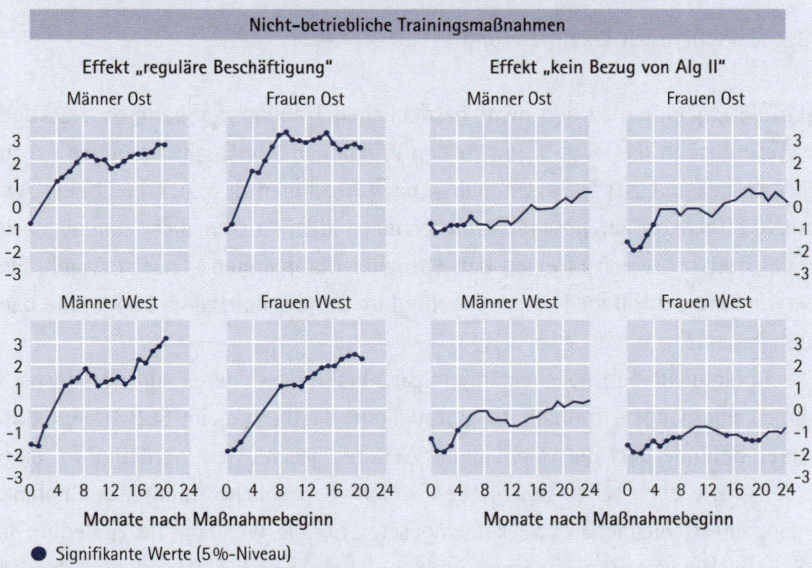

Integrierte Erwerbsbiografien und weitere Personendatensätze des IAB, eigene Berechnungen.

Quelle: Jozwiak/Wolff 2007.

Es kommt zunächst in den ersten Monaten nach einer Teilnahme zu einem Lock-In-Effekt und damit zu einer geringeren Beschäftigungsquote, verglichen mit Nicht-Teilnehmern. Etwa vier bis fünf Monate nach Beginn der Maßnahme erhöht sich die Beschäftigungswahrscheinlichkeit, und 20 Monate nach Maßnahmebeginn liegt sie je nach Geschlecht und Region (Ost- vs. Westdeutschland) zwischen zwei und drei

Prozentpunkten über der Vergleichsgruppe. Diese Ergebnisse sind im statistischen Sinne signifikant. Die Teilnahme an nicht-betrieblichen Trainingsmaßnahmen bewirkt allerdings nicht, dass die Teilnehmer während des Beobachtungszeitraumes von bis zu zwei Jahren weniger häufig auf Arbeitslosengeld II angewiesen sind. Die Wirkung ist hier sehr häufig nahe null und statistisch insignifikant.

Aufgeschlüsselt nach weiteren Personenkreisen zeigen sich indes für Männer und Frauen in Ost- und Westdeutschland deutliche Unterschiede in der Effektivität der Maßnahme, abhängig vom Alter und der Arbeitsmarktnähe der Teilnehmer. Für jüngere Teilnehmer sind die Beschäftigungseffekte nicht signifikant und tendenziell geringer als für Teilnehmer mittlerer Altersgruppen. Eine Ausnahme bilden lediglich junge männliche Teilnehmer in Westdeutschland, bei denen sich am Ende des Beobachtungszeitraums signifikant positive Wiedereingliederungseffekte zeigen. Unterscheidet man nach der Arbeitsmarktnähe von Personen, so ergibt sich, dass Teilnehmer, die zwei bis vier Jahre vor ihrer Teilnahme ihre letzte Beschäftigung ausgeübt haben, höhere Eingliederungseffekte aufweisen als Teilnehmer, die entweder im Jahr 2004 oder noch vor 2001 beschäftigt waren.

5.8.2 Zwischenfazit Qualifizierung

Auch die Ergebnisse zu den nicht-betrieblichen Trainingsmaßnahmen bestätigen im Wesentlichen das, was bisher zu den Wirkungen von Qualifizierungen für Arbeitslose bekannt ist: Es lassen sich – nach Abklingen des Lock-In-Effekts zwar positive Effekte auf die Beschäftigungschancen identifizieren, diese sind aber – im Vergleich etwa zu den Effekten betriebsnaher Maßnahmen – nur schwach. Eine Überwindung der Hilfebedürftigkeit gelingt im Durchschnitt auch 20 Monate nach Maßnahmeintritt nicht.

Sind die nicht-betrieblichen Trainingsmaßnahmen – oder Qualifizierungsmaßnahmen überhaupt – deshalb ein untaugliches Instrument im SGB II? Auf Basis unserer Befunde darf dies nicht ohne Weiteres geschlossen werden. Zum einen werden – wie oben schon beschrieben – nicht-betriebliche Trainingsmaßnahmen zu ganz unterschiedlichen Zwecken eingesetzt. Gerade, wenn die TM zu Beginn des SGB-II-Leistungsbezugs eingesetzt werden, ist das primäre Ziel vermutlich nicht die direkte Einmündung in reguläre Beschäftigung, sondern Schritte auf dem Weg dorthin, die sich in einer Erhöhung der Beschäftigungsfähigkeit oder ersten Schritten hin zu einer sozialen Stabilisierung äußern könnten. Dies könnte auch eine Erklärung dafür sein, dass Teilnehmer an nicht-betrieblichen Trainingsmaßnahmen trotz leicht besserer Beschäftigungschancen genauso oft arbeitslos oder arbeitsuchend gemeldet sind bzw. im Hilfebezug stehen wie vergleichbare Nicht-Teilnehmer: An die Trainingsmaßnahme könnten sich weitere arbeitsmarktpolitische

Maßnahmen anschließen und die Teilnehmer an einer TM im Durchschnitt länger arbeitsuchend sein und im Hilfebezug stehen.

Hier lässt sich unmittelbarer Forschungsbedarf ablesen: Erstens wird in Zukunft zu fragen sein, ob die Teilnahme an nicht-betrieblichen Trainingsmaßnahmen tatsächlich häufig als Vorbereitung auf weitere arbeitsmarktpolitische Maßnahmen, z. B. längere Qualifizierungen, dient. Zweitens wäre es interessant zu wissen, ob die Teilnahme auch an diesen kurzen Qualifizierungen einen Beitrag zur Steigerung der Beschäftigungsfähigkeit leisten kann. Drittens wäre – dies aber eher im Kontext des „Forderns" – auch zu untersuchen, ob Trainingsmaßnahmen auch im SGB II einen starken Ankündigungseffekt haben: Im Rahmen eines Experiments (Büttner 2008) wurde gezeigt, dass sich die positiven Wirkungen von Trainingsmaßnahmen zu einem großen Teil aus dem Ankündigungseffekt der Maßnahme speisen. Viertens deuten die Erfahrungen mit der Evaluation anderer Qualifizierungsmaßnahmen darauf hin, dass längere Zeiträume nach der Maßnahmeteilnahme analysiert werden müssen. Und fünftens schließlich wird in Zukunft durch die Evaluation vor allem von Maßnahmen zur Förderung der beruflichen Weiterbildung und unterschiedlicher Inhalte von nicht-betrieblichen Trainingsmaßnahmen zu überprüfen sein, ob „Qualifizierung" generell ein erfolgversprechender Ansatz für die Heranführung der SGB-II-Klientel an den regulären Arbeitsmarkt ist.

5.9 Beschäftigung schaffende Maßnahmen

Neben den Instrumenten, die der direkten Eingliederung in den ersten Arbeitsmarkt oder der Qualifizierung dienen, hält das SGB II auch Beschäftigung schaffende Maßnahmen bereit. Nach § 16(3) sollen diese dann eingesetzt werden, wenn eine direkte Arbeitsmarktintegration nicht gelingt, sind also als Ultima Ratio zu verstehen. Infrage kommen zum einen die Arbeitsbeschaffungsmaßnahmen des SGB III, zum anderen können aber auch Arbeitsgelegenheiten geschaffen werden. Es lassen sich zwei verschiedene Ausprägungen von Arbeitsgelegenheiten unterscheiden: Zum einen Arbeitsgelegenheiten in der Entgeltvariante, bei denen ein sozialversicherungspflichtiges Beschäftigungsverhältnis entsteht, zum anderen Arbeitsgelegenheiten in der Mehraufwandsvariante (Synonyme: Zusatzjobs bzw. Ein-Euro-Jobs), die etwa 95 Prozent der Arbeitsgelegenheiten ausmachen. Diese Zusatzjobs waren und sind das quantitativ bedeutsamste arbeitsmarktpolitische Instrument im SGB II, auch wenn ihre Dominanz im Vergleich zum Jahr 2005 etwas zurückgegangen ist. Wegen der Bedeutung der Arbeitsgelegenheiten in der Mehraufwandsvariante hat das IAB seine individuellen Wirkungen intensiv untersucht. Die Ergebnisse werden im folgenden Unterabschnitt dargestellt. Darüber hinaus wurden auch die betrieblichen Wirkungen der AGH analysiert. Die Befunde hierzu finden sich in Kapitel 7.

5.9.1 Individuelle Wirkungen der Arbeitsgelegenheiten

Im Rahmen der Arbeitsgelegenheiten in der Mehraufwandsvariante sollen im öffentlichen Interesse liegende und zusätzliche Arbeiten durchgeführt werden, die ohne die Förderung nicht erledigt würden. Zudem sollen die Arbeitsgelegenheiten nachrangig gegenüber regulärer Beschäftigung, Ausbildung und anderer Eingliederungsleistungen sein, was impliziert, dass vor allem erwerbsfähige Hilfebedürftige gefördert werden sollen, denen es schwerfällt, eine reguläre Beschäftigung zu finden, beispielsweise Ältere, Langzeitarbeitslose, Personen mit Migrationshintergrund oder Frauen mit besonderen Vermittlungshemmnissen.

Für die Teilnahme erhalten erwerbsfähige Hilfebedürftige eine Mehraufwandsentschädigung zusätzlich zum Regelsatz des Arbeitslosengeldes II, die in der Regel zwischen einem und 1,5 Euro je geleisteter Arbeitsstunde liegt. Die Arbeitszeit liegt typischerweise bei maximal 30 Stunden pro Woche. Arbeitsgelegenheiten in der Mehraufwandsvariante begründen kein reguläres privatrechtliches Arbeitsverhältnis mit einer Lohnzahlung, sondern ein sozialrechtliches Dienstverhältnis zwischen Hilfebedürftigem und Grundsicherungsträger und sind nicht sozialversicherungspflichtig. Die Höchstdauer der Teilnahme beträgt normalerweise ein halbes Jahr. Seit ihrer Einführung haben sich die Ein-Euro-Jobs zur quantitativ bedeutsamsten Maßnahmeform im SGB II entwickelt, mit mehr als 600.000 Eintritten im Jahr 2005 und jeweils mehr als 750.000 Eintritten in den Folgejahren 2006 und 2007.

Mit den Arbeitsgelegenheiten werden verschiedene Zielsetzungen verfolgt: Zum einen dienen sie dazu, die Beschäftigungsfähigkeit von Langzeitarbeitslosen und damit mittelfristig deren Chancen auf Integration in reguläre Beschäftigung zu verbessern, zum anderen helfen sie, Arbeitslose durch Vermittlung einer Aufgabe und einer zeitlichen Strukturierung des Tagesablaufs sozial zu integrieren. Im Gegensatz dazu können Arbeitsgelegenheiten aber ebenfalls dazu genutzt werden, die Arbeitswilligkeit von Personen zu überprüfen („work-test"). Eng damit verbunden ist die Zielsetzung, Arbeitsgelegenheiten als Gegenleistung für die staatliche Unterstützung durch Arbeitslosengeld II zu interpretieren („workfare"), durch die die Arbeitslosen an der Bereitstellung öffentlicher Güter mitwirken.

Wie aus Übersicht 5.5 zu ersehen ist, werden insbesondere jüngere Personen mit Arbeitsgelegenheiten gefördert. Obwohl ihr Anteil am Arbeitslosenbestand zum Zeitpunkt der Messung nur etwa elf Prozent betrug, waren etwa ein Viertel aller Zugänge in Ein-Euro-Jobs jüngere Erwachsene unter 25 Jahren. Ältere und Personen mit Migrationshintergrund stehen dagegen kaum im Fokus. Ihre Anteile am Bestand von Arbeitslosen sind jeweils höher als ihre Eintrittsraten in Zusatzjobs. Auch bedürftige arbeitslose Frauen ohne Berufsausbildung werden im Vergleich zu ihrem Vorkommen im Bestand vergleichsweise wenig intensiv gefördert.

Übersicht 5.5

Eintritte in Ein-Euro-Jobs und Arbeitslosenbestand im Rechtskreis des SGB II nach verschiedenen Merkmalen im Jahr 2005

	Zugänge in Ein-Euro-Jobs				Arbeitslosenbestand (im Rechtskreis SGB II)			
	Ost		West		Ost		West	
	Männer	Frauen	Männer	Frauen	Männer	Frauen	Männer	Frauen
Insgesamt (absolut)	158.564	129.324	207.982	107.988	457.383	376.594	882.041	685.975
Alter	Anteile in Prozent							
Unter 25 Jahre	26,5	21,0	25,1	25,2	11,3	10,8	10,4	10,8
25 bis unter 50 Jahre	52,6	57,6	59,6	60,4	67,5	66,9	68,2	67,7
50 Jahre und älter	20,8	21,5	15,3	14,5	21,2	22,4	21,4	21,5
Staatsangehörigkeit								
Deutsch	96,1	96,1	86,3	88,1	91,0	91,8	76,5	76,7
Ausländisch	3,8	3,8	13,5	11,7	8,7	7,9	23,1	22,5
Keine Angabe	0,1	0,1	0,2	0,2	0,3	0,2	0,4	0,8
Qualifikation								
Ohne Berufsabschluss	36,0	28,9	61,5	58,8	32,9	32,2	56,4	63,2

Data Warehouse der Statistik der Bundesagentur für Arbeit und eigene Berechnungen; ohne optierende Kommunen.
Quelle: Wolff/Hohmeyer 2008.

Die individuellen kurz- und mittelfristigen Wirkungen von Arbeitsgelegenheiten auf erwerbsfähige Hilfebedürftige wurden im IAB durch geeignete Matching-Verfahren evaluiert. Dabei standen vor allem zwei Fragen im Zentrum der Analyse, nämlich erstens, ob Zusatzjobs dazu führen, dass Teilnehmer infolge der Maßnahme eher regulär beschäftigt sind und zweitens, ob sie auch eher ihre Bedürftigkeit beenden.

In den ersten Monaten nach Maßnahmeeintritt kommt es zu einem Lock-In-Effekt, der bewirkt, dass Teilnehmer eine geringere Chance aufweisen, regulär beschäftigt zu sein als Nicht-Teilnehmer. Dieser Effekt ist besonders stark nach vier bis sechs Monaten und liegt je nach Geschlecht und Region zwischen zwei Prozentpunkten (für ostdeutsche Frauen) und drei Prozentpunkten (für westdeutsche Frauen). Diese Lock-In-Effekte sind aber im Vergleich zu anderen Maßnahmen wie ABM ausgesprochen gering.

Während des weiteren Beobachtungszeitraumes zeigen sich aber nur bei Teilnehmerinnen signifikant positive Eingliederungseffekte, dergestalt, dass bei ostdeutschen Frauen eine um einen Prozentpunkt höhere Wahrscheinlichkeit und bei westdeutschen Frauen eine um fast drei Prozentpunkte höhere Wahrscheinlichkeit für ungeförderte sozialversicherungspflichtige Beschäftigung auftritt. Für Männer liegt der Effekt unabhängig von der Region nahe null.

Gleichzeitig führt die Maßnahmeteilnahme nicht zur Vermeidung von Bedürftigkeit. Bei allen betrachteten Gruppen liegt die Wahrscheinlichkeit, kein Arbeitslosengeld II zu beziehen, um zwei bis drei Prozentpunkte niedriger als bei den Vergleichsgruppen, was einerseits darauf hindeuten könnte, dass Zusatzjobber insbesondere zu stärkeren Lohnkonzessionen bereit sind und schlechter entlohnte Tätigkeiten annehmen, andererseits ein Indiz dafür sein könnte, dass Nicht-Teilnehmer den Arbeitslosengeld-II-Bezug durch Aufnahme einer Arbeit häufiger – womöglich aber auch nur vorübergehend – beenden. Auch vorzeitiger Renteneintritt und das Zusammenlegen von Haushalten mit dem Lebenspartner kommen als Ursache für das Ende des Leistungsbezuges infrage.

Schlüsselt man die Wirkungen nach weiteren Personenkreisen auf, so zeigt sich, dass Arbeitsgelegenheiten auch 20 Monate nach Maßnahmeeintritt für Personen unter 25 Jahren ein ineffektives Instrument sind. Dagegen sind bei westdeutschen Männern und ostdeutschen Frauen über 35 Jahren sowie bei ostdeutschen Frauen über 24 Jahren Eingliederungseffekte zu erkennen. Auch für über 50-Jährige ist das Instrument effektiv. Bei deutschen Teilnehmerinnen mit Migrationshintergrund ist der Teilnahmeeffekt auf die Beschäftigungsquote mit fast sieben Prozentpunkten besonders hoch.

Betrachtet man die Wirkungen für Teilnehmerinnen und Teilnehmer mit unterschiedlicher Berufsausbildung, zeigt sich ein sehr gemischtes Bild. Es wird unterschieden zwischen Teilnehmern 1.) ohne Berufsausbildung, 2.) mit einer betrieblichen oder außerbetrieblichen Ausbildung oder mit einem Berufsfachschulabschluss und 3.) mit einem höheren Abschluss. Für ostdeutsche Männer ist die Maßnahmewirkung bei allen drei Gruppen gering. Für ostdeutsche wie westdeutsche Frauen unterscheiden sich die Effekte bei den ersten beiden Ausbildungsgruppen kaum. Sie sind aber rund zwei bis drei Prozentpunkte niedriger als für diejenigen mit der höchsten Ausbildung. Für westdeutsche Männer schließlich lassen sich Eingliederungswirkungen nur für die mittlere Qualifikationsgruppe nachweisen.

Unterschiedliche Eingliederungswirkungen je nach Höhe der regionalen Arbeitslosenquote konnten nicht nachgewiesen werden. Dagegen wirken Arbeitsgelegenheiten vor allem für Personen vorteilhaft, deren letzte Beschäftigung 2003 oder früher endete oder die nie regulär beschäftigt waren; im Gegensatz dazu ist die Wirkung negativ für Personen, die erst seit 2004 keine Beschäftigung mehr haben.

5.9.2 Zwischenfazit Beschäftigung schaffende Maßnahmen

Beschäftigung schaffende Maßnahmen sollen in der aktivierenden Arbeitsmarktpolitik vor allem als „Ultima Ratio" eingesetzt werden, also dann, wenn der Übergang in reguläre Beschäftigung als gegenwärtig eher unwahrscheinlich erscheint. Insofern ist nicht zu erwarten, dass sie in großem Umfang Übertritte in reguläre Beschäftigung generieren. Eine am Beschäftigungsziel ausgerichtete quantitative Evaluation wird daher häufig als „am eigentlichen Ziel vorbei" kritisiert. Dennoch ist es sinnvoll und notwendig, auch bei Beschäftigung schaffenden Maßnahmen zu untersuchen, welche Veränderungen der Beschäftigungschancen sich durch die Maßnahmeteilnahme ergeben. Denn selbst wenn große positive Effekte nicht zu erwarten sind, sollten doch auch längerfristig negative Beschäftigungswirkungen vermieden werden. Die Teilnahme an einer ABM oder Arbeitsgelegenheit soll ja schließlich auch dazu dienen, Beschäftigungsfähigkeit und Teilhabe zu erhöhen. Dies wird aber kaum gelingen, wenn die Zugangsmöglichkeiten zum regulären Arbeitsmarkt sich im Durchschnitt noch weiter verschlechtern.

Vor diesem Hintergrund sind auch die vorgestellten Analysen der Arbeitsgelegenheiten in der Mehraufwandsvariante zu sehen, die das IAB in den vergangenen Jahren durchgeführt hat. Und hier zeigt sich, dass die Arbeitsgelegenheiten zwar wie erwartet kein Instrument sind, das die Beschäftigungschancen der Teilnehmer insgesamt deutlich erhöht. Aber im Vergleich zu früheren ABM-Evaluationen (für einen Überblick vgl. Hujer/Thomsen 2006) schneiden die Arbeitsgelegenheiten deutlich besser ab, und zwar sowohl, was die Höhe der Lock-In-Effekte während der Maßnahme angeht, als auch hinsichtlich der Beschäftigungschancen 20 Monate nach Maßnahmebeginn. Eine durchgängige Verschlechterung der Beschäftigungschancen, wie sie noch bei ABM für viele Gruppen beobachtet wurde, ist nicht festzustellen, vielmehr werden die Beschäftigungseffekte insignifikant oder – gerade für arbeitsmarktferne Gruppen – sogar positiv. Kritisch ist vor diesem Hintergrund, dass die Zuweisungspraxis zumindest zum betrachteten frühen Zeitpunkt auch Personen, bei denen eine größere Arbeitsmarktnähe vermutet werden kann, in die Arbeitsgelegenheiten brachte.

Neben einer Aktualisierung der Wirkungsanalysen für die Zusatzjobs hinsichtlich von Beschäftigungschancen und Hilfebedürftigkeit stehen im IAB weitere Untersuchungen zu öffentlich geförderter Beschäftigung an: Erstens wird analysiert, welche Wirkungen hinsichtlich dieser Zielgrößen die anderen in diesem Kontext zur Verfügung stehenden Instrumente – also ABM und Arbeitsgelegenheiten in der Entgeltvariante – haben. Hieraus werden sich auch nähere Schlussfolgerungen dazu ergeben, warum die Zusatzjobs so vergleichsweise gut abschneiden – liegt es an der besonderen Klientel im SGB II, an der Länge der Arbeitsgelegenheiten, an der besonderen arbeitsrechtlichen Konstruktion? Insbesondere im Hinblick auf den potenziell dauerhaft gewährten neuen Beschäftigungszuschuss ist insbesondere interessant, inwieweit die Stärke des Lock-In-Effekts von der Dauer der Beschäftigung abhängt.

Schließlich wird sich die Forschung zu den Beschäftigung schaffenden Maßnahmen im IAB in Zukunft auch verstärkt der Frage zuwenden, inwieweit sie positive Wirkungen hinsichtlich Beschäftigungsfähigkeit bzw. Arbeitsvermögen und gesellschaftlicher Teilhabe auslösen können. Zu erwarten ist, dass die Wirkung insbesondere hinsichtlich sozialer Teilhabedimensionen ganz entscheidend von Wahrnehmung und Deutungsmustern abhängen, die der Teilnahme an Arbeitsgelegenheiten durch die ALG-II-Leistungsbezieher entgegengebracht werden: Erste qualitative Befunde aus dem Projekt „Armutsdynamik und Arbeitsmarkt" legen nahe, dass öffentlich geförderte Beschäftigung von den Beteiligten extrem heterogen wahrgenommen wird. Von einigen werden sie wegen des Zwangscharakters und der aus der geringen Entlohnung abgeleiteten mangelnden Reziprozität abgelehnt. Andere dagegen sehen in einer entsprechenden Maßnahmeteilnahme durchaus die Chancen auf mehr Teilhabe durch eine Restrukturierung des Alltags und den Aufbau neuer außerfamilialer Beziehungen (Promberger 2008).

5.10 Fazit

Auf den ersten Blick bringt die Analyse der individuellen Wirkungen arbeitsmarktpolitischer Interventionen im SGB II nicht viel Neues: Wie in den Evaluationen zuvor schneiden diejenigen Instrumente, die mit einer direkten Integration in einen Betrieb verbunden sind, am besten ab – dies gilt für die Beschäftigungschancen der Geförderten im Vergleich zu einer möglichst ähnlichen Gruppe Nicht-Geförderter ebenso wie für die Überwindung des Hilfebezugs. Qualifizierung und die Beauftragung Dritter verbessern ein wenig die Beschäftigungschancen (oder schaden zumindest nicht), helfen aber nicht aus dem Leistungsbezug. „Schlusslicht" bei den Wirkungen ist die öffentliche Beschäftigung, die besonders den arbeitsmarktnäheren Gruppen eher schadet. So weit, so bekannt. Beim genaueren Hinschauen findet sich aber doch einiges, was überraschend ist: Zunächst kann festgestellt werden, dass das arbeitsmarktpolitische Instrumentarium, das überwiegend im SGB III definiert ist, auch für die Leistungsbezieher des SGB II Wirkungen hinsichtlich der Eingliederungschancen entfaltet. Dies war in der Einführungsphase grundsätzlich angezweifelt worden. Insbesondere wurde bezweifelt, dass Maßnahmen, die direkt auf eine reguläre Beschäftigung zielen, überhaupt für die Klientel des SGB II greifen könnten. Insofern ist der Befund, dass Eingliederungswirkungen in ähnlichem Ausmaß erzielt werden, durchaus bemerkenswert. Differenziert zu betrachten ist die Vermutung, dass das arbeitsmarktpolitische Instrumentarium nur für die arbeitsmarktnäheren unter den ALG-II-Leistungsbeziehern Anwendung findet und Wirkung zeigt. Wie Übersicht 5.6 für ausgewählte Maßnahmen zeigt, ist der Anteil von Personen, die als besonders förderungsbedürftig[23] eingestuft werden, unter den Maßnahmeteilnehmern (bis auf FbW) höher als unter allen SGB-II-Arbeitslosen. Dagegen ist der Anteil der Personen über 50 und der Langzeitarbeitslosen nahezu durchgängig geringer als im Arbeitslosenbestand. Für alle Maßnahmen gilt weiterhin, dass die durchschnittliche Dauer der Arbeitslosigkeit vor Maßnahmeeintritt im SGB II deutlich höher ist als im SGB III (in der Regel doppelt so hoch). Es kann also davon ausgegangen werden, dass die Maßnahmeteilnehmer im SGB II zwar eher die arbeitsmarktnäheren unter den ALG-II-Beziehern repräsentierten, aber im Durchschnitt deutlich arbeitsmarktferner sind als die Teilnehmer an denselben Maßnahmen im SGB III.

Ebenfalls überraschend ist der Befund, dass die Arbeitsgelegenheiten in der Mehraufwandsvariante im Vergleich zu früheren Evaluationen Beschäftigung schaffender Maßnahmen deutlich geringere Lock-In-Effekte aufweisen und nach 20 Monaten sogar neutrale bis positive Wirkungen auf die Wiedereingliederungschancen aufweisen. Während Ersteres sich vorwiegend durch die kürzere Dauer der Maßnahme erklären lässt, erstaunt Letzteres vor allem deswegen, weil die Maßnahmezuweisung vor allem in der – von uns evaluierten – Einführungsphase des SGB II alles andere als zielgruppenorientiert lief.

Insgesamt haben die Analysen zu den individuellen Wirkungen des SGB II somit bereits einiges an neuen Erkenntnissen gebracht. Gleichwohl besteht – wie in den Zusammenfassungen zu den Unterkapiteln bereits beschrieben – noch erheblicher Forschungsbedarf. Dieser bezieht sich auf vertiefende Analysen zu Eingliederungs- und Leistungsbezugswirkungen, aber vor allem auf weitere Dimensionen der gesellschaftlichen Teilhabe und die Wirkungen des Aktivierungs- und Betreuungsprozesses darauf.

23 Besonders förderbedürftig nach § 11(2) Satz 2 sind Langzeitarbeitslose, schwerbehinderte Menschen, Ältere mit Vermittlungshemmnissen, Berufsrückkehrer/innen und Geringqualifizierte. Da in den BA-Systemen die Qualifikation momentan nicht auswertbar ist, werden hilfsweise die besonders Förderbedürftigen herangezogen, um die Gruppe der Personen mit Vermittlungshemmnissen zu beschreiben.

Übersicht 5.6

Strukturmerkmale der Teilnehmer an arbeitsmarktpolitischen Maßnahmen

Teilnehmerbestand Juli 2008, durchschnittlicher Bestand an Arbeitslosen 2007

	Durchschnittliche Alo-Dauer vor Eintritt (Tage)		Besonders förderungsbedürftig		Langzeitarbeitslos		Schwerbehindert		Bei Eintritt 50 Jahre und älter		Mit Migrationshintergrund		Bei Eintritt unter 25 Jahre	
	SGB III	SGB II	SGB III	SGB II	SGB III	SGB II	SGB III	SGB II	SGB III	SGB II	SGB III	SGB II	SGB III	SGB II
Maßnahmen gesamt	121,5	307,0	63,7	72,72	6,5	25,81	2,3	3,83	19,7	21,46	10,5	17,51	42,5	22,65
Eingliederungszuschüsse (EGZ)	172,6	315,6	67,7	66,82	11,6	27,92	3,0	3,08	57,2	32,15	8,4	16,07	14,3	9,99
Gründungszuschuss (GZ): SGB III Einstiegsgeld selbstständig (ESG): SGB II	110,7	342,6	25,1	60,78	2,9	32,42	1,7	2,32	15,4	12,47	11,6	23,83	6,3	5,16
Eignungsfeststellung/ Trainingsmaßnahmen (TM)	142,4	316,9	48,0	73,75	5,6	26,28	3,0	2,98	20,9	12,87	11,5	19,87	23,0	22,15
Förderung berufliche Weiterbildung (FbW)	115,0	312,4	39,7	59,61	4,2	28,10	2,6	2,43	16,1	7,06	11,8	21,61	12,0	13,05
Beschäftigung schaffende Maßnahmen	200,8	333,9	84,5	77,10	16,4	28,30	23,2	4,99	62,4	30,49	8,3	14,45	17,7	14,01
Darunter: Arbeitsbeschaffungsmaßnahmen (ABM)	195,2	374,1	82,9	75,81	15,2	33,19	25,6	5,35	58,2	39,62	8,9	11,11	19,7	8,67
Arbeitslose			47,0	60,7	25,3	48,9	5,8	4,5	32,0	22,5	12,8	23,7	14,6	8,6

Quelle: Statistik der Bundesagentur für Arbeit.

6 Personen mit spezifischen Problemlagen im SGB II

6.1 Einführung

Ein wichtiger Teil der IAB-Forschung zum SGB II besteht darin, die Wirkung des Gesetzes auf verschiedene Personengruppen zu untersuchen. Auch hier gilt, dass unterschiedliche Aspekte untersucht werden: die quantitative Entwicklung der Gruppe, die materielle Absicherung, der Aktivierungsprozess, Selektivitäten beim Zugang zu Maßnahmen, die Wirkung der Maßnahmen sowie die Veränderung des Arbeitsmarktes für die jeweilige Gruppe. Das Gleiche gilt für den Methodenmix: Wir kombinieren die Analyse von Prozessdaten mit der Auswertung eigener Erhebungen und führen dort, wo es um die Erfassung von Lebenslagen, Umgangsweisen und Einschätzungen geht, auch qualitative Untersuchungen durch.

Um der Komplexität des Gegenstandes gerecht zu werden, haben wir Arbeitspakete formuliert, in denen unterschiedliche Fragestellungen und methodische Ansätze so miteinander verknüpft wurden, dass sie einen maximalen Ertrag für die Forschung versprechen. Im Hinblick auf Personengruppen wurden Arbeitspakete zu Jugendlichen, Menschen mit Behinderungen und Älteren formuliert. Für die Bearbeitung der geschlechtsspezifischen Auswirkungen des SGB II sowie für die Untersuchung der Lage von Migranten hat das BMAS eigene Forschungsaufträge formuliert und an Konsortien außerhalb des IAB vergeben. Dennoch gibt es auch zu diesen Themen Forschungsarbeiten aus dem IAB, die wir in diesem Kapitel vorstellen werden.

Auch wenn die Themen dieselben sind, die wir in diesem Bericht im Hinblick auf alle ALG-II-Empfänger bearbeiten, haben wir uns doch entschlossen, die Ergebnisse nicht in die Einzelkapitel zu integrieren, sondern sie in diesem Kapitel kompakt darzustellen, auch wenn dies die eine oder andere Dopplung mit sich bringen mag. Wir glauben aber, dass es genügend Leser gibt, die sich speziell für eine Zielgruppe interessieren und die sich auf diese Weise nicht die Mühe machen müssen, die Erkenntnisse beispielsweise zu Jugendlichen aus fünf verschiedenen Kapiteln zu extrahieren.

Gleichwohl haben wir uns bemüht, zumindest bei den drei Arbeitspaketen „Jugend", „Reha" und „Ältere" der prozessorientierten Gliederungslogik zu folgen, auch wenn dies nicht immer vollständig möglich ist, etwa weil uns bislang Ergebnisse zur materiellen Lage von Behinderten im SGB II fehlen.

6.2 Jugendliche und junge Erwachsene im SGB II

6.2.1 Einführung

Hilfebedürftigkeit im jungen Erwachsenenalter ist ein Thema von hoher sozialpolitischer Bedeutung, da frühe Armutserfahrungen die Entwicklungsmöglichkeiten und Lebensqualität der jungen Erwachsenen einschränken können. Ein wesentlicher Ausgangspunkt für die Untersuchung der materiellen und sozialen Situation von ALG-II-Empfängern unter dem Aspekt von Teilhabe ist die Erkenntnis, dass es einen nachweisbaren Zusammenhang gibt zwischen der materiellen Lage und Dimensionen, die teilhaberelevant sind, wie soziale Beziehungen, Gesundheit, Bildung oder politische Partizipation. In Anlehnung an Grundmann (2001) argumentieren Popp und Schels (2008), dass eine schlechte materielle Ausstattung die Sozialisations- und Entwicklungschancen gerade junger Leute massiv beeinträchtigen kann. Arm sein bedeutet aber nicht nur einen Mangel finanzieller Mittel, sondern auch an sozialen Ressourcen. Armut kann für junge Leute daher auch bedeuten, dass ihnen Erfolge im Bildungsbereich und bei der Beschäftigung versagt bleiben und ihre Beschäftigungschancen durch ihren gesamten Lebenslauf hindurch beeinträchtigt bleiben.

Wenn junge Erwachsene die Herausforderungen im Übergang in das Erwachsenenalter, wie z. B. das Entwickeln einer beruflichen Perspektive, nicht gut meistern können, steigt das Risiko, dass sie demotiviert und frustriert werden und sich nicht als Teil der Gesellschaft betrachten. Das bewirkt mitunter langfristige soziale Probleme, die in späteren Jahren durch die Sozialpolitik kaum mehr aufzufangen sind. Die individuellen wie auch gesellschaftlichen Konsequenzen eines Fehlstarts in das Erwerbsleben sind daher als besonders gravierend einzuschätzen.

6.2.2 Quantitative und inhaltliche Beschreibung der Gruppe

Die Grundlage der Analysen und Ergebnisse bildet die Studie „Lebenssituation und soziale Sicherung 2005“. Es wurden insgesamt 1.783 junge Menschen zwischen 18 und 24 Jahren befragt, die Anfang 2005 Leistungen der Grundsicherung für Arbeitsuchende erhalten haben (Popp et al. 2006). Durch das Zusammenspielen dieser Daten mit Prozessdaten der Bundesagentur für Arbeit wurden Verlaufsanalysen für die Befragten möglich (Schels 2008).

Über die Konsequenzen von Armut und Deprivation in der Kindheit und der Jugendphase gibt es eine entwickelte Forschungslandschaft, aber bislang ist recht wenig bekannt über die Folgen von Armut und Deprivation für junge Leute im Übergang zum Erwachsenenalter (Popp/Schels 2008: 165). Die meisten Studien sehen Mehrfachbenachteiligung als synonym für soziale Exklusion an. In der IAB-Studie wird jedoch zwischen den faktischen Benachteiligungen und der subjektiven Wahrnehmung unterschieden; nach ihrer Definition spielt Exklusion sich vornehmlich im Bereich der Wahrnehmung ab: „In our view, social exclusion is a subjective Experience of not belonging to society" (Popp/Schels 2008: 166).

In Deutschland ist eine beträchtliche Zahl an jungen Erwachsenen auf die Leistungen der Grundsicherung für Arbeitsuchende angewiesen: Laut der Statistik der Bundesagentur für Arbeit bezogen Im Jahresdurchschnitt 2007 rund 1,35 Mio. erwerbsfähige Personen zwischen 18 und 29 Jahren Arbeitslosengeld II. Schränkt man die Gruppe der Jugendlichen und jungen Erwachsenen auf die 15- bis 24-Jährigen ein, ergibt sich, dass ca. eine Million im Dezember 2007 hilfebedürftig waren (vgl. i. F. Achatz et al. 2009). Von der Gruppe der 18- bis 29-Jährigen, die im Januar 2005 erstmalig Arbeitslosengeld II bezogen hatten waren etwa 40 Prozent bis Ende 2006 durchgängig auf diese Leistung angewiesen. Rund 60 Prozent schafften in diesem Zeitraum den Ausstieg aus dem Hilfebezug. Jedoch war nur für die Hälfte dieser jungen Erwachsenen der Ausstieg dauerhaft.

Fast die Hälfte der jungen Erwachsenen in SGB II weisen Bildungsdefizite auf: 47 Prozent der im November 2005 befragten jungen Erwachsenen hatten das Bildungssystem ohne Schulabschluss verlassen, drei Viertel der Befragten konnten auch keinen beruflichen Ausbildungsabschluss vorweisen.

Bezüglich der Haushaltssituation geben 32 Prozent der jungen Befragten an, in Mehrpersonenhaushalten zu leben, in denen mindestens ein Familienmitglied arbeitslos ist. Eine Unterstützung durch Familienangehörige bei der Bewältigung der Übergangsprobleme ins Erwerbsleben scheint hier nur schwer möglich. Insgesamt berichten 28 Prozent von eingeschränkten Wohnverhältnissen. Des Weiteren ist auffällig, dass sich ein überproportionaler Anteil, insgesamt um die 42 Prozent, von Personen mit Migrationshintergrund unter den jungen Menschen im SGB II befindet. Ungefähr ein Viertel der 18- bis 24-jährigen SGB-II-Empfänger ist nicht in Deutschland geboren, bei weiteren 15 Prozent sind die Eltern oder ein Elternteil nach Deutschland zugewandert. Beschäftigt man sich ausführlich mit dem Arbeitsmarktstatus der 18- bis 24-jährigen ALG-II-Empfänger näher, ergibt sich folgendes Bild (siehe Abbildung 6.1).

Betrachtet man die Population nach der Wohnsituation näher, dann lassen sich zwei Gruppen unterscheiden: junge Erwachsene im Elternhaushalt und diejenigen, die bereits einen eigenen Haushalt haben. Die Letzteren wurden näher bezüglich ihrer Zusammensetzung untersucht.

Abbildung 6.1

Arbeitsmarktstatus der 18- bis 24-jährigen ALG-II-Empfänger Januar 2005, Anteile in Prozent

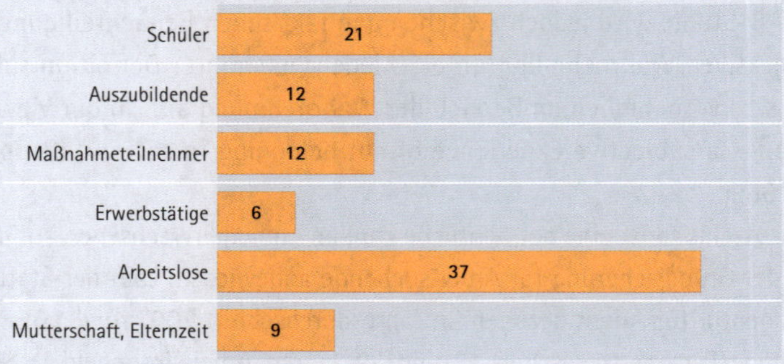

Quelle: IAB-Studie „Lebenssituation und soziale Sicherung 2005", Mikrozensus 2004; eigene Berechnungen.

Die Gruppe junger Erwachsener im Elternhaushalt setzt sich aus Schülern, Auszubildenden und Maßnahmeteilnehmern zusammen (vgl. i. F. Popp et al 2006: 3 f.). Schüler im SGB II haben im Vergleich zu Auszubildenden und Maßnahmeteilnehmern häufiger einen Migrationshintergrund und leben öfter in großen Mehrpersonenhaushalten. Mehrheitlich streben sie das Fachabitur oder die allgemeine Hochschulreife an (55 %), ein weiteres Viertel die Mittlere Reife. 17 Prozent wollen einen Sonder- oder Hauptschulabschluss erreichen. Auffällig bei den Auszubildenden im SGB-II-Bereich ist, dass sie häufig aus sozial schwachen Familien stammen. Die Gruppe der Maßnahmeteilnehmer ist durch Bildungsarmut gekennzeichnet: 17 Prozent geben an, keinen Schulabschluss zu haben, 50 Prozent nur einen Sonder- bzw. Hauptschulabschluss. Einen Ausbildungsabschluss haben bisher nur 27 Prozent erreicht. Bei den Maßnahmeteilnehmern ist der Übergang in den Ausbildungs- oder Arbeitsmarkt zweifellos schwierig. Dementsprechend werden sie auch intensiv durch die SGB-II-Träger betreut.

„Junge Erwerbstätige, Arbeitslose und Personen in Mutterschutz bzw. Elternzeit haben im Januar 2005 bereits mehrheitlich eine eigene Lebensgemeinschaft oder eine Lebensgemeinschaft mit Partnern und Kindern gegründet. Überwiegend sind sie zwischen 21 und 24 Jahren alt. Seltener als bei Schülern, Auszubildenden und Maßnahmeteilnehmern ist ein weiteres Haushaltsmitglied arbeitslos" (Popp et al. 2006: 4). Die erwerbstätigen Leistungsbezieher sind häufig nur geringfügig beschäftigt, aber im Gegensatz zu den Arbeitslosen und jungen Erwachsenen in Elternzeit sind sie gut ausgebildet. Nahezu 50 Prozent haben eine betriebliche Ausbildung abgeschlossen. Frauen sind dabei mit mehr als drei Fünfteln überdurchschnittlich vertreten. Auch wenn nahezu 80 Prozent schon einmal sozialversicherungspflichtig beschäftigt gewesen waren, gingen mehr als 50 Prozent im Januar 2005 nur einer gelegentlichen oder geringfügigen Tätigkeit nach. Hilfebedürftigkeit könnte bei ihnen somit aufgrund der Tatsache vorliegen, dass sie mit ihrer Arbeit zu wenig verdienen, um den Grundbedarf abzusichern (vgl. Popp et al. 2006: 5).

Bei arbeitslosen jungen Erwachsenen sind die Schwierigkeiten eindeutiger als bei den erwerbstätigen; sie sind mehrheitlich gering qualifiziert. Bei nahezu 50 Prozent ist der höchste allgemeinbildende Abschluss ein Sonder- bzw. Hauptschulabschluss, 22 Prozent konnten bisher die Schule nicht abschließen. Die Gruppe der hilfebedürftigen jungen Erwachsenen in Mutterschutz oder Elternzeit besteht nahezu ausschließlich aus Frauen. Über die Hälfte lebt mit Partnern zusammen, die aber oftmals keiner Arbeit oder nur einer geringfügigen Beschäftigung nachgehen. Weitere 33 Prozent sind alleinerziehend.

6.2.3 Materielle und soziale Lage

Zur Erfassung der materiellen und sozialen Lage wurde das Konzept der Deprivation verwendet. Relevante Faktoren, mit denen Deprivation erfasst werden kann, sind Bildung, Einkommen, Beschäftigung, Wohnsituation und psychosoziales Wohlbefinden. Dabei ist zu berücksichtigen, dass Entbehrungen oder Problemlagen häufig nicht allein auftreten, sondern in Kombination, sodass sich auch die Wirkung einer Problemlage oft nicht sinnvoll beschreiben lässt. Für die Kumulation von Problemfaktoren wird der Begriff der multiplen Deprivation verwendet: „Multiple Deprivation refers to an accumulation of disadvantages in basic needs" (Popp/Schels 2008: 173).

Am häufigsten werden mit über 80 Prozent der Befragten finanzielle Probleme berichtet, 60 Prozent haben kein ausreichendes Einkommen um Grundbedarfe zu befriedigen, etwa ein Drittel haben Schulden. Die Hälfte der jungen Leute ist gering qualifiziert, 44 Prozent sind arbeitslos oder in Maßnahmen. Ein Drittel lebt mit einer arbeitslosen Person im Haushalt, ebenfalls ein Drittel unter problematischen Wohnbedingungen.

Schaut man sich einzelne Faktoren von Deprivation unter bestimmten Aspekten (Geschlecht, Region, Migration) an, kommt man zu folgenden Ergebnissen: Junge Frauen sind von eigener Arbeitslosigkeit oder der Arbeitslosigkeit eines Haushaltsmitgliedes weniger betroffen als junge Männer. Dafür sind sie häufiger in Elternzeit; 16 Prozent der jungen Frauen (1 % der Männer) sind alleinerziehend. Fast ein Fünftel haben bereits Familie, dagegen nur acht Prozent der Männer. Der Haushaltstyp spielt eine große Rolle für das Vorhandensein von Entbehrungen: Junge Leute, die selbst eine Familie haben oder noch bei ihren Eltern leben, berichten am häufigsten von schwierigen Wohnbedingungen. Junge Eltern haben am häufigsten geringe Qualifikationen. Junge alleinstehende Mütter klagen besonders häufig über ein geringes Wohlbefinden.

Übersicht 6.1

Deprivation in ausgewählten Lebensbereichen der 18- bis 24-jährigen Arbeitslosengeld-II-Bezieher

Lebensbereich	absolut	Prozent	Indikatoren der Unterversorgung	absolut	Prozent
Schlechte Wohnverhältnisse	475	28,4	weniger als ein Raum pro Haushaltsmitglied	440	26,3
			kein Bad, Dusche oder Toilette in der Wohnung	53	3,11
Deprivierte finanzielle Situation	1.445	81,8	Schulden	569	32,5
			subjektive Einschätzung: weniger zum Leben als man braucht	1.072	60,7
			verstärkter Verzicht auf ... aufgrund der finanziellen Situation		
			Handy	292	16,6
			Hobbies und Freizeitaktivitäten	601	33,7
			Mitgliedschaften in Clubs/Sportvereinen	693	39,9
			Telefon und Internet	488	27,7
			Bücher, CDs und DVDs	537	29,7
			notwendige Kleidungsstücke	508	28,6
Niedrige Qualifikationen	792	47,4	ohne Schulabschluss (und nicht im Bildungssystem)	209	13,0
			ohne beruflichen Ausbildungsabschluss (und nicht im Bildungssystem)	727	44,0
Prekärer Arbeitsmarktstatus	802	44,2	arbeitslos oder in Maßnahme	802	44,2
Prekärer Arbeitsmarktstatus eines Haushaltsmitglieds	542	32,1	Haushaltsmitglied arbeitslos	542	32,1
Geringes subjektives Wohlbefinden	137	7,7	kontinuierliche oder häufige psychische bzw. physische Belastungen	137	7,7
Fehlende soziale Unterstützung	181	10,5	keine soziale Unterstützung im Jahr 2005 erhalten	181	10,5
Subjektives Gefühl der sozialen Ausgrenzung	211	11,6	subjektives Gefühl der sozialen Ausgrenzung	211	11,6
Gesamt	1.783	100	Gesamt	1.783	100

Quelle: Lebenssituation und soziale Sicherung 2005; Prozentangaben gewichtet. Popp/Schels 2008: 173.

Die Unterschiede zwischen Ost- und Westdeutschland sind gering, allerdings berichten junge Leute in Ostdeutschland weniger häufig von finanziellen Problemen und von problematischen Wohnbedingungen. Die Einschätzung der Finanzen könnte daran liegen, dass der Unterschied der ALG-II-Bezieher zum relevanten sozialen Umfeld geringer ausfällt als im Westen. Befragte in der ostdeutschen Stichprobe hatten im Schnitt die besseren Qualifikationen, was auf das größere Ausmaß struktureller Arbeitslosigkeit in den neuen Ländern verweist. Große Unterschiede zeigen sich zwischen jungen Leuten ohne bzw. mit Migrationshintergrund. Insbesondere Migranten der ersten Generation, die also nicht in Deutschland geboren sind, stellen eine besondere Risikogruppe dar. Etwa 40 Prozent können nach eigener Auskunft nicht hinreichend Deutsch (allerdings gilt dies auch für 16 Prozent der Befragten ohne Migrationshintergrund), überdurchschnittlich oft leiden sie unter finanziellen oder Wohnproblemen.

Mehrfache Deprivation

Alles in allem berichten nur fünf Prozent der befragten jungen Menschen nicht von einem Problem in einer der relevanten Lebensdimensionen. Dagegen kommt es häufig vor, dass Personen mehrere Deprivationsfaktoren auf sich vereinen. Gruppiert man sie nach der Zahl der Probleme, dann erhält man annähernd eine Normalverteilung (siehe Abbildung 6.2), im Mittel sind die Teilnehmer mit 2,4 Problemen belastet.

Unterschiede in der durchschnittlichen Belastung ergeben sich nach den Dimensionen Region, Haushaltstyp und Migration: Westdeutsche Jugendliche (2,6) berichten mehr Probleme als Ostdeutsche (2,2), Migranten (2,6) mehr als Nicht-Migranten (2,3) und junge Leute, die bei den Eltern leben (2,8) oder selbst eine Familie haben (2,6) mehr als z. B. Alleinerziehende (2,2) oder Alleinstehende (2,1).

Abbildung 6.2

Multiple Deprivation: 18- bis 24-jährige Arbeitslosengeld-II-Bezieher nach Anzahl der beeinträchtigen Lebensbereiche

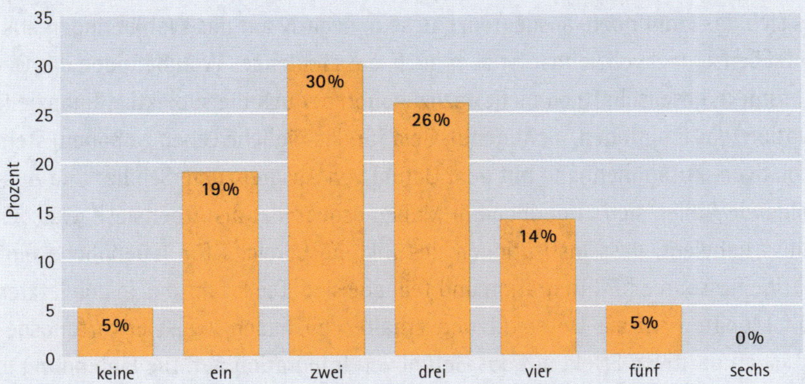

Quelle: Lebenssituation und soziale Sicherung 2005; Prozentangaben gewichtet. Popp/Schels 2008: 178.

Jugendliche, Teilhabe und Exklusion

Während die Definition von Deprivation fast identisch auch in Debatten über soziale Exklusion verwendet wird, benutzen Popp/Schels (2008) einen Begriff, der sehr viel stärker die subjektive Seite betont. Exklusion bedeutet in dieser Sicht, dass Personen sich nicht als Teil der Gesellschaft fühlen, was nicht notwendigerweise identisch ist mit materiellen Aspekten von Deprivation. Außerdem bedeutet es, den Blick auf Umstände zu richten, die das Erleben von Exklusion beeinflussen, insbesondere die sozialen Ressourcen, über die eine Person verfügt: „People who experience multiple deprivation but have access to sound family relationships and social networks feel socially excluded less frequently than those who lack such relationships" (Popp/Schels 2008: 169). Andererseits können soziale Netzwerke natürlich auch Exklusion fördern, indem sie dysfunktionales Verhalten (Drogen, Delinquenz, Schulabsentismus etc.) unterstützen.

Junge Erwachsene in materiell prekären Lebensumständen müssen sich nicht notwendigerweise ausgegrenzt fühlen. Wie sie ihre Lage sehen und wie sie damit umgehen, hängt von verschiedenen Umständen ab und beeinflusst ihre subjektive Wahrnehmung von Integration und Ausgrenzung. Die Studie benutzt daher eine Kombination von objektiven Armutsmaßen und einer subjektiven Einschätzung der Zugehörigkeit zur Gesellschaft. Außerdem fragt sie nach Puffer-Mechanismen, die die Vulnerabilität der Jugendlichen gegenüber dem Gefühl von Ausgrenzung verringern können. Nach der zentralen untersuchten Variablen haben zwölf Prozent der befragten Jugendlichen das Gefühl, nicht zur Gesellschaft zu gehören. Dabei ist ihr Anteil unter den westdeutschen Jugendlichen höher als der in Ostdeutschland.

Der einzelne Faktor, der am engsten mit dem Gefühl von Ausgrenzung korreliert, ist das psychische und physische Wohlbefinden, womit aber keine Aussage über die Richtung des Zusammenhangs getroffen werden kann. Es ist plausibel, dass sich das Empfinden, ausgegrenzt zu sein, negativ auf das Wohlbefinden auswirkt. Ebenso nachvollziehbar ist aber auch, dass fehlendes Wohlbefinden das Gefühl fördert, gesellschaftlich nicht dazuzugehören. Auch die subjektive finanzielle Situation (das Empfinden, nicht genug Geld für das tägliche Leben zu haben) steht in positivem Zusammenhang mit dem Gefühl von Ausgrenzung. Schüler und Auszubildende fühlen sich in geringerem Maße ausgegrenzt als Arbeitslose, was den Schluss nahelegt, dass Institutionen des Bildungsbereichs für Jugendliche eine wichtige Ressource für Integration und Teilhabe sind. Die Erfahrung, in den letzten zwölf Monaten soziale Unterstützung erhalten zu haben, weist erwartungsgemäß einen positiven Effekt auf das Gefühl von Integration auf. Die Einbindung in die Herkunftsfamilie tut dies zunächst überraschenderweise nicht. Andererseits hätten die berichteten Probleme in diesem Haushaltstyp einen höheren Wert erwarten lassen, sodass der Familie doch eher eine Pufferfunktion gegen Exklusion zuzukommen scheint.

Die Ergebnisse zu Deprivation und Exklusion zeigen zunächst, dass junge ALG-II-Bezieher in hohem Maße von Entbehrungen materieller Art, aber auch von Problemen im Hinblick auf ihr Wohlbefinden, berichten. Dabei sind sie selbstverständlich nicht objektiv, sondern benutzen den Referenzrahmen, der ihnen aufgrund ihrer Erfahrungen und Lebensumstände zur Verfügung steht. Daher berichten westdeutsche Jugendliche häufiger als ostdeutsche von entsprechenden Problemen; junge Leute mit Migrationshintergrund, die als Referenz auch die Situation in ihren Heimatländern haben, trotz objektiv vorhandener Probleme dagegen seltener.

Multivariate Analysen bestätigen, dass die Empfindung, ausgegrenzt zu sein, insbesondere mit fehlenden materiellen Ressourcen und einem prekären Arbeitsmarktstatus zusammenhängt. Im elterlichen Haushalt zu leben schützt dagegen vor dem Ausgrenzungsgefühl. Effekte von Geschlecht, Region oder Migration sind dagegen gering. Wichtiger als diese ist die Anzahl von Entbehrungen, für die allerdings gilt, dass bestimmte Teilgruppen wie Migranten häufiger von multiplen Problemen betroffen sind. Die Effektstärke der in den Modellen untersuchten Faktoren ist jedoch gering, sodass davon auszugehen ist, dass Faktoren, die in der Studie unbeobachtet blieben, einen größeren Einfluss auf die erlebte Ausgrenzung haben. Dennoch unterstützen die Ergebnisse ein Konzept sozialer Exklusion, das sich nicht mechanistisch aus beobachteten Risikofaktoren ableiten lässt, sondern in dem der persönlichen Bewertung durch die Betroffenen eine entscheidende Rolle zukommt. Aus den Ergebnissen ihrer Studie und ähnlich gelagerter Untersuchungen ziehen Popp und Schels den Schluss, dass die Beratung im Bereich des SGB II einem Konzept der Ermächtigung (Empowerment) folgen sollte, wenn sie den betroffenen jungen Leuten das Gefühl von gesellschaftlicher Zugehörigkeit vermitteln will: „counselling ... should encourage young people's well-being and motivate them to handle difficult situations according to their subjective life perspectives" (Popp/Schels 2008: 185).

6.2.4 Förderinstrumente und Zugangsselektivitäten

Nach der Beschreibung der materiellen Lage und ihres Einflusses auf das Gefühl von Teilhabe geht es nun darum, die Besonderheiten der Aktivierung junger Leute darzustellen. Werden Jugendliche entsprechend der Vorgaben aktiviert? Wovon hängt es ab, ob ihnen ein Angebot gemacht wird? Erhalten sie die Unterstützung, die sie entsprechend ihrer Problemlage benötigen? Das administrative Grundverständnis des „Aktivierens" von 15- bis 24-Jährigen drückt sich u. a. aus in intensiver Betreuung, Fallmanagement, (Teil-)Qualifizierungsschritte für „Bildungsfähige und

-willige", Arbeitsangebote für „nicht Bildungsfähige und -willige", klare Absprachen und Regelungen, Motivations- und Überzeugungsarbeit etc. Diese administrativen Leitlinien für junge Erwachsene werden umgesetzt durch eine höhere Spezialisierung des Personals, größere Sanktionshäufigkeit und durch eine erhöhte Betreuungsrelation. So werden beispielsweise auch bei der Erstvorsprache den unter 25-Jährigen mehr Leistungen als den älteren SGB-II-Hilfeempfängern angeboten. Seit Einführung des SGB II scheint es einen Aufwärtstrend bezüglich der Aktivierungsquote zu geben, was Abbildung 6.3 verdeutlicht.

Abbildung 6.3
Aktivierungsquote

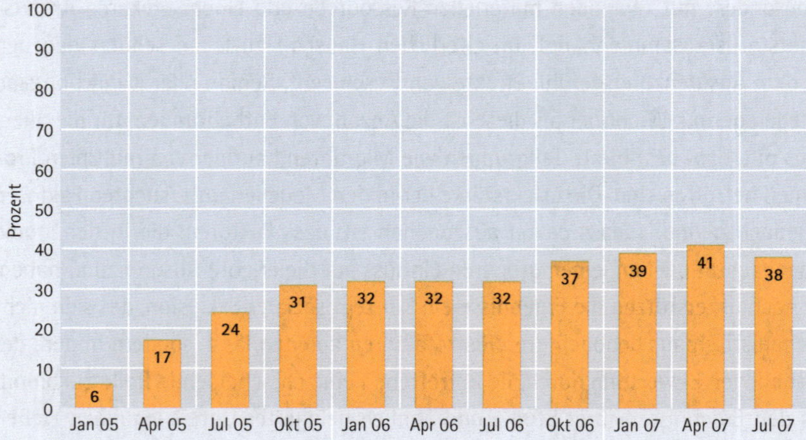

Statistik der BA; nur Rechtskreis SGB II, ohne optierende Kommunen.
Quelle: Achatz 2007b.

Im Rahmen der Erhebung „Lebensqualität und soziale Sicherung 2005" wurde die Frage bearbeitet, ob bei der Praxis der Zuweisung von Förderinstrumenten bei den Jugendlichen Zugangsselektivitäten vorhanden sind. So vermutet Achatz (2007b), dass Jugendliche mit besseren Arbeitsmarktvoraussetzungen eine höhere Chance haben, ein Stellen-, Maßnahme- oder Ausbildungsangebot von ihrem Ansprechpartner zu erhalten. Des Weiteren wurde der Stellenwert sozialintegrativer Leistungen in der Praxis der Hilfegewährung untersucht. Abbildung 6.4 zeigt, ob die jungen Erwachsenen ein Angebot oder mehrere Angebote von den Ansprechpartnern erhalten haben, und wenn ja, welche(s).

Anhand von Regressionsrechnungen wurden wichtige Einflussfaktoren auf die Angebote untersucht: Jüngeren Personen wurde eher ein Ausbildungsangebot gemacht oder sie wurden einer u25-Maßnahme zugeteilt. Bei jungen Frauen – und bei Personen mit einem Kleinkind – sank die Wahrscheinlichkeit, ein Ausbildungsangebot zu bekommen oder an einer u25-Maßnahme teilzunehmen. Jugendliche ohne Ausbildungsabschluss hatten höhere Chancen, ein Ausbildungsangebot zu bekommen oder einer u25-Maßnahme zugeteilt zu werden. Personen mit (Fach-)-Hochschulreife wird tendenziell kein Angebot gemacht.

Abbildung 6.4

Angebot des Ansprechpartners erhalten (Mehrfachnennungen)

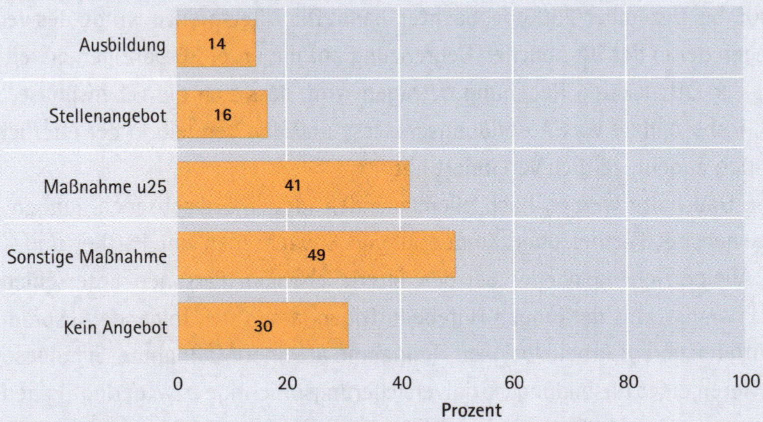

IAB-Erhebung „Lebensqualität und soziale Sicherung 2005"; gewichtet, N = 1.426.

Quelle: Achatz 2007b.

Interessant ist auch der Einfluss der Haushaltssprache: Im Vergleich zur deutschsprachigen Referenzgruppe erhalten Russischsprachige mit größerer Wahrscheinlichkeit das Angebot, an einer u25-Maßnahme teilzunehmen. Bezüglich der alters- bzw. zielgruppenunabhängigen Fördermaßnahmen zeigen sich hingegen negative Zusammenhänge: ist die Haushaltssprache türkisch oder russisch, so wird mit geringerer Wahrscheinlichkeit das Angebot gemacht, an einer Maßnahme teilzunehmen.

Bei den sozialintegrativen Maßnahmen wurden zwei Typen näher betrachtet: die Kinderbetreuung und die Schuldnerberatung. Von 294 befragten jungen Erwachsenen mit Kindern erhielten nur 15 Prozent Kinderbetreuung. Hier scheint ein Defizit zu bestehen, da über die Hälfte (132 Personen) derjenigen, die keine Kinderbetreuung erhalten haben, gern von dieser Maßnahme profitiert hätten. Von den 123 Personen, die überschuldet waren, haben sogar nur vier Prozent eine Schuldnerberatung erhalten. Immerhin 17 Prozent haben diesbezüglich Bedarf geäußert. Achatz (2007b) schlägt vor, institutionelle Kapazitäten auf- und auszubauen, und warnt davor, mögliche negative Wirkungen des Übergangssystems in Form von Stigmatisierung und Maßnahmekarrieren aus den Augen zu verlieren.

6.2.5 Haushaltskontext, Übergänge aus dem Leistungsbezug

Gelingt es Jugendlichen, den ALG-II-Bezug wieder zu verlassen? Welche Rolle spielen dabei der Haushaltskontext und der Erwerbsstatus? Diese Fragen betrachtet Schels (2008) im Hinblick auf die 18- bis 29-Jährigen. Dafür kombiniert sie Befragungsdaten aus der Studie „Lebenssituation und soziale Sicherung 2005" mit Prozessdaten der Bundesagentur für Arbeit, sodass sie einen Zeitraum von Januar 2005 bis Dezember 2006 beobachten kann. Die Altersgrenze wurde deswegen entgegen der in der BA üblichen Begrenzung auf die unter 30-Jährigen erweitert, damit der Entwicklung Rechnung getragen wird, dass sich die Lebensphase ‚Jugend', insbesondere was Ausbildungsprozesse und den Verbleib in der elterlichen Wohnung angeht, zeitlich verlängert hat.

Die Haushalte werden nach alleinlebenden jungen Erwachsenen, jungen Erwachsenen mit Partner ohne Kinder, jungen Erwachsenen mit Partner und Kindern, Alleinerziehenden oder bei den Eltern lebenden Personen unterschieden. Beim Erwerbsstatus der jungen Hilfebedürftigen lassen sich folgende Ausprägungen differenzieren: Arbeitslosigkeit, Teilnahme an einer Maßnahme, Schulbesuch, Absolvieren einer Ausbildung, sozialversicherungspflichtige bzw. geringfügige Beschäftigung oder Mutterschutz und Elternzeit. Die Untersuchungen berücksichtigen sowohl Änderungen des Erwerbsstatus als auch die Zusammensetzung des Haushalts im Beobachtungszeitraum (Schels 2008: 10).

Übersicht 6.2 gibt die Effektstärke und das Signifikanzniveau wieder. Der Effekt beschreibt, wie rasch eine untersuchte Teilgruppe der jungen Leistungsbezieher in Beziehung zur Referenzkategorie den Leistungsbezug verlassen kann. Ein Effekt größer 1 steht für eine höhere Übergangsrate aus dem Leistungsbezug als bei der Referenzgruppe. Die Übersicht zeigt beispielsweise, dass sozialversicherungspflichtig beschäftigte junge Erwachsene etwa viermal schneller den Hilfebezug verlassen können als arbeitslose junge Erwachsene. Ein Wert kleiner 1 beschreibt eine geringere Übergangsrate, die jungen Erwachsenen sind im Vergleich zur Referenzkategorie länger im Leistungsbezug. Zum Beispiel können arbeitslose junge Erwachsene doppelt so schnell den Arbeitslosengeld-II-Bezug verlassen wie Schüler (Schels 2008: 10).

Wie oben beschrieben, können auch erwerbstätige Personen weiterhin Unterstützung durch Arbeitslosengeld II benötigen und nicht jeder der genannten Erwerbszustände muss den Hilfebezug beenden (z. B. Bruckmeier et al. 2007b). Dennoch demonstrieren die Resultate, dass Erwerbstätige und junge Erwachsene in Berufsausbildung, darunter duale Ausbildung, schulische Ausbildungsgänge und Studium, den Leistungsbezug schneller beenden als Arbeitslose. Durch Ausüben einer geringfügigen Beschäftigung wird zwar auch die Chance erhöht, den Leistungsbezug zu verlassen, die besten Ausstiegsmöglichkeiten haben jedoch mit Abstand sozialversicherungspflichtig Beschäftigte. Die Ausstiegschancen steigen somit im großen Maße mit der Qualität der Beschäftigung. Des Weiteren ist das Einkommen von Auszubildenden aus dem Lehrgehalt oder staatlicher Ausbildungsförderung nur bedingt für einen Ausstieg aus dem Hilfebezug ausreichend, was anhand der im Vergleich zu den erwerbstätigen jungen Erwachsenen geringeren Übergangsrate ablesbar ist. Eine Ausbildung wirkt im Hinblick auf die Vermeidung eines wiederholten Leistungsbezugs allerdings genauso gut wie eine sozialversicherungspflichtige Beschäftigung. Aufgrund ihrer Bildungsaktivität über längere Zeit beziehen Schüler am längsten das Arbeitslosengeld II, da sie infolgedessen keine Möglichkeit haben, selbst den Leistungsbezug zu überwinden und ihre Familien dies im beobachteten Zeitraum (Januar 2005 bis Dezember 2006) ebenfalls nicht tun.

Übersicht 6.2

Einflussfaktoren auf die Übergänge der 18- bis 29-jährigen Arbeitslosengeld-II-Empfänger aus dem Arbeitslosengeld-II-Bezug

	Ausstieg aus dem Leistungsbezug	
Einflussfaktoren	**Effekt**	**Signifikanz**
Erwerbsstatus (Referenz: arbeitslos)		
Sozialversicherungspflichtig beschäftigt	4,004	***
Geringfügig beschäftigt	1,936	***
In Berufsausbildung	1,392	**
In Mutterschutz/Elternzeit	0,948	
In Schule	0,418	***
Haushaltstyp (Referenz: alleinlebend)		
Mit Partner ohne Kinder	0,848	
Mit Partner mit Kinder	0,539	***
Alleinerziehend	0,423	***
Mit Eltern	0,771	**
n	1.171	
Ereignisse	617	

* Die Gruppe der arbeitslosen Personen umfasst auch Teilnehmer an Maßnahmen und sonstige Nichterwerbstätige.
Signifikanzen: p<0,01=***, p<0,05=**, p<0,1=*.
Lebenssituation und soziale Sicherung 2005, Prozessdaten; nicht-parametrische Exponential-Regression mit zeitabhängigen Kovariaten, Personenmonate.
Quelle: Schels 2008.

Im Gegensatz zu Alleinerziehenden, jungend Paaren mit Kindern und bei den Eltern lebenden jungen Erwachsenen, schaffen es alleinlebende junge Erwachsene deutlich schneller, den Hilfebezug zu beenden. Dieses Ergebnis lässt sich in erster Linie auf ihren geringeren finanziellen Bedarf im Vergleich zu Mehrpersonenhaushalten mit Kindern zurückführen und betrifft sowohl junge Erwachsene im Haushalt der Eltern als auch diejenigen mit eigenen Kindern. Erwerbstätigkeit schützt junge Familien somit häufig nicht vor dem Leistungsbezug. Im Januar 2005 bezogen rund ein Viertel der jungen Erwachsenen mit Familie trotz Erwerbstätigkeit Arbeitslosengeld II.

6.2.6 Arbeitslosigkeit, Elternhaushalt und Bildungsziele

Ein Fehlstart ins Erwerbsleben kann wie bereits erwähnt bei Jugendlichen besonders langfristige Folgen haben. Aber kann Arbeitslosigkeit auch über die eigene Generation hinauswirken? Dies wäre definitiv der Fall, wenn elterliche Arbeitslosigkeit die Bildungsaspirationen der Kinder und damit ihre späteren Erwerbschancen beeinträchtigt. Krug und Popp (2008) untersuchen daher den Einfluss von Eltern- und Haushaltscharakteristika auf die Bildungsziele von jungen Erwachsenen im SGB-II-Bereich. Im Fokus der Untersuchung steht die Arbeitslosigkeit der Eltern, die eingeschränkten ökonomischen Ressourcen und der Bildungs- und Migrationshintergrund der Eltern. Besonderes Interesse galt dabei der Frage, ob Jugendliche aus einem Haushalt mit niedrigen Einkommen und multiplen Beeinträchtigungen niedrigere Schulabschlüsse anvisieren und somit Armutsrisiken von den Eltern auf die Kinder übertragen werden. Des Weiteren wurde die Vermutung verfolgt, dass Eltern mit einem hohen Bildungshintergrund ihre Kinder besser vor den negativen Folgen von Armut schützen können und somit herkunftsspezifische Bildungsmuster bestehen bleiben. Dazu wurde die Lebenssituation der 15- bis 17-Jährigen (1.016 Befragte), die SGB-II-Leistungen beziehen, untersucht und Interviews mit dazugehörigen Elternteilen (540 Personen; erhoben im Rahmen der Studie „Lebenssituation und soziale Sicherung 2005") ausgewertet. Die Analyse wurde unter multipler Imputation von Stichprobeausfällen vorgenommen (Krug/Popp 2008: 38).

Bezüglich der Bedeutung des Zugangs zu materiellen Ressourcen für Bildungsziele ergeben die Analysen, dass eingeschränkte ökonomische Ressourcen im Haushalt die Bildungsziele der Kinder verringern, was auch innerhalb der Gruppe von ALG-II-Haushalten gilt. Mit steigendem Haushaltseinkommen sinkt die Wahrscheinlichkeit, einen Hauptschulabschluss anzuvisieren, und die Häufigkeit, einen Realschulabschluss oder die (Fach-)Hochschulreife anzustreben, nimmt zu. Auch innerhalb der untersuchten Armutspopulation kann auf unterschiedliche ökonomische Ressourcen zurückgegriffen werden, was wiederum zu einer ungleichen Verteilung der Bildungsziele der jungen Hilfebedürftigen zielt. Umgekehrt streben erst diejenigen jungen Hilfebedürftigen niedrige Schulabschlüsse an, in deren Haushalt zwei oder drei Problemlagen kumuliert auftreten. Somit leiden die Bildungsziele von Kindern in Armutshaushalten besonders unter den Bedingungen multipler Deprivation (Krug/Popp 2008: 18). Arbeitslosigkeit per se hat dagegen keine negativen Effekte auf die Bildungsziele der Kinder. Somit verringern weder die aktuelle Arbeitslosigkeit noch wiederholte Erfahrungen des Elternteils mit Arbeitslosigkeit die Wahrscheinlichkeit, dass die 15- bis 17-jährigen Kinder den Realschulabschluss oder die (Fach-)Hochschulreife zum Ziel haben (Krug/Popp 2008: 19).

Die Vermutung einer intergenerationalen Vererbung von Bildungskapital hat sich jedoch bestätigt. Der Bildungshintergrund der Eltern hat einen starken Einfluss auf die Bildungsziele der jungen Hilfebedürftigen. Kinder, deren Eltern mindestens einen Realschulabschluss besitzen, geben um 16 Prozentpunkte häufiger an, eine (Fach-)-Hochschulreife anzustreben, als Kinder, deren Eltern keinen oder einen Hauptschulabschluss haben. Hingegen geben Kinder aus besser gebildeten Familien höhere Bildungsziele an. Somit bleiben herkunftsspezifische Bildungsmuster erhalten. Die subjektive Kompetenzeinschätzung ist weniger entscheidend für die Bildungsziele der Kinder als der erlangte Schulabschluss der Eltern. Auch ein höheres Bildungsniveau kann die negativen Konsequenzen eines niedrigeren Haushaltseinkommens nicht kompensieren. Einkommensarmut erhöht in allen Bildungsschichten das Risiko niedriger Bildungsabschlüsse für die Nachkommen (Krug/Popp 2008: 19).

Auch die Auswirkungen des Migrationshintergrundes der Eltern auf die Bildungsziele der Kinder wurden untersucht. Kinder von Migranten visieren nicht automatisch geringere Bildungsziele an als Jugendliche, deren Eltern in Deutschland geboren sind. Von Bedeutung ist vielmehr, seit wie vielen Jahren die Eltern bereits in Deutschland leben: mit jedem Jahr in Deutschland erhöht sich die Wahrscheinlichkeit für höhere Bildungsziele (Krug/Popp 2008: 20).

6.2.7 Fazit

Betrachtet man die Befunde zu den jungen Erwachsenen, lässt sich zusammenfassen, dass zwei recht unterschiedliche Gruppen SGB-II-Leistungen erhalten. Zum einen sind das Schüler und Auszubildende, die oftmals noch im Elternhaus leben und deren weiteres Erwerbsleben offen ist. Die andere Gruppe setzt sich aus jungen Erwachsenen zusammen, die eine selbstständige Lebensgemeinschaft gegründet haben. Sie erhalten SGB-II-Leistungen hauptsächlich aufgrund eigener Arbeitsmarktprobleme und Qualifikationsdefizite. Diese jungen Erwachsenen kommen im Gegensatz zu Schülern und Auszubildenden als Zielgruppe für das „Fördern und Fordern" infrage (Popp et al. 2006: 5).

Im Hinblick auf die Arbeitsmarktintegration ist die Gruppe der jungen Erwachsenen heterogen: Obwohl es einen hohen Prozentsatz von Arbeitslosen und Maßnahmeteilnehmern gibt, existieren auch eine Vielzahl von Personen, die nicht unmittelbar zu den Problemgruppen des Arbeitsmarktes gerechnet werden können. Häufig sind es die weiteren Lebensumstände der Betroffenen, wie etwa die schwierige ökonomische Lage des Haushalts oder Arbeitsmarktprobleme der Eltern, die die Hilfebedürftigkeit und damit den Anspruch auf SGB-II-Leistungen bewirken. Maßnahmen der aktivierenden Arbeitsmarktpolitik müssen somit auch an diesen Lebensumständen ansetzen, etwa beim häuslichen und familiären Hintergrund (Popp et al. 2006: 5).

Der Zusammenhang zwischen Deprivationserfahrungen und dem Gefühl von Ausgrenzung konnte belegt werden. Dabei ist das Ausmaß von empfundener Exklusion nicht komplett abhängig von den Problemlagen. Vielmehr wird es moderiert von verschiedenen Variablen wie familiäre Einbindung, soziale Unterstützung und den biografisch erworbenen Maßstäben für soziale Vergleiche. Um die Folgen von Exklusion zu minimieren, müsste die Fallbearbeitung selbst partizipativ organisiert sein und die unterschiedlichen Aspekte der Bedrohung durch Ausgrenzung in den Blick nehmen.

Betrachtet man die Analysen zu den Förderinstrumenten bei jungen Erwachsenen im SGB II, lässt sich festhalten, dass ein Spannungsfeld zwischen Aktivierungsverständnis und Förderlogik besteht. Lebensalterbezogene Normalitätsvorstellungen dürfen nicht zu Zugangsselektivitäten führen. Vor allem Frauen mit Kleinkind scheinen es momentan deutlich schwerer zu haben, ein Förderangebot zu bekommen oder von sozialintegrativen Maßnahmen zu profitieren.

Haushaltskontexte und der Erwerbsstatus spielen die entscheidende Rolle dabei, wann der Leistungsbezug verlassen werden kann. Der Abschluss einer Berufsausbildung und der Einstieg in Beschäftigung, insbesondere in eine sozialversicherungspflichtige, tragen hierzu bei. Einem besonderen Risiko für länger andauernden Bezug von SGB-II-Leistungen sind Schüler und junge Arbeitslose ausgesetzt. Im Fall der Schüler spricht dies für den fortdauernden Hilfebedarf der Familie, dass sie ihre Schulbildung abschließen, ist vom Gesetzgeber ausdrücklich vorgesehen. Es kann jedoch erst durch weiterführende Studien gezeigt werden, ob es den Schülern im Arbeitslosengeld-II-Bezug schließlich gelingt, eine berufliche Ausbildung aufzunehmen. Hingegen hat die Gruppe der jungen Hilfebedürftigen, die aufgrund eigener Arbeitslosigkeit das Arbeitslosengeld II beziehen, mangels Qualifikation und Arbeitserfahrung geringe Arbeitsmarktchancen. Ihre Situation sollte im Mittelpunkt zielgerichteter Beratung und passgenauer Qualifizierungsmaßnahmen stehen (vgl. Schels 2008: 13 f.), da bei dieser Gruppe ansonsten ein hohes Risiko der Verfestigung des Hilfebezugs besteht.

Die Ergebnisse aus den Analysen zum Einfluss der Eltern- und Haushaltscharakteristika auf die Bildungsziele der Eltern zeigen deutlich das Risiko einer Verfestigung von Armut über Generationen hinweg auf. Diese kommt hauptsächlich dadurch zustande, dass Abstriche bei der Schulausbildung der Kinder gemacht werden, womit für diese geringere Arbeitsmarktchancen in der Zukunft einhergehen. Vor allem Geringqualifizierte sind von hohen Arbeitslosigkeits- und somit auch Armutsrisiken betroffen. Dabei sind es vor allem die ökonomischen Verluste von Arbeitslosigkeit, die sich negativ auf die Bildungsneigung auswirken (Krug/ Popp 2008: 21).

Die Analysen zu Jugendlichen im SGB II haben gezeigt, dass wir es hier mit einer sehr heterogenen Gruppe zu tun haben, bei denen die einen noch gar nicht aktiviert werden können, während bei den anderen bereits eine Verfestigung von Problemlagen droht, die sich über die gesamte Erwerbsbiografie hinziehen könnte. Gerade wegen der möglicherweise sehr langfristigen Folgen erscheint es bei dieser „Zielgruppe" – bereits der Begriff ist problematisch – besonders angezeigt, dass die Aktivierung zielgerichtet, auf die individuellen Umstände bezogen, möglichst partizipativ und unter Einbeziehung der familiären Lage und des sozialen Umfelds erfolgt. Vieles spricht dafür, dass dies im Untersuchungszeitraum noch nicht hinreichend geschehen ist. Die Institution der Grundsicherung kann dabei helfen, die Integration der Betroffenen zu fördern, indem passgenaue Konzepte für die gerade in dieser Gruppe sehr heterogenen Lebens- und Problemlagen entwickelt werden.

6.3 Die Lage von Älteren im SGB II

In Bezug auf die Frage wie mit Älteren umzugehen ist, hat nicht zuletzt mit den „Hartz-Reformen" ein fundamentaler Politikwechsel stattgefunden. Die Strategie, mithilfe von verschiedenen Formen der Frühverrentung die hohe Arbeitslosigkeit zu reduzieren, wurde nun stark eingeschränkt. Diese Strategie hatte dazu geführt, dass ältere Arbeitnehmer immer früher aus dem Erwerbsleben austraten – bei weiter steigender Lebenserwartung. Gleichzeitig macht sich mittlerweile der demografische Wandel immer stärker bemerkbar: Veränderungen der Altersstruktur sind nicht mehr zu übersehen. In naher Zukunft werden mehr Ältere am Arbeitsmarkt beschäftigt sein, wogegen jüngere Altersgruppen tendenziell kleiner werden (Sproß 2006). Dies hat zu einem Umdenken geführt: Statt den Ausstieg aus dem Erwerbsleben zu erleichtern, gelten mittlerweile eine Aktivierung, die Erhöhung der Beschäftigungsfähigkeit und damit eine Wiedereingliederung arbeitsloser Älterer ins Erwerbsleben als wichtigste arbeitsmarktpolitische Ziele. Gleichzeitig soll die Phase der Erwerbstätigkeit insgesamt verlängert werden – eine Herausforderung, der sich alle europäischen Länder stellen (müssen). Eine derartige Kehrtwende erweist sich jedoch – nicht nur in Deutschland – angesichts vielfältiger Ausstiegspfade, verwurzelter Einstellungsmuster und Interessen und sozialer Rechte von Gewerkschaften, Arbeitnehmern und Arbeitgebern als äußerst schwierig (Kraatz et al. 2006: 17).

6.3.1 Quantitative und inhaltliche Beschreibung der Gruppe der Älteren

Im April 2008 waren rund 1,2 Mio. der erwerbsfähigen Hilfebedürftigen zwischen 50 und 65 Jahre alt. Der Anteil dieser Gruppe an allen erwerbsfähigen Hilfebedürftigen beträgt damit rund 23,2 Prozent. Der Anteil der Männer liegt in dieser Gruppe mit rund 52,5 Prozent über dem der Frauen, während bei der Betrachtung aller erwerbsfähigen Hilfebedürftigen die Frauen mit einem Anteil von 51,2 Prozent die größere Gruppe darstellen. Zu erklären ist dies zum einen damit, dass die große Gruppe der Alleinerziehenden mit zunehmendem Alter verschwindet. Zum anderen könnten auch Veränderungen von Familienstrukturen über die Zeit hier eine Rolle spielen. Rund 753.000 (rund 63 %) der über 50-jährigen erwerbsfähigen Hilfebedürftigen sind Westdeutsche, rund 438.00 Ostdeutsche. Von allen über 50-jährigen erwerbsfähigen Hilfebedürftigen sind 22,7 Prozent Aufstocker. Von diesen beziehen 62,2 Prozent ein Gehalt unter 400 Euro. Unter den 25- bis 50-jährigen erwerbsfähigen Hilfebedürftigen liegt der Anteil an Aufstockern deutlich höher, bei fast 30 Prozent (Bundesagentur für Arbeit 2008a).

Die Qualifikationsstruktur der Älteren insgesamt hat sich in den letzten Jahren verändert. In den rentennahen Jahrgängen hat der Anteil der höher Qualifizierten in den letzten Jahren zugenommen (Hummel/Reinberg 2006). Dass Ältere im Übrigen nicht per se zu den Problemgruppen am Arbeitsmarkt zählen, zeigen Reinberg und Hummel (2007b: 22). Vielmehr spielt auch hier die Qualifikation eine entscheidende Rolle, was insbesondere bei den älteren Akademikern mit einer Arbeitslosenquote von gerade mal 4,1 Prozent zum Ausdruck kommt. Das Risiko für Ältere, arbeitslos zu werden, ist auch aus verschiedenen institutionellen Gründen geringer als bei Jüngeren. Die durchschnittliche Dauer von Arbeitslosigkeit bei Älteren ist jedoch wesentlich länger als bei jüngeren Arbeitslosen. Dies gilt vor allem für Personen über 55 Jahre (Sproß 2006).

6.3.2 Materielle Lage und das Risiko, im Alter arm zu sein

Wie es nach der SGB-II-Reform materiell um ältere Menschen bestellt ist und vor allem wie es ihnen nach dem Ausscheiden aus dem Erwerbsleben ergehen wird, beschäftigte die mediale Öffentlichkeit in den vergangenen Jahren stark. Vom „Horrorszenario Altersarmut" berichtete beispielsweise Spiegel Online (Spiegel Online vom 20.8.2007), „Älteren Menschen droht Verarmung" titelte Focus.de (9.8.2007).

Diese Fragestellung hat das IAB wissenschaftlich aufgearbeitet. „Einmal arm, immer arm?" fragt beispielsweise Christina Wübbeke (2007) in einem IAB-Kurzbericht.

Fragen der Alterssicherung bilden einen integralen Bestandteil der SGB-II-Einführung, die sich eben auch an diejenigen wendet, die sich am Ende der Erwerbsphase befinden. Sie haben unter Umständen nur noch wenige Jahre oder Monate Zeit, eine drohende Armutslage im Alter abzuwenden. Gerade für Menschen über 50 ist es zudem immer noch besonders schwierig, eine sozialversicherungspflichtige Beschäftigung zu finden und weitere Anwartschaften in der Alterssicherung aufzubauen.

Mit dem SGB II hat der Gesetzgeber die Regelungen zur Berücksichtigung von Vermögen und die Zahlung von Beiträgen an die gesetzliche Rentenversicherung während des ALG-II-Bezugs verändert. Die Frage nach dem Risiko, im Alter arm zu werden, stellt sich somit nach Umsetzung der SGB-II-Reform neu. Eine nähere Betrachtung der Älteren in Bezug auf das Risiko der Bedürftigkeit im Alter zeigt, dass die Risikolagen je nach Lebensverlauf und Lebensumständen sehr heterogen ausfallen. Wübbeke et al. (2007: 19) zeigen, dass das Maß der Gefährdung einer ausreichenden Alterssicherung durch längere Phasen des Hilfebezugs von mehreren Faktoren abhängt. Die Autoren nennen hier (1) unterschiedliche Erwerbs- und Versicherungsverläufe vor Eintritt in den ALG-II-Bezug, (2) mögliche Anrechte aus betrieblicher oder privater Altersvorsorge und (3) mögliche Ansprüche auf Einkünfte von Lebenspartnern oder anderen Familienmitgliedern. Jemand, der zwar geringe Anwartschaften in der gesetzlichen Rentenversicherung besitzt, aber noch über eine Betriebsrente und/oder Ansprüche aus einer Altersrente des Lebenspartners verfügt, steht unter Umständen vergleichsweise besser da als jemand mit höheren gesetzlichen Rentenansprüchen, aber ohne diese Zusatzeinkünfte.

Wübbeke (2007) sowie Wübbeke et al. (2007) identifizieren auf Basis dieser Überlegungen die Risikogruppen und analysieren diese unter Rückgriff auf die Daten der Studie „Altersvorsorge in Deutschland 2005" und der IAB-Befragung „Lebenssituation und soziale Sicherung 2005" (siehe Anhang, Abschnitt 2.2). Wübbeke et al. (2007: 21) argumentieren, dass die individuelle Höhe der bislang erworbenen Anwartschaft in der gesetzlichen Rentenversicherung (GRV) ein wichtiger Gradmesser ist, um Gruppen mit unterschiedlichen Armutsrisiken im Alter zu identifizieren. Hinweise auf Niveauunterschiede der bisher erreichten Absicherung in der GRV bieten die individuellen Pflichtbeitragszeiten der Hilfebezieher, auch wenn dabei das Einkommen von Lebenspartnern etc. unbeachtet bleibt. Die Beitragszeiten bis zum Alter von 50 Jahren – berechnet aus der Befragung „Lebenssituation und soziale Sicherung 2005" (LSS) – sind daher auch die Grundlage der IAB-Analysen.

Abbildung 6.5 zeigt, dass 86 Prozent der westdeutschen und 96 Prozent der ostdeutschen älteren Befragten die allgemeine Wartezeit (Mindestversicherungszeit) von fünf Jahren erfüllt hatten und somit in jedem Fall Anspruch auf eine gesetzliche Rente haben.

Abbildung 6.5

Pflichtbeitragszeiten der Empfänger von ALG II in West- und Ostdeutschland

Verteilung der Pflichtbeitragszeiten in der gesetzlichen Rentenversicherung, die bis zum Alter von 50 Jahren erworben wurden

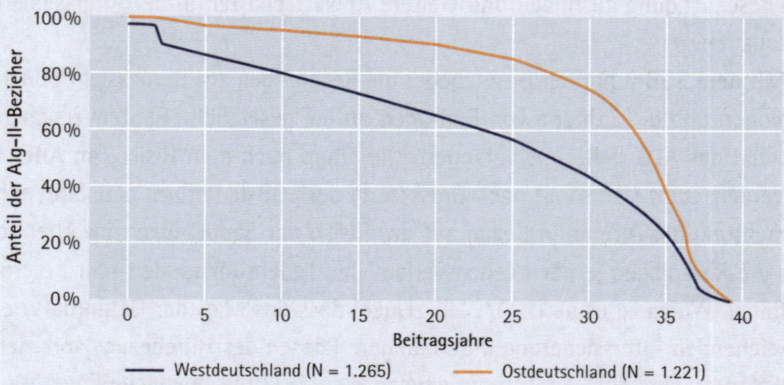

Lesebeispiel: 86 Prozent der westdeutschen Hilfebezieher haben bis zum Alter von 50 Jahren mehr als 5 Beitragsjahre erreicht, immerhin noch 56 Prozent die Marke von 25 Beitragsjahren überschritten, aber nur eine Minderheit von 23 Prozent hat mehr als 35 Beitragsjahre erworben.
IAB-Querschnittbefragung „Lebenssituation und soziale Sicherung" (QS I).

Quelle: Wübbeke 2007.

Es zeigt sich zudem, dass die Befragten im Mittel bis zum Eintritt in den ALG-II-Bezug bereits mehrere Jahrzehnte rentenversichert waren. Ein Großteil der Befragten wird also mit einer Rente rechnen können, die über dem Grundsicherungsniveau liegt. Die aufsummierten Beitragszeiten spiegeln noch die unterschiedlichen Biografien in den beiden ehemaligen deutschen Staaten wider. Ostdeutsche Hilfebezieher haben deutlich mehr Beitragsjahre angesammelt als westdeutsche.

Frauen in Westdeutschland schneiden bezüglich der angesammelten Beitragsjahre vergleichweise schlecht ab. Die unteren 25 Prozent der Hilfebezieherinnen in den alten Ländern haben bis zu ihrem 51. Geburtstag nur höchstens sieben Beitragsjahre erworben – und dabei sind zwei Kindererziehungsjahre bereits pauschal eingerechnet. Frauen in Ostdeutschland stehen im Gegensatz dazu sehr gut da. Weil die Erwerbsbeteiligung von Frauen in der DDR sehr hoch war, haben sie – durch Anrechnung der Kinderbetreuungszeiten – sogar höhere Beitragsdauern als ostdeutsche Männer.

Beitragszeiten allein können jedoch noch nicht umfassend Aufschluss darüber geben, inwieweit ältere Empfänger von SGB-II-Leistungen durch eigene Anwartschaften bereits ausreichend gegen Armut im Alter abgesichert sind, würden sie ohne Abschläge in Rente gehen und alleine leben. Um das Risiko der Altersarmut in diesem Sinne näher bestimmen zu können, hat Wübbeke (2007) Modellrechnungen durchgeführt.

Übersicht 6.3 zeigt, dass ostdeutsche Männer das geringste Risiko einer späteren Altersarmut tragen. 62 Prozent von ihnen haben bis zum Alter von 50 Jahren bereits mindestens 32,1 Beitragsjahre erreicht. Bei durchschnittlich 0,76 Punkten pro Beitragsjahr hätten sie somit in jedem Fall bereits gesetzliche Rentenansprüche erreicht, die auf Sozialhilfeniveau oder darüber liegen. Ostdeutsche Frauen haben zwar durchschnittlich lange Beitragszeiten angesammelt – jedoch bei geringen Arbeitsentgelten. Nur 46 Prozent von ihnen hat daher den Modellrechnungen zufolge bereits armutsvermeidende Rentenanwartschaften aufbauen können. Kurze Beitragsdauern mit niedrigen Arbeitsentgelten kennzeichnen die Lage derjenigen westdeutschen Frauen, die die Sozialhilfeschwelle nicht überwinden werden.

Übersicht 6.3

Risiken der Altersarmut bei älteren Beziehern des ALG II – Modellrechnungen

	West		Ost	
	Männer	Frauen	Männer	Frauen
Durchschnittliche Entgeltpunkte pro Beitragsjahr laut Statistik der DRV (Referenz: deutsche Rentenversicherte der Jahr-gänge 1940 bis 1954 mit Kontenklärung mindestens 1997)	0,81	0,39	0,76	0,68
Umrechnung der Entgeltzeitpunkte in die durchschnittliche Rente aus einem Beitragsjahr *	21,16 €	10,07 €	17,43 €	15,63 €
Beitragsjahre bis zum Erreichen der Sozialhilfeschwelle (West: 604 €, Ost 559 €)	28,5	56,8	32,1	34,8
Anteil der Empfänger von ALG II, die bis zum Alter von 50 mindestens diese Zahl von Beitragsjahren erreicht haben	53 %	0	62 %	46 %

* Durchschnittliche Entgeltpunkte pro Beitragsjahr multipliziert mit dem aktuellen Rentenwert von 2004 (West: 26,13, Ost: 22,97).

Quellen: Statistik der Deutschen Rentenversicherung (DRV): Rentenanwartschaften am 31.12.2004, Band 156, Berlin 2006, Tabellen 15.51 R, 15.52 R und 15.72 R; Statistik über die Grundsicherung im Alter und bei Erwerbsminderung 2004 des Statistischen Bundesamtes, Statistik G 10; eigene Berechnungen.

Diese Befunde spiegeln jedoch die besondere historische Konstellation Deutschlands wider. Die älteren Hilfebezieher in den neuen Bundesländern dürften insgesamt aufgrund ihrer bereits bestehenden Beitragszeiten in geringerem Maße vom

Risiko der Altersarmut betroffen sein als viele Hilfebezieher im Westen. Die in der Gesamtsicht relativ langen Beitragsdauern der älteren Hilfebezieher sind das Ergebnis vergleichsweise stetiger Erwerbsbiografien. Diese Generation ist zumeist erst in einer späten Phase des Berufslebens arbeitslos geworden.

Ein Blick auf die nachfolgenden Kohorten lässt erwarten, dass sich die Versicherungsverläufe in Ost und West sowie zwischen Männern und Frauen in Westdeutschland immer mehr angleichen (Wübbeke 2007: 5). Diejenigen ALG-II-Bezieher, die heute zwischen 40 und 50 Jahre alt sind, tragen ein sehr viel höheres Risiko, im Alter arm zu sein. Sie hat die Verschlechterung der Arbeitsmarktlagen in Westdeutschland seit den 70er-Jahren bzw. in Ostdeutschland nach der Wende in einer frühen Phase ihres Erwerbslebens getroffen und daher die Erwerbsbiografien geprägt. Wübbeke (2007: 5) zeigt, dass diejenigen, die zwischen 1960 und 1964 geboren wurden, hinsichtlich ihrer Beitragsjahre deutlich hinter die Vorgängerjahre zurückfallen, ein Prozess, der gerade in Ostdeutschland beobachtbar ist. Für die nachfolgenden Kohorten sind demnach sehr viel höhere Armutsrisiken zu erwarten als für diejenigen, die heute an der Schwelle zum Renteneintritt stehen.

Berücksichtigt man, dass ja auch Partner ein Einkommen beziehen, wird noch deutlicher, dass Ostdeutsche, die heute älter sind, vergleichsweise gut abgesichert sind. 85 Prozent der ostdeutschen Paare besitzen zwei Rentenanrechte, im Westen sind es nur 66 Prozent. 70 Prozent aller Paare in Ost und West haben keine weiteren Ansprüche aus Betriebsrenten etc. Bei 16 Prozent ist es einer von beiden, der solche Anrechte besitzt. Im Osten liegt der Anteil derer, die zusätzlich privat abgesichert sind mit 22 Prozent höher als im Westen (7 %). Ein Blick auf die Bezieher von ALG II ohne Partner zeigt ein ganz ähnliches Bild (Wübbeke 2007: 6).

Wübbeke (2007: 7) kommt zu dem Schluss, dass das Thema Altersarmut mit einer gewissen Zeitverzögerung auf die Gesellschaft zurollt, nämlich spätestens dann, wenn die Hilfebedürftigen in die Rente eintreten, die heute zwischen 28 und 44 Jahre alt sind. Dies wird auch dann geschehen, wenn eine Reintegration in sozialversicherungspflichtige Beschäftigung erfolgt, ihre Beitragslücken sind bereits zu hoch.

Die Wirkungen des SGB II auf die Altersicherung älterer Hilfebezieher

Wie oben bereits erwähnt, enthält das SGB II einige Veränderungen bezüglich Vermögensanrechnungen und Beitragszahlungen, deren Wirkungen ebenfalls Gegenstand der IAB-Evaluationsforschung waren. Die Frage, wie sich die neu geregelte Anrechnung von Vermögen auf den ALG-II-Anspruch auf die Situation der Betroffenen auswirkt, untersuchen Wübbeke et al. (2007: 34–36). Es zeigte sich, dass insgesamt nur wenige der im Rahmen der Studie Befragten von einer Vermögensanrechnung betroffen waren, da die weit überwiegende Mehrheit bereits vor

Beantragung des ALG II keine Rücklagen oberhalb der Freigrenzen (mehr) hatte. Die hier Befragten hatten zum Großteil ihre gegebenenfalls vorhandenen Ersparnisse bereits beim Übergang in die Sozial- oder Arbeitslosenhilfe auflösen müssen und verbliebene Rücklagen weiter aufgezehrt. Beim Übergang in den ALG-II-Bezug war somit keine weitere Vermögensanrechnung mehr fällig, zumal die Regelungen nach dem SGB II weniger rigide sind als beim früheren Bundessozialhilfegesetz. Die Regelungen bei der Arbeitslosenhilfe entsprachen im Wesentlichen den geltenden Regelungen nach dem SGB II.

Die im SGB II verankerten Beitragszahlungen zur Rentenversicherung führen zum einen zur Begründung neuer Rentenanrechte bei den Hilfeempfängern und steigern zum anderen deren Rentenanwartschaften. Bezüglich der Rentenanrechte spielen die SGB-II-Beitragszahlungen jedoch kaum eine Rolle. Wie gezeigt, haben die allermeisten der Befragten bereits vor dem Bezug von ALG II die allgemeine Wartezeit für einen Rentenanspruch in der GRV erreicht. Mit Blick auf die nachfolgenden Kohorten könnte sich dies jedoch ändern. Aber der Beitrag zur Erhöhung der Rentenanwartschaften ist „eher bescheiden" (Wübbeke et al. 2007: 37). Nachdem die monatlichen Rentenversicherungsbeiträge Anfang 2007 von 78 auf 40 Euro gekürzt wurden, steigerte ein volles Jahr im ALG-II-Bezug die monatliche Rentenanwartschaft um 2 Euro und 19 Cent.

Nicht nur die unterschiedlichen Erwerbsbiografien spielen bei der zukünftigen Absicherung eine Rolle. Auswirken werden sich auch die Absenkung des allgemeinen Rentenniveaus in der GRV sowie die Tatsache, dass das Sozialrecht die Folgen von Arbeitslosigkeit für die Alterssicherung des Einzelnen weniger stark ausgleicht als früher. Die Verkürzung der Anspruchsdauer beim ALG I ist in diesem Zusammenhang zu nennen. Ausgelaufen ist Ende 2007 die sogenannte „58er-Regel" nach § 65 SGB II i.V.m. §428 SGB III, nach der erwerbsfähige Hilfebedürftige ab dem Alter von 58 Jahren nicht mehr für eine Vermittlung zur Verfügung stehen mussten und dennoch weiter ALG II bezogen. Die Betroffenen wurden auf diese Weise davor bewahrt, zum frühest möglichen Zeitpunkt mit Abschlägen in Rente gehen zu müssen. Damit wirkte diese Regelung „armutspräventiv" (Wübbeke et al. 2007: 20), und das Auslaufen dieser Regel hat negative Konsequenzen für die Betroffenen. Dies gilt zunächst insbesondere für Frauen und Schwerbehinderte. Sie müssen bei einem frühest möglichen Renteneintritt Abschläge von bis zu 18 Prozent (Frauen) bzw. 10,8 Prozent (Schwerbehinderte) hinnehmen (Wübbeke et al. 2007: 39).

Zum März 2008 ist eine Neuregelung in Kraft getreten, die verhindert, dass nach dem Auslaufen der alten 58er-Regelung jeder, der Ansprüche auf eine Altersrente hat, diese in Anspruch nehmen muss. Die neue Regelung sieht vor, dass ALG-II-Bezieher ab dem 58. Lebensjahr unverzüglich in Arbeit oder in eine Arbeitsgelegenheit vermittelt werden sollen. Gelingt dies nicht, soll im Abstand von jeweils sechs Monaten geprüft werden, welche Maßnahmen zur Eingliederung in eine Beschäftigung erforderlich sind. Nach dem vollendeten 63. Lebensjahr müssen die Betroffenen eine Altersrente mit Abschlägen in Kauf nehmen. Bis zu diesem Zeitpunkt können sie in der Grundsicherung bleiben. Für Härtefälle soll noch eine Sonderregelung erlassen werden.

Die Frühverrentungspflicht ist im Hinblick auf das Ziel, präventiv gegen Altersarmut vorzugehen, kritisch zu betrachten. Wübbeke (2007) hatte eine Wiedereinführung der Regelung, dass Bezieher von ALG II nur eine Altersrente ohne Abschläge beziehen müssen, empfohlen. Die Anhebung des Freibetrages für die nicht Riester-geförderte private Altersvorsorge für volljährige ALG-II-Bezieher von 200 auf 250 Euro wirkt sich jedoch positiv aus.

6.3.3 Maßnahmen: Zugang und Wirkungen

Ältere beginnen im Vergleich zum Anteil an den Arbeitslosen im Rechtskreis SGB II seltener mit einer Maßnahme. Eine Ausnahme von dieser Regel stellen die Arbeitsbeschaffungsmaßnahmen in Ostdeutschland dar. Ältere sind hier im Vergleich zum Bestand der Arbeitslosen sogar überrepräsentiert (Heinemann et al. 2006: 37). Interpretiert werden kann dies als Nachwirkung der Arbeitsmarktpolitik in Ostdeutschland, wo nach der Wiedervereinigung massiv Arbeitsplätze verloren gingen und ältere Arbeitslose eher durch Arbeitsbeschaffungsmaßnahmen und Jüngere eher durch berufliche Weiterbildung gefördert wurden.

Auch für alle anderen Maßnahmen gilt, dass die Älteren unterrepräsentiert sind, obwohl sie recht geringe Chancen aufweisen, eigenständig eine reguläre Beschäftigung zu finden. Wolff und Hohmeyer (2006: 27) machen dies beispielsweise für Arbeitsgelegenheiten deutlich. Sie legen dar, dass arbeitslose Personen, die 50 Jahre oder älter sind, unterproportional in Arbeitsgelegenheiten in der Entgeltvariante gefördert werden. Auffallend ist, dass dies insbesondere für Personen ab 58 Jahren stark gilt. Ein ähnliches Bild zeigt sich bei der Betrachtung von Trainingsmaßnahmen im SGB II. Obwohl der Teilnahmeeffekt auf die reguläre Beschäftigungsquote bei ostdeutschen älteren Männern vergleichsweise hoch ist und diese Gruppe 21,2 Prozent der ostdeutschen männlichen Arbeitslosen im Rechtskreis des SGB II ausmachen, liegt der Anteil dieser Gruppe an den ostdeutschen männlichen Teilnehmern in betrieblichen Trainingsmaßnahmen lediglich bei rund sieben Prozent.

6.3.4 Arbeitsmarkt – Veränderungen

Dass es anderen Ländern besser gelingt als Deutschland, Ältere am Erwerbsleben zu beteiligen, zeigen Kraatz et al. (2006). Die Arbeitsmarktbeteiligung Älterer liege hierzulande nur bei knapp über 40 Prozent. Sie befürworten den Abbau von Möglichkeiten zum vorzeitigen Ausscheiden aus dem Erwerbsleben und bewerten in diesem Zusammenhang auch die Abschaffung der „58er-Regelung" positiv. Sie sehen jedoch auch Nachholbedarf bei der Förderung der individuellen Beschäftigungsfähigkeit. Kraatz et al. (2006) sehen Länder wie Dänemark, die Niederlande, Finnland und Großbritannien, die mit Projekten einen Bewusstseinswandel bei Arbeitgebern und Arbeitnehmern in Bezug auf die Beschäftigung Älterer erreichten, als Benchmark. Die Maßnahmepalette reicht von Studien zu Einstellungsmustern und Stressfaktoren, altersgerecht ausgestalteten Instrumenten der Personalentwicklung und neuen Konzepten der Personalrekrutierung über Maßnahmen zur Gesundheitsprävention, der Flexibilisierung von Arbeitszeiten, zusätzlichen Urlaubstagen als Anreiz für eine längere Erwerbstätigkeit und einen individuell passenden Aufgabenzuschnitt bis hin zu maßgeschneiderten Programmen des lebenslangen Lernens für verschiedene Altersgruppen.

Die Erwerbstätigenquote unter den 55- bis 64-Jährigen ist in Deutschland in den letzten Jahren zwar gestiegen. Dennoch stieg die Zahl der älteren Arbeitslosengeld-II-Empfänger in den letzten 12 Monaten um über 40.000 oder rund sieben Prozent an. Dies wird unter anderem auf den deutlichen Anstieg der Bevölkerung in der Altersgruppe zwischen 55 und 60 Jahren zurückgeführt (Bundesagentur für Arbeit 2008c: 12).

Gefordert wird nun auch ein Bewusstseinswandel bei den Betrieben, der nicht nur den älteren Menschen, sondern auch den Unternehmen selbst zugutekommen würde. Angesichts des demografischen Wandels ist eine solche Veränderung für eine Zukunftsfähigkeit von Unternehmen sogar unabdingbar. Die Befunde von Bellmann et al. (2007) verdeutlichen, dass Ältere bei Neueinstellungen noch immer deutlich unterrepräsentiert sind, dass Ältere nur in wenigen Betrieben in Weiterbildungsaktivitäten eingebunden sind und dass Gesundheitsfürsorge in deutschen Unternehmen vernachlässigt wird. Zu ähnlichen Ergebnissen kommen auch Promberger und Wübbeke (2006), die auf betrieblicher Ebene ebenfalls großen Veränderungsbedarf sehen. Auch weil berufliche und betriebliche Weiterbildung in Deutschland vernachlässigt würde, sei die Abwertung des Humankapitals in Deutschland besonders gravierend und die Anreize für Firmen, gerade am oberen Ende der betrieblichen Altersskala einzusparen hoch (Promberger/Wübbeke 2006: 4).

Dass sich die Anhebung der Rentenaltersgrenze auf 67 unmittelbar positiv auswirkt, ist angesichts dieser Befunde zu bezweifeln. Promberger und Wübbeke (2006) machen deutlich, dass auch, wenn die demografische Entlastung des Arbeitsmarktes eintritt, viele Ältere weit vor dem 67. Geburtstag nicht mehr am Erwerbsleben teilnehmen werden können. Das heißt, für sie bedeutet die Rente mit 67, dass sie vor allem höhere Rentenabschläge in Kauf nehmen müssen.

6.3.5 Fazit

Personen zwischen 50 und 65 Jahren stellen etwa ein Viertel der erwerbsfähigen Hilfebedürftigen, mit einem deutlich höheren Anteil in Ostdeutschland. Die Situation der Älteren im SGB II ist gekennzeichnet davon, dass ihre Arbeitsmarktsituation – mit Ausnahme der Hochqualifizierten – immer noch problematisch ist und dass gleichzeitig ein Politikwechsel stattgefunden hat, der es älteren Arbeitslosen erschwert, ihre Situation als relativ gut abgesicherten Vorruhestand zu begreifen.

Damit stellt sich die Frage, inwieweit Arbeitslosigkeit und ALG-II-Bezug von Älteren nahtlos in die Altersarmut führt. Dass dies aktuell nicht so ist, zeigen Analysen aus dem IAB. Die bislang erworbenen Anwartschaften in der gesetzlichen Rentenversicherung zeigen ein differenziertes Bild: Ältere ALG-II-Bezieher waren in der Regel bereits mehrere Jahrzehnte lang rentenversichert und können mit einer Rente über dem Niveau der Grundsicherung rechnen. Allerdings haben westdeutsche Frauen eine schlechtere Absicherung wegen geringer Beitragszeiten, ostdeutsche Frauen wegen ihres geringen Einkommens während der Beschäftigungszeiten.

Das Risiko späterer Altersarmut steigt jedoch bei den Jüngeren an. Bereits die Gruppe zwischen 40 und 50 trägt ein viel höheres Risiko, bei den Hilfebeziehern, die zwischen 30 und 40 sind, steigt es nochmals an. Der Beitrag der Rentenversicherungsbeiträge im SGB II zur Vermeidung von Altersarmut ist vernachlässigbar, pro Jahr Hilfebezug steigt die Anwartschaft um gut zwei Euro.

Armutspräventiv wirkte hingegen die „58er-Regel", die die Betroffenen davor bewahrte, so früh wie möglich mit Abschlägen in Rente zu gehen. Nach dem Auslaufen dieser Regel ist eine Neuregelung in Kraft getreten, die die Vermittlung Älterer in Arbeit oder in Maßnahmen verbessern soll und die Leistungsbezieher verpflichtet, mit 63 in Rente zu gehen, sodass sie für zwei Jahre Abschläge in Kauf nehmen müssen.

Die Förderung älterer Arbeitsloser durch die Arbeitsmarktpolitik erfolgt unterproportional. Dies gilt für Arbeitsgelegenheiten ebenso wie für Trainingsmaßnahmen. Der Anteil der Älteren an denen, die durch Maßnahmen gefördert wurden, ist innerhalb weniger Jahre von 25 auf 20 Prozent zurückgegangen.

Die Arbeitsmarktforschung am IAB zeigt, dass es anderen Ländern offenbar besser gelingt, Ältere in Beschäftigung zu bringen bzw. zu halten. Dabei bedienen sie sich integrierter Konzepte, die Personalentwicklung, Gesundheitsprävention, Arbeitszeitmodelle und lebenslanges Lernen miteinander verbinden. Solche Konzepte sind in Deutschland dagegen Mangelware. Wenn es dabei bliebe, wäre die Rente mit 67 weniger ein Arbeitsmarktmodell für Ältere, sondern eher ein Sparmodell für die Rentenkasse, da sie mit höheren Abschlägen für diejenigen verbunden wäre, die nicht so lange in der Erwerbstätigkeit durchhalten.

6.4 Berufliche Rehabilitation im SGB II

6.4.1 Einleitung

„Der sozialpolitisch vollzogene Paradigmenwechsel vom fürsorgenden zum aktivierenden Staat zieht neben der Neujustierung der zuständigen Institutionen vor allem auch eine Änderung der Leistungsangebote und Leistungsansprüche nach sich" (Dornette et al. 2008: 79). Das Ziel und zugleich die Handlungsmaxime des SGB II ist es, die Betroffenen so schnell wie möglich in den Arbeitsmarkt zu (re-)integrieren, um Hilfebedürftigkeit zu vermeiden. Der Hilfesuchende soll aktiviert werden, eigeninitiativ und selbstverantwortlich seine Reintegration in das Erwerbsleben zu betreiben. Das geht aber nur dann, wenn der Hilfesuchende über individuelle Ressourcen wie eine intakte Gesundheit verfügt, die durch die Gesetzeslogik zunächst einmal unterstellt wird. „Die Verringerung bzw. Beseitigung (umfangreicher) gesundheitlicher Beeinträchtigungen[24] mit ihren Auswirkungen auf die Fähigkeit einer Erwerbsausübung liegt aber nicht im individuellen Vermögen des Betroffenen, sondern bedarf spezifischer gesellschaftlicher bzw. sozialpolitischer Unterstützungsleistungen bis hin zur beruflichen Rehabilitation" (Dornette et al. 2008: 80 f.).

6.4.2 Zwischen den Stühlen: erwerbsfähige Hilfebedürftige und berufliche Rehabilitation

Berufliche Rehabilitation dient dem Ziel, die Erwerbsfähigkeit entsprechend ihrer Leistungsfähigkeit zu erhalten, zu bessern, herzustellen oder wiederherzustellen und auf diese Weise die berufliche Integration zu sichern. Dazu erhalten Behinderte oder von Behinderung bedrohte Menschen im Rahmen der Teilhabe am Arbeitsleben alle Leistungen, die wegen Art oder Schwere der Behinderung zur Erreichung dieses Ziels erforderlich sind. Diese Leistungen sollen entsprechend den individuellen Neigungen und Fähigkeiten der behinderten Menschen erfolgen und zielen auf eine ganzheitliche Förderung der persönlichen Entwicklung ab. Leistungen während der Teilnahme an Maßnahmen der beruflichen Aus- und Weiterbildung sowie Hilfen zur dauerhaften Teilhabe am Arbeitsleben werden vorrangig nach den allgemeinen Förderungsbestimmungen des SGB III und nun auch des SGB II erbracht. Reichen die allgemeinen Leistungen (FbW, Mobilitätshilfen u. a.) wegen Art oder Schwere der Behinderung

24 Unter „gesundheitlichen Beeinträchtigungen versteht man gesundheitliche Probleme, welche die Ausübung von Aktivitäten des täglichen Lebens einschränken und somit eine Barriere der gesellschaftlichen und arbeitsmarktlichen Partizipation darstellen (DIMDI 2005). Zentral sind vor allem Gesundheitsproblematiken mit Auswirkungen auf die Erwerbsfähigkeit und Erwerbstätigkeit (Dornette et al. 2008: 80).

nicht aus, werden besondere Leistungen zur Teilhabe am Arbeitsleben erbracht (Übergangsgeld, Ausbildungsgeld, Übernahme der Teilnahmekosten für eine Maßnahme und sonstige Hilfen). Diese werden nur gewährt, wenn nicht bereits durch die allgemeinen Leistungen eine berufliche Eingliederung erreicht werden kann.

Teilnehmer beruflicher Rehabilitation setzen sich aus zwei Grundgesamtheiten zusammen. Einerseits sind dies Personen in Ersteingliederung, also diejenigen, die erstmals in den Arbeitsmarkt bzw. eine Ausbildung eingegliedert werden sollen. Zu dieser Teilgruppe zählen Personen, die aufgrund ihrer Behinderung und Beeinträchtigung nicht ohne entsprechende Hilfestellung in den allgemeinen Arbeitsmarkt oder eine entsprechende Ausbildung einmünden können. Ziel der beruflichen Ersteingliederung ist die möglichst vollständige und dauerhafte Eingliederung junger behinderter oder von einer Behinderung bedrohter Menschen am allgemeinen Ausbildungs- und Arbeitsmarkt. Zum anderen sind dies Personen in Wiedereingliederung, die bereits erwerbstätig waren oder zumindest während einer Ausbildung sozialversicherungspflichtig waren und in den Arbeitsmarkt wieder eingegliedert werden sollen. Beruflich wiedereingegliedert werden behinderte oder von einer Behinderung bedrohte Menschen, die meist aufgrund gesundheitlicher Probleme (z. B. durch einen Unfall oder eine Krankheit) oder durch psychische Erkrankung und Behinderung nicht mehr in der Lage sind, ihren erlernten Beruf oder ihre bisherige Tätigkeit auszuüben und vor einer beruflichen Um- oder Neuorientierung stehen.

Gesetzliche Voraussetzungen

Neben dem generellen Ziel der Verringerung oder Beendigung der Hilfebedürftigkeit (§ 1(1) Nr. 1) beinhaltet das SGB II auch die Aufgabe der Erhaltung, Verbesserung und Wiederherstellung der Erwerbsfähigkeit (§ 1(1) Nr.2) und die Überwindung behindertenspezifischer Nachteile (§ 1(1) RN 5). In § 16 (1) Satz 1 wird festgelegt, dass allgemeine Leistungen zur Eingliederung in Arbeit erbracht werden, die zur Verbesserung der Eingliederungschancen beitragen sollen. „Außerdem soll das System der Rehabilitation (klassisch unterschieden in medizinische, berufliche und soziale Rehabilitation) allen Personen, die als behindert oder von Behinderung bedroht gelten, die Teilhabe an der Gesellschaft ermöglichen" (Dornette et al. 2008: 82).

Für die Partizipation behinderter Menschen am Arbeitsplatz gibt es mehrere gesetzliche Grundlagen: neben dem SGB IX sind auch das SGB II und das SGB III relevant. Dabei besteht das Problem, dass die Zielrichtungen der einzelnen Gesetzesbücher divergieren: „Ist im SGB II das Ziel einer zeitnahen Beendigung des Leistungsbezugs, also die Handlungsmaxime einer möglichst schnellen Vermittlung in Arbeit – ggf. unter Verweis auf eine andere Tätigkeit – relevant, so betont das SGB IX hingegen vor allem den Aspekt der Rehabilitation und deren Ziel der dauerhaften leidensgerechten (Re-)Integration" (Dornette et al. 2008: 83). Die Rehabilitationsträger sind dabei auch verpflichtet abzuwägen, ob das Integrationsziel ohne oder mit allgemeinen (arbeitsmarktpolitischen) Leistungen erreichbar ist. Dennoch steht für sie im Vordergrund „Teilhabe am Arbeitsleben entsprechend den Neigungen und Fähigkeiten dauerhaft zu sichern" (§ 4(3) SGB IX). Hierbei sind auch die bisherige Tätigkeit und die Lage auf dem Arbeitsmarkt zu berücksichtigen (§ 33 SGB IX)" (Dornette et al. 2008: 83).

Dies steht im Widerspruch zu den umfassenden Zumutbarkeitsregelungen bei der Aufnahme einer Erwerbstätigkeit, wie sie das SBB II (§ 10) vorsieht. Auch das Fehlen eines im SGB IX vorhandenen Berufsschutzes macht die unterschiedlichen Gesetzeslogiken und Schwerpunkte zwischen SGB II und SGB IX deutlich. Kann eine erwerbsfähig hilfebedürftige Person den erlernten Beruf nicht mehr ausüben, kann sie im SGB II auf eine beliebig andere Tätigkeit verwiesen werden, die dann durchaus auch im Bereich von Helfer- oder Anlerntätigkeiten liegen kann. Dagegen „zielen Leistungen zur Teilhabe nach SGB IX meist auf eine spezifische (Weiter-)-Qualifikation der Betroffenen (durch Maßnahmen der Aus-, Weiter- und Fortbildung) für eine qualifizierte, leidensgerechte Tätigkeit" (Dornette et al. 2008: 83).

Nach dem SGB IX ist die Bundesagentur für Arbeit im Bereich beruflicher Rehabilitationsmaßnahmen für gesundheitlich beeinträchtigte Leistungsbezieher im SGB II als Rehabilitationsträger zuständig, wenn dies nicht ausdrücklich einem anderen Rehabilitationsträger obliegt. Die ARGEn und zkT sind dabei nicht als eigenständige Träger vorgesehen. Gleichzeitig gilt für die Reha-Leistungen im SGB II, dass die Verantwortung für Prozess, Leistung und Integration getrennt wurden. Die Bundesagentur für Arbeit ist verantwortlich für die Steuerung, die Grundsicherungsträger für die Leistungserbringung und Finanzierung der beruflichen Rehabilitationsmaßnahmen (§ 16 SGB II). „Die Einführung des SGB II hatte folglich erhebliche Auswirkungen auf Struktur- und Prozessfragen der beruflichen Rehabilitation von erwerbsfähigen hilfebedürftigen Personen" (Dornette et al. 2008: 83).

6.4.3 Quantitative Entwicklung

Die Zahl der Anerkennungen als beruflicher Rehabilitand bei der Bundesagentur für Arbeit[25] ist in den letzten Jahren gesunken. Ein erster deutlicher Rückgang von Anerkennungen von Rehabilitationsbedarfen zeigt sich bereits im Jahr 2003, vor der Einführung des SGB II (Abbildung 6.6). Diese Abnahme ist vor allem durch die Neuausrichtung der Bundesagentur für Arbeit und hier vor allem durch Veränderungen im Be-

25 Auf berufliche Rehabilitation bei anderen Rehabilitationsträgern wie der Deutschen Rentenversicherung Bund, der Deutschen Gesetzlichen Unfallversicherung u. a. wird hier nicht eingegangen.

reich der Maßnahmevergaben bedingt (Kruppe 2006). Der zweite Rückgang fällt dann im Jahr 2005 mit der Einführung des SGB II zusammen. Er tritt vor allem im Bereich der Wiedereingliederung (Wiedereingliederung Erwachsener) auf. Parallel dazu sinken auch die Eintritte in Maßnahmen der beruflichen Rehabilitation[26] bei der Wiedereingliederung deutlich (Abbildung 6.7). Im Gegensatz dazu sind die Maßnahmeeintritte im Bereich der Ersteingliederung relativ stabil geblieben[27] (Abbildung 6.8).

Abbildung 6.6

Anerkennung als Rehabilitand bei der Bundesagentur für Arbeit, Erst- und Wiedereingliederung, 2002 bis 2007

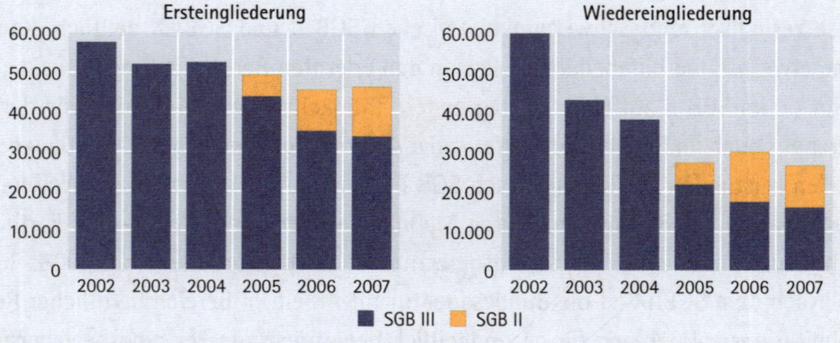

Quelle: Data Warehouse der Bundesagentur für Arbeit; eigene Berechnungen des IAB.

Abbildung 6.7

Eintritte von Rehabilitanden in Rehabilitationsmaßnahmen, untergliedert nach SGB III und SGB II – Wiedereingliederung

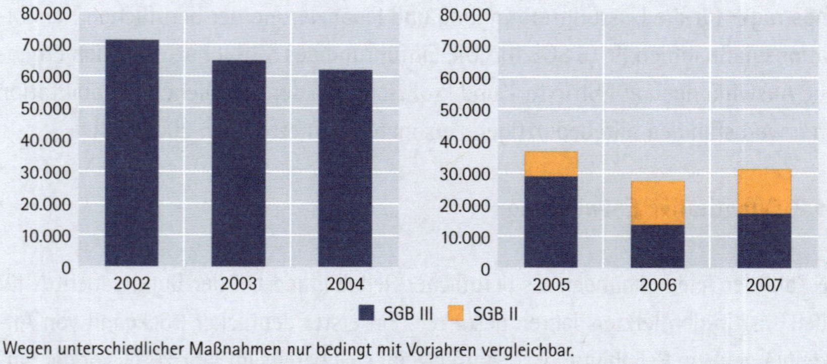

Wegen unterschiedlicher Maßnahmen nur bedingt mit Vorjahren vergleichbar.

Quelle: Data Warehouse der Bundesagentur für Arbeit; eigene Berechnungen des IAB.

26 Eintritte in allgemeine Maßnahmen (wie ABM, SAM) werden hier nicht betrachtet.

27 Alle Daten auf Basis der Förderdaten aus den BA-Systemen, ohne Förderinformationen zugelassener kommunaler Träger.

Abbildung 6.8

Eintritte von Rehabilitanden in Rehabilitationsmaßnahmen, untergliedert nach SGB III und SGB II – Ersteingliederung

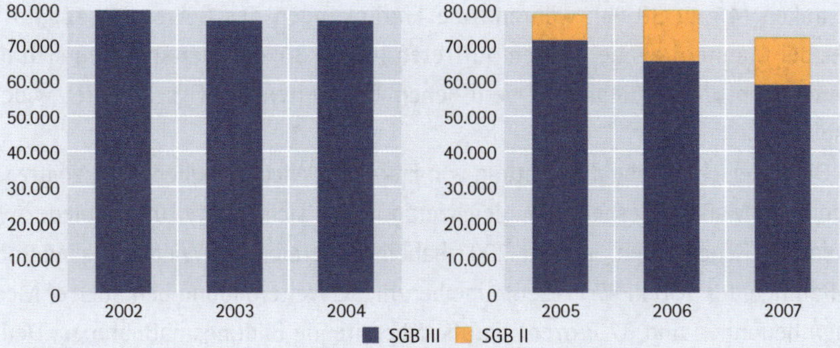

Wegen unterschiedlicher Maßnahmen nur bedingt mit Vorjahren vergleichbar.

Quelle: Data Warehouse der Bundesagentur für Arbeit; eigene Berechnungen des IAB.

Berufliche Rehabilitanden sind eher männlich als weiblich, sowohl bei der Erst- als auch bei der Wiedereingliederung.[28] Im Jahr 2007 erhielten 38 Prozent Frauen und 62 Prozent Männer die Anerkennung als Rehabilitand für die Ersteingliederung (Quelle: Bundesagentur für Arbeit 2008b). Im Rahmen der Wiedereingliederung sind mit einem Anteil von 42 Prozent etwas mehr Frauen vertreten. Dies ist auch unabhängig davon, ob die Anerkennung im Rahmen des SGB II oder III erfolgt. Ob dies an einem besseren Gesundheitszustand von Frauen liegt, sie sich eher scheuen, eine berufliche Rehabilitation zu beantragen oder andere Gründe eine Rolle spielen, ist bisher noch nicht wissenschaftlich erforscht worden.

Die unterschiedlichen Aufgaben der beiden Stränge spiegeln sich einerseits bei den Altersstrukturen wider: In der Ersteingliederung sind im Jahr 2007 vier von fünf Teilnehmern zwischen 15 und 19 Jahre alt, während bei der Wiedereingliederung die meisten zwischen 20 und 34 Jahre alt sind. Während sich hier keine geschlechtsspezifischen Unterschiede zeigen, sind Ältere deutlich unterrepräsentiert – nur noch 15 Prozent sind 40 Jahre und älter. Angesichts der Tatsache, dass gesundheitliche Einschränkungen mit dem Alter mehr werden und vor dem Hintergrund der demografischen Entwicklung wie auch der längeren Lebensarbeitszeit ist hier noch deutliches Entwicklungspotenzial gegeben.

Unterschiede zwischen Erst- und Wiedereingliederung zeigen sich auch bei der Art der Behinderung, die in den einzelnen Gruppen vertreten sind. Im Bereich der Ersteingliederung geben neun von zehn Frauen wie Männer an, an psychischen oder neurologischen Einschränkungen zu leiden. Im Bereich der berufli-

28 Auswertungen hier und im Folgenden: Zugänge in berufliche Rehabilitation.

chen Wiedereingliederung sind diese Einschränkungen mit 41 Prozent zu finden, dicht gefolgt von Erkrankungen des Bewegungsapparates mit 40 Prozent. Allerdings scheinen Frauen etwas eher als Männer psychisch oder neurologisch zu erkranken (45 zu 38 %), während die Erkrankungen des Bewegungsapparates eher bei Männern als bei Frauen auftreten (43 zu 36 %). Hier scheinen sich die immer noch unterschiedlichen beruflichen Tätigkeiten der Geschlechter widerzuspiegeln.

Die unterschiedliche Zielrichtung von Erst- und Wiedereingliederung zeigt sich auch beim Maßnahmespektrum, gleichzeitig finden sich leichte Unterschiede zwischen den Regelkreisen. Im Jahr 2007 haben im Bereich der Wiedereingliederung im Rahmen des SGB III 47 Prozent eine berufliche Weiterbildung behinderter Menschen begonnen und 37 Prozent berufsvorbereitende Bildungsmaßnahmen. Deutlich mehr SGB-II-Rehabilitanden (58 %) waren in einer beruflichen Weiterbildung behinderter Menschen, jeder Vierte besuchte berufsvorbereitende Bildungsmaßnahmen. Diese sind im Bereich der Ersteingliederung die hauptsächlich durchgeführten Maßnahmen (SGB II: 51 %, SGB III: 57 %). Jeder Vierte, SGB II wie SGB III, begann eine besondere Maßnahme zur Ausbildung behinderter Menschen und elf Prozent (SGB III) bzw. 14 Prozent durchliefen eine Berufsausbildung für benachteilige Menschen.

Die durchgeführten Maßnahmen verteilen sich auf unterschiedliche Lernorte. Im Rahmen der Ersteingliederung werden 15 Prozent der Maßnahmen in Berufsbildungswerken durchgeführt, 17 Prozent im Eingangsbereich der Werkstätten für behinderte Menschen und zwölf Prozent in außerbetrieblichen Einrichtungen. Zudem findet fast jede dritte Maßnahme bei sonstigen Trägern statt und nur drei Prozent in Betrieben. Auch hier finden sich wieder keine Diskrepanzen zwischen den Zuweisungen aus dem SGB-II- oder SGB-III-Bereich.

Im Bereich der Wiedereingliederung wird jede fünfte Maßnahme in einem Berufsförderungswerk durchgeführt und 15 Prozent im Eingangsbereich der Werkstätten für behinderte Menschen. Deutlich mehr Maßnahmen als bei der Ersteingliederung finden sich bei sonstigen Trägern (44 %) und auch in Betrieben werden neun Prozent durchgeführt. Dabei setzen die Arbeitsagenturen im Rahmen des SGB III eher auf betriebliche Lernorte als die SGB-II-Institutionen (11 zu 7 %), aber auch auf Maßnahmen im Eingangsbereich der Werkstätten für behinderte Menschen. Im SGB-II-Bereich werden hingegen eher Maßnahmen in rehabilitationsspezifischere Einrichtungen wie Berufsförderungswerke (26 zu 19 %) oder außerbetriebliche Einrichtungen (7 zu 4 %) zugewiesen. Das Gros der Maßnahmen findet allerdings bei sonstigen Trägern statt (45 bzw. 44 %).

6.4.4 Aktivierung von Rehabilitanden: institutionelle Voraussetzungen und Fallbearbeitung

Im Rahmen der Untersuchung der Wirkungen des SGB II im Bereich der Rehabilitation wurde im Jahr 2006 eine qualitative Implementationsstudie durch die Universität Halle-Wittenberg durchgeführt (Dornette/Rauch 2007). Mittels Experteninterviews (Vermittler und persönliche Ansprechpartner in 31 Arbeitsagenturen und zugelassenen Trägern) wurde untersucht, wie potenzielle Rehabilitanden in der alltäglichen Arbeitsroutine identifiziert werden und wie mit ihnen umgegangen wird, also wie sich die Regelmäßigkeiten hinter den Entscheidungsprozessen für oder gegen berufliche Rehabilitation vollziehen. Des Weiteren wurde nach einer Erklärung für den drastischen Rückgang von Maßnahmen der beruflichen Wiedereingliederung seit 2004 geforscht und ermittelt, wie die Vermittler die Sozialstaatsreformen wahrnehmen und die Auswirkungen dieser Reform auf die berufliche Wiedereingliederung bewerten.

Die Ergebnisse zeigen, dass die Umstrukturierung des Hilfesystems zu großen Schwierigkeiten im Bereich der beruflichen Rehabilitation geführt hat: Kommunikationswege zwischen den „alten" und „neuen" Vermittlungsinstitutionen waren nur gering ausgeprägt, bei den sich oft neu in der Materie befindlichen Vermittlern in den ARGEn und Kommunen bestanden oftmals Wissensdefizite hinsichtlich der rechtlichen Grundlagen, woraus sich häufig Startschwierigkeiten bei der Identifizierung von potenziellen Rehabilitanden ergaben. Als problematisch wurden auch die finanziellen Einschränkungen angesehen, die die Wahlmöglichkeiten der Vermittler limitieren. Durch die neu implementierten Controllingsysteme mit ihrer Orientierung auf Integrationen wird eine Selektivität in der Allokation von Maßnahmen der aktiven Arbeitsmarktpolitik begünstigt.

Mittlerweile leidet ein überdurchschnittlicher Anteil der SGB-II-Leistungsbezieher an (mindestens) einer gesundheitlichen Einschränkung bzw. manifesten Erkrankung. Dabei hat die Zahl von Personen mit multiplen Gesundheitsproblemen deutlich zugenommen, während ehemals klassische Reha-Fälle, also etwa Handwerker mit Rückenproblemen, nicht mehr als typische Nutzer von beruflichen Rehabilitationsmaßnahmen in Erscheinung treten. Außerdem wird von einer deutlichen Zunahme psychischer Erkrankungen und Verhaltensauffälligkeiten berichtet, mit großen Problemen bei Erst- und Wiedereingliederungsmaßnahmen. Dies betrifft häufig auch besonders junge Leistungsempfänger. Außerdem müssen Vermittler sich oft mit oft schwierigen individuellen Problemlagen bzw. Vermittlungshemmnissen auseinandersetzen (Schulden oder Suchtprobleme), wodurch gesundheitliche Aspekte und Rehabilitation teilweise in den Hintergrund treten.

Die Veränderung des betreuten Klientels wirkt sich dabei stark auf den Zugang zu beruflichen Rehabilitationsmaßnahmen aus und beeinflusst deren Rückgang. Dies liegt daran, dass die gesundheitliche und persönliche Stabilität des Leistungsbeziehers ausreichen muss, um eine Rehabilitationsmaßnahme erfolgreich zu absolvieren. Dem stehen immer häufiger Gründe entgegen, die ihre Ursachen in der psychischen Verfassung der Antragsteller haben: Gefahr sozialer Desintegration, Verhaltensauffälligkeiten, Angststörungen, Depressivität und Suchtverhalten. Diese stehen aus Sicht der Fachkräfte einer Rehabilitationsfähigkeit entgegen, sodass diese zunächst die Strategie wählen, die Betroffenen durch die Gewährung allgemeiner Maßnahmen des SGB II bzw. vorgeschalteter medizinischer Rehabilitationsmaßnahmen gesundheitlich oder psychisch zu stabilisieren, um sie „rehabilitationsfähig" zu machen. Inwieweit diese Strategie in der Folge auch tatsächlich zur Gewährung beruflicher Rehabilitationsleistungen führte, wurde im Rahmen der Studie nicht erfasst.

Zur Erkennung eines potenziellen Rehabilitanden sowie zur Zuweisung einer passgenauen Maßnahme, auch im Sinne des SGB IX, ist rehabilitationsspezifisches Wissen bei den einzelnen Vermittlern und Fallmanagern in Arbeitsagenturen und den SGB-II-Institutionen nötig. Für die SGB-II-Mitarbeiter ist, anders als dies bei Reha-Beratern der Fall ist, das ärztliche Gutachten die entscheidende Grundlage. Ein solches wird aber oft erst spät eingeholt, nämlich wenn die Klärung der Erwerbsfähigkeit nach § 8 SGB II ansteht. Dies ist dann der Fall, wenn der Betroffene ausdrücklich gesundheitliche Probleme anspricht, z. B. weil diese eine Arbeitsaufnahme verhindern. Die Notwendigkeit zur Einschaltung der ärztlichen oder psychologischen Fachdienste wird vorher oft nicht erkannt. Diese Gutachten enthalten aber für die SGB-II-Mitarbeiter oft keine klaren Handlungsempfehlungen, stellen aber gleichzeitig ihre Entscheidungsgrundlage dar. Dies kann im schlechtesten Fall zu einer negativen Entscheidung über einen möglichen Rehabilitationsbedarf führen.

Auch die Prüfung der Maßnahmen nach Effizienz- und Wirtschaftlichkeitskriterien zulasten einer Berücksichtigung des individuellen Bedarfs trägt dazu bei, die Zahl der Maßnahmeeintritte zu reduzieren: Bewilligungen erfolgen in der Regel nur noch dann, wenn die Erfolgswahrscheinlichkeit als hinreichend hoch eingeschätzt wird. Dies führt zwangsläufig zu einem „Creaming" der Teilnehmer. Letztlich führt die Verringerung der Nachfrage auf diesem Wege auch dazu, dass Angebote eingeschränkt werden und die Zahl der Bildungsanbieter zurückgeht.

Auch auf der individuellen Seite gibt es Gründe für einen Rückgang: Die prekäre Arbeitsmarktlage lässt für die Betroffenen selbst das Risiko, im neu erlernten Beruf nicht Fuß fassen zu können, als hoch erscheinen. Dies führt dazu, dass viele sich scheuen, die Belastungen einer beruflichen Neuorientierung auf sich zu nehmen.

Auch die finanzielle Absicherung auf dem Niveau der Grundsicherung während bis zu zwei Jahre laufenden Maßnahmen stellt für viele keine akzeptable Perspektive dar.

6.4.5 Maßnahmen: Zugang und Wirkungen

Mittlerweile liegen erste, noch nicht veröffentlichte deskriptive Ergebnisse zum Verbleib von Teilnehmern an Maßnahmen der beruflichen Rehabilitation vor. Diese basieren auf einer Befragung von Teilnehmern an Maßnahmen der beruflichen Rehabilitation. Die Befragten haben an verschiedenen Maßnahmen teilgenommen und diese im Jahr 2006 abgeschlossen. Das Maßnahmespektrum reicht von kurzzeitigen Arbeitserprobungen über Arbeitsgelegenheiten bis zu mehrjährigen Fort- und Weiterbildungen.

Übersicht 6.4

Verbleib sechs Monate nach Beendigung der Maßnahme im Überblick

	Statusvergleich direkt nach Ende und sechs Monate später in Prozent		
	im Anschluss an die Maßnahme*	6 Monate später	Differenz in Prozentpunkten
Erwerbstätig	30,1	37,8	+7,7
Arbeitslos	45,2	41,7	-3,5
In Ausbildung	0,6	1,8	+1,2
Weitere Maßnahme	5,0	5,3	+0,3
Krank	3,4	2,7	-0,7
Sonstiges**	15,7	10,7	-5,0
N=708			

* Es werden nur Verbleibsinformationen von Personen ausgewiesen, für die auch sechs Monate nach Maßnahmeende Informationen vorliegen.

** Unter der Kategorie „Sonstiges" werden Familienzeiten, Wehr- und Zivildienst und Informationslücken zusammengefasst.

Zum gegenwärtigen Zeitpunkt liegen Verbleibsinformationen aus der ersten Befragungswelle vor, aber noch keine Wirkungsanalysen. Die vorliegenden Angaben sind auf 708 Rehabilitanden begrenzt, deren Maßnahmeteilnahme soweit zurückliegt, dass sie bereits in der ersten Befragungswelle Angaben zu ihrem Arbeitsmarktstatus ein halbes Jahr nach Ende der Maßnahme machen konnten. In Übersicht 6.4 sind Verbleibsinformationen direkt nach Maßnahmeende sowie sechs Monate danach abgetragen. Über alle Maßnahmetypen hinweg zeigt sich, dass im Anschluss an die Maßnahme ein Drittel der Befragten in Beschäftigung war, 45 Prozent waren arbeitslos. Fünf Prozent der Befragten nahmen an einer weiteren Maßnahme teil.

Sechs Monate nach Beendigung der Rehabilitationsmaßnahmen wächst der Anteil der Erwerbstätigen um 7,7 Prozentpunkte auf 37,8 Prozent an. Der Anteil der Arbeitslosen sinkt um 3,5 Prozentpunkte auf 41,7 Prozent. Der Anteil derer, die eine weitere Maßnahme besuchen, bleibt konstant bei fünf Prozent. Der Anteil derjenigen, die aufgrund schwerer Erkrankung dauerhaft aus dem Erwerbsleben ausgeschlossen sind, liegt zu beiden Zeitpunkten bei ca. drei Prozent.

Nach Maßnahme differenzierte Verbleibsinformationen sind zu diesem Zeitpunkt wenig sinnvoll, da die Fallzahlen pro Maßnahmetyp gering sind. Im Herbst 2008 werden auch die Angaben aus der zweiten Befragungswelle vorliegen und Verbleibsinformationen auf Basis größerer Fallzahlen ermöglichen.

6.4.6 Rechtliche und institutionelle Veränderungen

In Abschnitt 6.4.4 haben wir bereits die Folgen der Reform auf der Handlungsebene dargestellt. Aber bereits auf der Ebene der gesetzlichen Regulierung zeigt sich, dass die Einführung des SGB II weitreichende Auswirkungen auf den Zugang zu Rehabilitationsleistungen nach sich zieht. Unter dem Druck der rechtlichen Rahmenbedingungen, die schnelle Integration in Arbeit fordern, greifen die Fachkräfte häufig auf arbeitsmarktnahe, eher kurzfristige Maßnahmen aus dem Spektrum der allgemeinen SGB-II-Leistungen zurück, wenn aus dem Umfang der Beeinträchtigung nicht eindeutig das Vorliegen eines Rehabilitationsbedarfs zu erkennen ist. Oft kann daher die Lücke zwischen Anforderungen und Leistungsfähigkeit nicht nachhaltig gefüllt werden, was zur Folge haben kann, dass das Beschäftigungsrisiko gesundheitlich beeinträchtigter Menschen deutlich erhöht bleibt.

Die im Gesetz verankerte Definition von Erwerbsfähigkeit führt außerdem dazu, dass die Arbeitsfähigkeit weniger in ihrer Veränderbarkeit wahrgenommen, sondern als statische Gegebenheit mit den dichotomen Ausprägungen „erwerbsfähig" und „nicht erwerbsfähig" beurteilt wird. Dies erzeugt einen Anreiz, nicht mehr genau auf die gesundheitliche Situation der Leistungsempfänger zu schauen: schließlich ist ihre Erwerbsfähigkeit durch die Zugehörigkeit zum SGB II bereits festgestellt.

Weitere Gründe für einen Rückgang der Maßnahmeteilnahmen der beruflichen Reha sind unklare gesetzliche Regelungen bei der Kostenträgerschaft und der Verteilung der institutionellen Kompetenzen. Der daraus resultierende formalbürokratischen Regelungs- und Abstimmungsbedarf zwischen Agenturen und SGB-II-Trägern trägt nicht zu einer Erleichterung des Zugangs bei.

Die Analyse der Mesoebene bezieht sich auf die Institutionen, die für die Ausführung der Gesetze und somit für die Administration in Bezug auf Arbeitslosigkeit zuständig sind. Hier zeigt sich, dass in der Umstellungsphase die Bedürfnisse von Menschen mit einem Bedarf an Maßnahmen beruflicher Rehabilitation nicht angemessen behandelt werden konnten. Die Prozesse des Aufbaus der neuen Arbeitsmarktinstitutionen wurden von vielen Beteiligten als schwierig bis chaotisch empfunden. Vor allem im ersten Jahr war die Arbeit der neuen SGB-II-Träger von organisatorischen und institutionellen Aufbauprozessen geprägt. Dies führte dazu, dass Aufgaben priorisiert wurden, wobei die oberste Priorität bei der Sicherstellung der finanziellen Leistungen lag.

Bekanntermaßen war die Phase der Umstellung auch mit großen personellen Veränderungen und Rekrutierungsprozessen bei den Grundsicherungsträgern verbunden. Dies führte häufig dazu, dass viele Ansprechpartner zunächst über geringe Kenntnisse der Arbeitsvermittlung und der Betreuung Arbeitsloser verfügten, geschweige denn die komplexe Materie der beruflichen Rehabilitation durchdrungen hatten. Besonders die Reha-Berater der Arbeitsagenturen beklagten rehabilitationsbezogene Wissensdefizite bei den Kollegen der neu geschaffenen SGB-II-Institutionen. Mittlerweile sind diese Lücken überwiegend geschlossen.

Auch die Befristungspolitik zeigte sich als hinderlich bei der Schaffung einer Kompetenz- und Wissensbasis, die erforderlich ist, um adäquate Betreuungsstrukturen sicherzustellen. Problematisch ist auch, dass das angestrebte Betreuungsverhältnis zwischen Mitarbeitern und SGB-II-Leistungsbeziehern in vielen Fällen noch nicht erreicht wurde. All dies führt dazu, dass man zu dem Urteil gelangen kann, dass die adäquate Betreuung von Menschen mit gesundheitlichen Einschränkungen häufig nicht gewährleistet ist. Dies war vor allem während der Anfangsphase des SGB II so, ist aber auch jetzt noch häufig gültig.

6.4.7 Fazit

Insgesamt gestaltet sich der Zugang zu Leistungen der beruflichen Rehabilitation schwieriger als zuvor. Um zu verhindern, dass dies zu einer permanenten Bedrohung der Teilhabe erwerbsfähiger hilfebedürftiger Menschen mit gesundheitlichen Beeinträchtigungen führt, sind mehrere Ebenen von Bedeutung. Dies betrifft aus der Handlungsebene die Gatekeeperfunktion von SGB-II-Mitarbeitern und ihre möglicherweise selektiv benachteiligende Wirkung im Leistungszugang. Auch der institutionellen Ebene der – ausbaufähigen – Zusammenarbeit zwischen den beteiligten Behörden angesichts der Trennung von Prozess-, Leistungs- und Integrationsverantwortung kommt eine erhebliche Bedeutung zu.

Auf der Grundlage der Ergebnisse der Implementationsstudie von IAB und der Universität Halle-Wittenberg kann ein Wiederanstieg der Leistung zur Teilhabe am Erwerbsleben erwartet werden. Aufgrund der bleibenden Restriktionen und der auf der praktischen Ebene „konkurrierenden" allgemeinen Eingliederungsleistungen des SGB II werden diese aber voraussichtlich nicht wieder das Niveau von 2004 erreichen. Bei steigender Inanspruchnahme der Leistungen dürften personelle und institutionelle Begrenzungen, die sich bislang nur in geringem Umfang bemerkbar gemacht haben, an Bedeutung gewinnen.

Zudem wirkt sich die „Konkurrenz" zwischen der aktivierenden Arbeitsmarktpolitik mit ihrer Ausrichtung auf eine schnelle (Re-)Integration und der Intention der beruflichen Rehabilitation auf die Entscheidungen der Fachkräfte in den SGB-II-Institutionen aus. Für sie bedeutet dies, dass sie in ihrem beruflichen Handeln bei der Betreuung von gesundheitlich beeinträchtigten Personen im Spannungsfeld zwischen Teilhabegesichtspunkten des SGB IX und Effizienzkriterien des SGB II stehen. Hier besteht Handlungsbedarf auf der Seite der Politik klarzustellen, inwieweit Ziele und Inhalte des SGB IX berücksichtigt werden sollen. Hierzu „sind die in Teilen aufscheinenden Widersprüche zwischen den Handlungslogiken beider Gesetzbücher aufzulösen, adäquate Betreuungsstrukturen zu gewährleisten und entsprechende Richtlinien in die Vermittlungspraxis zu übersetzen" (Dornette et al. 2008: 94).

6.5 Migranten im SGB II

6.5.1 Einleitung

Wir wissen seit langem, dass Personen mit Migrationshintergrund – sowohl Ausländer als auch eingebürgerte Migranten – in Deutschland stärker von Arbeitslosigkeit betroffen sind als andere (siehe Abbildung 6.9). Die Arbeitslosenquote von Ausländern ist mit rund 25 Prozent mehr als doppelt so hoch wie die durchschnittliche Arbeitslosenquote in Deutschland. Rund 15 Prozent der Arbeitslosen sind Ausländer.

Migrantinnen und Migranten bzw. Personen mit Migrationshintergrund gelten daher als besondere Problemgruppe des Arbeitsmarktes. Im Durchschnitt haben sie ein geringeres Bildungsniveau als die deutschstämmige Bevölkerung. Jugendliche Migranten haben seltener einen Berufsabschluss als ihre deutschen Altersgenossen und die Arbeitslosenquoten bei Ausländern (nur diese sind in der Statistik erfasst) liegen deutlich über denjenigen der Deutschen. Um der besonderen Problemlage dieser Gruppe gerecht zu werden, hat das BMAS im Rahmen der Forschung nach § 55 SGB II einen eigenen Forschungsauftrag „Wirkungen des SGB II auf Personen mit Migrationshintergrund" vergeben.

Insofern stand das Thema Migration und Arbeitsmarkt nicht im Zentrum der IAB-Forschung zum SGB II. Dennoch gab es einige Forschungsarbeiten zum Thema, über die hier berichtet werden soll: Im Rahmen der IAB Studie „Lebenssituation und soziale Sicherung 2005" wurden Analysen zu den Lebensverhältnissen junger Migranten durchgeführt (Achatz et al. 2007), Schweigard (2007) untersucht die Implementation eines Projekts des Europäischen Sozialfonds zur Sprachförderung arbeitsloser ALG-II-Bezieher mit Migrationshintergrund und Nivorozhkin et al. (2006) untersuchen den Zusammenhang zwischen Sprachkenntnissen und Arbeitsuche.

Abbildung 6.9

Arbeitslosenquoten 2005, bezogen auf abhängige zivile Erwerbspersonen

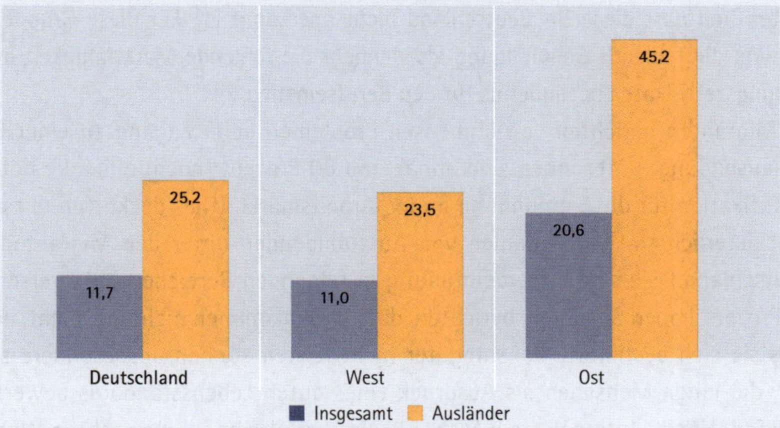

Quelle: Statistik der Bundesagentur für Arbeit, aus: Deeke 2007: 3.

6.5.2 Lebensverhältnisse jugendlicher Migranten

In der IAB Querschnittserhebung „Lebenssituation und soziale Sicherung 2005" wurden ca. 20.000 Menschen befragt, die Anfang 2005 Leistungen nach dem SGB II erhalten haben oder im Dezember 2004 Arbeitslosenhilfe bezogen hatten. Unter anderem wurden in der Studie auch die Wohnverhältnisse, die Einkommenssituation, die Haushaltszusammensetzung, Bildung und Gesundheit erfragt. Unter den Befragten waren 1.783 junge Hilfebedürftige von 18 bis 24 Jahren mit Migrationshintergrund.

Junge Migranten wohnen überwiegend bei ihren Eltern und zu einem hohen Prozentsatz in großen Mehrpersonenhaushalten (vgl. Übersicht 6.5). Zwar verfügen sie über mehr Personen, die sie bei der Alltagsbewältigung unterstützen können, jedoch trägt gerade die Größe des Haushalts dazu bei, dass diese Familien überhaupt in den Leistungsbezug kommen (Achatz et al. 2007). Hilfebezug kann bei den jungen Erwachsenen zudem durch die eigene Arbeitslosigkeit verursacht werden. Junge Migranten gehen häufiger noch zur Schule, wohingegen mehr junge Erwachsene ohne Migrationshintergrund, die arbeitslos waren, in den Leistungsbezug eingemündet sind. Junge Erwachsene mit Migrationshintergrund durchlaufen zu einem geringeren Prozentsatz nachholende Bildungsmaßnahmen.

Migranten, die selbst zugewandert sind, geben häufiger als die der zweiten Generation an, dass sie eine Fach- bzw. Hochschulreife besitzen, die sie aber zum großen Teil nicht in Deutschland erworben haben. Ein Viertel der Zuwanderer der ersten Generation ist erst im Alter von 17 bis 24 Jahren nach Deutschland eingereist. Von ihnen geben 28 Prozent an, dass sie ihren Abschluss im Ausland erworben hatten und dass dieser in Deutschland nicht anerkannt ist. Für diese Gruppe ist weniger die fehlende Schulbildung als vielmehr die fehlende Marktfähigkeit ihrer Bildungszertifikate ein Hindernis für den Berufseinstieg.

Migranten berichten von immensen Problemen beim Zugang zu einer Berufsausbildung: unter ihnen sind annähernd 80 Prozent (noch) ohne die nötige Qualifikation für die Einmündung in den Arbeitsmarkt. (Dies deckt sich mit den kontinuierlich sinkenden Zahlen von Auszubildenden unter den Migranten in Deutschland.) Sie sind außerdem häufig in folgenden Bereichen unterversorgt: 80 Prozent haben Schulden, berichten, dass ihr Einkommen nicht ausreicht, oder dass sie sich bestimmte Konsumgüter nicht leisten können, insbesondere solche, die junge Menschen als Ausdruck eines guten Lebensstandards bewerten (Telefon, Handy, Internet etc.). Mehr als ein Viertel leben in schlechten Wohnverhältnissen.

Am deutlichsten zeigt sich die Kumulation von Unterversorgung in einzelnen Lebensbereichen bei Zuwanderern der ersten Generation: „Sie leben am häufigsten in schwierigen Wohnverhältnissen, haben finanzielle Probleme und leben oftmals in Haushalten, in denen zumindest ein Familienmitglied arbeitslos ist. Mehr als 40 Prozent von ihnen geben zudem an, dass sie Deutsch nur einigermaßen sprechen oder schlecht schreiben und sprechen können" (Achatz et al. 2007: 46). Damit werden frühere Ergebnisse zur sozialen Situation von Migranten bestätigt. Dennoch scheint es um ihr psychisches und physisches Wohlbefinden relativ gut bestellt zu sein. Dies könnte daran liegen, dass sie sich weniger mit jungen Leuten in Deutschland vergleichen, sondern dass ihr Maßstab eher die Verhältnisse in ihrem Herkunftsland sind (vgl. auch Kapitel 6.1).

Die Lage der zweiten Generation von Zuwanderern sieht ein wenig anders aus: Sie sind in Deutschland aufgewachsen, haben das deutsche Bildungswesen durchlaufen und verfügen meist über gute Sprachkenntnisse. Dennoch äußern sie stärker finanzielle Probleme und ein schlechtes Wohlbefinden. Insgesamt sind ihre Lebensumstände schlechter als bei den Altersgenossen ohne Migrationshintergrund.

Übersicht 6.5

Familiäre Lebenssituation der jungen Hilfebedürftigen von 18 bis 24 Jahren nach Migrationshintergrund im Januar 2005 (N = 1.783)

	Personen ohne Migrationshintergrund	1. Generation	2. Generation	Gesamt
Haushaltszusammensetzung				
Eigenständige Lebensgemeinschaft	25,8	10,2	15,2	20,0
Lebt mit Partner/in zusammen	9,4	9,2	8,3	9,2
Alleinerziehend	9,6	2,8	6,1	7,2
Lebensgemeinschaft mit Partner/in und Kindern	9,0	14,7	9,2	10,6
Lebensgemeinschaft Eltern oder mit Elternteil	46,1	63,1	61,2	52,9
Gesamt	*100,0*	*100,0*	*100,0*	*100,0*
Haushaltsgröße				
1 Person	20,4	7,2	12,5	15,6
2 Personen	26,9	15,1	17,1	22,2
3 Personen	26,6	32,0	27,5	28,2
4 Personen	14,3	19,0	15,6	15,8
5 Personen und mehr	10,6	25,8	26,5	17,1
Ohne Wohnsitz, keine Angabe	1,3	0,8	0,7	1,1
Gesamt	*100,0*	*100,0*	*100,0*	*100,0*

IAB-Befragung „Lebenssituation und soziale Sicherung 2006"; eigene Berechnungen.
Gewichtete relative Häufigkeiten, absolute Beobachtungszahl, aus:
Quelle: Achatz et al. 2007: 44.

Junge Migranten haben im Umfeld des SGB II ein höheres Risiko für mehrfache Benachteiligungen in verschiedenen Lebensbereichen. „Neben finanziellen Problemen sind es vor allem schlechte Wohnverhältnisse und Arbeitslosigkeit im Familienkontext, die in dieser Gruppe signifikant häufiger auftreten als bei Personen ohne Migrationshintergrund" (Achatz et al. 2007: 47). Wenn der Ausstieg aus dem Leistungsbezug erfolgreich sein soll, müssen im Hilfeprozess die gesamten Lebensumstände erfasst und berücksichtigt werden.

Von besonderer Wichtigkeit sind dabei die Sprachförderung für die erste Generation, die Förderung der schulischen und beruflichen Qualifizierung im Allgemeinen sowie Maßnahmen, die die Verwertbarkeit der oftmals hohen ausländischen Bildungsabschlüsse für den deutschen Arbeitsmarkt sicherstellen.

6.5.3 Umsetzung von Sprachförderung für ALG-II-Bezieher mit Migrationshintergrund

Sprache ist nicht nur ein wichtiger Aspekt allgemeiner gesellschaftlicher Integration und sozialer Teilhabe, sie hat auch eine herausragende Bedeutung für den Arbeitsmarkt. Dies gilt für die Arbeitsuche, aber ebenso für die Ausführung fast aller Tätigkeiten außerhalb des kulturellen Milieus des Herkunftslandes. Gerade für Migranten im SGB II gibt es aber Lücken bei der gesetzlichen Förderung des Erwerbs von Sprachkenntnissen. Den flächendeckend größten Ansatz, diese Lücken zu schließen, bilden die Integrationskurse (bestehend aus einem Sprach- und Orientierungskurs) nach dem Zuwanderungsgesetz. Diese wurden zu Jahresbeginn 2005 zeitgleich mit der Einführung des SGB II eingerichtet (vgl. Schweigard 2007: 8).

Im Folgenden stellen wir den Förderansatz der Integrationskurse und die Befunde einer explorativen Studie zur Umsetzung anhand neun regionaler Fallstudien vor. Dabei geht es um zwei zentrale Fragestellung: Greifen die ARGEn die Integrationskurse als ein neues Förderangebot für Migranten auf und werden diese gegebenenfalls mit alternativen regionalen Förderangeboten abgestimmt und ergänzt? Zu diesem Zweck wurden Experteninterviews und Datenrecherchen in ARGEn und bei Integrationskursträgern durchgeführt. Dabei wurden Fragen zur Teilnehmerauswahl, Erfolgsbetrachtung und zur Kooperation mit beteiligten Akteuren gestellt. Analysen zur Förderentwicklung und Teilnehmerstruktur sind bisher nicht möglich. Entsprechende Daten zu Personen im SGB-II-Bereich werden zurzeit weder in den ARGEn erfasst noch vom Bundesamt für Migration und Flüchtlinge zur Verfügung gestellt. Es wäre daher besonders wünschenswert, die Datenlücke an dieser Stelle zu schließen.

Im Mittelpunkt der Studie stand die Frage, wie die ARGEn die Integrationskurse für Personen mit Migrationshintergrund im ALG-II-Bezug umsetzen und ob und warum sie ggf. noch weitere Förderangebote für Migranten organisieren und welche Schlussfolgerungen sich daraus für die Integrationsförderung ergeben.

Zentrales Ergebnis: „Die Integrationskurse sind in den ARGEn als ein (Sprach-)-Förderangebot für arbeitslose Migranten im SGB-II-Bezug bekannt und werden angewendet" (Schweigard 2007: 55). Das Verfahren der Integrationskurse ist intern bei den befragten ARGEn eindeutig geregelt und verläuft daher problemlos. Die Anregung zur Integrationskursteilnahme wurde nach Aussagen der Experten in den meisten Fällen in die Eingliederungsvereinbarung aufgenommen. Dabei werden die Teilnehmer auf die im SGB II verankerten Sanktionsmöglichkeiten hingewiesen. Wegen der niedrigen Anzahl von Kursabbrüchen und Nicht-Antritten haben die ARGEn aber bislang nur in wenigen Fällen Sanktionen verhängt. Dies hängt offenbar mit dem häufig bekundeten Eigeninteresse der betroffenen Personen an den Integrationskursen zusammen. Allerdings kommt es wohl häufiger vor, dass motivierte türkische Frauen von ihrem familiären Umfeld an einer Kursteilnahme gehindert werden.

Die Ergebnisse der Kurse wurden positiv gesehen, die Mehrheit der Experten bescheinigte den Teilnehmern eine Verbesserung der Deutschkenntnisse, die jedoch für eine Arbeitsaufnahme dennoch oft noch nicht ausreichen. Auch die Teilnehmer selbst äußerten vielfach den Wunsch, ihre Deutschkenntnisse weiter zu verbessern. Die ARGEn bemühen sich daher, Migranten mit vorhandenen Deutschkenntnissen nach einem Integrationskurs weiter durch spezielle Arbeitsgelegenheiten für Migranten, regionale ESF-Projekte, integrationskursergänzende Maßnahmen in Kooperation mit dem BAMF oder durch eigene berufsbezogene Sprachkurse zu fördern (ebd. S. 57).

Die ARGEn nehmen also die Aufforderung nach einer zusätzlichen individuellen Sprachförderung und beruflichen Förderung von arbeitslosen Migranten im SGB-II-Bezug an und wollen dies zukünftig weiter ausbauen. Einzelne ARGEn fördern Migranten neben den Integrationskursen noch über weitere arbeitsmarktpolitische Instrumente. Zielgruppe dieser Maßnahmen sind zum einen Migranten, deren Deutschkenntnisse zwar nach einem erfolgreichen Integrationskurs besser geworden sind, aber oft noch nicht für eine Arbeitsaufnahme ausreichen. Zum anderen werden diese Förderangebote für Migranten mit Sprachdefiziten organisiert, die aufgrund des gesetzlich eingeschränkten Zugangs nicht an den Integrationskursen teilnehmen können.

Eine wichtige Perspektive könnte darin bestehen, die Sprachkurse nicht als reine Bildungsveranstaltungen anzulegen, sondern ein bildungsferneres Publikum mit einer Kombination aus sprachlicher Fortbildung und praktischer Tätigkeit anzuziehen: „Ergebnisse zur Teilnehmerstruktur von Arbeitsgelegenheiten für das Jahr 2005 belegen, dass Personen mit Migrationshintergrund vor allem in AGHs überproportional gefördert werden" (Deeke 2006). Besonders zusätzliche Arbeitsgelegenheiten in Kombination mit Sprachmodulen eignen sich nach Aussagen der Experten für manche Migrantengruppen zum Spracherwerb eher als konventionelle Sprachkurse, da diese Personen Sprachkenntnisse mehr durch praxisbezogene Tätigkeiten und weniger im klassischen Schulunterricht lernen" (Schweigard 2007: 58).

Aufgrund der nach wie vor bestehenden gesetzlichen Lücken wären ergänzende Sprachkurse weiter sinnvoll, um Migranten im SGB-II-Bereich eine Verbesserung ihrer Deutschkenntnisse zu ermöglichen. Dabei sind auch diejenigen, die bereits an einem Integrationskurs teilgenommen haben, aber noch nicht über hinreichende Deutschkenntnisse für eine anschließende Arbeitsaufnahme verfügen, auf weitere Sprachkurse angewiesen. Insbesondere berufsbezogene Sprachkurse werden als eine geeignete und notwendige Weiterqualifizierungsmöglichkeit angesehen. „In Zukunft können die ARGEn mit der geplanten Ausweitung des förderbaren Personenkreises auf ALG-II-Bezieher mit Migrationshintergrund auch die berufsbezogenen ESF-Sprachkurse des BAMF und der BA als ein weiteres Förderinstrument nutzen" (Schweigard 2007: 58).

6.5.4 Sprachkenntnisse und Arbeitsuche

Ausreichende Sprachkenntnisse sind nicht nur für die meisten Tätigkeiten von Bedeutung, sondern bereits bei der Arbeitsuche, sofern man hierfür Zeitungsannoncen studieren, im Internet recherchieren, Bewerbungsunterlagen zusammenstellen oder gar ein Bewerbungsgespräch führen will. Verschieden Studien zeigen, dass Migranten im Vergleich zu Einheimischen auf dem Arbeitsmarkt im Hinblick auf ihre Entlohnung, Erwerbsquote und Dauer ihrer Beschäftigung weniger erfolgreich abschneiden. „Ein möglicher Grund dafür ist, dass Migranten anders als Einheimische nach Arbeit suchen müssen: Wegen Sprachbarrieren kommen zum Teil bestimmte Möglichkeiten der Arbeitsuche für Migranten kaum oder nur begrenzt in Frage" (Nivorozhkin et al. 2006: 4).

Die Untersuchung ethnischer Unterschiede auf dem amerikanischen Arbeitsmarkt zeigt, dass Afroamerikaner mehr Informationskanäle zur Arbeitsuche verwenden – diese aber weniger intensiv nutzen – als Amerikaner europäischer Abstammung. Arbeitsuchende lateinamerikanischer Herkunft nutzen dagegen weniger Informationskanäle als Amerikaner europäischer Herkunft und stellen auch seltener Kontakte zu Arbeitgebern her. Es gibt also auch Unterschiede zwischen Einheimischen verschiedener ethnischer Abstammung innerhalb eines Landes.

Einheimische Arbeitslose in Großbritannien geben öfter eigene Anzeigen auf und bewerben sich auch häufiger auf Stellenanzeigen in Zeitungen als Migranten, wohingegen diese häufiger auf soziale Netzwerke zurückgreifen und direkt auf Arbeitgeber zugehen. Unterschiedliche Suchstrategien von Migranten und Einheimischen lassen sich offenbar zum großen Teil auf die Sprachkenntnisse zurückführen. Gute Kenntnisse der Sprache des Gastlandes erhöhen die Erfolgschancen von Migranten auf dem Arbeitsmarkt. Für Großbritannien konnte gezeigt werden, dass durch verbesserte Englischkenntnisse die Beschäftigungschancen und Löhne von Migranten steigen.

Aber auch für Westdeutschland konnte gezeigt werden, dass Deutschkenntnisse und insbesondere die Beherrschung des Schriftdeutsch die Gehälter von Migranten erhöhen; generell sind bessere Deutschkenntnisse mit höheren Aussichten auf einen Arbeitsplatz und einem höheren Einkommen verbunden.

In der Studie „Lebenssituation und soziale Sicherung" wurde auch der Zusammenhang von Sprachkenntnissen und Arbeitsuche untersucht. Das Ergebnis: Je besser die Deutschkenntnisse, desto intensiver die Arbeitsuche. Arbeitslosengeld-II-Empfänger, die zu Hause vor allem Deutsch sprechen, suchen intensiver nach Arbeit als Personen, deren Haushaltssprache nicht Deutsch ist. Migranten der zweiten Generation sprechen viel häufiger Deutsch im eigenen Haushalt als Migranten der ersten Generation. Die Deutschkenntnisse spielen auch eine Rolle dabei, welche Wege der Arbeitsuche eingeschlagen werden: Je besser die Sprachkenntnisse, desto eher bewerben sich Arbeitsuchende auf Stellenanzeigen in Zeitungen oder recherchieren Stellenangebote im Internet. Arbeitsuchende aus mehrsprachigen Haushalten greifen dagegen verstärkt auf soziale Netzwerke zurück.

Abbildung 6.10

Sprache in Migrantenhaushalten, Anteile in Prozent

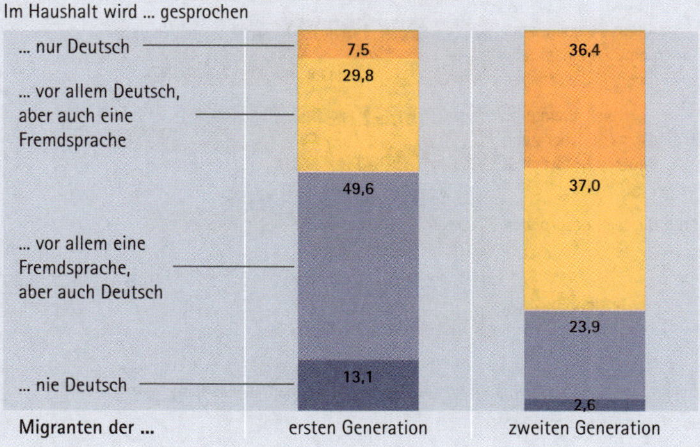

Querschnittsbefragung „Lebenssituation und soziale Sicherung".
Quelle: Nivorozhkin et al. 2006: 3.

Die Unterschiede sind bei Frauen erheblich größer als bei Männern. Von den arbeitslosen Migrantinnen, die zu Hause nie Deutsch sprechen, hat in den letzten vier Wochen vor der Befragung nur ein Drittel aktiv nach Arbeit gesucht. Bei den arbeitslosen Frauen, die zu Hause nur Deutsch oder vor allem Deutsch sprechen, liegt der entsprechende Wert fast doppelt so hoch. Bei den Männern fällt die Differenz deutlich geringer aus: Rund drei Viertel der Männer, deren Haushaltssprache Deutsch ist, und etwa zwei Drittel der Männer, die zu Hause selten oder nie Deutsch sprechen, haben sich aktiv um Arbeit bemüht. Erwerbslose Frauen mit Migrationshintergrund suchen weit weniger häufig nach Arbeit als erwerbslose Männer mit Migrationshintergrund oder einheimische Frauen. Ursachen hierfür können nicht nur Sprachbarrieren, sondern viele andere Faktoren sein.

Es konnte festgestellt werden, dass bei besseren Sprachkenntnissen die Wahrscheinlichkeit steigt, dass Arbeitsuchende Stellenanzeigen in Zeitungen lesen, sich auf Stellenanzeigen bewerben oder im Internet recherchieren. Bei Arbeitsuchenden aus mehrsprachigen Haushalten ist des Weiteren auffällig, dass sie bei ihrer Arbeitsuche leichter auf soziale Netzwerke zurückgreifen können.

Abbildung 6.11

Einfluss der Sprache auf die Arbeitsuche: Welche Rolle spielen Deutschkenntnisse bei der Arbeitsuche?

Anteil der Erwerbslosen, die aktiv nach Arbeit suchen, in Prozent

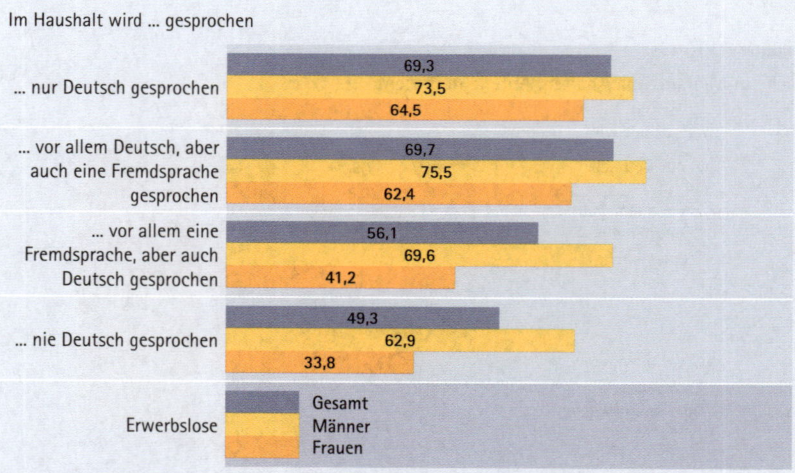

Querschnittsbefragung „Lebenssituation und soziale Sicherung", eigene Berechnungen.
Quelle: Nivorozhkin et al. 2006: 3.

Wenn Langzeitarbeitslose mit Migrationshintergrund erhebliche Defizite bei den Deutschkenntnissen aufweisen, sollte verstärkt bei der Sprachförderung angesetzt werden. Dies betrifft die Sprachkurse im Rahmen des ESF-BA-Programms (siehe oben). Diese Förderung ist an den Arbeitslosengeld-I-Bezug geknüpft. Für Arbeitslosengeld-II-Bezieher kommen die Integrationskurse des Bundesamtes für Migration und Flüchtlinge infrage. Außerdem gibt es Arbeitsgelegenheiten mit Sprachmodulen oder berufsbezogene Sprachkurse, die von den Arbeitsgemeinschaften organisiert werden. Die Autoren empfehlen, dass diese bereits vorhandenen Programme der Sprachförderung systematisch und vergleichend in ihrer Wirkung auf die Beschäftigungsfähigkeit der Teilnehmer und andere Integrationswirkungen untersucht werden sollten.

6.6 Frauen im SGB II – ausgewählte Befunde

Die Berücksichtigung geschlechtsspezifischer Lebensumstände hat im SGB II einen hohen Stellenwert. Gleich im ersten Paragraphen „Aufgabe und Ziel der Grundsicherung für Arbeitsuchende wird an drei Stellen auf Genderaspekte verwiesen:
„$_3$Die Gleichstellung von Männern und Frauen ist als durchgängiges Prinzip zu verfolgen. $_4$Die Leistungen der Grundsicherung sind insbesondere darauf auszurichten, dass ...
3. geschlechtsspezifischen Nachteilen von erwerbsfähigen Hilfebedürftigen entgegengewirkt wird,
4. die familienspezifischen Lebensverhältnisse von erwerbsfähigen Hilfebedürftigen, die Kinder erziehen oder pflegebedürftige Angehörige betreuen, berücksichtigt werden".

Beide Regeln des Satzes 4 betreffen in der Praxis ganz überwiegend Frauen.

Forschungsarbeiten zu Geschlechteraspekten des SGB II wurden im IAB im Rahmen des Gender Mainstreaming durchgeführt.[29] Kurz nach der Einführung des SGB II stellte sich zunächst die Frage, wie die Binnenstruktur der weiblichen Leistungsbezieher aussieht. Daraus werden weitere Forschungsfragen abgeleitet, etwa die, inwieweit die Zuweisung in Maßnahmen geschlechterselektiv erfolgt. Wir beziehen uns im Folgenden auf zwei Veröffentlichungen: „Lebensumstände und Arbeitsmarktperspektiven von Frauen im Rechtskreis SGB II" von Achatz (2007a) sowie die Zielgruppenanalyse zu Arbeitsgelegenheiten von Hohmeyer und Jozwiak (2008).

6.6.1 Struktur der weiblichen Leistungsbezieher

Der Beitrag von Achatz beschäftigt sich mit der Frage, „welche geschlechtsspezifischen Integrationsperspektiven sich aus den familiären Lebensumständen, den qualifikatorischen Voraussetzungen und den institutionellen Unterstützungsleistungen ableiten lassen" (2007a: 6). Datengrundlage ist die IAB-Querschnittsbefragung „Lebenssituation und soziale Sicherung".

---

29 Die besondere Bedeutung des Themas hat das BMAS bewogen, für die gleichstellungspolitischen Aspekte einen eigenen Forschungsauftrag „Umsetzung des SGB II aus gleichstellungspolitischer Sicht" zu vergeben.

Familiäre Lebensumstände

Die häufigste Haushaltsform unter den deutschen Befragten sind die Alleinstehenden (29 %), die in etwa derselben Größenordnung vertreten sind wie Familien mit Partner und einem Kind oder mehr Kindern. Dazu kommen Paarhaushalte ohne Kinder (17 %) und Alleinerziehende (12 %). Jugendliche und junge Erwachsene, die entweder nur mit Eltern oder mit Eltern und Geschwistern zusammenleben, bilden zusammen zehn Prozent der Befragten.

Andere Konstellationen wie Wohngemeinschaft oder Wohnheim kommen eher selten vor (6 %) allerdings dreimal so häufig bei Männern wie bei Frauen. Weitere Geschlechterunterschiede bestehen darin, dass Männer mehr als doppelt so häufig allein leben wie Frauen und – erwartungsgemäß – dass die Gruppe der Alleinerziehenden zu mehr als 90 Prozent aus Frauen besteht. Alleinerziehende Frauen stellen damit fast ein Viertel der weiblichen Befragten.

Schaut man sich dagegen die ausländischen Teilnehmer an, dann dominiert hier mit 44 Prozent die Lebensform der klassischen Familie mit Partner und Kindern. Die Gruppe der Alleinstehenden ist mit 17 Prozent kleiner als bei der deutschen Population, aber auch hier sind die Männer doppelt so häufig in dieser Situation wie die Frauen. Der Anteil junger Leute, die mit Eltern und/oder Geschwistern leben, ist mit elf Prozent etwa gleich groß, allerdings haben junge Ausländer häufiger noch Geschwister. Die Alleinerziehenden entsprechen in der Größenordnung und der Geschlechterzusammensetzung der deutschen Teilpopulation.

Migranten leben häufiger in größeren Mehrpersonenhaushalten, d. h. sie sind häufiger in einen Familienverband eingebettet. Dies kann ein Vorteil bei der Bewältigung von Arbeitslosigkeit und finanzieller Entbehrung sein. Dies ist andererseits aber auch mit Verpflichtungen verbunden, wofür der höhere Anteil ausländischer Befragter spricht, die in der Familie auch Pflegeleistungen erbringen (14 Prozent gegenüber 10 Prozent bei den deutschen). „Gerade für weibliche Leistungsbezieher kann dies auch bedeuten, dass sie vor dem Hintergrund ihrer familiären Verpflichtungen zwar prinzipiell erwerbsfähig sind, jedoch in geringerem Umfang in der Lage sein werden, einer Beschäftigung nachgehen zu können – und dies möglicherweise auch nicht anstreben" (Achatz 2007a: 10).

Darüber hinaus ist die Anzahl und das Alter der Kinder in Abhängigkeit von den Betreuungsmöglichkeiten ein wichtiger Faktor dafür, welche Art von Tätigkeit angestrebt oder für möglich gehalten wird. Bei Männern spielt dies eine geringe Rolle: In Ost- wie in Westdeutschland streben um die 80 Prozent der Männer mit Kindern unter 15 Jahren eine Vollzeitbeschäftigung an. Bei Frauen ist dieser Wert erwartungsgemäß geringer. Eklatant ist hier der regionale Unterschied: Während in Ostdeutschland mehr als die Hälfte der Mütter von Kindern unter 15 Jahren Vollzeit arbeiten würden, sind dies im Westen weniger als ein Viertel (die bundesweiten Werte der Ausländer entsprechen praktisch denen der westdeutschen Frauen und Männer). „Aus der Perspektive der SGB-II-Administration ist also die Organisation der Kinderbetreuung eine wichtige Handlungsstrategie, um Erwerbswünsche von Müttern im Rechtskreis SGB II zu realisieren" (Achatz 2007a: 11).

Qualifikatorische Voraussetzungen

Von den schulischen Voraussetzungen her stehen Frauen im Rechtskreis des SGB II etwas besser da als Männer. Sie haben häufiger einen mittleren Bildungsabschluss, mehr Männer als Frauen haben dagegen die Hauptschule abgeschlossen. In Ostdeutschland kommt allerdings bei beiden Geschlechtern der mittlere Abschluss mehr als doppelt so häufig vor wie im Westen, was darauf zurückzuführen sein dürfte, dass in der DDR der Abschluss der Polytechnischen Oberschule die Regel war.

Bei der beruflichen Qualifikation von SGB-II-Beziehern spielen die Geschlechterunterschiede eine wesentlich geringere Rolle als die nach Region und Staatsangehörigkeit. In Ostdeutschland ist der Anteil von Personen ohne Ausbildung mit einem Fünftel am niedrigsten, in Westdeutschland sind es knapp 40 Prozent, wobei die Frauen einen um sechs Prozentpunkte höheren Anteil als die Männer aufweisen. Bei den ausländischen Befragten schließlich gibt es über 60 Prozent ohne Abschluss, wieder mit einem leichten „Vorsprung" für die Frauen. Nach Achatz zeigt sich insbesondere bei den älteren Befragten über 45 eine Geschlechterkluft: „Die Quote der ausbildungslosen Frauen überschreitet diejenige der Männer und ist am höchsten bei den 55- bis unter 65-Jährigen" (2007a: 12) In dieser Altersgruppe habe 18 Prozent der Männer, aber 28 Prozent der Frauen keinen Abschluss, bei den ausländischen Staatsangehörigen sind es mehr als die Hälfte der Männer und zwei Drittel der Frauen, die keinen Berufsabschluss haben.

Bei der bisherigen Berufserfahrung, die in der Studie mit der Anzahl der Erwerbsphasen erfasst wurde, haben Frauen gegenüber Männern einen deutlichen Nachteil. Der Geschlechterabstand ist in den neuen Bundesländern mit elf Prozent am geringsten und bei den ausländischen Staatsangehörigen mit 17 Prozent am höchsten. Die westdeutschen Bundesländer liegen mit 14 Prozent genau dazwischen.

Institutionelle Unterstützung

Wenn geschlechtsspezifische Nachteile durch das SGB II ausgeglichen werden und familienspezifische Lebensbedingungen wie Kindererziehung berücksichtigt werden sollen, würde man bei den institutionellen Hilfestellungen ein Übergewicht zugunsten der Frauen vermuten. Zunächst einmal zeigen sich jedoch geringe Unterschiede zwischen Männern und Frauen bei einzelnen Angebotstypen. „Allerdings sind Frauen in der Gruppe derjenigen, die bis zum Interview noch keinerlei Stellen- oder Maßnahmeangebote erhalten haben, etwas stärker repräsentiert als Männer" (Achatz 2007a: 13). Insbesondere in den alten Bundesländern und bei ausländischen Staatsangehörigen haben Frauen von den Trägern der Grundsicherung offenbar weniger Angebote erhalten als Männer.

Ein solcher Befund kann verschiedene Ursachen haben, die auch bei den betroffenen Frauen liegen können, etwa eine geringere zeitliche Verfügbarkeit wegen Kinderbetreuung. In einem komplexeren statistischen Modell wurden daher weitere mögliche Einflussgrößen untersucht. Dort bestätigt sich, dass bei Frauen die Wahrscheinlichkeit, kein Angebot zu erhalten, größer ist als bei Männern. Derselbe Effekt tritt auch bei Beratungen auf. Dies kann in der Praxis von Bedeutung sein, da sich jeweils drei Viertel der ostdeutschen Frauen und der Frauen mit ausländischer Staatsbürgerschaft sowie zwei Drittel der westdeutschen Frauen nicht zutrauen, ohne die Unterstützung der ARGE im Laufe des nächsten Vierteljahres eine Stelle zu finden.

Zumindest im ersten Jahr, so das Ergebnis der Studie, spielten sozialintegrative Leistungen nach § 16 (2) wie Unterstützung bei der Kinderbetreuung oder bei Pflegeleistungen nur eine geringe Rolle. Weniger als zehn Prozent der Eltern von Kindern bis 14 Jahren berichten, in dieser Hinsicht unterstützt worden zu sein, dies allerdings mit großen regionalen Unterschieden: in Ostdeutschland ist die Unterstützung mit 13 Prozent fast doppelt so hoch wie in Westdeutschland mit sieben Prozent. Unterstützung bei der Organisation von Pflege kam fast nicht vor (2 %).

Inwieweit das SGB II dazu beiträgt, dass bestimmte Gruppen von Frauen bessere Chancen haben als vorher, aus der Hilfebedürftigkeit herauszukommen, lässt sich auf der Basis dieser Ergebnisse nicht abschließend sagen. „Die Befunde geben aber zumindest einen Hinweis darauf, dass seitens der Träger vermutlich noch nicht alle Möglichkeiten ausgeschöpft sind, um für Frauen unter Berücksichtigung ihrer individuellen Lebensumstände passgenaue Beratungs- und Betreuungspakete zu schnüren, wie es die rechtliche Regelung vorsieht" (Achatz 2007a: 15). Zumindest gilt diese Aussage für den Zeitraum bis zur Befragung, also für das erste Jahr nach Einführung des SGB II. Angesichts der subjektiven Einschätzung der breiten Mehrheit von ihnen, ohne Hilfe nicht in der Lage zu sein, selbst Arbeit zu finden, kommt dem Fallmanagement hierbei eine große Bedeutung zu. Dabei sind sowohl die Beratungs- und Betreuungsangebote von Bedeutung als auch die sozialintegrativen Leistungen. Gerade bei arbeitslosen Frauen in Elternzeit geht es darum, dass sie den Kontakt zum Arbeitsmarkt nicht verlieren.

6.6.2 Selektivität bei der Maßnahmeteilnahme von Frauen

Aus der Querschnittsbefragung des IAB ging hervor, dass Frauen häufiger angaben, keine Maßnahme angeboten bekommen zu haben als Männer. Dies widerspricht dem ersten Augenschein nach dem gleichstellungspolitischen Auftrag des SGB II. Lässt sich diese Tendenz anhand von Prozessdaten zum größten arbeitsmarktpolitischen Instrument bestätigen?

In diesem Abschnitt geht es um die Teilnahme an einer Maßnahme der aktiven Arbeitsmarktpolitik und deren Selektivität. Die hier vorgestellten Ergebnisse beruhen auf administrativen Prozessdaten (hauptsächlich Integrierte Erwerbsbiografien und Leistungshistorik Grundsicherung) (Hohmeyer/Jozwiak 2008: 12). Untersucht werden die Zugänge in die „Arbeitsgelegenheiten in der Mehraufwandsvariante", eine Maßnahme, die als „Ultima Ratio" der Arbeitsmarktpolitik konzipiert war, die aber dann eine steile Karriere als zahlenmäßig größte Einzelmaßnahme machte. Übersicht 6.6 zeigt die Entwicklung von 2005 bis Oktober 2007.

Übersicht 6.6

Zugänge in „Ein-Euro-Jobs" seit Einführung 2005 bis Oktober 2007

	2005	2006	Januar bis Oktober 2007
Insgesamt	603.771	704.477	604.461
Westdeutschland	287.872	297.979	242.102
% der Frauen	**44,9**	**44,6**	**44,3**
Ostdeutschland	315.899	406.498	362.359
% der Frauen	**34,2**	**35,0**	**36,5**

Statistik der Bundesagentur für Arbeit; Berechnungen aus Data Warehouse.
Quelle: Hohmeyer/Jozwiak 2008: 6.

Frauen in Westdeutschland beginnen seltener eine Arbeitsgelegenheit, während ostdeutsche Frauen sie entsprechend ihrem Anteil an der Arbeitslosigkeit beginnen. Frauen ohne Berufsausbildung partizipieren ebenfalls unterproportional (Wolff/Hohmeyer 2006). Das Urteil über die Zielgruppenorientierung fällt daher ernüchternd aus: „Overall, no concentration on target groups can be observed in these descriptive studies with the exception of young unemployed people" (Hohmeyer/Jozwiak 2008: 8).

Während in den deskriptiven Darstellungen aber immer damit zu rechnen ist, dass z. B. eine geringere Beteiligung von Frauen auf Unterschiede in ihrer Verfügbarkeit für den Arbeitsmarkt oder ihrer Qualifikation begründet liegen, wird für diese Faktoren im statistischen Modell kontrolliert. D. h. das, was die multivariate Analyse liefert, ist idealerweise der isolierte Effekt der untersuchten Eigenschaft, in diesem Fall des Geschlechts.

Geschlecht spielt beim Zugang zu dieser Maßnahme eine Rolle. Westdeutsche Frauen haben eine um 1,5 Prozentpunkte geringere Teilnahmewahrscheinlichkeit als vergleichbare westdeutsche Männer. Frauen in Ostdeutschland partizipieren dagegen etwas häufiger als vergleichbare Männer. Dieses Ergebnis, das mit dem anderer Studien über die Beteiligung am Arbeitsmarkt oder an Arbeitsmarktprogrammen übereinstimmt, könnte mit einer unterschiedlichen Arbeitsmarktorientierung ost- und westdeutscher Frauen oder auch mit den besseren Kinderbetreuungsmöglichkeiten in den neuen Bundesländern in Zusammenhang stehen (siehe unten). Andererseits sind es gerade die westdeutschen Frauen, bei denen ein positiver Integrationseffekt durch Maßnahmen öffentlich geförderter Beschäftigung wie ABM oder AGH berichtet wird (z. B. Wolff/Hohmeyer 2008).

Bei Männern spielt die Qualifikation in Hinblick auf die Teilnahmewahrscheinlichkeit keine Rolle. Frauen hingegen nehmen eher an einem Ein-Euro-Job teil, wenn sie über eine Berufsausbildung verfügen. Diese Tendenz ist in Ostdeutschland ausgeprägter als in Westdeutschland. Diese Selektivität weist darauf hin, dass die Zielgruppenorientierung für Frauen schlechter als für Männer ist.

Analysen der Teilnehmerstruktur zeigen, dass westdeutsche Frauen eine deutlich geringere Einstiegswahrscheinlichkeit in einen Ein-Euro-Job haben als alle anderen untersuchten Gruppen, z. B. westdeutsche Männer oder ostdeutsche Frauen. Eine Zerlegung der Effekte für Frauen in Ost- und Westdeutschland kann diesen Unterschied zum Teil aufklären. Von den 4,4 Prozentpunkten Unterschied in der Wahrscheinlichkeit, einen Ein-Euro-Job zu beginnen (7 Prozent Frauen Ost, 2,6 Prozent Frauen West), lassen sich 2,8 Punkte durch Unterschiede in bestimmten Merkmalen erklären. Ein Teil geht beispielsweise auf die besseren Kinderbetreuungsmöglichkeiten in Ostdeutschland zurück, ein anderer auf die im Schnitt höhere Qualifikation ostdeutscher Frauen. Weiterhin spielt der höhere Anteil ausländischer Frauen in Westdeutschland eine Rolle. Der Anteil am Unterschied, der nicht durch unterschiedliche Merkmale erklärt werden kann, könnte an der regionalen Intensität der Arbeitsmarktpolitik liegen. Die Teilnahmewahrscheinlichkeit an Maßnahmen in Ostdeutschland ist generell höher als im Westen (vgl. Hohmeyer/Jozwiak 2008: 20).

Insgesamt zeigt sich, dass Frauen in Westdeutschland eine geringere Teilnahmewahrscheinlichkeit an AGH haben als Männer. In Ostdeutschland ist dagegen die Teilnahmewahrscheinlichkeit von Frauen größer als die von Männern. Die Frage, ob sie Kinder haben, spielt nur bei Frauen eine Rolle für die Teilnahmewahrscheinlichkeit. Kinder unter drei Jahren reduzieren die Teilnahmewahrscheinlichkeit von Frauen in West- wie in Ostdeutschland. Das Vorhandensein von Kindern unabhängig vom Alter steigert hingegen die Wahrscheinlichkeit ostdeutscher Frauen auf Teilnahme an einem Ein-Euro-Job.

Die Tatsache, dass zumindest bei den Frauen das Vorhandensein einer Berufsausbildung die Teilnahmewahrscheinlichkeit steigert, spricht nicht für die Zielgruppenorientierung der Maßnahme. Die Autorinnen schließen daher auch, dass „target groups are reached only partially" (Hohmeyer/Jozwiak 2008: 22).

Diese Befunde stimmen überein mit Analysen der Maßnahmezugänge im ersten Halbjahr 2005. Auch bei den SGB-III-Maßnahmen im SGB II zeigt sich, dass Frauen im Vergleich zu ihrem Anteil an den Arbeitslosen unterrepräsentiert sind. Bei fast allen Zugängen in Maßnahmen liegt der Frauenanteil unterhalb ihres Anteils an den Arbeitslosen (Heinemann et al. 2006: 32; vgl. Abbildung 6.12). Dies gilt insbesondere für Frauen in Westdeutschland.

Abbildung 6.12

Frauenanteil an Arbeitslosen und an Zugängen zu Maßnahmen im Rechtskreis SGB II im ersten Halbjahr 2005

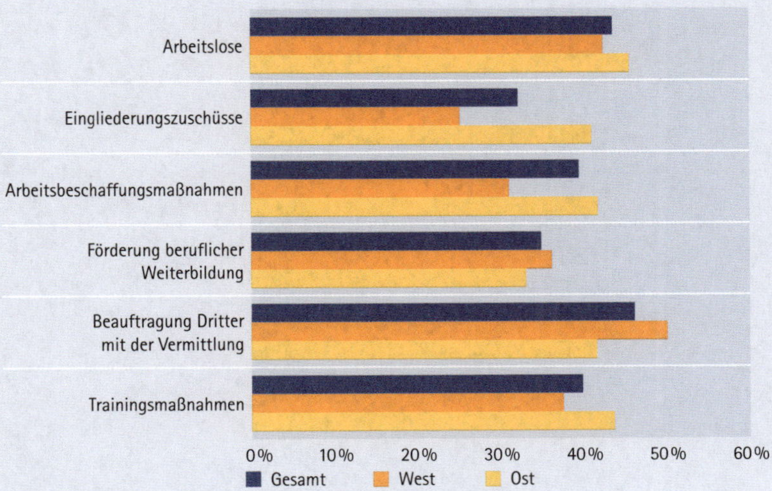

Quelle: Heinemann et al. 2006: 33.

Aus den im IAB gewonnenen Erkenntnissen zur Situation von Frauen im SGB II lässt sich vorsichtig und vorläufig der Schluss ziehen, dass sowohl die sozialintegrativen Maßnahmen als auch die Maßnahmen, die die Aufnahme einer Beschäftigung unterstützen sollen, noch nicht den Maßstäben genügen, die § 1 SGB II setzt. Dies betrifft die Gleichstellung als durchgängiges Prinzip, die Berücksichtigung familiärer Lebensverhältnisse und insbesondere das Entgegenwirken geschlechtsspezifischer Nachteile. Eher entsteht der Eindruck, dass geschlechtstypische Benachteiligungen von Frauen im SGB II reproduziert werden. Wenn sich dieser Eindruck bestätigt, hätte dies negative Auswirkungen sowohl auf die soziale Teilhabe von Frauen als auch auf ihre Beteiligung am Erwerbsleben.

7 Wie verändert das SGB II den Arbeitsmarkt?

Das SGB II enthält – anders als das SGB III – keinen expliziten Hinweis darauf, dass seine Leistungen zu einer Verbesserung der Arbeitsmarktlage oder zumindest zu einer Erhöhung des Beschäftigungsstandes im betroffenen Arbeitsmarktsegment insgesamt beitragen sollen. Vielmehr wird auf die Überwindung der Hilfebedürftigkeit bei den Betroffenen fokussiert, die vorwiegend über eine Stärkung der Eigenverantwortung geleistet werden soll.

Dennoch hat das Gesetz – wie nahezu jede staatliche Intervention – natürlich Wirkungen, die über eine Veränderung der individuellen Situation der Hilfebedürftigen hinausgehen. Arbeitsmarktpolitische Interventionen wirken grundsätzlich auf beide Seiten des Arbeitsmarktes. Was die Arbeitsangebotsseite angeht, so können Wirkungen zum einen von der Höhe der Transferzahlung ausgehen. Je höher der Transfer, umso höher der Reservationslohn und – nach der Suchtheorie – umso länger die Arbeitslosigkeitsdauer. Die durchschnittliche Kürzung der Transferzahlung durch die Einführung des SGB II sollte also zu einem Sinken des Reservationslohns und damit tendenziell zu einer Erhöhung des Arbeitsangebots bei einem gegebenen Lohnsatz führen. Gleiches gilt für die aktivierenden (fordernden) Maßnahmen. Auf der anderen Seite könnten die arbeitsmarktpolitischen Instrumente durch eine Erhöhung von Qualifikation oder individuellem Arbeitsvermögen auch dazu beitragen, die Produktivität der erwerbsfähigen Hilfebedürftigen zu steigern und damit qualitativ höherwertige Arbeitsplätze (oder überhaupt wieder Arbeitsplätze) zugänglich zu machen. Die Analysen, die das IAB im Rahmen seiner SGB-II-Forschung zu den Arbeitsangebotseffekten des SGB II durchgeführt hat, werden in Abschnitt 7.1 dargestellt.

Auf die Arbeitsnachfrageseite kann Arbeitsmarktpolitik zum einen direkt wirken. So reduzieren Lohnkostenzuschüsse die Arbeitskosten für die empfangenden Unternehmen unmittelbar und beeinflussen damit das Einstellungsverhalten. Indirekt wird die Nachfrageseite durch Veränderungen im Lohnsetzungsprozess beeinflusst, die durch die Arbeitsmarktpolitik ausgelöst werden. Ein insgesamt steigendes Arbeitsangebot sowie eine erhöhte Konzessionsbereitschaft bei den Arbeitsuchenden führen tendenziell dazu, dass geringere Löhne akzeptiert werden, während eine bessere Qualifizierung und Erhöhung der Beschäftigungsfähigkeit der Arbeitslosen dazu führen sollte, dass diese wieder konkurrenzfähiger werden und somit die Löhne steigen. Erste Ergebnisse zur Arbeitsnachfrageseite finden sich in Abschnitt 7.2.

Schließlich kann Arbeitsmarktpolitik auch den Matchingprozess selbst beeinflussen, etwa indem eine bessere Organisation in der Arbeitsverwaltung zu einer rascheren Besetzung von Stellen führt. Zusammengenommen sollte also eine Reform der Arbeitsmarktpolitik die Arbeitsmarktperformance insgesamt beeinflussen und im positiven Fall zu einem Rückgang der strukturellen Arbeitslosigkeit führen. Erste empirische Befunde dazu, ob die aktuellen Arbeitsmarktreformen die strukturelle Arbeitslosigkeit in Deutschland verändert haben, werden in Abschnitt 7.3 dargestellt.

Darüber hinaus erzeugt die Arbeitsmarktpolitik und ihre Reform weitere, auch nicht-intendierte Wirkungen: Relativ breit diskutiert wird beispielsweise, ob arbeitsmarktpolitische Förderung von Beschäftigungsverhältnissen zur Substitution und Verdrängung regulärer Arbeitsplätze führt und damit möglicherweise insgesamt mehr schadet als nützt. Am Beispiel der Arbeitsgelegenheiten hat das IAB eine erste Analyse zu dieser Frage vorgelegt, deren Ergebnisse in Abschnitt 7.4 vorgestellt. Weniger in der Öffentlichkeit steht, dass die Reform der Arbeitsmarktpolitik insgesamt und speziell die Einführung des SGB II auch die regionale Einkommensverteilung verändert und damit die Handlungsspielräume der Akteure vor Ort beeinflusst hat. In Abschnitt 7.5 werden die Ergebnisse hierzu aus dem IAB präsentiert.

Das Kapitel schließt mit einem Ausblick auf mögliche Weiterentwicklungen des SGB II: Eine (intendierte) Konsequenz einer funktionierenden Aktivierung und einer Erhöhung der Konzessionsbereitschaft ist es, dass mehr Arbeitsplätze mit weniger hohen Qualifikationsanforderungen entstehen, die entsprechend geringer entlohnt werden. Die in den letzten Jahren beobachtete Ausdehnung des Niedriglohnsektors (Abschnitt 7.6) wird sich also tendenziell eher noch verstärken. Hieraus ergeben sich zwei Fragen: Zum einen die nach einer sinnvollen Flankierung der so entstehenden Niedriglohnbeschäftigung. In Abschnitt 7.7.1 wird ein Vorschlag hierzu vorgestellt, der unter Mitwirkung des IAB entstanden ist, und seine Wirkungen abgeschätzt. Zum anderen kann die Frage gestellt werden, was mit den Personen geschieht, die auch bei „maximaler" Konzessionsbereitschaft dauerhaft keine Beschäftigung auf dem regulären Arbeitsmarkt finden. Denn nach der Philosophie, die hinter dem Primat der Erwerbsarbeit im SGB II vermutet werden kann, dient die Aufnahme einer Erwerbstätigkeit eben nicht nur der Einkommenserzielung, sondern leistet für sich gesehen einen Beitrag zur gesellschaftlichen Teilhabe. Insofern kann darüber nachgedacht werden, inwieweit im Rahmen des SGB II nicht für die oben genannte Klientel quasi „Ersatzarbeitsplätze" bereitgestellt werden sollten. Dies führt zur Diskussion über einen „Sozialen Arbeitsmarkt", an der sich das IAB u. a. mit einem Gutachten beteiligt hat. Hier wurden Erfolgsbedingungen und Überlegungen zu möglichen Wirkungen zusammengetragen, die in Abschnitt 7.7.2 wiedergegeben werden.

7.1 Arbeitsangebotseffekte der SGB-II-Einführung

7.1.1 Veränderungen von Arbeitsmarktpartizipation und angebotener Stundenzahl durch die Reform

Wie im Kapitel 2 beschrieben, führte die Einführung des SGB II zu einer Veränderung der Höhe der Transferansprüche bei den ehemaligen Arbeitslosen- und Sozialhilfebeziehern. Zusätzlich gab es Personen, die nach dem neuen Recht keinen Anspruch mehr auf Leistungen hatten, aber auch solche, die nun erstmals leistungsberechtigt sind. Die Veränderungen in den Leistungsansprüchen und damit im Einkommen führen nun dazu, dass sich das Arbeitsangebotsverhalten der betroffenen Personen verändert. Das IAB hat diese Arbeitsangebotsreaktionen mithilfe eines mikroökonometrischen Modells geschätzt (Arntz et al. 2007). Dabei wurde das Arbeitsangebot eines Haushaltes als diskrete Entscheidung modelliert. Dies trägt der Tatsache Rechnung, dass in der Realität keine kontinuierliche Arbeitszeitverteilung beobachtet wird. Vielmehr finden sich starke Konzentrationen bei bestimmten Stundenkategorien. Außerdem können in einem diskreten Entscheidungsmodell besser fixe Kosten der Arbeitsaufnahme und Nichtlinearitäten in der Budgetrestriktion berücksichtigt werden, wie sie durch das Steuer- und Transfersystem entstehen.

Für eine realistische Modellierung des Arbeitsangebots reicht dies aber noch nicht aus. Denn die Entscheidungen über die Arbeitsmarktpartizipation und die angebotene Stundenzahl in Paarhaushalten wird in der Regel nicht von einem Partner isoliert getroffen, sondern vielmehr gehen die Präferenzen und die erzielbaren Einkommen des anderen Partners in die Entscheidung mit ein. Bei den hier beschriebenen Schätzungen auf Basis des Sozio-ökonomischen Panels (SOEP) wurde von einem unitären Haushaltsmodell ausgegangen, bei dem neben dem individuellen Freizeitnutzen das gemeinsame Nettohaushaltseinkommen in die Arbeitsangebotsentscheidung eingeht. Neben diversen Haushaltscharakteristika wie Alter, Gesundheitszustand, Anzahl und Alter der Kinder wurden auch Interaktionen zwischen der Freizeit der Partner berücksichtigt. Mithilfe der daraus auf Basis der Wellen 2004 und 2005 des SOEP geschätzten Koeffizienten konnten die Auswahlwahrscheinlichkeiten für jede Arbeitszeitkategorie in Abhängigkeit vom Einkommen simuliert werden.

Für die Schätzung wurden für die Paarhaushalte die Haushaltsvorstände und Partner danach unterschieden, ob ihr Arbeitsangebot flexibel oder inflexibel ist. Ein inflexibles Haushaltsangebot wurde z. B. Rentenempfängern, Auszubildenden, Personen im Mutterschutz oder Selbstständigen unterstellt. Damit wurden drei wesentliche Haushaltsformen unterschieden: Eine erste, in der Haushaltsvorstand und Partner flexibel sind, eine, bei denen der Haushaltsvorstand flexibel und der Partner inflexibel ist, sowie eine dritte Form mit zwei inflexiblen Partnern. Letztere wurden wegen der Gesamt-Inflexibilität des Haushalts-Arbeitsangebots bei der Schätzung desselben nicht berücksichtigt.

Die Verteilung der tatsächlichen Arbeitszeiten unterscheidet sich zwischen Männern und Frauen und zwischen Alleinstehenden und Personen in Paarhaushalten erheblich. Während bei Männern – unabhängig davon, ob alleinstehend oder im Paarhaushalt lebend – etwa zwei Drittel eine Vollzeitbeschäftigung haben, sind es bei den alleinstehenden Frauen nur knapp die Hälfte, bei den Frauen in Paarhaushalten nur gut ein Viertel. Arbeitszeiten unter 20 Stunden kommen dagegen bei Männern kaum vor, während die Frauen in Paarhaushalten zu mehr als einem Viertel in diesen Arbeitszeitsegmenten beschäftigt sind. Für die Arbeitsangebotsschätzung wurden deshalb für Frauen die Arbeitszeitalternativen {0, 10, 20, 30, 40, 50} Stunden und für Männer {0, 20, 40, 50} zugelassen. Im nächsten Schritt wurden aus den Arbeitszeitalternativen die entsprechenden Bruttoarbeitseinkommen und – unter Einbeziehung auch der möglichen Transfers – die entsprechenden verfügbaren Haushaltseinkommen simuliert. Dies bietet die Basis für die Schätzung von Arbeitsangebotselastizitäten und marginalen Reaktionen. Diese wiederum können verwendet werden, um die Arbeitsangebotseffekte der Einführung des SGB II zu schätzen. Dabei können Partizipationseffekte und Arbeitszeiteffekte unterschieden werden. Eine Veränderung der Partizipation liegt dann vor, wenn sich eine Person ganz vom Arbeitsmarkt zurückzieht bzw. neu hinzukommt. Arbeitszeiteffekte können dagegen bei Personen auftreten, die vor und nach der Reform Arbeit anbieten. Die folgende Übersicht zeigt beide Effekte sowie die Gesamtwirkung auf das Arbeitsvolumen getrennt für Männer und Frauen und Single- sowie Paarhaushalte.

Es wird deutlich, dass das Arbeitsvolumen von Personen in Paarhaushalten (beide flexibel) und von alleinstehenden Männern durch die Reform gestiegen ist. Während sich dies in den Paarhaushalten wohl vorwiegend durch die verstärkte Anrechnung von Partnereinkommen erklären lässt, dürfte bei den Single-Männern die verstärkte Arbeitsmarktpartizipation aus den im Durchschnitt abgesenkten Transferleistungen für diese Gruppe resultieren. Einzig bei den Frauen ohne Partner wird ein Rückgang der Arbeitsmarktpartizipation und des Arbeitsangebots insgesamt simuliert. Dies lässt sich durch den hohen Anteil der Alleinerziehenden in dieser Gruppe erklären, für die die Transferleistungen im Durchschnitt gestiegen sind. Bei den Paaren, bei denen ein Partner ein inflexibles Arbeitsangebot aufweist, sind die Partizipationseffekte deutlich negativ – hier steigt das durchschnittliche Haushaltseinkommen durch die Reform um durchschnittlich 300 Euro, was zu einem kräftigen Rückgang der Arbeitsmarktpartizipation führt.

Übersicht 7.1
Angebotseffekte der Reform

	Paare		Singles	
	Männer	Frauen	Männer	Frauen
Reiner Partizipationseffekt (Änderung in %)	0,17	0,05	0,23	-0,21
Reiner Arbeitszeiteffekt (Änderung in %)	-0,02	0,05	-0,02	-0,04
Änderung des Arbeitsvolumens (in %)	0,15	0,1	0,21	-0,25

Eigene Berechnungen auf Basis des SOEP 2004.
Quelle: Arntz et al. 2007.

7.1.2 Konzessionsbereitschaft und Bewerberverhalten

Die oben beschriebenen Simulationen zur Arbeitsangebotsfunktion geben Hinweise darauf, welche grundsätzlichen quantitativen Reaktionen sich aus der veränderten Einkommenssituation im Durchschnitt ergeben. Sie geben aber keine Antwort auf die Frage, ob sich das Arbeitsangebot auch in qualitativer Hinsicht verändert hat. D. h., ob die durch das SGB II veränderten Anreizstrukturen dazu geführt haben, dass Arbeitsuchende z. B. bereit sind, Arbeitsplätze anzunehmen, die geringer entlohnt werden oder andere ungünstigere Bedingungen aufweisen. Aussagen hierzu lassen sich gegenwärtig (da die entsprechenden Prozessdaten einen größeren zeitlichen Nachlauf haben) vor allem aus Befragungsdaten gewinnen. Im Rahmen der IAB-Forschung zum SGB II wurden hierzu sowohl Arbeitsuchende als auch Unternehmen befragt.

Wie in Kapitel 4 beschrieben, zeigten sich die Arbeitslosengeld-II-Bezieher direkt nach der Einführung des SGB II bei einer Befragung in etwa so konzessionsbereit wie vor der Reform. Dies gilt für die Konzessionsbereitschaft hinsichtlich des Lohnes ebenso wie hinsichtlich weiterer Eigenschaften des angestrebten Arbeitsplatzes wie der Qualifikationsanforderungen oder der Entfernung vom Wohnort. Der Reservationslohn – so die Befragungsergebnisse – war stark vom letzten Lohn vor Arbeitslosigkeit und dem durch die Größe des Haushalts bestimmten Bedarf determiniert. Nach ersten vorläufigen Analysen auf Basis der ersten Welle des Panels „Arbeitsmarkt und soziale Sicherung" hat sich an diesen Befunden auch ein Jahr später nichts Wesentliches geändert.

Frühere Analysen zeigen, dass die geäußerte Konzessionsbereitschaft von Arbeitslosen durchaus Auswirkungen auf die Dauer der noch nachfolgenden Arbeitslosigkeit hat. Dennoch muss sich die geäußerte Konzessionsbereitschaft nicht eins zu eins in den tatsächlichen Handlungen niederschlagen. Insofern ist es hilfreich, bei der Frage, welche Auswirkungen die SGB-II-Einführung auf das Arbeitsangebot hatte, auch die Beobachtungen der Unternehmen einzubeziehen. Neben der stärkeren Perspektive auf das tatsächliche Handeln von Arbeitsuchenden hat dieses Vorgehen auch den zusätzlichen Nutzen, dass die Betriebe nicht nur ALG-II-Empfänger unter den Bewerbern im Blick haben, sondern auch andere arbeitslose oder nicht arbeitslose Personen. Eingeschränkt wird die Sicht der Unternehmen aber dadurch, dass eben nur diejenigen Personen gesehen werden, die mit den Unternehmen in Kontakt kommen, also eine Bewerbung abgeben. Personen, die sich wegen geringer Konzessionsbereitschaft nicht bewerben, werden bei dieser Betrachtung ausgeklammert.

Um mehr Informationen über das realisierte Arbeitsangebotsverhalten zu gewinnen, befragt das IAB im Rahmen seiner Erhebung zum gesamtwirtschaftlichen Stellenangebot seit 2005 regelmäßig im vierten Quartal eine repräsentative Anzahl von Betrieben und Verwaltungen aller Wirtschaftssektoren (2006: 13.500) u. a. zum Verhalten arbeitsloser Bewerber. Erste Ergebnisse wurden im IAB-Kurzbericht 19/2007 veröffentlicht (Kettner/Rebien 2007a).

In den Jahren 2005 und 2006 berichteten die Betriebe dabei zu einem erheblichen Prozentsatz, dass die Anzahl der Initiativbewerbungen arbeitsloser Bewerber zugenommen habe (2005: 22 %, 2006: 17 %). Dies kann als Indiz dafür gewertet werden, dass die Eigeninitiative der Arbeitslosen zugenommen hat – sei es, weil die Arbeitsagenturen und Grundsicherungsstellen mehr Eigenbemühungen einfordern, sei es aus anderen Gründen. Die Betriebe wurden weiterhin in diesen beiden Jahren zu Veränderungen in der Konzessionsbereitschaft der arbeitslosen Bewerber gegenüber dem Vorjahr befragt.

Gefragt wurde jeweils, ob sich die Bereitschaft der Bewerber verändert habe, eine niedriger qualifizierte Tätigkeit anzunehmen, einen Job mit besonderen Arbeitsbedingungen zu akzeptieren sowie Zugeständnisse bei der Entlohnung zu machen. Generell gilt, dass etwa die Hälfte der Betriebe bei keiner der Dimensionen Veränderungen beobachtet hatte. Im Jahr 2005 gaben allerdings immerhin etwa ein Viertel der Betriebe an, die Bewerber seien gegenüber dem Vorjahr zu mehr Zugeständnissen hinsichtlich des Lohns bereit, während nur elf Prozent die gegenteilige Beobachtung gemacht hatten. Ähnlich sah das Bild bei den anderen beiden Dimensionen aus. Im Folgejahr war der Anteil der Betriebe, die jeweils gestiegene Konzessionsbereitschaften beobachtet hatten, jeweils um etwa sieben Prozent geringer.

Die Betriebe wurden auch gefragt, ob sie die Veränderungen in der Konzessionsbereitschaft ursächlich auf die Hartz-Reformen zurückführen. Hier zeigt sich ein differenziertes Bild: Insgesamt überwiegt die Auffassung, dass die Konzessionsbereitschaft arbeitsloser Bewerber nicht mit den Hartz-Reformen im Zusammenhang steht (2005: 55 %, 2007: 57 %). Betrachtet man aber die Betriebe, die bei ihren eigenen Bewerbern gestiegene Konzessionsbereitschaft in allen drei oben beschriebenen Dimensionen beobachtet haben, so sind diese zu knapp drei Vierteln (2005) bzw. zwei Dritteln (2006) der Meinung, dies stehe in Zusammenhang mit den Hartz-Reformen. Bei in ein oder zwei Dimensionen gestiegener Konzessionsbereitschaft sind die Anteile geringer, aber immer noch gegenüber der Gesamtheit der Unternehmen erhöht. Zumindest in der Wahrnehmung der Betriebe gibt es also Anzeichen für eine Wirkung der Hartz-Reform im Ganzen – wegen der zeitlichen Überschneidungen lassen sich die Effekte der SGB-II-Einführung aber nicht isolieren. Ebenso wurde bei den arbeitslosen Bewerbern nicht nach Rechtskreisen differenziert. Es ist aber wahrscheinlich, dass die Einführung des SGB II, wenn sie Effekte auf das Bewerberverhalten hatte, nicht nur direkt auf die ALG-II-Empfänger gewirkt hat, sondern auch auf die Empfänger von Arbeitslosengeld. Denn diese werden nach Möglichkeit vermeiden wollen, in das ALG II abzurutschen, was mit der Verkürzung der Anspruchsdauern in der Arbeitslosenversicherung früher droht.

Übersicht 7.2

Veränderung der Konzessionsbereitschaft arbeitsloser Bewerber nach Wirtschaftszweigen – Angaben der Betriebe mit Neueinstellungen

Die Bereitschaft der Bewerber ...		Anteil der Betriebe in Prozent	
		Veränderungen 2005 gegenüber 2004	Veränderungen 2006 gegenüber 2005
... eine niedriger qualifizierte Tätigkeit anzunehmen ist ...	gestiegen	21	15
	gleich geblieben	48	49
	gesunken	9	11
	keine Angabe	22	26
	gesamt	100	100
Saldo aus „gestiegen" und „gesunken"		+ 12	+ 4
... Zugeständnisse bei der Entlohnung zu machen ist ...	gestiegen	25	18
	gleich geblieben	43	47
	gesunken	11	12
	keine Angabe	21	24
	gesamt	100	100
Saldo aus „gestiegen" und „gesunken"		+ 14	+ 6
... besondere Arbeitsbedingungen zu akzeptieren ist ...	gestiegen	23	15
	gleich geblieben	44	47
	gesunken	12	12
	keine Angabe	21	25
	gesamt	100	100
Saldo aus „gestiegen" und „gesunken"		+ 11	+ 3

IAB-Erhebung des gesamtwirtschaftlichen Stellenangebots 2005 und 2006.
Quelle: Eigene Darstellung nach Kettner/Rebien 2007a.

Das SGB II kann aber nicht indirekt nur das Verhalten der Arbeitslosengeld-Bezieher beeinflussen, sondern auch das von Beschäftigten. Denn eine gestiegene Konzessionsbereitschaft von Arbeitslosen führt nach der arbeitsökonomischen Insider-Outsider-Theorie dazu, dass diese stärker in Konkurrenz zu den Arbeitsplatzbesitzern treten, die Insider-Outsider-Problematik also entschärft wird. Um dies zu untersuchen, wurden die Betriebe in der Erhebung zum gesamtwirtschaftlichen Stellenangebot nicht nur nach der Konzessionsbereitschaft der Bewerber, sondern auch nach der der Beschäftigten gefragt. Auch hier hatte ein Teil der Betriebe über gestiegene Konzessionsbereitschaft der Belegschaft hinsichtlich Entlohnung, Arbeitsbedingungen und Arbeitsleistung berichtet. Es konnte gezeigt werden, dass ein signifikant positiver Zusammenhang zwischen der gestiegenen Konzessionsbereitschaft der arbeitslosen Bewerber und der der Belegschaft besteht, was als Indiz für die beschriebene These dienen kann (Kettner/Rebien 2008).

7.2 Arbeitsnachfrageseite – Auswirkungen auf das Einstellungsverhalten der Betriebe

Veränderte Konzessionsbereitschaft führt aber nur zu besseren Beschäftigungschancen und einem Abbau von Arbeitslosigkeit – gerade auch unter den ALG-II-Beziehern –, wenn sie sich realisieren kann. Dazu ist aber nicht nur ein verändertes Bewerberverhalten, sondern auch eine entsprechende Reaktion der Arbeitsnachfrageseite vonnöten.
Hierzu wurden – wiederum auf Basis der Erhebung zum gesamtwirtschaftlichen Stellenangebot – im IAB einige Analysen vorgenommen (Kettner/Rebien 2007a). Zum einen wurden die Betriebe direkt gefragt, inwieweit das veränderte Bewerberverhalten bei den Betrieben Stellenbesetzungsvorgänge erleichtert hat. Insgesamt war 2005 und 2006 der Anteil der Betriebe, die über Veränderungen bei der Stellenbesetzung z. B. der Art berichteten, dass schwer besetzbare Arbeitsplätze schneller zu besetzen waren, nicht sehr hoch.

Immerhin ein Fünftel aller Betriebe gab aber an, gering entlohnte Arbeitsplätze leichter besetzen zu können. Deutlich höher fielen die Anteile bei den Betrieben aus, die eine gestiegene Konzessionsbereitschaft bei ihren Bewerbern beobachtet hatten. Neue Arbeitsplätze für gering Entlohnte hatten aber auch hier nur wenige Betriebe eingerichtet.

Allerdings ist offen, ob tatsächlich auch SGB-II-Leistungsempfänger von der Entwicklung in den Unternehmen profitieren können: denn die Bereitschaft der Stellensuchenden, auch Arbeitsplätze mit geringeren Qualifikationsanforderungen anzunehmen, führt zu einem entsprechenden Einstellungsverhalten bei den Betrieben, das die Erfolgschancen für Ungelernte und Geringqualifizierte tendenziell verschlechtert. Dies wird verstärkt durch die Tatsache, dass Betriebe generell Vorbehalte gegen die Einstellung von Langzeitarbeitslosen haben: Im Jahr 2007 wurden die Betriebe im Rahmen der Stellenangebotserhebung gefragt, unter welchen Bedingungen sie Arbeitslose einstellen (Kettner/Rebien 2008). Dabei gaben rd. 30 Prozent der Betriebe an, Bewerbungen von Langzeitarbeitslosen generell nicht zu berücksichtigen. Die Einstellung dieses Personenkreises scheiterte zum einen am mangelnden Vertrauen der Betriebe in Belastbarkeit, Verlässlichkeit und ähnliche Eigenschaften der Langzeitarbeitslosen. Weiterhin gaben die Betriebe an, dass Langzeitarbeitslose häufiger als Kurzzeitarbeitslose unrealistische Vorstellungen über Arbeitsbedingungen und Entlohnung hätten, die einer Einstellung im Wege stünden.

Übersicht 7.3

Veränderung bei der Stellenbesetzung – Angaben der Betriebe mit Neueinstellungen

		Anteil der Betriebe in Prozent	
		Veränderungen 2005 gegenüber 2004	Veränderungen 2006 gegenüber 2005
schwer besetzbare Arbeitsplätze waren schneller besetzbar	trifft zu	13	7
	trifft nicht zu	69	70
	keine Angabe	18	22
	gesamt	100	100
gering entlohnte Arbeitsplätze waren leichter besetzbar	trifft zu	19	18
	trifft nicht zu	60	59
	keine Angabe	20	23
	gesamt	100	100
neue Arbeitsplätze für gering Entlohnte wurden eingerichtet	trifft zu	10	11
	trifft nicht zu	68	65
	keine Angabe	22	24
	gesamt	100	100
Arbeitsplätze wurden mit höher qualifizierten Bewerbern als erforderlich besetzt	trifft zu	14	12
	trifft nicht zu	67	66
	keine Angabe	19	22
	gesamt	100	100

IAB-Erhebung des gesamtwirtschaftlichen Stellenangebots 2005 und 2006.
Quelle: Kettner/Rebien 2007a.

Abbildung 7.1

Besetzung von schwer besetzbaren Arbeitsplätzen – Angaben der Betriebe, Anteile in Prozent

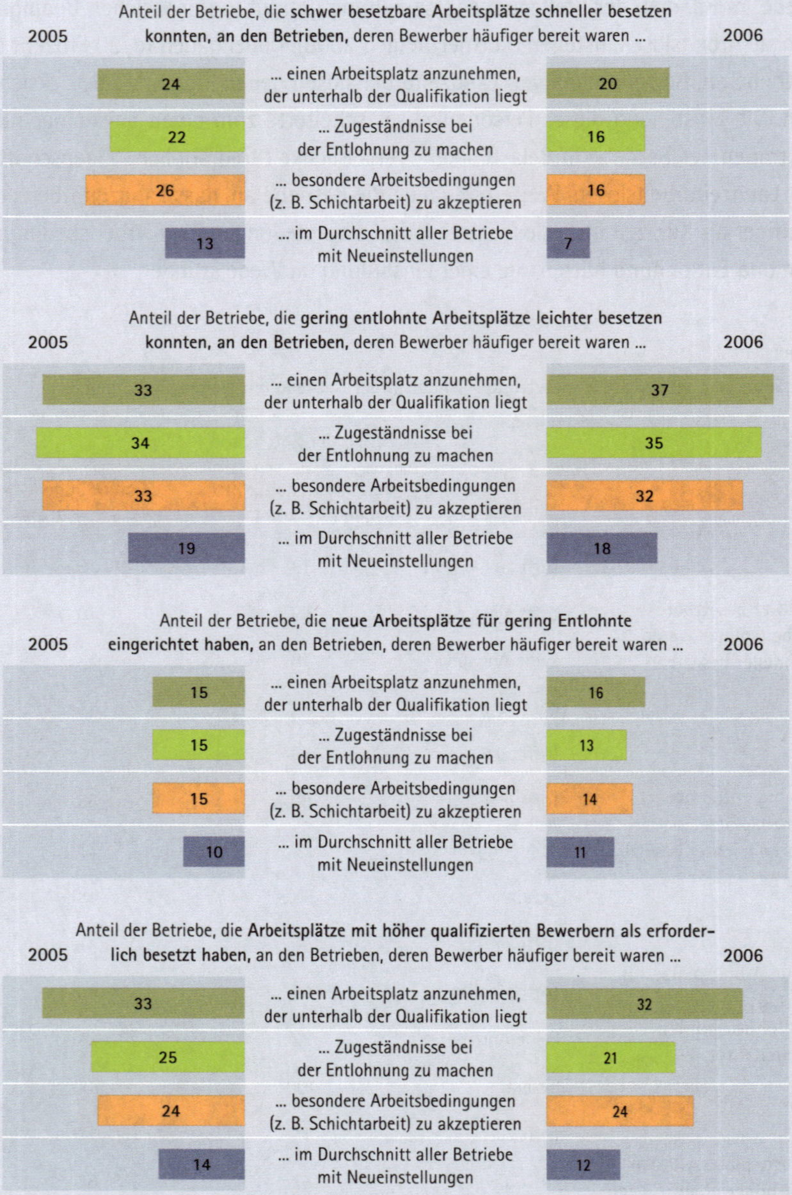

Lesebeispiel: 24 % der Betriebe – die 2005 berichteten, dass arbeitslose Bewerber häufiger bereit sind einen Arbeitsplatz anzunehmen, der unterhalb ihrer Qualifikation lag – konnten ihre schwer besetzbaren Arbeitsplätze leichter besetzen als 2004.

IAB-Erhebung des gesamtwirtschaftlichen Stellenangebots 2005 und 2006.

Quelle: Kettner/Rebien 2007a.

Damit schließt sich der Kreis zu der oben beschriebenen Beobachtung, dass die Konzessionsbereitschaft der Langzeitarbeitslosen sich gegenüber dem Zeitraum vor der Reform nur wenig geändert hat. Zusammen mit den Beobachtungen der Betriebe könnte dies ein Indiz dafür sein, dass die Reformwirkungen auf die Arbeitsmarktakteure eher indirekt – also bei Kurzzeitarbeitslosen und Beschäftigten – anfallen als bei den SGB-II-Leistungsbeziehern selbst, bei denen eine lange Arbeitsmarktabstinenz und daraus resultierend mangelnde finanzielle Reserven zu bedarfsorientierten Lohnforderungen führen. Dies wiederum verhindert ein weiteres Anpassen der Löhne nach unten.

7.3 Gesamtwirtschaftliche Wirkung – Konjunktur oder Struktur?

Was bedeutet dies nun – zusammengenommen – für die Entwicklung des Arbeitsmarktes als Ganzes? Letztlich ist es gut drei Jahre nach Einführung des SGB II natürlich noch zu früh für eine Gesamtbewertung. Dies gilt zum einen deswegen, weil viele der intendierten Effekte Zeit brauchen, um wirklich Wirkung zu entfalten. Zum anderen überlagern sich in der Arbeitsmarktentwicklung konjunkturelle und strukturelle Bewegungen, die – wenn überhaupt – erst nach dem Durchlaufen mindestens eines kompletten Konjunkturzyklus getrennt werden können. Aber auch dann ist es fraglich, ob sich der Effekt der SGB-II-Einführung zweifelsfrei identifizieren lässt – schließlich wurden zeitgleich zahlreiche andere Änderungen der Rahmenbedingungen durchgeführt.

Zum gegenwärtigen Zeitpunkt ist es deshalb nur möglich, einige Indizien dafür zusammenzutragen, ob sich an der Dynamik des Arbeitsmarkts in Deutschland in den letzten drei Jahren etwas geändert hat. Dazu kann z. B. der aktuelle Aufschwung mit dem der Jahre 1999/2000 verglichen werden, wie es Gartner und Klinger (2007) getan haben. Sie analysieren dabei insbesondere, ob der Aufschwung 2006/2007 beschäftigungsintensiver war als der vorherige, und ob sich das Ausmaß struktureller Arbeitslosigkeit verändert hat.

Die jeweiligen Aufschwungphasen waren und werden im Wesentlichen durch außenwirtschaftliche Einflüsse getrieben, die Arbeitsmarktreformen können also auch für den Aufschwung 2006/2007 nicht als ursächlich unterstellt werden. Die veränderten Bedingungen am Arbeitsmarkt können aber dazu beitragen, dass in der konjunkturellen Hochphase mehr Beschäftigung auf- und Arbeitslosigkeit abgebaut wird als bisher beobachtet.

7.3.1 Entwicklung von Beschäftigung, Arbeitslosigkeit und Unterbeschäftigung

Klinger und Gartner stellen zunächst fest, dass im Aufschwung 2006/2007 vor allem das Wachstum der sozialversicherungspflichtigen Vollzeitbeschäftigung stärker war als 1999/2000. Zwar waren damals insgesamt mehr Beschäftigungsverhältnisse entstanden – etwa 1,2 Mio. –, aber zum großen Teil handelte es sich hierbei um geringfügige Beschäftigungsverhältnisse (630.000). Vollzeit- (20.000) und „herkömmliche" Teilzeitbeschäftigung (mit Sozialversicherungspflicht oder Beamte, 530.000) spielte eine geringere Rolle. Demgegenüber war die Anzahl der insgesamt neu entstandenen Beschäftigungsverhältnisse in der aktuellen Aufschwungphase zwar mit 890.000 geringer. Aber dies war zu einem größeren Teil sozialversicherungspflichtige Beschäftigung und es entstanden insgesamt 210.000 neue Vollzeitarbeitsplätze und 590.000 neue Teilzeitarbeitsplätze. Dies kann als bessere Qualität des Beschäftigungswachstums verstanden werden. Auch die Beschäftigungsschwelle für sozialversicherungspflichtige Beschäftigung war im aktuellen Aufschwung geringer: bereits bei 1,3 Prozent Wachstum begann die Beschäftigung zu wachsen, während dazu 1999 noch 1,7 Prozent Wachstum notwendig waren. Anfang 2007 wuchs die Beschäftigung bei zwei Prozent Wirtschaftswachstum nahezu doppelt so stark wie Anfang 2000 beim gleichen Wirtschaftswachstum. Der Aufschwung ist somit – zumindest was die sozialversicherungspflichtige Beschäftigung und das Arbeitsvolumen betrifft – beschäftigungsintensiver als zuvor.

Spiegelbildlich verläuft die Entwicklung der Arbeitslosigkeit (vgl. hierzu Bach et al. 2009): Sie sinkt derzeit stärker als im Aufschwung um 1999 und 2000. Von ihrem Höchststand im Januar 2005 bis zum bisherigen Tiefststand im Dezember 2007 sank die saisonbereinigte Arbeitslosenquote von 11,6 auf 8,4 Prozent um 3,2 Prozentpunkte. Im vorhergehenden Aufschwung sank sie von ihrem Höchststand im Januar 1998 mit 11,7 Prozent bis zum Tiefststand im Mai 2001 von 9,2 Prozent nur um 2,5 Prozentpunkte. Ein Teil des Rückgangs ist zwar auf eine strengere Überprüfung des Arbeitslosenstatus zurückzuführen, dennoch haben auch mehr Arbeitslose eine Arbeit aufgenommen als noch im Aufschwung 1999 und 2000. Diese beschäftigungsfreundlichere Qualität des Wirtschaftswachstums ist Indiz dafür, dass derzeit die strukturelle Arbeitslosigkeit sinkt.

Veränderung der Langzeitarbeitslosigkeit

Ein weiterer Anhaltspunkt dafür, ob sich das Ausmaß der strukturellen Arbeitslosigkeit verändert hat, liefert die Entwicklung der Langzeitarbeitslosigkeit. Denn die verfestigte Sockelarbeitslosigkeit wird maßgeblich durch die Anzahl der Personen geprägt, die langzeitarbeitslos sind. Deren Qualifikationen haben sich im Verlauf der Arbeitslosigkeit entwertet, und es wird immer schwerer für sie, eine adäquate Stelle zu finden. Zudem tragen Entmutigungseffekte dazu bei, dass weniger intensiv nach einer Stelle gesucht wird, und Unternehmen scheuen davor zurück, Langzeitarbeitslose einzustellen (s. o.). Eine verbesserte Matching-Effizienz ist daher vor allem dann zu unterstellen, wenn es gelingt, mehr Langzeitarbeitslose in Beschäftigung zu bringen. Da zudem der größere Teil der Langzeitarbeitslosen im SGB II betreut wird, liefert die Entwicklung der Langzeitarbeitslosigkeit auch wichtige Indizien für die Wirkungen dieses Teils der Arbeitsmarktreformen.

Als „langzeitarbeitslos" gelten nach der Statistik der Bundesagentur für Arbeit Personen, die länger als ein Jahr ununterbrochen als arbeitslos registriert sind. Im Durchschnitt der Jahre 1998 bis 2007 waren 1,5 Mio. Personen langzeitarbeitslos, mehr als ein Drittel des durchschnittlichen Bestands von 4,1 Mio. Arbeitslosen.

Ob Langzeitarbeitslosigkeit in einem konjunkturellen Aufschwung generell zu- oder abnimmt, ist zunächst eine offene Frage. Einerseits haben Langzeitarbeitslose in der Regel spezielle Vermittlungshemmnisse, für deren Kompensation eine Steigerung der Güternachfrage in einem Aufschwung allein nicht genügen dürfte. Andererseits sind Arbeitsplätze im gering qualifizierten und gering entlohnten Bereich konjunkturreagibler: In einer Rezession werden gering qualifizierte Arbeitskräfte schneller entlassen, im Aufschwung aber auch schneller eingestellt. Von einem Aufschwung können daher Langzeitarbeitslose durchaus profitieren.

Diese beiden Effekte hielten sich in den Jahren 1999 und 2000 die Waage: Im Jahresdurchschnitt sank die Arbeitslosigkeit in diesen beiden Jahren um 9,1 Prozent oder 390.000, die der Langzeitarbeitslosen ebenfalls um 9,1 Prozent (150.000 Personen).

Die Einführung des SGB II hat zu Beginn der Jahre 2005 und 2006 zunächst zu statistischen Sprüngen bei der Langzeitarbeitslosigkeit geführt: Wie mehrfach erwähnt, meldete sich ein Teil der vormaligen Sozialhilfeempfänger erstmals arbeitslos, um Arbeitslosengeld II beantragen zu können. Auch wenn sie vorher schon erwerbslos waren, wurden sie zunächst mit einer Dauer der Arbeitslosigkeit von null Monaten registriert. Der Anteil der Langzeitarbeitslosen an allen Arbeitslosen fiel dadurch zunächst. Da viele dieser Personen den Übergang aus der registrierten Arbeitslosigkeit innerhalb eines Jahres aber nicht schafften, wurden sie ab Anfang 2006 auch statistisch als langzeitarbeitslos gezählt. Dies erklärt den kräftigen Sprung im Bestand der Langzeitarbeitslosigkeit. Als Folge stieg der Anteil der Langzeitarbeitslosen an allen Arbeitslosen auf 41 Prozent.

In den Jahren 2006/2007 hat die Arbeitsnachfrage deutlich zugenommen – aber auch ein demografisch bedingtes Sinken des Arbeitsangebots hat den Arbeitsmarkt entlastet. In der Folge sanken sowohl die Arbeitslosigkeit als auch die Langzeitarbeitslosigkeit wesentlich kräftiger als 1999/2000. Im Jahresdurchschnitt sank die Arbeitslosigkeit von 2005 auf 2007 um 1,1 Mio. Personen oder 22,3 Prozent und die Langzeitarbeitslosigkeit um 200.000 Personen oder 12,7 Prozent. Wie stark die Langzeitarbeitslosigkeit zurückgegangen ist, sieht man deutlicher, wenn man die Entwicklung seit ihrem Höchststand im März 2006 betrachtet, nachdem die ehemaligen Sozialhilfeempfänger in die erfasste Langzeitarbeitslosigkeit hineingewachsen waren. In weniger als zwei Jahren, bis Dezember 2007, ist die Langzeitarbeitslosigkeit um 530.000 Personen gefallen. Das ist doppelt so viel wie im Verlauf der vier Jahre von 1998 bis 2001.

Abbildung 7.2

Arbeitslosigkeit und Langzeitarbeitslosigkeit, Bestände 1998 bis 2007

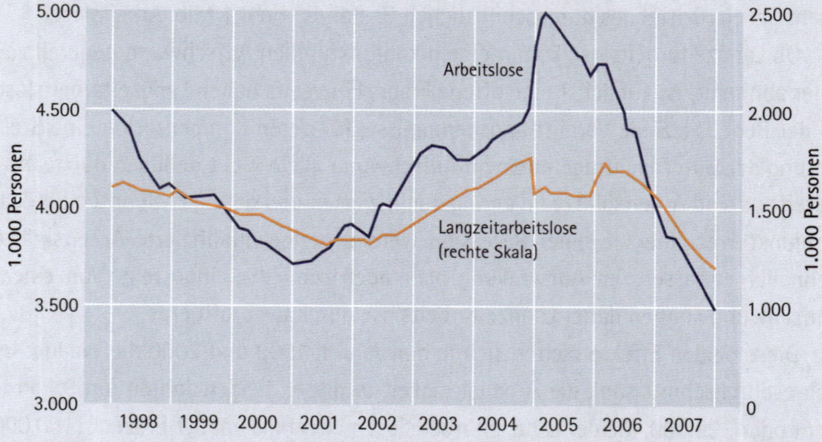

Anmerkung: Saisonbereinigte Monatswerte, ohne zugelassene Träger; Statistik der Bundesagentur für Arbeit.
Quelle: Gartner/Klinger 2008.

Um diese Entwicklung beurteilen zu können, ist es wichtig zu wissen, wohin Langzeitarbeitslose gehen, wenn sie die Arbeitslosigkeit verlassen. Die Wechsel aus Langzeitarbeitslosigkeit in Beschäftigung auf dem ersten Arbeitsmarkt haben gegenüber 1999/2000 leicht zugenommen, von durchschnittlich 26.000 Personen (1,7 %) pro Monat in den Jahren 1999/2000 auf durchschnittlich 30.000 Personen (1,9 %) in den Jahren 2006/2007. Diese Aufwärtsbewegung hat – wie bei den Abgängen aus Arbeitslosigkeit allgemein – schon 2003 begonnen. Im Jahr 2007 sank die Zahl der Abgänge wieder. Diese Abnahme kann zum Teil mit dem gesunkenen Bestand an Langzeitarbeitslosen erklärt werden, der Pool der infrage kommenden Personen ist kleiner geworden.

Kleiner wurde der Pool auch, weil Langzeitarbeitslose seit der Einführung des SGB II zunehmend mit (kürzeren) Weiterbildungs- und Trainingsmaßnahmen versorgt werden und nach dem Ende der Maßnahme nicht mehr als langzeitarbeitslos gezählt werden. 1999/2000 verließen durchschnittlich 9.000 Personen (0,6 %) pro Monat die Langzeitarbeitslosigkeit, um eine solche Maßnahme zu beginnen, 2006/2007 waren es durchschnittlich 19.000 Personen (1,2 %) pro Monat. Zugenommen haben auch die Abgänge in Beschäftigung schaffende Maßnahmen auf dem zweiten Arbeitsmarkt, von 10.000 Personen (0,7 %) pro Monat 1999/2000 auf 18.000 Personen (1,2 %) pro Monat in den Jahren 2006/2007. Im Anschluss an diese Maßnahmen kann – wie in Kapitel 5 ausführlich analysiert – wiederum ein Übertritt in reguläre Beschäftigung stehen. Allerdings ist dies je nach Maßnahmetyp unterschiedlich wahrscheinlich.

Die Zahl der Übergänge aus Langzeitarbeitslosigkeit in Nichterwerbstätigkeit (ohne Krankheit) hat sich nur wenig erhöht, von 54.000 Personen (3,6 %) in den Jahren 1999/2000 auf 56.000 Personen (3,7 %) pro Monat in 2006/2007. Dazu zählen Personen, die in den Ruhestand gehen, aber auch Personen, die sich nicht arbeitslos melden, da sie ihre Arbeitsmarktchancen als schlecht einschätzen. Sie sind entmutigt und suchen erst bei höherem Beschäftigungsstand aktiv nach einer Stelle. Sie bilden die sogenannte Stille Reserve im engeren Sinn und damit eine Komponente der Unterbeschäftigung.

Unterbeschäftigung geht zurück

Die Unterbeschäftigung erfasst die Erwerbslosigkeit breiter als die registrierte Arbeitslosigkeit, weil sie zusätzlich die Stille Reserve im engeren Sinn und die Stille Reserve in Maßnahmen beinhaltet. Wenn analysiert wird, ob die strukturelle Arbeitslosigkeit sinkt, sollte die Diskussion daher auch auf die Unterbeschäftigung ausgedehnt werden.

Im Jahr 2005 stieg die Zahl der registrierten Arbeitslosen deutlich. Der Anstieg ist aber im Wesentlichen durch eine Umschichtung innerhalb der Unterbeschäftigung entstanden: Erwerbsfähige Sozialhilfebezieher, die vor der Reform in der Stillen Reserve im engeren Sinn erfasst waren, wurden nun als arbeitslos registriert. Verdeckte Arbeitslosigkeit wurde damit offen gelegt und die Stille Reserve im engeren Sinn sank. Aber auch die Stille Reserve in Maßnahmen nahm 2005 ab, wohl auch, weil die organisatorische Struktur der BA umgestaltet und der Einsatz von Instrumenten stärker an ihre Wirksamkeit gekoppelt wurde. Im Ergebnis nahm die Unterbeschäftigung nur um 1,9 Prozent zu.

Im Aufschwung 2006 und 2007 verringerte sich die registrierte Arbeitslosigkeit kräftig, während sich an der Stillen Reserve vergleichweise wenig änderte. Die Unterbeschäftigung betrug 2007 5,1 Mio. Personen – ein so niedriger Stand war zuletzt 1992 erreicht worden. Der überwiegende Teil der Personen, die die

Unterbeschäftigung verlassen haben, sind in Beschäftigung gewechselt. Auch bei dieser breiteren Definition von Erwerbslosigkeit hat sich also der Arbeitsmarkt im aktuellen Aufschwung günstiger entwickelt als 1999 und 2000.

Insgesamt spricht einiges dafür, dass der konjunkturelle Aufschwung der Jahre 2006/2007 sich von dem des Jahres 1999/2000 in der Hinsicht unterscheidet, dass auch strukturelle Arbeitslosigkeit abgebaut werden konnte. Um diese Beobachtung zu untermauern, werden im Folgenden Analysen zur Beveridge- und Phillipskurve dargestellt, die das IAB im Rahmen seiner Forschung zu den gesamtwirtschaftlichen Wirkungen des SGB II durchgeführt hat (Gartner/Klinger 2008).

7.3.2 Beveridge-Kurve und Phillipskurve

Neben der Beschäftigungs- und Arbeitslosigkeitsentwicklung im Konjunkturverlauf kann eine Abweichung vom konjunkturellen Muster auch an der Beveridge-Kurve abgelesen werden. Die Beveridge-Kurve stellt den Zusammenhang von offenen Stellen auf der einen und Arbeitslosigkeit auf der anderen Seite dar. Bei gegebenen Rahmenbedingungen hat die Kurve einen fallenden Verlauf. Konjunkturelle Hochphasen sind durch eine große Anzahl offener Stellen bei geringer Arbeitslosigkeit gekennzeichnet, konjunkturelle Schwächephasen umgekehrt durch wenig offene Stellen bei hoher Arbeitslosigkeit. Bewegungen auf der Kurve zeigen Veränderungen der konjunkturellen Lage an, Verschiebungen der Kurve strukturelle Veränderungen wie etwa eine Verbesserung der Matching-Effizienz am Arbeitsmarkt.

Abbildung 7.3

Offene Stellen und Arbeitslose (Beveridge-Kurve)

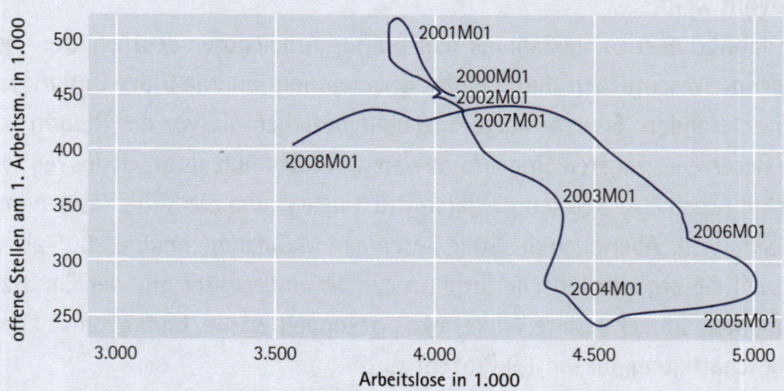

Saisonbereinigte Werte für gemeldete offene Stellen und registrierte Arbeitslose; Statistik der Bundesagentur für Arbeit.

Quelle: Bach et al. 2009.

Wie in der Abbildung zu erkennen, kam es mit der Einführung des SGB II zunächst zu einer deutlichen Verschiebung der Beveridge-Kurve nach außen. Dies lag vor allem daran, dass sich erwerbsfähige ehemalige Sozialhilfebezieher, die ins SGB II übertraten, nun erstmals arbeitslos melden mussten, um Leistungen zu erhalten. Mit dem Beginn des Aufschwungs 2006 ging zunächst die Zahl der Arbeitslosen bei einem gleichzeitigen Ansteigen der offenen Stellen zurück, was sich als konjunkturelle Bewegung auf der Beveridge-Kurve interpretieren lässt. Ab Anfang 2007 zeigt sich nun eine Innenbewegung, d. h. die Zahl der Arbeitslosen geht bei etwa gleichbleibender Anzahl offener Stellen zurück. Dies kann ein Indiz für strukturelle Veränderungen sein, auch wenn der Beobachtungszeitraum für eine abschließende Beurteilung noch zu kurz ist.

Dafür, dass sich die Matching-Effizienz insgesamt verbessert hat, spricht auch ein anderer empirischer Zusammenhang: die Phillipskurve. Sie bildet den Zusammenhang zwischen Arbeitslosigkeit und Inflation ab. Für die beiden betrachteten Zeiträume zeigt sich, dass die Arbeitslosigkeit aktuell deutlich stärker zurückgegangen ist als 1999 und 2000, während die Inflation etwas weniger angestiegen ist als damals. Der Anstieg der Inflation dürfte zudem kaum auf Lohndruck zurückzuführen sein, sondern auf die höhere Mehrwertsteuer. Ende 2007, bei einer wesentlich geringeren Arbeitslosigkeit als zum Tiefststand im Jahr 2001, scheint auch – anders als damals – die Zunahme der Inflation gestoppt zu sein. Zwar lässt die empirische Phillipskurve Interpretationsspielräume offen, dennoch lässt die stabilere Inflation bei geringerer Arbeitslosigkeit als 2001 eine Verschiebung der Phillipskurve nach links vermuten.

Abbildung 7.4

Phillipskurve, Januar 1998 bis Januar 2008

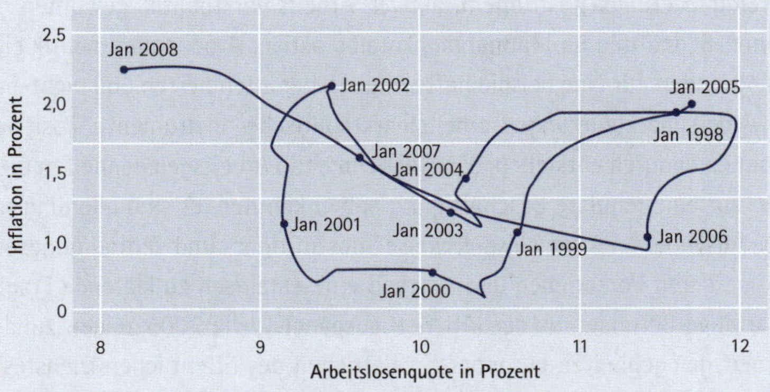

Anmerkung: Jahresdurchschnitte, Inflation: Veränderung des Verbrauchspreisindex (ohne Energie und saisonabhängige Nahrungsmittel) gegenüber Vorjahr; Destatis, Bundesagentur für Arbeit.

Quelle: Gartner/Klinger 2008.

Wenn sich die Phillipskurve und die Beveridge-Kurve gemeinsam nach links verschieben, deutet das auf eine verbesserte Matching-Effizienz auf dem Arbeitsmarkt hin – wobei nicht auszuschließen ist, dass sich gleichzeitig auch die Lohn- und Preisbildung geändert hat.

Der grafische Eindruck, dass sich sowohl Beveridge- als auch Phillipskurve nach links verschieben, wird durch eine einfache Regressionsanalyse gestützt (Gartner/Klinger 2008): Die Residuen beider geschätzter Kurven zeigen eine Veränderung der Arbeitslosigkeit an, die nicht durch eine Veränderung von Inflation bzw. offenen Stellen erklärt werden kann. In den letzten drei Jahren haben sich die Residuen von Beveridge- und Phillipskurve parallel nach unten entwickelt. Dies ist ein zusätzlicher Hinweis auf eine Verschiebung beider Kurven in Richtung Ursprung.

Insgesamt mehren sich demnach die Indizien, dass neben den gegenwärtig wirkenden positiven konjunkturellen Faktoren auch strukturelle Faktoren zum Aufbau der Beschäftigung und dem Abbau der Arbeitslosigkeit beigetragen haben. Diese wiederum dürften zum Teil durch die Arbeitsmarktreformen bedingt sein – wie groß deren Anteil insgesamt und spezifisch der der SGB-II-Einführung an der positiven Entwicklung aber genau ist, lässt sich gegenwärtig nicht quantifizieren.

7.4 Intendierte und nicht-intendierte Arbeitsmarktwirkungen der arbeitsmarktpolitischen Instrumente: das Beispiel Zusatzjobs

Die Arbeitsgelegenheiten nach § 16(3) SGB II sind – wie oben beschrieben – seit ihrer Einführung zum quantitativ bedeutendsten und meist praktizierten (Wiedereingliederungs-)Instrument aktiver Arbeitsmarktpolitik geworden. Aufgrund ihrer Bedeutung im Maßnahmenkatalog aktiver Arbeitsmarktpolitik eignen sie sich besonders für eine beispielhafte Analyse der intendierten und nicht-intendierten Arbeitsmarktwirkungen arbeitsmarktpolitischer Instrumente. Positive Effekte können dadurch entstehen, dass Teilnehmer an Arbeitsgelegenheiten bessere Chancen auf eine reguläre Beschäftigung haben könnten, es sind allerdings auch negative Auswirkungen wie beispielsweise Substitutions- und Verdrängungseffekte denkbar, deren Vorkommen und Ausmaß eine empirisch zu klärende Frage ist.

Deskriptive Befunde aus der IAB-Betriebspanel-Welle 2005 zeigen zunächst, dass Arbeitsgelegenheiten besonders in Betrieben des öffentlichen Dienstes und der Organisationen ohne Erwerbszweck eingesetzt werden (Bellmann et al. 2006). und das insbesondere in den Sektoren Erziehung und Bildung, Gesundheit und Pflege, Sport, Kultur und Unterhaltung. Dagegen sind Ein-Euro-Jobs im produzierenden Gewerbe und bei den übrigen Dienstleistungen zwar vorhanden, aber selten. Der hochgerechnete Anteil an der Gesamtbeschäftigung über alle Branchen hinweg liegt für Gesamtdeutschland nur bei knapp ein Prozent. In Organisationen ohne Erwerbszweck ist demgegenüber ein Anteilswert von zehn Prozent zu beobachten, in den Bereichen Erziehung und Unterricht sowie in der öffentlichen Verwaltung Werte zwischen drei und vier Prozent, im Gesundheits- und Sozialwesen zwei Prozent.

Bei einer dynamischen Betrachtung zeigt sich, dass Betriebe, die schon vor 2005 Lohnkostenzuschüsse oder Beschäftigung schaffende Maßnahmen in Form von ABM, SAM oder des „Arbeit statt Sozialhilfe"-Programms eingesetzt haben, eine höhere Nutzungsintensität der Arbeitsgelegenheiten aufweisen, was für die These spricht, dass Ein-Euro-Jobs als Nachfolgeinstrument andere Beschäftigung schaffende Maßnahmen ersetzt haben.

Unerwünschte Nebenfolgen von Ein-Euro-Jobs sind insbesondere Substitutions- und Verdrängungseffekte. Beide sind insbesondere deshalb relevant, weil es sich bei den Ein-Euro-Jobs um das quantitativ bedeutendste Instrument handelt. Direkte Beschäftigungssubstitution liegt vor, wenn die Maßnahmeträger Ein-Euro-Jobber anstelle von regulär Beschäftigten einsetzen. So ermöglichen Arbeitsgelegenheiten es Unternehmen, ohne zusätzliche Lohnkosten Arbeitskräfte zu beschäftigen. Zusätzlich ergeben sich durch die Kostenpauschale an den Träger einerseits ein Kostenvorteil und andererseits der Anreiz, die gesetzlich vorgeschriebene Zusätzlichkeit zu fingieren (Kettner/Rebien 2007b). Indirekte („versteckte") Substitution tritt auf, wenn beispielsweise befristete Beschäftigungsverhältnisse nicht verlängert werden oder Neueinstellungen im Aufschwung zugunsten von Ein-Euro-Jobs unterbleiben. Darüber hinaus ist denkbar, dass bei den Trägern beispielsweise Arbeiten, die andernfalls an andere (privatwirtschaftliche) Unternehmen vergeben worden wären, durch Ein-Euro-Jobber erledigt werden. Substitution und Verdrängung betreffen in der Regel sozialversicherungspflichtige Beschäftigung und sind demzufolge als negativer, unintendierter Nebeneffekt der Arbeitsgelegenheiten zu betrachten.

Ob solche nicht-intendierten Effekte auftreten, hängt u. a. davon ab, welche konkreten Arbeitsinhalte die Stellen für Ein-Euro-Jobber aufweisen. Kettner/Rebien (2007b) zeigen, dass hier deutliche Unterschiede zwischen Ost- und Westdeutschland zu verzeichnen sind.

Während in Westdeutschland 37 Prozent der Ein-Euro-Jobber Hausmeisterdienste oder handwerkliche Aufgaben erfüllen, sind es im Osten nur 17 Prozent. Auch Verwaltungstätigkeiten werden im Westen weit häufiger ausgeführt als im Osten (30 vs. 18 %), wohingegen der Anteil von Ein-Euro-Jobbern in der Garten- und Landschaftspflege im Osten weit höher liegt als im Westen (40 vs. 18 %). Auch im Bereich Betreuung und Altenpflege ist im Osten mit 26 Prozent ein höherer Anteil als im Westen (16 %) zu verzeichnen.

Abbildung 7.5

Von Personen in sozialen Arbeitsgelegenheiten ausgeübte Tätigkeiten

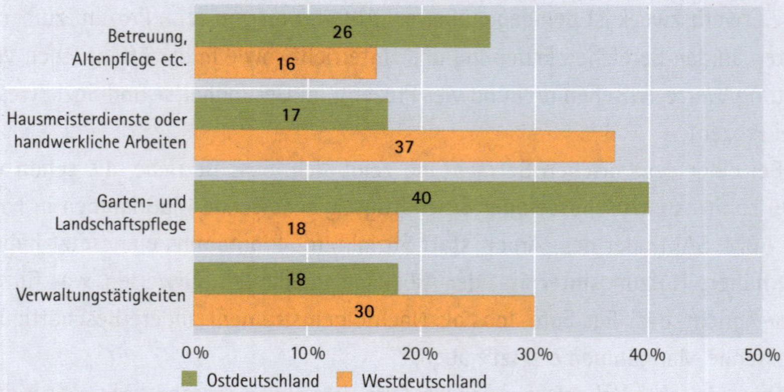

Gewichtung: Neueinstellungen in soziale Zusatzjobs; IAB-Erhebung des gesamtwirtschaftlichen Stellenangebots IV. Quartal 2005.
Quelle: Kettner /Rebien 2007b.

Die beiden im IAB durchgeführten Studien auf Basis von Befragungsdaten liefern erste Belege für die Substitutionsthese (Kettner/Rebien 2007b; Hohendanner et al. 2007). Daten aus der Erhebung zum gesamtwirtschaftlichen Stellenangebot zeigen, dass in der Mehrheit der Betriebe (drei Viertel) Arbeitsgelegenheiten eine Entlastung bzw. Unterstützung der Stammbelegschaft bedeuten, wobei unklar bleibt, ob die Entlastung durch zusätzliche Arbeiten im Sinne des Gesetzes oder durch nicht wünschenswerte Verlagerung regulärer Arbeit auf Zusatzjobber geschieht. Gleichzeitig berichten die Betriebe von vergleichsweise geringem zusätzlichen Arbeits- und Organisationsaufwand durch Ein-Euro-Jobber, was dafür spricht, dass die einzelbetrieblichen Vorteile die Nachteile deutlich überwiegen. Jeder zweite befragte Betrieb konnte durch Zusatzjobs sein Leistungsangebot ausweiten oder qualitativ verbessern (Kettner/Rebien 2007b), was aufgrund der Kostenpauschale und des geringen organisatorischen Zusatzaufwandes einen Wettbewerbsvorteil gegenüber Betrieben ausmacht, die keine Arbeitsgelegenheiten installieren. Ein Viertel der Betriebe gibt zudem an, dass die ausgeführten Tätigkeiten nicht zusätzlich seien, vier Prozent berichten von Personaleinsparungen und damit von direkter Substitution. Auch Vertretungen im Urlaubs- oder Krankheitsfall sowie der Abbau von Überstunden durch den Einsatz von Ein-Euro-Jobbern werden berichtet.

Substitutionseffekte auf der betrieblichen Ebene untersucht Hohendanner (2007) mit dem IAB-Betriebspanel. Mit den zur Verfügung stehenden Daten lässt sich zwar nicht erfassen, ob eine spezifische Stelle im Betrieb substituiert wurde, aggregierte Saldoeffekte auf betrieblicher Ebene sind jedoch identifizierbar. Dazu werden in einem Panelmodell für die Jahre 2004 und 2005 die Einflussfaktoren der sozialversicherungspflichtigen Beschäftigung bestimmt und damit die Effekte der Einführung von Arbeitsgelegenheiten geschätzt. Betriebe könnten zum einen die Einführung der Ein-Euro-Jobs antizipiert haben, indem sie bereits 2004 weniger Neueinstellungen oder Entlassungen vornahmen, oder simultan mit der Einstellung von Zusatzjobbern die reguläre Beschäftigung reduziert haben.

Es zeigt sich, dass Betriebe, die Ein-Euro-Jobs einsetzen, eine niedrigere Wachstumsrate der sozialversicherungspflichtig Beschäftigten aufweisen als Betriebe, die dies nicht tun. Dies ist v. a. durch den negativen Effekt in Ostdeutschland bedingt (Hohendanner 2007).

In ostdeutschen Betrieben zeigt sich zudem eine negative Beziehung zwischen dem Wachstum befristet Beschäftigter und dem Anteil von Ein-Euro-Jobbern dergestalt, dass Letzterer umso höher ist, je mehr befristet Beschäftigte abgebaut oder je weniger eingestellt wurden. Die Beziehung zwischen befristeter Beschäftigung und Ein-Euro-Jobs ist außerdem insofern komplementär, dass Betriebe mit vielen befristeten Beschäftigungsverhältnissen auch mehr Ein-Euro-Jobber haben, wobei Erstere teilweise durch Letztere ersetzt wurden. In Westdeutschland lässt sich dagegen ein negativer Zusammenhang nur beim Anteil der sonstigen Beschäftigten feststellen und zwar in dem Sinne, dass Betriebe mit vielen sonstigen Beschäftigungsverhältnissen (Minijobs etc.) weniger Ein-Euro-Kräfte einsetzen, wohingegen Betriebe mit hohen Anteilen befristet oder extern Beschäftigter auch mehr Arbeitsgelegenheiten haben. In Ost- wie Westdeutschland gilt darüber hinaus, dass Betriebe mit vielen Ein-Euro-Jobbern eine geringere Beschäftigungsstabilität bzw. höhere Fluktuation aufweisen.

Generell ist festzuhalten, dass der Umfang und die konkrete inhaltliche Ausformung von Arbeitsgelegenheiten stark von regionalen Strukturen und Akteursnetzwerken beeinflusst werden (Klemm et al. 2008). Dabei ist auch nach einer tief greifenden Reform wie der Einführung des SGB II zu erkennen, dass historisch gewachsene, eingespielte Interaktionen zwischen den beteiligten Akteuren meist erhalten bleiben, wenn auch unter veränderten Rahmenbedingungen. Der regionale Kontext entscheidet dabei durch die Arbeitsmarktlage mit darüber, ob Arbeitsgelegenheiten eher als marktnahe Beschäftigung oder als Instrument der Sozialintegration ausgestaltet sind. Die lokalen Akteure wie die ARGE und Träger entscheiden damit faktisch mit darüber, ob unerwünschte Substitutions- und Verdrängungseffekte verstärkt auftreten.

7.5 Regionale Einkommenseffekte der Arbeitsmarktreformen

Nicht nur die Instrumente der aktiven Arbeitsmarktpolitik können gesamtwirtschaftliche Effekte haben, auch die Ausgaben für die Arbeitsmarktpolitik als Ganzes wirken auf dieser Ebene – vor allem wegen ihrer regional ausgleichenden Funktion. Die Arbeitsmarktreformen und die Einführung des SGB II haben nun die Finanzstrukturen in der Arbeitsmarktpolitik grundlegend geändert (Blos/Schwengler 2007). Vor der Einführung des SGB II wurden die Maßnahmen aktiver Arbeitsmarktpolitik für Arbeitslosenhilfebezieher im Wesentlichen aus Beitragseinnahmen der Bundesagentur für Arbeit finanziert – wenn auch ergänzt um einen Bundeszuschuss. Mit der Einführung des SGB II ging die Finanzierung der aktiven Arbeitsmarktpolitik für die ALG-II-Bezieher komplett auf den Bund über. Im Jahr 2005 wurde mit 17,2 Mrd. Euro in beiden Rechtskreisen zusammengenommen gegenüber dem Jahr 2004 weniger Geld für aktive Arbeitsmarktpolitik ausgegeben als im Jahr 2004 (18,7 Mrd. Euro). Während dabei Pflichtleistungen im SGB III[30] in etwa auf demselben Niveau blieben, gingen die Ausgaben für Ermessenleistungen (im Wesentlichen Eingliederungstitel SGB III und (2005) SGB II) deutlich zurück. Während 2004 hier noch 9,1 Mrd. Euro ausgegeben worden waren, waren es 2005 in beiden Rechtskreisen zusammengenommen nur noch 7,2 Mrd. Euro. Insbesondere wegen der organisatorischen Schwierigkeiten beim Übergang ins SGB II wurden hier 2005 deutlich weniger Maßnahmen finanziert, als ursprünglich geplant war. Mittlerweile sind die Ausgaben für arbeitsmarktpolitische Maßnahmen im SGB II angestiegen und lagen 2007 bei 4,2 Mrd. Euro. Im SGB III sind die Ausgaben sowohl für Pflicht- als auch für Ermessensleistungen vor allem wegen der sinkenden Arbeitslosenzahlen mit 2,5 und 7,9 Mrd. Euro weiter rückläufig. 2007 wurde damit insgesamt 14,6 Mrd. Euro für aktive Arbeitsmarktpolitik von BA und Bund aufgewendet.

Gleichzeitig führte der Rückgang der SGB-III-Arbeitslosigkeit zu einer Senkung der Ausgaben für Arbeitslosengeld, und die Beitragseinnahmen stiegen wegen der höheren Zahl sozialversicherungspflichtig Beschäftigter. Zusammengenommen machte dies eine Senkung der Beitragssätze zur Arbeitslosenversicherung von 6,5 Prozent über 4,2 Prozent auf mittlerweile 3,3 Prozent möglich.

Sowohl die Entwicklung der Beitragssätze als auch die Entwicklung der Ausgaben für aktive Arbeitsmarktpolitik haben Auswirkungen auf die regionale Einkommensverteilung. Generell gilt, dass einkommens- und beschäftigungsstarke Regionen einen höheren Anteil der Beiträge an die Bundesagentur für Arbeit leisten als schwächere. Umgekehrt profitieren wirtschaftsstärkere Regionen aber auch mehr von einer Senkung der Beitragssätze. Blos und Schwengler (2007) haben die regionalen Einkommenseffekte der Beitragssatzsenkung von 6,5 Prozent auf 4,2 Prozent unter der Annahme analysiert, dass eine Überwälzung der Senkung nicht möglich sei und deshalb auf die Arbeitnehmer 1,15 Prozentpunkte der

30 Hier handelt es sich um solche Leistungen im Rahmen der aktiven Arbeitsmarktpolitik, auf die der Arbeitslose einen Rechtsanspruch hat. Dazu gehören beispielsweise Leistungen der beruflichen Rehabilitation, das Altersteilzeitgeld oder bis 2006 das Überbrückungsgeld.

Senkung entfielen – eine regionale Zuordnung der Unternehmensbeiträge ist nicht ohne Weiteres möglich. Danach wurden Westdeutschland und hier die Flächenländer Nordrhein-Westfalen, Baden-Württemberg und Bayern deutlich stärker entlastet als andere Teile der Republik.

Übersicht 7.4

Regionale Einkommenseffekte einer Beitragssatzsenkung*

Bundesland	Arbeitnehmerentlastung	
	Insgesamt in 1.000 €	Je Beschäftigten am Wohnort in €
Schleswig-Holstein	265.544	311
Hamburg	184.035	336
Niedersachsen	767.641	313
Bremen	60.502	314
Nordrhein-Westfalen	1.826.783	330
Hessen	680.621	342
Rheinland-Pfalz	408.362	317
Baden-Württemberg	1.221.206	339
Bayern	1.381.792	327
Saarland	100.083	316
Berlin	286.516	299
Brandenburg	221.681	265
Mecklenburg-Vorpommern	138.153	246
Sachsen	356.773	252
Sachsen-Anhalt	208.584	254
Thüringen	199.304	246
Bund	**8.307.579**	315
West	6.896.568	328
Ost	1.411.011	261

* Senkung des Arbeitnehmerbeitrages zur Arbeitslosenversicherung um 1,15 Prozentpunkte, geschätzte Entlastung der Arbeitnehmer auf Basis der regionalen Verteilung der Arbeitsengelte des Jahres 2004; Beschäftigtenhistorik des IAB 2004.

Quelle: Blos/Schwengler 2007.

Auch bezogen auf die Zahl der Einwohner ergibt sich ein ähnliches Bild: Entlastungseffekte finden sich vor allem in den wirtschaftsstarken Ballungszentren Westdeutschlands, geringe Entlastungen vor allem in den wirtschaftsschwachen Regionen. Hierzu gehören größere Teile Ostdeutschlands.

Ostdeutsche Regionen sind gleichzeitig diejenigen, die am stärksten vom Rückgang der Ausgaben für aktive Arbeitsmarktpolitik betroffen waren: Während 2003 noch 42 Prozent der aktiven Leistungen aus dem SGB III nach Ostdeutschland flossen, waren es 2005 nur noch 33 Prozent. Dieser Rückgang wurde durch die

SGB-II-Mittel nicht ausgeglichen, denn diese wurden etwa hälftig auf Ost- und Westdeutschland aufgeteilt. Insoweit Ausgaben für Arbeitsmarktpolitik regional stabilisierende Wirkungen haben und regionale Disparitäten ausgleichen helfen, wurde durch die Einführung des SGB II – zumindest in der kurzen Frist – dieser Ausgleichsmechanismus behindert, weil Regionen mit größeren Arbeitsmarktproblemen von der Neuregelung tendenziell weniger profitierten. Dies bezieht sich allerdings nur auf die aktive Arbeitsmarktpolitik und hier vor allem auf die Ermessensleistungen, während Pflichtleistungen und passive Leistungen wie Arbeitslosengeld und Arbeitslosengeld II weiterhin zum regionalen Ausgleich beitragen.

7.6 Ausdehnung des Niedriglohnsektors – unausweichliche Folge der Aktivierung?

Wie oben beschrieben hat die Einführung des SGB II zumindest in der Wahrnehmung der Betriebe dazu geführt, dass Bewerber um eine Arbeitsstelle zu mehr Konzessionen auch hinsichtlich der Lohnhöhe bereit sind. Letztlich ist dies eine intendierte Wirkung der Aktivierung, die auch die Aufnahme einer nicht oder nur knapp bedarfsdeckenden Erwerbstätigkeit ausdrücklich fordert. Welche Auswirkungen dies auf den Arbeitsmarkt und die Größe des Niedriglohnsektors hat, ist natürlich zunächst davon abhängig, ob von Unternehmensseite zusätzliche Stellen in diesem Segment angeboten werden.

Wegen des großen Zeitverzugs bei der Verfügbarkeit von Einkommensdaten in der Beschäftigtenstatistik sind bisher sind noch keine Analysen dazu möglich, ob der Abbau der Langzeit- und SGB-II-Arbeitslosigkeit im gegenwärtigen Aufschwung vor allem in Beschäftigungsverhältnisse mit geringerer Entlohnung erfolgt ist. Ebenfalls kann gegenwärtig noch nicht beurteilt werden, ob die intensivierte Aktivierung und die verschärften Zumutbarkeitskriterien zu einem Anstieg der Niedriglohnbeschäftigung insgesamt oder einer Ausdehnung des Niedriglohnsektors geführt haben.

Was die Aufnahme einer nicht bedarfsdeckenden Tätigkeit aus dem ALG-II-Bezug heraus angeht, so wurde im Kapitel 2 bereits dargestellt, dass in der Bestandsbetrachtung die Zahl derjenigen zugenommen hat, die gleichzeitig Erwerbseinkommen und ALG II beziehen. Allerdings zeigt sich – zumindest für den analysierbaren Zeitraum bis Ende 2006 – eine hohe Fluktuation unter den beschäftigten Leistungsbeziehern. Insbesondere bei Personen, die eine Vollzeitbeschäftigung aufnehmen, ist der Doppelbezug demnach in der Regel nur von kurzer Dauer. Die ALG-II-Zahlung ist hier vor allem eine Überbrückungsfinanzierung beim Ausstieg aus dem Leistungsbezug, (noch) kein dauerhafter Kombilohn. Ob der Ausstieg aus dem Leistungsbezug über einen längeren Zeitraum gelingt und ob gar ein Sprung über die Niedriglohnschwelle gelingt, muss zum gegenwärtigen Zeitpunkt offen bleiben.

Analysen zu Zeiträumen vor der Reform stimmen aber eher skeptisch, ob Niedriglohnbeschäftigung eine Brücke in höher entlohnte Tätigkeiten bauen kann. Schon 2005 legte das IAB Untersuchungsergebnisse vor (Rhein et al. 2005), nach denen in den Jahren 1996 bis 2001 die Chancen von Geringverdienern, in eine besser bezahlte Position aufzusteigen, gering waren: Nur etwa die Hälfte derjenigen, die 1996 einer Niedriglohnbeschäftigung in Vollzeit nachgingen, waren 2001 überhaupt noch vollzeitbeschäftigt – und von diesen war nur etwa einem Drittel der Sprung über die Niedriglohnschwelle[31] gelungen. Zehn Jahre zuvor lag der Anteil noch etwa bei der Hälfte.

Eine neue Untersuchung unter Beteiligung von IAB-Wissenschaftlern (Schank et al. 2008) bestätigt diese Ergebnisse tendenziell: Von den vollzeitbeschäftigten Geringverdienern der Jahre 1998/1999 gingen 2005 gut ein Drittel weiter einer Niedriglohnbeschäftigung nach, nur gut 13 Prozent war es gelungen, in eine Beschäftigung oberhalb der Niedriglohnschwelle zu gelangen. Dabei hatten Männer, Jüngere und höher Qualifizierte bessere Aufstiegschancen als Frauen, Ältere und geringer Qualifizierte, während es kaum Unterschiede zwischen Deutschen und Ausländern gab.

Abbildung 7.6

Aufstiegschancen von Geringverdienern nach persönlichen Merkmalen

Mehrjährige Geringverdiener von 1998/99, die im Jahr 2005 eine sozialversicherungspflichtige Vollzeitbeschäftigung mit höherem Lohn hatten – Anteile in Prozent

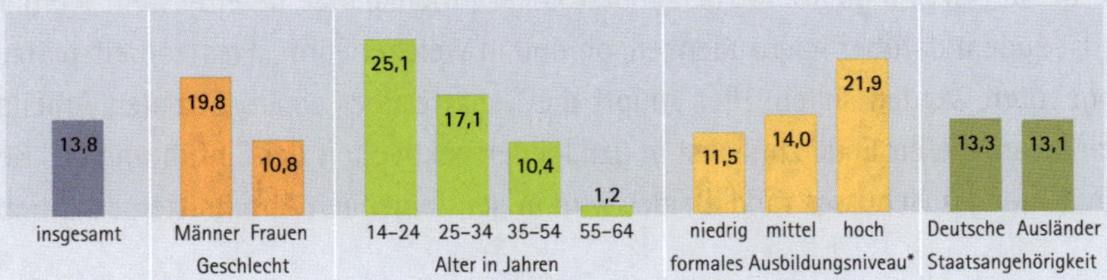

* niedrig = Haupt-/Volksschule oder Mittlere Reife; mittel = (Fach-)Abitur oder Ausbildung; hoch = Universität, Fachhochschule oder höhere Ausbildung; eigene Berechnungen auf Grundlage des Beschäftigtenpanels; Gesamtzahl N = 29.347.

Quelle: Schank et al. 2008.

Die Untersuchung zeigt auch, dass Betriebswechsler mit 42 Prozent deutlich höhere Chancen hatten, die Niedriglohnschwelle zu überwinden, als Personen, die im gleichen Betrieb verblieben (17,5 %).

Zusammengenommen bedeutet dies: Zwar dient einem gewissen Anteil von Personen eine Niedriglohnbeschäftigung als Sprungbrett in höherwertige Beschäftigungsverhältnisse. Dieser Anteil ließe sich sicher auch noch steigern, wenn etwa

31 Gemessen jeweils als zwei Drittel des Medianlohns.

durch die Arbeitsagenturen und die Grundsicherungsstellen vermehrt in Qualifizierungen auch von Beschäftigten investiert würde. Ein nicht zu unterschätzender Anteil der Niedriglohnbeschäftigten befindet sich aber – zumindest was die Vergütung angeht – in einer Sackgasse. Zu dieser Gruppe gehören nach den neuen Analysen vor allem auch Ältere und Frauen. Eine Förderung der Aufwärtsmobilität kann hier eher nicht an individuellen Charakteristika ansetzen, sondern erfordert Ent-Stigmatisierung, neue Arbeitsorganisationen und die Erschließung neuer Tätigkeitsfelder. Da dies wiederum aber Zeit braucht, ist nicht mit einem schnellen Resultat zu rechnen. Greift die Aktivierung daher weiterhin, ist zumindest in der kürzeren Frist deshalb eher mit einer weiteren Ausdehnung und Verfestigung des Niedriglohnsektors zu rechnen und möglicherweise auch mit einer weiteren Ausdehnung der nicht bedarfsdeckenden Beschäftigung. Dies ist eine logische Konsequenz des Primats der Erwerbsarbeit im SGB II, denn es ist nicht realistisch anzunehmen, dass durch Qualifizierungsmaßnahmen und größere Bildungsanstrengungen alle Leistungsbezieher in der kurzen Frist befähigt werden können, höherwertige und damit höher bezahlte Tätigkeiten auszufüllen. Akzeptiert man dies grundsätzlich, so stellt sich die Frage, ob und wie eine Flankierung über die SGB-II-Leistungen hinaus erfolgen soll – zum Beispiel mithilfe eines flächendeckenden Kombilohns.

Soll eine weitere Ausdehnung des Niedriglohnbereichs verhindert werden bzw. stellt sich heraus, dass es trotz „maximaler" Konzessionsbereitschaft Personen gibt, für die auf dem regulären Arbeitsmarkt keine Arbeitsplätze bereitgestellt werden, so ist zudem darüber nachzudenken, ob und in welcher Form „Ersatzarbeitsplätze" angeboten werden sollen. Hier knüpft die Debatte über einen „Sozialen Arbeitsmarkt" an, die ihr Ende zunächst in der Jobperspektive mit der Einführung des Beschäftigungszuschusses fand. Beides wird in den folgenden Abschnitten diskutiert.

7.7 Flankierung von oder Ersatz für Niedriglohnbeschäftigung?

Bereits vor den Hartz-Reformen, aber besonders in der Einführungszeit des SGB II, als noch keinerlei Erfolge der Aktivierung absehbar waren, wurden Kombilohnmodelle in Anlehnung an angelsächsische Erfahrungen als alternatives Konzept für den Arbeitsmarkt diskutiert (so etwa das Modell „aktivierende Sozialhilfe" des ifo-Instituts). Das IAB hat in diesem Kontext einige kritische Stellungnahmen zu Kombilohnmodellen als arbeitsmarktpolitisches „Allheilmittel" veröffentlicht (z. B. Dietz et al. 2006). Die Kritik richtete sich vor allem gegen die Vorstellung, durch die Einführung eines flächendeckenden Kombilohns allein könnten so viele zusätzliche Arbeitsplätze im Niedriglohnbereich geschaffen werden, dass die Arbeitslosigkeit dadurch quasi automatisch verschwände. Denn um hiermit überhaupt die Chance auf große Beschäftigungseffekte zu generieren, müsste entweder das Niveau der Transferleistungen drastisch abgesenkt werden, um dadurch einen materiellen Zwang zu erzeugen, eine Beschäftigung aufzunehmen. Bei gleichbleibendem Niveau der Transferleistungen würde ein Kombilohn wegen der großen Zahl der einzubeziehenden Personen schnell sehr teuer. Zudem wäre a priori völlig unklar, ob der erzeugte Lohndruck ausreichen würde, damit die Unternehmen genügend zusätzliche Arbeitsplätze bereitstellten, um das gesamte zusätzliche Arbeitsangebot aufzunehmen. Zumindest kurzfristig erschiene dies sehr fraglich. Um für erwerbsfähige und -willige Personen dann existenzsicherndes Einkommen zu erzeugen, müsste dann eine große Zahl öffentlich geförderter Beschäftigungsverhältnisse angeboten werden, was wiederum die Kosten der Maßnahme in die Höhe treiben würde.

Anders zu beurteilen sind befristete, zielgruppenorientierte Kombilohnarrangements, die vor allem die individuellen Beschäftigungschancen der Geförderten steigern sollen, wie etwa das Einstiegsgeld. Hier lassen sich durchaus positive Wiedereingliederungseffekte nachweisen (so beim Hamburger Kombilohn, vgl. Jirjahn et al. 2006). Hierbei steht aber weder die Generierung gesamtwirtschaftlicher Beschäftigungseffekte noch die langfristige Existenzsicherung der geförderten Personen im Vordergrund.

Im Kontext einer möglichen Weiterentwicklung des SGB II geht es vielmehr um die Frage, ob und wie das bestehende, von der Anlage dauerhafte Kombilohnelement des Gesetzes – nämlich die Anrechnungs- bzw. Freibetragsregelungen bei hinzuverdientem Einkommen – anders ausgestaltet werden könnten. Dabei soll einerseits das soziokulturelle Existenzminimum gesichert werden, andererseits sollen Anreize zur Arbeitsaufnahme gesetzt bzw. nicht behindert werden. Allerdings ist auch bei einer Optimierung der Kombilohnelemente kaum zu erwarten, dass für alle Leistungsbezieher Arbeitsplätze auf dem regulären Arbeitsmarkt entstehen. Daher muss in einem zweiten Schritt auch hierfür eine Lösung gefunden werden – in der Diskussion war und ist dies unter dem Stichwort „Sozialer Arbeitsmarkt".

7.7.1 Das Bofinger/Walwei-Modell

Die derzeit gültige Hinzuverdienstregelung, die einen Freibetrag von 100 Euro beim auf die Regelleistung anzurechnenden Erwerbseinkommen vorsieht (vgl. ausführlich Kapitel 2) und darüber hinaus hohe Transferentzugsraten, setzt Anreize für die Aufnahme einer Teilzeit- oder geringfügigen Beschäftigung. Dass dies nicht ohne Folgen bleibt, zeigt der hohe Anteil von Personen mit geringfügigen Beschäftigungsverhältnissen in der Gruppe der Aufstocker. Diese Kombination aus Erwerbs- und Transfereinkommen ist zudem – wie oben beschrieben – häufig von längerer Dauer. Zwar haben die Grundsicherungsstellen auch hier den Auftrag, auf eine weitere Reduzierung der Hilfebedürftigkeit, z. B. durch eine Erhöhung der Arbeitsstundenzahl, hinzuwirken. Allerdings scheitert dies häufig nicht an der mangelnden Bereitschaft der erwerbsfähigen Hilfebedürftigen, ihre Arbeitszeit auszudehnen, sondern am mangelnden Vorhandensein passender Arbeitsplätze. Denn wegen der flexibleren Handhabung und der gerade im unteren Einkommensbereich gravierenden Sozialabgabenbelastung werden gerade Arbeitsplätze mit niedrigeren Qualifikationsanforderungen häufig überhaupt nur als Minijobs angeboten.

Bei diesem Problemkomplex – hohe Sozialabgaben, Begünstigung von Minijobs durch Hinzuverdienstregelung und Sozialabgabenfreiheit – setzt das sogenannte „Bofinger/Walwei-Modell" an, das 2006 zur Weiterentwicklung des SGB II vorgeschlagen wurde (Bofinger et al. 2006). Es hat drei Kernelemente:

- Erstattung der Sozialversicherungsbeiträge in Form einer Steuergutschrift, in voller Höhe jedoch bei Alleinstehenden nur für Beschäftigungsverhältnisse über 30 h/Woche, ab 15h/Woche halber Zuschuss. Oberhalb einer Einkommensgrenze von 750 Euro für Alleinstehende wird der Zuschuss in einer Gleitzone abgeschmolzen. Ein erhöhtes Kindergeld, das durch die Differenz zwischen normalem Kindergeld und dem Regelsatz eines nicht erwerbsfähigen Kindes im SGB II definiert ist, soll den Kinderzuschlag ersetzen.
- Einschränkung der Hinzuverdienstmöglichkeiten im SGB II, insbesondere Streichung des bisherigen Freibetrags von 100 Euro.
- Abschaffung der Begünstigungen für Mini- und Midijobs.

Auf Basis des Sozio-ökonomischen Panels und der Einkommens- und Verbrauchsstichprobe 2003 hat das IAB mit seinem Mikrosimulationsmodell die Angebots-, Verteilungs- und fiskalischen Effekte dieses Vorschlags untersucht (Blos et al. 2007, zusammengefasst in Bruckmeyer et al. 2007a).

Die Neuregelungen hätten unmittelbare Auswirkungen auf die verfügbaren Einkommen der privaten Haushalte. Dabei entfielen die höchsten Entlastungswirkungen auf Haushalte, die im Reformszenario durch Zuschuss, Wohngeld und ggf. erhöhtes Kindergeld gerade knapp oberhalb des neuen ALG-II-Niveaus (inkl. Erwerbseinkommen) landen, das um die veränderte Anrechnung eigenen Erwerbseinkommens vermindert ist. Haushalte mit vergleichsweise geringen ALG-II-Ansprüchen im Ausgangszustand verlassen zwar den ALG-II-Bezug eher. Dort fällt aber die Entlastung auch geringer aus.

Insgesamt könnten nur Aufstocker im ALG II mit Anspruch auf den vollen Zuschuss den Bezug der Grundsicherung beenden. Dies wäre nur bei einem Fünftel der knapp eine Million Personen mit aufstockendem ALG II der Fall. Dieser Befund deckt sich weitgehend mit theoretischen Überlegungen, wonach es sich für viele ALG-II-Bezieher heute kaum rechnet, eine Vollzeitbeschäftigung anzustreben. Detaillierte Analysen nach Haushaltstypen zeigen zudem, dass bei Alleinerziehenden aufgrund von Mehrbedarfszuschlägen im SGB II die finanziellen Anreize nur bedingt gestärkt werden.

Die Berechnungen des IAB führen modellbedingt zu einer leichten Überzeichnung der Effekte, denn es wurde unterstellt, dass auch Personen, die nur einen marginalen Leistungsanspruch besitzen, diesen auch wahrnehmen.

Trotz dieser Überschätzung sind die kurzfristigen fiskalischen Wirkungen des Vorschlags positiv. Im Wesentlichen ergeben sich fünf Teileffekte – Einsparungen im Bereich des SGB II (Regelleistung und Kosten der Unterkunft), erhöhte Ausgaben für Wohngeld, Ausgaben für den Sozialversicherungszuschuss an Geringverdiener, Ausgaben für das erhöhte Kindergeld und zusätzliche Einnahmen bei den Sozialversicherungsbeiträgen und der Einkommenssteuer (aufgrund der Abschaffung der Begünstigung von Mini- und Midijobs). Insgesamt ergäbe sich durch die Umsetzung des Vorschlags kurzfristig ein fiskalischer Überschuss von fast zwei Mrd. Euro.

Die Verteilungseffekte des Reformvorschlags sind bezogen auf die gesamte personelle Einkommensverteilung sehr gering, denn Sozialversicherungszuschuss und erhöhtes Kindergeld kompensieren zum Teil die Verminderung des verfügbaren Einkommens im Zuge der stärkeren Anrechnung eigenen Erwerbseinkommens im SGB II. Die Personengruppe, die nach der gültigen Regelung bereits ALG II bezieht und gleichzeitig mit geringen Einkommen erwerbstätig ist, würde durch den Bofinger/Walwei-Vorschlag zunächst Einkommensverluste erleiden, denn ihr Erwerbseinkommen würde – entsprechend den Reformvorschlägen – im SGB II stärker auf den Bedarf angerechnet.

Daneben gibt es die kleinere Gruppe von „neuen" Transferempfängern. Sie haben im Durchschnitt ein höheres Einkommen als die alten Transferempfänger und sind nach der gültigen Regelung knapp nicht anspruchsberechtigt im SGB II. Durch die Reform hätten sie nun aber einen Anspruch auf einen Zuschuss zur Sozialversicherung oder auf ein erhöhtes Kindergeld. Im Durchschnitt käme es bei ihnen dadurch zu Einkommensgewinnen.

Die neuen Transferleistungen können zudem zu einem Abbau verdeckter Armut beitragen. Wenn Sozialversicherungszuschuss und (erhöhtes) Kindergeld entsprechend einfach administriert werden, könnte im Vergleich zu bereits bestehenden, jedoch nicht realisierten ALG-II-Ansprüchen die Inanspruchnahme steigen. Hierdurch würden sich zwar die fiskalischen Entlastungswirkungen vermindern. Dafür würden erwerbstätige Haushalte besser gestellt, die heute an der ALG-II-Grenze oder unterhalb in versteckter Armut leben. Dies ist vor allem dann zu erwarten, wenn die Zuschüsse im Rahmen der steuerlichen Veranlagung gewährt werden. Gerade gegenüber der heutigen sehr komplizierten Kinderzuschlag-Regelung, bei der ein Großteil der Anträge auch wegen formaler Mängel abgelehnt wird, könnte eine vereinfachte Regelung eine deutliche Besserstellung erreichen und gerade Familien mit Kindern zugutekommen.

Die Ex-ante-Analysen zeigen schließlich, dass – wie erwartet – das Arbeitsangebot in den Teilzeitkategorien mit geringer Wochenstundenzahl abnimmt und sich in Richtung Vollzeitbeschäftigung bewegt. Der gesamte Angebotseffekt in Stunden ist zwar positiv, aber mit gut 55.000 Vollzeitäquivalenten nicht groß. Was die Arbeitsmarktpartizipation angeht, so ist im Ganzen eher mit einem Rückgang zu rechnen. Bestimmte Elemente des Vorschlags verursachen Mitnahmeeffekte, da sie zu keinen Verhaltensänderungen führen. So können beispielsweise alleinstehende Vollzeitbeschäftigte mit bereits langer Wochenarbeitszeit ihr Arbeitsangebot aufgrund der Zuschüsse gar nicht weiter ausdehnen. Liegt ihr monatlicher Bruttolohn im Förderbereich, erhalten sie auch ohne jede Ausweitung ihres Angebots einen Zuschuss. Ähnliches gilt für Familien mit mehreren Kindern, die bislang nicht bedürftig waren und wegen der neu eingeführten Zuschläge zusätzliche staatliche Leistungen erhalten. Das Arbeitsangebot könnte in diesen Fällen wegen der Mitnahmeeffekte längerfristig sogar zurückgehen (vgl. Übersicht 7.5).

Übersicht 7.5

Simulierte Arbeitsangebotswirkungen in mittlerer Frist – Gesamteffekt ist Summe aus Partizipation und Anpassung der angebotenen Arbeitszeiten

		Alleinstehende Männer	Alleinstehende Frauen	Paarhaushalte, beide Partner flexibel Männer	Paarhaushalte, beide Partner flexibel Männer	Paarhaushalte, nur ein Partner flexibel	Summe
	Partizipationseffekt (Personen)	-2.035	12.202	9.153	-59.691 **	908	-39.464
Veränderung der angebotenen Arbeitszeit (Personen)	10 h	-7.333	-17.711 ***	-19.212	-38.295 ***	-8.322 **	-90.873 ***
	15 h	-2.599	-13.199 ***	-5.166	-22.185 ***	-1.548	-44.699 ***
	20 h	-531	-3.475	-40	-13.305 ***	1.791 *	-15.559 **
	30 h	239	19.306 **	1.149	4.334	4.609 ***	29.636 ***
	40 h	7.167	26.755 ***	40.037	9.408	4.313 **	87.680 ***
	50 h	1.022	527	-7.615	352	65	-5.649
	Arbeitsangebotseffekt in Vollzeitäquivalenzen	**5.551**	**30.777 ***	**24.620 **	**-11.447**	**6.085 **	**55.586 **

*, **, *** kennzeichnet Signifikanz auf dem 10 %-, 5 %- und 1 %-Niveau; Eigene Berechnungen auf Basis des SOEP 2005.
Quelle: Bruckmeier et al. 2007a.

Insgesamt zeigt das Bofinger/Walwei-Modell exemplarisch Möglichkeiten und Grenzen einer Kombilohnregelung auf, die an die bestehende Sozialgesetzgebung anknüpft und nur einzelne Aspekte optimieren will. Zwar werden – bei weitgehender fiskalischer Neutralität und geringen Verteilungseffekten – die Arbeitsanreize in die gewünschte Richtung verändert. Insgesamt sind die Angebotseffekte aber quantitativ gering, ein deutlicher Abbau von Langzeitarbeitslosigkeit und Hilfebedürftigkeit ist nicht zu erwarten. Um mehr Anreize zu setzen, müsste entweder die Förderung deutlich großzügiger sein – was auch bei guter Haushaltslage nur schwierig zu finanzieren sein dürfte – oder die Transferleistungen müssten deutlich abgesenkt werden – was an ethische und verfassungsrechtliche Grenzen stößt. Zudem wäre auch fraglich, ob sich auch bei gegebenen Anreizen überhaupt kurzfristig genug entsprechende Arbeitsplätze für den fraglichen Personenkreis bereitstellen ließen.

7.7.2 Ersatz für Niedriglohnbeschäftigung: der „Soziale Arbeitsmarkt"

Eine langfristige Strategie zum Abbau der Arbeitslosigkeit muss auch darauf setzen, durch ein Mehr an Qualifizierung und Bildung den Nachschub in die Arbeitslosigkeit zu vermeiden.

Bis es soweit ist, wird zwar sicherlich in konjunkturell guten Zeiten auch der Sockel an Langzeitarbeitslosigkeit abzubauen sein. Es ist aber zu erwarten, dass für einen quantitativ bedeutsamen Teil der ALG-II-Bezieher trotzdem der Übergang in reguläre Beschäftigung nicht gelingt. Da nicht nur das SGB II jedoch die Bedeutung von Erwerbstätigkeit für die gesellschaftliche Teilhabe betont, wurde und wird immer wieder die Bereitstellung von öffentlich geförderten „Ersatzarbeitsplätzen" diskutiert. Zuletzt wurde mit der Einführung des Beschäftigungszuschusses nach § 16a SGB II innerhalb der Grundsicherung zum ersten Mal in der Arbeitsmarktpolitik ein Instrument verankert, das grundsätzlich eine dauerhafte öffentliche Förderung der Beschäftigung für einen nicht behinderten Personenkreis ermöglicht. Die Evaluation des Beschäftigungszuschusses durch ISG, IAB und RWI wird sich unter anderem mit der Frage beschäftigen, welche Auswirkungen diese Art von Beschäftigungsverhältnis auf die gesellschaftliche Teilhabe hat.

Aussagen zur möglichen Zielgruppe, zu erwartenden Wirkungen und Erfolgsbedingungen einer auf Dauer angelegten öffentlich geförderten Beschäftigung hat das IAB aber schon im Vorfeld des Gesetzgebungsprozesses im Rahmen eines Gutachtens zusammengetragen (Koch/Kupka 2007).

Bei dem Gutachten ging es darum auszuloten, wie für solche Personen zusätzliche Beschäftigungsmöglichkeiten geschaffen werden können, die zwar erwerbsfähig sind, aber wegen einer persönlichen Leistungsminderung voraussichtlich dauerhaft nicht in den regulären Arbeitsmarkt vermittelt werden können. Explizit nicht betrachtet wurde damit die Einrichtung eines öffentlichen Beschäftigungssektors dort, wo die regionale Arbeitsnachfrage zu gering ist. Ein solcher Ansatz wird etwa aktuell mit dem Kommunalkombi verfolgt, der nur in Regionen mit hoher Arbeitslosigkeit gefördert wird. Da solche Ansätze aber spezifische Bedingungen und Probleme haben – die Gefahr der Verdrängung etwa ist bei solchen regional konzentrierten Ansätzen grundsätzlich höher – wurden sie für die folgende Betrachtung ausgespart.

Zunächst ging es darum, die Zielgruppe für eine an der persönlichen Leistungsminderung ansetzende Beschäftigungsförderung zu identifizieren. Auf Basis der Daten der Bundesagentur für Arbeit wurde zunächst eine weite Zielgruppe abgegrenzt, die grundsätzlich für eine Förderung infrage kommen könnte. Relativ unstrittig ist dabei, dass eine dauerhafte öffentlich geförderte Beschäftigung nur für solche Personen infrage kommt, die bereits seit Längerem arbeitslos und in der Betreuung durch Arbeitsagentur oder Grundsicherungsstelle sind. Es sollte sichergestellt sein, dass alle Möglichkeiten ausgeschöpft wurden, die Personen in den regulären Arbeitsmarkt zu integrieren. Um einen hinreichend großen Abstand zum Übertritt ins SGB II auch bei der Gruppe zu gewährleisten, die nach Auslaufen der Arbeitslosengeld-Ansprüche in die Betreuung durch die Grundsicherungsstellen wechselten, wurde bei der Zielgruppenbestimmung davon ausgegangen, dass vorrangig Personen infrage kommen, die zwei Jahre und länger arbeitslos sind. Als statistisch abbildbare individuelle Vermittlungshemmnisse wurden das Vorliegen von gesundheitlichen Einschränkungen und das Fehlen eines Berufsabschlusses herangezogen. Im Dezember 2005 traf dies auf gut 555.000 Personen im Bestand der Arbeitslosen zu. Wählt man eine enge Definition, bei der beide Kriterien zutreffen, sind etwa 130.000 Personen betroffen. Überproportional betroffen waren Ältere über 50 und Migranten, unterproportional dagegen Ostdeutsche, deren hoher Anteil an allen (Langzeit-)Arbeitslosen eben nicht vorwiegend in individuellen Leistungsminderungen begründet liegt, sondern in der oft immer noch katastrophalen Arbeitsmarktlage (vgl. auch Kapitel 4).

Die statistisch erfassten Informationen zeichnen aber kein vollständiges Bild der Personen und ihrer tatsächlichen Leistungsfähigkeit. Sie dienen daher hauptsächlich dazu, die Größenordnung des Problems zu umreißen. Was die konkrete Auswahl der Teilnehmer am Programm angeht, so wurde auf die Wichtigkeit einer individuellen Auswahl nach einem intensiven Profiling vor Ort verwiesen. Als zentrale Akteure wurden dabei die Vermittlungsfachkräfte und Fallmanager identifiziert. Gegenwärtig muss offen bleiben, ob die Teilnehmerselektion noch weiter verbessert werden kann, wenn die Gruppe der als potenziell förderfähig Eingestuften im Anschluss daran noch einmal intensiv mit Aktivierungs- und Vermittlungsbemühungen überzogen wird. Letztlich hängt dies auch davon ab, ob die intensive, einzelfallbezogene Betreuung, die das SGB II vorsieht, tatsächlich flächendeckend und vom ersten Tag an umgesetzt wird. Wäre dies der Fall, gäbe es keinen Raum für eine noch intensivere Aktivierung der potenziellen Teilnehmergruppe. Die bisher vorliegenden Untersuchungen zum Betreuungsprozess (vgl. Kapitel 4) legen nahe, dass zumindest in den Untersuchungszeiträumen hier durchaus noch Spielraum war.

Aber selbst wenn dieser gegeben ist, muss intensivere Aktivierung nicht zwangsläufig auch dazu führen, dass mehr Personen in reguläre Beschäftigung integriert werden können oder aus sonstigen Gründen aus dem Leistungsbezug ausscheiden. Das IAB hat in diesem Kontext einige Analysen zum Modellversuch „Bürgerarbeit" in Bad Schmiedeberg durchgeführt (Heinz et al. 2007). In diesem Modellversuch wurde ein vierstufiges Verfahren erprobt, das für alle Arbeitslosen der Kleinstadt ein intensives nochmaliges Profiling gefolgt von verstärkten Aktivierungsbemühungen und dem Einsatz arbeitsmarktpolitischer Instrumente vorsah. In der letzten Stufe wurde den Personen, die immer noch arbeitslos waren, eine öffentlich geförderte Beschäftigung angeboten.

Die Analysen zeigten, dass die Aktivierungsbemühungen – gemessen z. B. an der Kontaktdichte, den Eigenbemühungen und dem Maßnahmeeinsatz – gegenüber der Zeit vor dem Modellversuch und gegenüber Vergleichsagenturen durchaus gesteigert werden konnten.

Abbildung 7.7
Aktivierungsbemühungen im Vergleich

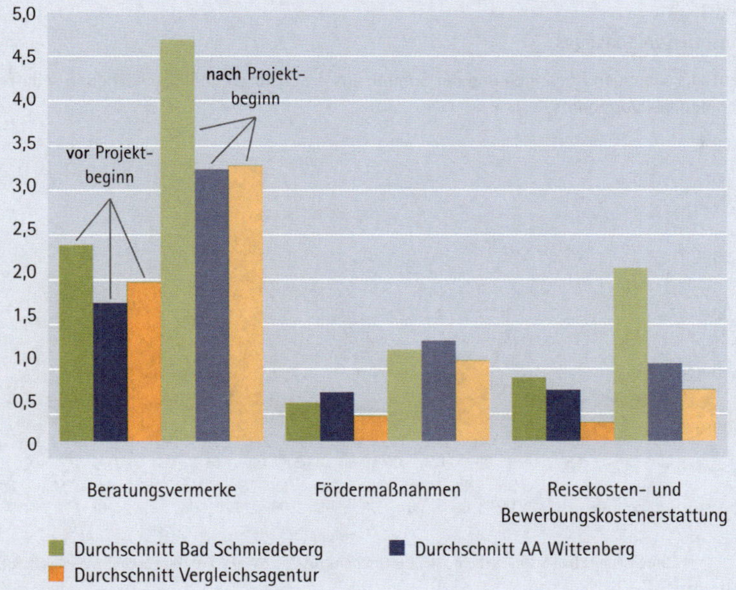

Quelle: Heinz et al. 2007.

Dies führte aber nicht dazu, dass auch die Übertrittsraten in reguläre Beschäftigung oder die sonstigen Abgänge aus Arbeitslosigkeit merklich zugenommen hätten – wiederum im Vergleich zu der Situation vorher und der Entwicklung in vergleichbaren Agenturen.

Abbildung 7.8

Abgangsraten in Beschäftigung

Quotient aus Abgängen in Beschäftigung und der Summe aus Arbeitslosen und Beschäftigung schaffenden Maßnahmen des Vormonats

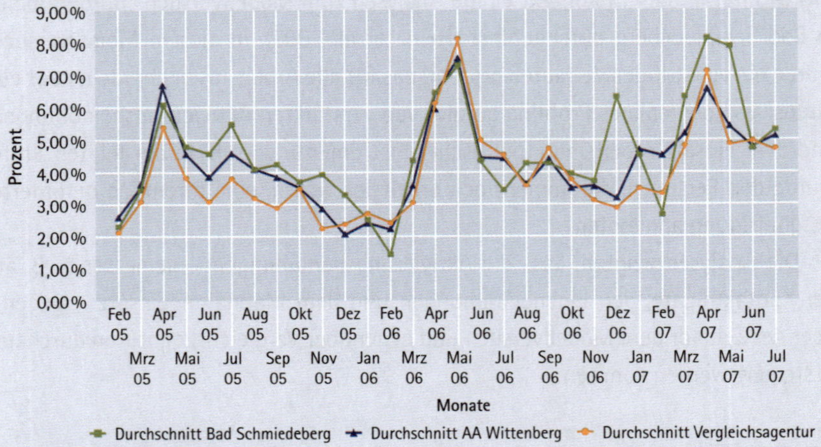

Abbildung 7.9

Abgangsraten in Sonstiges

Quotient aus sonstigen Abgängen und der Summe aus Arbeitslosen und Beschäftigung schaffenden Maßnahmen des Vormonats

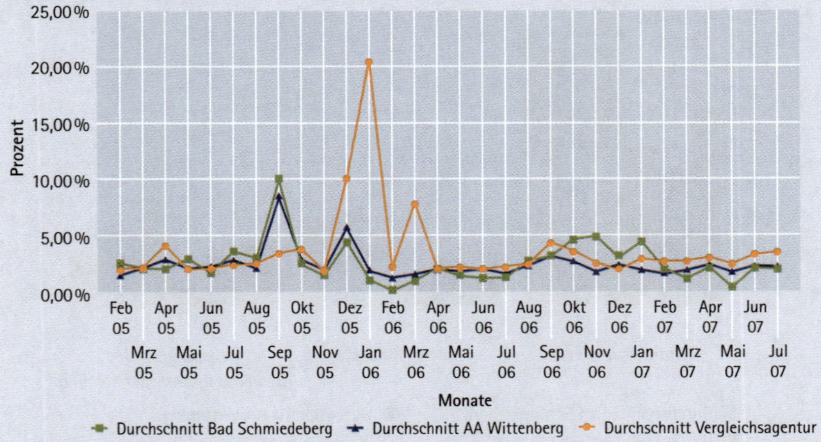

Quelle: Heinz et al. 2007.

Die Autoren werten dies als Hinweis dafür, dass in dieser speziellen regionalen Konstellation die mangelnde Aktivierung der Arbeitslosen nicht der Hauptgrund für die hohe Arbeitslosigkeit war. Intensivere Betreuung führt dann nicht zu zählbaren Erfolgen und einer engeren Abgrenzung der Zielgruppe für unbefristete öffentlich geförderte Beschäftigung, wenn aus strukturellen Gründen insgesamt in der Region Arbeitsplätze fehlen oder die Passung zwischen Qualifikationsanforderungen auf der einen und vorhandenen Qualifikationen auf der anderen Seite nicht stimmt. Intensive Aktivierung im Vorfeld ist damit bestenfalls eine notwendige, nicht aber eine hinreichende Bedingung dafür, dass die richtigen Personen in den Genuss einer unbefristeten öffentlichen Beschäftigungsförderung kommen.

Neben der Notwendigkeit, individuell die richtigen Zuweisungsentscheidungen zu treffen, weist das FES-Gutachten darauf hin, dass individuell auf Dauer angelegte öffentlich geförderte Beschäftigung nur dann auch ein Instrument sein kann, was Bestand hat, wenn Lock-In-Effekte möglichst vermieden werden. Zwar hat die infrage kommende Personengruppe keine exorbitant hohen Chancen mehr, in reguläre Beschäftigung zu kommen – die Wahrscheinlichkeit ist aber nicht null. Kann die „natürliche" Fluktuation auch bei den Geförderten aufrechterhalten werden, so könnten sich Zu- und Abgänge in etwa die Waage halten. Um diese Durchlässigkeit des Systems sicherzustellen, wird im Gutachten betont, dass die Teilnehmer weiterhin durch die Fallmanager betreut werden müssen. Eine regelmäßige Überprüfung der Beschäftigungsfähigkeit und der Arbeitsmarktchancen erscheint ebenfalls angeraten. Für die Beschäftigungsunternehmen erhöht sich der Anreiz, Teilnehmer auf reguläre Arbeitsplätze umzusetzen bzw. eine Bewerbung auf solche Stellen zu befördern, wenn die Förderung grundsätzlich über einen längeren Zeitraum degressiv ausgestaltet ist.

Schließlich äußert sich das Gutachten auch zur Auswahl der Beschäftigungsfelder, die für die öffentlich geförderte Beschäftigung infrage kommen. Grundsätzlich wären dies privatwirtschaftliche Varianten, öffentliche Beschäftigung und Beschäftigung im sogenannten Dritten Sektor. Da die bei den meisten öffentlich geförderten Beschäftigungsformen relevanten Kriterien des öffentlichen Interesses und der Zusätzlichkeit vermutlich den Umfang der möglichen Beschäftigung begrenzen, wird angeregt, eine Erweiterung auf marktnähere Formen zu prüfen, etwa entsprechend dem Konzept der Sozialbetriebe oder der Integrationsprojekte. Da in diesen Fällen die Förderung als Nachteilsausgleich konzipiert ist, können sie mit geringeren Einschränkungen am Markt agieren. Ein weiterer wichtiger Punkt betraf die Abstimmung der Einsatzfelder auf die Zielgruppe, die trotz der statistischen Eingrenzung immer noch heterogen sein wird. Je nach Leistungsfähigkeit und Einschränkungen der geförderten Personen sind ganz unterschiedliche Ausgestaltungen der Arbeitsbedingungen und der Arbeitsumgebung erforderlich. Darüber hinaus kann davon ausgegangen werden, dass die Arbeitsfähigkeit nicht statisch ist. Die Maßnahmen sollten daher individuelle Entwicklungen zulassen und fördern. Internationale Beispiele – besonders aus Flandern und der Schweiz – zeigen, wie es möglich sein könnte, Angebote für unterschiedliche Gruppen bereitzustellen, die auch Entwicklungsperspektiven eröffnen.

Insgesamt hat das IAB zum Themenkomplex „Sozialer Arbeitsmarkt" eine Reihe von Hinweisen für eine mögliche Weiterentwicklung des SGB II gegeben. Der neu eingeführte Beschäftigungszuschuss nach § 16a SGB II wurde in Teilen ähnlich konzipiert, weist aber bei der Ausgestaltung durchaus auch Unterschiede auf. Ob dies den Erfolg des Instruments beeinflusst, wird letztlich die anstehende Evaluation des Beschäftigungszuschusses zeigen.

7.8 Zwischenfazit Wirkungen auf den Arbeitsmarkt

Was lässt sich gut dreieinhalb Jahre nach der Einführung des SGB II zu den Wirkungen sagen, die es auf den Arbeitsmarkt insgesamt hat? Ein gänzlich geschlossenes Bild gibt es noch nicht, weil der Zeitraum auch für vorläufige Aussagen noch recht kurz ist. Zu kurz ist der Beobachtungszeitraum, vor allem weil noch nicht einmal ein Konjunkturzyklus abgeschlossen ist. Zu kurz ist auch der Zeitraum für die Forschung, weil viele Daten erst mit zeitlicher Verzögerung vorliegen und so häufig erst Analysen über die ersten beiden Jahre des Gesetzes durchgeführt werden können.

Dennoch konnten einige erste Indizien zur gesamtwirtschaftlichen Wirkung zusammengetragen werden. Dies gilt etwa für die Wirkungen der Absenkung der Leistungshöhe im Durchschnitt und die verstärkte Aktivierung auf das Arbeitsangebot: Simulationsrechnungen zeigen, dass die Veränderungen bei den Transferleistungen, die sich durch die Zusammenlegung von Arbeitslosen- und Sozialhilfe sowohl hinsichtlich der Höhe als auch hinsichtlich der Anspruchsberechtigung ergaben, wie vom Gesetzgeber intendiert zu höheren Arbeitsanreizen und einem erhöhten Arbeitsangebot geführt haben. Dies gilt sowohl für die Erwerbsbeteiligung als auch für die angebotene Stundenzahl.

Zur Konzessionsbereitschaft als einem Indiz für die Qualität des Arbeitsangebots gibt es auf den ersten Blick widersprüchliche Befunde: Die in einer Befragung geäußerte Konzessionsbereitschaft der SGB-II-Leistungsbezieher ist zumindest im ersten Jahr nach der SGB-II-Einführung nicht signifikant höher als in der Zeit vor der Reform. Weder die Höhe des Reservationslohns noch die Bereitschaft, für einen neuen Job umzuziehen oder schlechtere Arbeitsbedingungen in Kauf zu nehmen, unterscheidet sich von den Ergebnissen früherer Untersuchungen. Dagegen berichten die Betriebe im gleichen Zeitraum durchaus davon, dass die Bewerber konzessionsbereiter geworden seien. Diese Differenz kann zum einen Ausdruck unterschiedlicher Blickwinkel sein, zum anderen aber auch ein Hinweis darauf, dass die Arbeitsmarktreformen möglicherweise nicht (nur) bei den direkt Betroffenen, sondern (auch) bei anderen Arbeitnehmergruppen Wirkung zeigen.

Jedenfalls führt dies zu positiven Wirkungen auf die Arbeitsnachfrage – die Betriebe geben häufiger an, auch schwieriger besetzbare Arbeitsplätze nun besetzen zu können. Allerdings ist offen, ob auch SGB-II-Leistungsempfänger von der Entwicklung in den Unternehmen profitieren können: Denn die Kehrseite der erhöhten Konzessionsbereitschaft bei den Stellensuchenden ist, dass auch besser Qualifizierte Arbeitsplätze mit geringeren Qualifikationsanforderungen annehmen. Dies führt zu einem Einstellungsverhalten bei den Betrieben, das die Erfolgschancen für Ungelernte und Geringqualifizierte tendenziell verschlechtert. Dies wird verstärkt durch die Tatsache, dass Betriebe generell Vorbehalte gegen die Einstellung von Langzeitarbeitslosen haben.

Betrachtet man die Arbeitsmarktentwicklung insgesamt, so verdichten sich nach den Analysen des IAB die Anzeichen, dass nicht nur die konjunkturelle Entwicklung zum Abbau der Arbeitslosigkeit geführt hat, sondern dass sich auch eine Veränderung der strukturellen Arbeitslosigkeit beobachten lässt. Hierzu dürften die Arbeitsmarktreformen beigetragen haben – auch wenn hierzu noch keine Kausalanalyse im strengen Sinne durchgeführt werden konnte.

So weit, so gut. Aber es gibt auch negative Wirkungen der Arbeitsmarktreformen und der SGB-II-Einführung. Bei dem arbeitsmarktpolitischen Instrument, das am häufigsten eingesetzt wird, den Arbeitsgelegenheiten in der Mehraufwandsvariante, finden mehrere Studien deutliche Hinweise auf innerbetriebliche Substitution regulärer Beschäftigung und Verdrängung. Dies ist besonders problematisch, weil dies verstärkt in Regionen auftritt, die ohnehin durch einen Mangel an Arbeitsplätzen auf dem ersten Arbeitsmarkt gekennzeichnet sind.

Nicht zu unterschätzen sind auch die regionalen Umverteilungswirkungen, die vor allem durch den Rückgang bei den Leistungen der aktiven Arbeitsmarktpolitik im Eingliederungstitel ausgelöst wurden. Diese treffen wiederum vor allem wirtschafts- und beschäftigungsschwache Regionen. Es bleibt abzuwarten, ob dies ein vorübergehendes Phänomen war, das vorwiegend der Aufbauphase des SGB II geschuldet war.

Schließlich hat eine intendierte Folge des SGB II Wirkungen, die eine Weiterentwicklung des Gesetzes angeraten erscheinen lassen: Der Vorrang jeglicher Form von Erwerbsarbeit, den das SGB II postuliert, muss letztlich zu einer (weiteren) Vergrößerung des Niedriglohnsektors führen. Hier muss über eine sinnvolle und anreizkompatible Flankierung ebenso nachgedacht werden wie darüber, was mit der Personengruppe geschehen soll, die trotz Aktivierung und erhöhter Konzessionsbereitschaft nicht auf den ersten Arbeitsmarkt integrierbar ist. In beide Richtungen hat das IAB gedacht, Vorschläge ausgearbeitet und bewertet.

8 Dreieinhalb Jahre Grundsicherung: zusammenfassende Bewertung und Handlungsbedarf

8.1 Die Aufgabe

Dreieinhalb Jahre nach Einführung des SGB II und knapp ebenso lange seit dem Aufbau der SGB-II-Forschung am IAB stellt der vorliegende Bericht erstmals zusammenfassend die vorliegenden Befunde aus diesem Zweig der Forschung dar. Der gesetzliche Auftrag an das IAB ist umfassend angelegt – er spart lediglich die Frage aus, welches Modell der Aufgabenwahrnehmung besser für die Umsetzung des SGB II geeignet ist (hier hat das BMAS eigene Aufträge vergeben). Vorgesehen ist, dass das IAB die Wirkungen sowohl der Eingliederungs- als auch der materiellen Leistungen umfassend untersucht. Dies bedeutet, dass die SGB-II-Forschung am IAB über die reine Analyse der Arbeitsmarktwirkungen hinausgehen und insgesamt betrachten muss, wie das SGB II sich auf die gesellschaftliche Teilhabe in ihren unterschiedlichen Dimensionen auswirkt.

Die gesetzesimmanente Frage, zu deren Beantwortung die Forschung dabei beitragen möchte, ist, ob es gelingt, durch eine „positive" Aktivierung die Teilhabe am Erwerbsleben zu fördern und – vermittelt dadurch – die gesellschaftliche Teilhabe insgesamt. Dem Primat der Erwerbsarbeit folgend, das das Gesetz postuliert, stehen damit die Wirkungen auf Beschäftigung und das daraus erzielbare Einkommen zunächst im Vordergrund, aber auch andere Dimensionen wie die soziale Teilhabe sind durch die Reform des Grundsicherungssystems berührt und müssen analysiert werden. Das Mittel, das das Gesetz zur Erreichung des Ziels „Überwindung der Hilfebedürftigkeit durch Aufnahme einer bedarfsdeckenden Erwerbstätigkeit" vorsieht, ist eine umfassende Aktivierung. Aktivierung umfassend und positiv verstanden bedeutet, dass die Grundsicherungsstellen alles unternehmen sollen, was die erwerbsfähigen Hilfebedürftigen zu einem eigenverantwortlichen und autonomen Handeln im Hinblick auf dieses Ziel befähigt. In diesem breiten Sinne sind nicht nur fordernde Elemente Bestandteil der Aktivierung, die in einer engeren, eher gebräuchlichen Definition des Begriffs dominieren, sondern auch fördernde, wenn sie dem Ziel der Selbst-Befähigung dienen. Mit der Zusammenlegung von Arbeitslosenhilfe und Sozialhilfe wurden aber nicht nur Aktivierung und Eigenverantwortung in den Vordergrund gerückt. Vielmehr wurde der Anspruch, Teilhabe durch die Aufnahme einer Erwerbsarbeit zu verbessern, erstmals auf alle erwerbsfähigen Hilfeempfänger ausgedehnt. Wirkungsforschung zum SGB II will deshalb auch Befunde zu der Frage liefern, inwieweit die Zusammenlegung von Arbeitslosen- und Sozialhilfe zum System der Grundsicherung den richtigen Prämissen folgte – nämlich, dass gesellschaftliche Teilhabe primär durch Erwerbsarbeit zu erreichen ist und dass Aktivierung über eine Förderung der Eigenverantwortung letztlich gesellschaftliche Teilhabe und Autonomie fördert. Ein Teilaspekt dieser Frage ist, ob es nicht Personenkreise gibt, die durch den hohen Anspruch an das eigenverantwortliche Handeln überfordert sind.

Für den Aufbau der Wirkungsforschung am IAB bedeutet dies zum einen, dass eine Erweiterung der untersuchten Zieldimensionen gegenüber der „herkömmlichen Arbeitsmarktforschung" notwendig war, die sich auf weitere Komponenten der gesellschaftlichen Teilhabe beziehen musste. Zum anderen war auch die Frage zu stellen, inwieweit der gesamte Aktivierungs- und Betreuungsprozess dazu geeignet ist, die Ziele des SGB II zu erfüllen.

Beides stellte eine Erweiterung des Forschungsspektrums des IAB, aber auch anderer Arbeitsmarkt- und Sozialforschungseinrichtungen dar. In vielen Feldern konnte nicht oder nur im begrenzten Umfang auf Vorarbeiten und Befunde zurückgegriffen werden, Neuentwicklungen und Neukonzeptionen waren und sind notwendig. Zusätzlich gestaltete sich insbesondere im ersten Jahr nach der SGB-II-Einführung die Datensituation schwierig, was vorher nicht absehbare Verzögerungen von Forschungsprojekten nach sich zog. Nichtsdestotrotz liegt inzwischen eine Vielzahl von qualitativen und quantitativen Befunden vor, die eine erste Gesamtbewertung des SGB II ermöglichen.

8.2 Zusammenfassung der wichtigsten Befunde

In der Prozessperspektive, die der Gliederung dieses Berichts zugrunde liegt, interessiert zunächst, welche Veränderungen gegenüber dem alten System mit Arbeitslosen- und Sozialhilfe „in der Stunde Null" zu beobachten waren. Die IAB-Forschungen zeigten, dass der gegenüber den Vorausberechnungen unerwartet hohe Anstieg der Bezieherzahlen vor der Reform sich zum Teil aus der schlechten Arbeitsmarktlage erklären ließ. In nicht unerheblichem Umfang führte jedoch nach den Simulationen des IAB das neue Recht selbst – in Verbindung mit der weiterhin schlechten Arbeitsmarktlage – zu einer Ausweitung des Kreises anspruchsberechtigter Haushalte und zu einer Verringerung der „Dunkelziffer" solcher Haushalte, die bisher bestehende Ansprüche nicht geltend gemacht hatten. Hierunter befinden sich besonders viele Alleinerziehende. Es kann davon ausgegangen werden, dass durch das SGB II die materielle Situation einer relevanten Personengruppe aus dem Zustand verdeckter Armut heraus- und zumindest auf das Niveau der Grundsicherung heraufgeholt worden ist.

Eindeutige Gewinner des Systemübergangs waren denn auch die Haushalte, die vorher mit ihrem Erwerbseinkommen oder mit ihren Transferansprüchen knapp unterhalb des Niveaus der Grundsicherung gelebt und ihnen zustehende Leistungen nicht in Anspruch genommen haben, ebenso wie diejenigen, die aufgrund großzügigerer Einkommens- und Vermögensfreibeträge gegenüber der Sozialhilfe nunmehr Ansprüche aus der Grundsicherung haben.

Zu den Verlierern gehörten dagegen fast zwei Drittel der ehemaligen Arbeitslosenhilfeempfänger, die in relevantem Umfang geringere Leistungen erhielten. Etwa 15 Prozent fielen sogar aus dem Leistungsbezug heraus – vor allem wegen der stärkeren Anrechnung von Partnereinkommen. Während die Arbeitslosenhilfe wegen ihrer Orientierung am letzten Erwerbseinkommen besonders für die ehemaligen Bezieher höherer Einkommen eine gewisse Statussicherung bedeutete, wurde dies mit der Pauschalierung der Regelsätze im SGB II aufgegeben.

Wenig verändert hat sich das Leistungsniveau für die Hilfebedürftigen und Mitglieder von Bedarfsgemeinschaften, die aus dem System der Sozialhilfe kamen. Im Rahmen der Pauschalierung von Einzelbedarfen verbuchen sie Einkommenszuwächse, die sich jedoch dadurch relativieren, dass Kosten für Kleidung, verschlissenes Mobiliar oder kaputte Haushaltsgeräte nicht mehr übernommen werden. Inwieweit die betroffenen Bedarfsgemeinschaften mit der Pauschalierung und dem daraus entstehenden Zwang zum noch stärkeren Planen und Haushalten zurechtkommen, ist gegenwärtig eine offene Frage.

Blickt man auf die Entwicklung der Armut in Deutschland insgesamt, so zeigen weitere Simulationsrechnungen zu unterschiedlichen Armuts- und Verteilungsmaßen, dass die Verteilungswirkung des SGB II im Hinblick auf die Gesamtbevölkerung eher gering ist. Dennoch verbuchen die 20 Prozent der Bevölkerung mit dem geringsten Einkommen deutliche Gewinne. Stärkere Verteilungswirkungen ergeben sich innerhalb der Gruppe der Transferempfänger. Hier erleiden insbesondere die vormals relativ gut gestellten 20 Prozent deutliche Verluste, während die übrigen, insbesondere die untersten 20 Prozent, profitieren. Man kann somit sagen, durch die Aufgabe der Statusorientierung der Arbeitslosenhilfe ist die – durch Transferleistungen bekämpfte – Armut „gleicher" geworden.

Für diejenigen, die mit dem Budget zurechtkommen müssen, auf das sie nach dem SGB II Anspruch haben, ist dies unter Umständen wenig tröstlich. Qualitative Studien zeigen, dass sich Bezieher-Haushalte von ALG II durchaus in mehreren Dimensionen der Teilhabe eingeschränkt fühlen können. Dies betrifft zum einen die finanziellen Ressourcen selbst insofern, als die zur Verfügung stehenden Mittel oft als inadäquat empfunden werden. Insbesondere dort, wo die Ressourcenausstattung (materiell wie sozial) bereits vor dem ALG-II-Bezug zu wünschen übrig ließ, traten solche Mangellagen verstärkt auf. Im Bereich der sozialen und kulturellen Teilhabe gibt es die Tendenz, sich aus dem sozialen Leben zurückzuziehen; mit der Gefahr von Marginalisierung und Isolation. Auch die Bildungsbeteiligung kann darunter leiden, dass notwendige Ausgaben für Lernmittel nicht aufgebracht werden können. ALG-II-Haushalte sind besonders angewiesen auf eine kulturelle und verkehrstechnische Infrastruktur, die sie häufiger in Städten finden, während im ländlichen Bereich die Wege weiter und die Angebote schlechter sind.

Ein erstes Indiz dafür, ob das Gesetz seine aktivierenden Wirkungen erreicht, liefert dann ein Blick auf die Dynamik im Leistungsbezug. Insbesondere wurde der Frage nachgegangen, ob es den Bedarfsgemeinschaften gelingt, sich aus dem Leistungsbezug zu lösen, und wenn ja, ob dies dauerhaft geschieht. Hier zeigte sich zunächst, dass diejenigen Bedarfsgemeinschaften, die bereits im Januar 2005 in den ALG-II-Bezug übergingen – überwiegend ehemalige Arbeitslosenhilfe- oder Sozialhilfebezieher mit zum Teil bereits sehr langen Erwerbslosigkeitsphasen – eine sehr viel geringere Wahrscheinlichkeit aufwiesen, den Hilfebezug zu beenden, als diejenigen Bedarfsgemeinschaften, die erst in den Monaten danach hilfebedürftig wurden.

Erheblich Unterschiede gibt es auch hinsichtlich der Art der Bedarfsgemeinschaft: Den Alleinerziehenden gelingt es am wenigsten oft, den Leistungsbezug zu verlassen – auch nach 24 Monaten sind noch fast 60 Prozent von ihnen auf die staatlichen Leistungen angewiesen – dagegen sind es bei den Paaren ohne Kinder und den Alleinstehenden jeweils nur noch rund ein Drittel. Wenn den Alleinerziehenden der Ausstieg gelingt, dann allerdings häufig dauerhaft – ihre Rückkehrrate in den Leistungsbezug ist geringer als bei anderen Gruppen. Insgesamt kehrt etwa die Hälfte der Bedarfsgemeinschaften in den ersten 18 Monaten nach dem Ausstieg wieder in den Leistungsbezug zurück. Allerdings ist es noch zu früh für Aussagen darüber, ob und wann dann doch eine endgültige Überwindung der Hilfebedürftigkeit gelingt.

Hieran knüpft sich unmittelbar die Frage an, ob es durch Aktivierung und Betreuung gelingt, die Ausstiegsprozesse aus dem SGB II – und hier natürlich besonders die in Richtung eigenständige Existenzsicherung durch Erwerbsarbeit – zu befördern. Um dies zu beantworten, wurden zunächst Befunde zu Aktivierbarkeit und Aktivierungsbedarf des betroffenen Personenkreises dargestellt. Denn Aktivierung bedeutet in einem ersten Schritt zu bestimmen, wer denn überhaupt zu aktivieren ist. Dies geschieht im SGB II mit dem Konstrukt der Erwerbsfähigkeit. Erwerbsfähig und damit im Geltungsbereich eines Arbeitsmarktgesetzes ist, wer drei Stunden täglich arbeiten kann. Die deutsche Definition von Erwerbsfähigkeit geht damit über diejenige aller Länder, die es sich zum Ziel gesetzt haben, Arbeitslose zu aktivieren, weit hinaus[32] und führt zu einer großen Heterogenität des SGB-II-Klientel: arbeitslose Hochschulabgänger, die sich noch keine Ansprüche im Versicherungs-

32 Der Kreis der „zu Aktivierenden" ist allerdings kleiner als der aller Erwerbsfähigen, weil über den § 10 SGB II Ausnahmen definiert werden, bei denen keine Aktivierung erfolgen muss.

system erworben haben, gehören ebenso dazu wie Menschen, die sich aufgrund unterschiedlichster sozialer, psychischer oder anderer Problemlagen am Rand der Gesellschaft befinden. Für einen großen Teil des letztgenannten Personenkreises gilt, dass er aufgrund multipler Vermittlungshemmnisse auch bei intensiver Aktivierung und Betreuung nicht oder nur sehr schwer in den regulären Arbeitsmarkt integrierbar sein dürfte. Vor einem generellen „Abschreiben" des Personenkreises sollte man sich aber hüten, denn bei allen Risiken lassen sich dennoch immer noch Übergange in reguläre Beschäftigung beobachten, gerade auch, wenn die Arbeitsmarktlage besser wird. Qualitative Studien haben zudem Indizien dafür geliefert, dass die Identifikation sowohl der Leistungsbezieher mit besonderen Arbeitsmarktproblemen als auch derer mit Aktivierungsdefiziten den Fachkräften vor Ort nicht immer gelingt.

Solche Aktivierungsdefizite lassen sich vor allem dann vermuten, wenn die Ansprüche an Arbeitsbedingungen, Arbeitsort oder Entlohnung nicht nah genug an den Bedingungen des Arbeitsmarktes liegen, obwohl von den individuellen Voraussetzungen eine reguläre Beschäftigung in Reichweite läge. Entsprechende Untersuchungen des IAB geben unterschiedliche Auskünfte über das Maß der Konzessionsbereitschaft, stimmen aber darin überein, dass ein geringeres Einkommen und ein Wohnortwechsel die größten Hindernisse auf dem Weg in eine Erwerbstätigkeit darstellen. Andererseits zeigt eine Untersuchung der Reservationslöhne eine durchschnittliche Bereitschaft, für einen Nettostundenlohn von etwas über sechs Euro (plus einem Zuschlag für jedes Kind) zu arbeiten. Damit liegen die Mehrpersonenhaushalte etwa auf dem Niveau der Grundsicherung, Alleinstehende würden dieses Niveau mit einem Netto-Anspruchslohn von etwas über 1.000 Euro deutlich überschreiten. Dies gilt ebenfalls für Arbeitslose, die vorher gut verdient haben, ein hohes ALG I bezogen oder sich nach ihrer Selbsteinschätzung „oben" in der Gesellschaft verorteten. Hier könnte man sich Aktivierung im Sinne einer Anpassung der Ansprüche an die realen Marktbedingungen vorstellen.

Die Studien, die sich speziell mit der Fallbearbeitung beschäftigt haben, deuten darauf hin, dass die Fachkräfte oft nicht wirklich auf die Situation und die Bedürfnisse der Adressaten eingingen, und damit die Autonomie der Betroffenen eher einschränkten als förderten. Auch wird bei der Umsetzung des Aktivierungsauftrags häufig eine hierarchische Beziehung hergestellt, die einer Dienstleistung abträglich ist. Die dadurch auftretenden Probleme werden dann verstärkt, wenn die Betroffenen bereits von sich aus aktiv seien und zwischen ihnen und den Fachkräften keine Einigkeit über die nächsten zu unternehmenden Schritte herzustellen ist. Schließlich führen Unterschiede der Lebenswelt und des Habitus oft zu Verständigungsschwierigkeiten zwischen Fachkräften und Klienten (oft zulasten der geringer gebildeten Hilfesuchenden). Als Konsequenz erscheint eine stärkere Professionalisierung der Fachkräfte sinnvoll, die stärkere Elemente einer Deutungskompetenz und „stellvertretenden Problembewältigung" beinhalten müsste.

In der Wahrnehmung der Betroffenen stellt sich die Betreuung im SGB II eher noch kritischer dar. Bereits die IAB-Querschnittserhebung „Lebenssituation und soziale Sicherung 2005" förderte skeptische Sichtweisen zutage. Die Integrationszuversicht war gering, die Angst vor Statusabwertung und sogar Verarmung hingegen deutlich vorhanden. In einer qualitativen Studie des IAB wurden die „Deutungsmuster", die Hilfebedürftige mit der Aktivierung verbanden, genauer beleuchtet. Es ergab sich, dass der Prozess der Aktivierung nicht zu verstehen ist, wenn man nicht die Wahrnehmungen und Deutungen der Betroffenen in die Analyse einbezieht: Wird die Aktivierung primär als Autonomieverlust erlebt, wird die Maßnahmeteilnahme als Gegenleistung für den Transferbezug betrachtet oder sieht der Betroffene das Angebot als Chance, anknüpfend an seine Erfahrungen und Kompetenzen seine Lage auf dem Arbeitsmarkt zu verbessern? Gerade wenn man die Eigenverantwortung der Klienten stärken will, müssen solche Aspekte in die Arbeit einbezogen werden.

Fragt man nun nach den Wirkungen des SGB II auf der individuellen Ebene, so hat sich die quantitative Wirkungsmessung in den ersten drei Jahren nach der SGB-II-Einführung auf die Frage konzentriert, welchen Einfluss die arbeitsmarktpolitischen Instrumente individuell auf Beschäftigungschancen und Hilfebedürftigkeit hatten. Damit wurde primär der Frage nachgegangen, inwieweit diese Komponente des Aktivierungsprozesses die Teilhabe am Erwerbsleben verbessert hat.

Die Analyse der individuellen Wirkungen arbeitsmarktpolitischer Interventionen im SGB II bestätigt bekannte Tendenzen: Wie in den Evaluationen im Rechtskreis SGB III schneiden diejenigen Instrumente, die mit einer direkten Integration in einen Betrieb verbunden sind, am besten ab – und zwar sowohl hinsichtlich der Beschäftigungschancen als auch hinsichtlich der Überwindung des Hilfebezugs. Kurze Qualifizierungen und die Beauftragung Dritter verbessern ein wenig die Beschäftigungschancen (oder schaden zumindest nicht), helfen aber nicht aus dem Leistungsbezug. „Schlusslicht" bei den Wirkungen ist die öffentliche Beschäftigung, die besonders den arbeitsmarktnäheren Gruppen eher schadet. Diese Befunde zeigen sich in ähnlicher Weise auch für Empfänger von Grundsicherungsleistungen in anderen Ländern.

Einige Erkenntnisse sind aber doch neu: Zunächst kann festgestellt werden, dass das arbeitsmarktpolitische Instrumentarium, das überwiegend im SGB III definiert ist, auch für die Leistungsbezieher des SGB II Wirkungen hinsichtlich der Eingliederungschancen entfaltet. Dies war in der Einführungsphase grundsätzlich angezweifelt worden. Insbesondere wurde bezweifelt, dass Maßnahmen, die direkt auf eine reguläre Beschäftigung zielen, überhaupt für die Klientel des SGB II greifen könnten. Dabei sind die Maßnahmeteilnehmer im SGB II zwar eher die arbeitsmarktnäheren unter den ALG-II-Beziehern, aber sie sind im Durchschnitt immer noch deutlich arbeitsmarktferner als die Teilnehmer an denselben Maßnahmen im SGB III.

Ebenfalls überraschend ist der Befund, dass die Arbeitsgelegenheiten in der Mehraufwandsvariante im Vergleich zu früheren Evaluationen Beschäftigung schaffender Maßnahmen deutlich geringere Lock-In-Effekte aufweisen und nach 20 Monaten sogar neutrale bis positive Wirkungen auf die Wiedereingliederungschancen aufweisen. Während Ersteres sich vermutlich vorwiegend durch die kürzere Dauer der Maßnahme erklären lässt, erstaunt Letzteres vor allem deswegen, weil die Maßnahmezuweisung vor allem in der – von uns evaluierten – Einführungsphase des SGB II alles andere als zielgruppenorientiert lief.

So sind zwar die Jugendlichen und jungen Erwachsenen vom Gesetzgeber als besondere Zielgruppe der Betreuung hervorgehoben worden. Dies schlägt sich auch in hohen Anteilen an den Zugängen in arbeitsmarktpolitische Maßnahmen nieder. Allerdings stellt sich diese Gruppe in der Realität aber als sehr heterogen dar, sodass ein bloßes „Mehr" am Instrumentensatz nicht zum gewünschten Erfolg führt. Vielmehr ist eine individuelle, auf die jeweilige Lebenssituation und die Gründe für den Hilfebezug zugeschnittene Betreuung notwendig, um Zugangsselektivitäten in Maßnahmen zu verhindern und die Langzeitfolgen von Ausgrenzungserfahrungen zu minimieren. Vieles spricht dafür, dass dies im Untersuchungszeitraum nicht ausreichend geschehen ist.

Ähnliches gilt für die Förderung von Frauen. Zwar sollen die Leistungen des SGB II explizit auch der Verringerung von geschlechtsspezifischen Nachteilen dienen. Die IAB-Forschung liefert aber einige Befunde, die darauf hindeuten, dass dies im Untersuchungszeitraum noch nicht hinreichend gelungen ist: Obwohl ihr Anteil im Leistungsbezug den der Männer übersteigt, sind sie in arbeitsmarktpolitischen Maßnahmen fast durchgehend unterrepräsentiert und werden auch insgesamt weniger intensiv betreut. Die Vermutung, der Unterschied könne allein dadurch zu erklären sein, dass Frauen häufiger wegen Kinderbetreuungspflichten nicht verfügbar sind, bestätigt sich in multivariaten Analysen nicht. Angesichts der vielfach geäußerten Einschätzung gerade von Frauen, ohne Hilfe der Grundsicherungsstelle keine Arbeit finden zu können, zeigt sich hier deutlicher Handlungsbedarf in Richtung auf passgenaue, auf die individuellen Lebensumstände zugeschnittene Beratung und Betreuung.

Was ältere Personen im Leistungsbezug angeht, so sollen sie zwar in die Aktivierung einbezogen werden. Faktisch sind sie aber in nahezu allen arbeitsmarktpolitischen Maßnahmen unterrepräsentiert, und das, obwohl ihre Chancen, ohne Hilfe und Förderung eine neue Beschäftigung zu finden, immer noch vergleichsweise gering sind. Dies wiegt umso schwerer, als sie nach dem Auslaufen der sogenannten „58er-Regelung" nach dem vollendeten 63. Lebensjahr auch dann aus dem Grundsicherungs- in den Rentenbezug überwiesen werden, wenn dies Abschläge nach sich zieht.

Und was die Gruppe der Rehabilitanden angeht, so liegen zwar noch keine Befunde zu Aktivierung und Maßnahmewirkungen im engeren Sinne vor. Die Forschung zeigt aber jetzt schon ein Spannungsfeld zwischen den Regelungen von SGB II und SGB IX: Zwar geht es in beiden Gesetzbüchern um die gesellschaftliche Teilhabe der betroffenen Personengruppe. Während das SGB II zur Verbesserung der Teilhabechancen aber vorrangig auf Erwerbstätigkeit setzt, sieht das SGB IX hierfür auch andere Wege vor. Die Entscheidungen der Fachkräfte im SGB II, ob eine Rehabilitationsmaßnahme durchgeführt werden soll, orientiert sich aber häufig ausschließlich an der Frage, ob dadurch die Erwerbsintegration befördert wird.

Abschließend wurden in diesem Bericht Befunde zu der Frage präsentiert, welche Wirkungen das SGB II auf den Arbeitsmarkt insgesamt hat. Ein gänzlich geschlossenes Bild gibt es noch nicht, weil der Zeitraum auch für vorläufige Aussagen noch recht kurz ist. Einige erste Indizien gibt es aber dennoch: So hat die Absenkung der Leistungshöhe im Durchschnitt nach IAB-Simulationsrechnungen die Arbeitsanreize, wie vom Gesetzgeber intendiert, erhöht und zu einer – wenn auch leichten – Ausdehnung des Arbeitsangebots geführt.

Zur Konzessionsbereitschaft als einem Indiz für die Qualität des Arbeitsangebots (im Hinblick auf die angestrebten Arbeitsplätze) gibt es auf den ersten Blick widersprüchliche Befunde: Die in einer Befragung geäußerte Konzessionsbereitschaft der SGB-II-Leistungsbezieher – hinsichtlich der Höhe des akzeptierten Lohns, der Arbeitsbedingungen oder des Arbeitsorts – ist zumindest im ersten Jahr nach der SGB-II-Einführung nicht signifikant höher als in der Zeit vor der Reform. Dagegen berichten die Betriebe im gleichen Zeitraum durchaus davon, dass die Bewerber konzessionsbereiter geworden seien. Diese Differenz kann ein Hinweis darauf sein, dass die tatsächliche Konzessionsbereitschaft größer ist als die berichtete oder darauf, dass die Arbeitsmarktreformen möglicherweise nicht (nur) bei den direkt Betroffenen, sondern (auch) bei anderen Arbeitnehmer- bzw. Arbeitslosengruppen Wirkung zeigen.

Jedenfalls führt dies zu positiven Wirkungen auf die Arbeitsnachfrage – die Betriebe geben häufiger an, auch schwieriger besetzbare Arbeitsplätze nun besetzen zu können. Allerdings ist offen, ob auch SGB-II-Leistungsempfänger von der Entwicklung in den Unternehmen profitieren können: Denn die erhöhte Konzessionsbereitschaft bei den Stellensuchenden führt dazu, dass auch besser Qualifizierte Arbeitsplätze mit geringeren Qualifikationsanforderungen annehmen. Dies verschlechtert die Erfolgschancen für Ungelernte und Geringqualifizierte tendenziell. Zudem äußern Betriebe in IAB-Befragungen generelle Vorbehalte gegen die Einstellung von Langzeitarbeitslosen.

Betrachtet man die Arbeitsmarktentwicklung insgesamt, so verdichten sich nach den Analysen des IAB die Anzeichen, dass nicht nur die konjunkturelle Entwicklung zum Abbau der Arbeitslosigkeit geführt hat, sondern dass sich auch eine Veränderung der strukturellen Arbeitslosigkeit beobachten lässt. Hierzu dürften die Arbeitsmarktreformen beigetragen haben – auch wenn hierzu noch keine Kausalanalyse im strengen Sinne durchgeführt werden konnte.

Aber es gibt auch negative Wirkungen der Arbeitsmarktreformen und der SGB-II-Einführung. Bei dem arbeitsmarktpolitischen Instrument, das am häufigsten eingesetzt wird, den Arbeitsgelegenheiten in der Mehraufwandsvariante, finden mehrere Studien deutliche Hinweise auf innerbetriebliche Substitution regulärer Beschäftigung und Verdrängung. Dies ist besonders problematisch, weil dies verstärkt in Regionen auftritt, die ohnehin durch einen Mangel an Arbeitsplätzen auf dem ersten Arbeitsmarkt gekennzeichnet sind.

Nicht zu unterschätzen sind auch die regionalen Umverteilungswirkungen, die vor allem durch den Rückgang bei den Leistungen der aktiven Arbeitsmarktpolitik im Eingliederungstitel ausgelöst wurden. Diese treffen wiederum vor allem wirtschafts- und beschäftigungsschwache Regionen. Es bleibt abzuwarten, ob dies ein vorübergehendes Phänomen war, das vorwiegend der Aufbauphase des SGB II geschuldet war.

Schließlich hat eine intendierte Folge des SGB II Wirkungen, die eine Weiterentwicklung des Gesetzes angeraten erscheinen lassen: Der Vorrang jeglicher Form von Erwerbsarbeit, den das SGB II postuliert, muss letztlich zu einer (weiteren) Vergrößerung des Niedriglohnsektors führen. Hier muss über Möglichkeiten zur Förderung der Aufwärtsmobilität aus der Niedriglohnbeschäftigung und eine sinnvolle und anreizkompatible Flankierung ebenso nachgedacht werden wie darüber, was mit der Personengruppe geschehen soll, die trotz Aktivierung und erhöhter Konzessionsbereitschaft nicht in den ersten Arbeitsmarkt integrierbar ist. In beide Richtungen hat das IAB gedacht, Vorschläge ausgearbeitet und bewertet.

8.3 Gesamtbewertung und Handlungsbedarf

Was bedeutet dies alles nun für den Erfolg der Zusammenlegung von Arbeitslosen- und Sozialhilfe und die Einführung des SGB II insgesamt? Blickt man auf die Arbeitsmarktentwicklung, so scheinen die Arbeitsmarktreformen im Ganzen positive Wirkungen zu zeigen und auch strukturelle Arbeitslosigkeit abzubauen. Ob sich dieser Anschein bestätigt, kann angesichts des noch kurzen Zeitraums seit dem Inkrafttreten des SGB II allerdings noch nicht als gesichert gelten. Es gibt jedoch Indizien dafür, dass die Aktivierung genau das bewirkt, was der Gesetzgeber intendiert hat, nämlich eine Erhöhung der Arbeitsanreize und damit des Arbeitsangebots und der Bereitschaft, auch Arbeitsplätze mit schlechteren Bedingungen anzunehmen. Damit scheint insgesamt die Rechnung aufzugehen, dass das SGB II die Teilhabe am Erwerbsleben und damit im Durchschnitt die Autonomie der Individuen fördert. Die Neuregelungen im Leistungsbezug bei der Zusammenlegung von Arbeitslosen- und Sozialhilfe haben nach unterschiedlichen Armutsmaßen nicht – wie vielfach befürchtet wurde – zu einem massiven Anstieg der Armut in Deutschland geführt. Der schon seit dem Ende der 80er-Jahre beobachtete Trend einer Zunahme der Ungleichheit in Deutschland hat sich aber fortgesetzt. Allerdings wurde durch das SGB II eine nicht unbeträchtliche Anzahl von Personen aus der verdeckten Armut herausgeholt. Was die materiellen Leistungen angeht, so führt die Aufgabe der Statusorientierung der Arbeitslosenhilfe zu einer Nivellierung der Unterschiede bei den Transferempfängern mit Gewinnern und Verlierern des Übergangs.

Auch darüber hinaus sind bei der Gesamtbewertung zumindest drei wesentliche Einschränkungen zu machen, bei denen Handlungsbedarf besteht:

Erstens gibt es Nebenwirkungen: Vor allem bedeutet das Primat der Erwerbsarbeit auch, dass noch mehr Arbeitsplätze mit eher geringen Anforderungen und damit auch niedrigen Löhnen entstehen müssen. Selbst wenn die Teilhabe am Erwerbsleben für sich schon Nutzen stiftet, sind Modelle dafür nötig, wie diese Entwicklung flankiert werden kann. Dabei geht es zum einen um die materielle Sicherung durch einen anreizkompatiblen Ausbau der Kombilohnelemente, zum anderen aber darum, den Niedriglohnsektor möglichst durchlässig zu gestalten.

Zweitens hat sich bei den Analysen auf der individuellen Ebene gezeigt, dass der Anspruch, die Teilhabe durch individuelle und passgenaue Leistungen zu fördern, noch nicht gleichmäßig gut umgesetzt wird. Die Aktivierung, zumindest in ihrer ursprünglichen, engen Bedeutung, läuft bei vielen der Leistungsbezieher ins Leere: Sie leiden nicht an einem Aktivierungsdefizit im strengen Sinne, sind also bereit zur Arbeitsaufnahme und unternehmen auch Anstrengungen in diese Richtung. Eine eng verstandene Aktivierung trägt also in diesen Fällen nicht zu verbesserter Teilhabe am Erwerbsleben bei und wirkt tendenziell Autonomie einschränkend. Bei dieser Gruppe ginge es also nicht darum, durch Druck Aktivität zu erzeugen, sondern eigene Aktivitäten zu unterstützen, sie ggf. in die richtige Richtung zu lenken und individuelle Hemmnisse, die der Aufnahme einer Erwerbstätigkeit im Wege stehen, zu beseitigen. In der weiten Auffassung kann auch dies alles „Aktivierung" sein, die wirklich auf die Herstellung größtmöglicher Autonomie mit dem Ziel existenzsichernder Erwerbstätigkeit bei den Leistungsbeziehern zielt. Um diese umsetzen zu können, wäre aber eine Erhöhung der Professionalität bei den Fachkräften angeraten, die die Bedarfe und Möglichkeiten der Leistungsbezieher genau einschätzen und passgenau darauf reagieren müssen – bei entsprechend flexiblem Handlungsrahmen. Dies schließt die Nutzung der Eingliederungsvereinbarung als echte Vereinbarung über wechselseitig zu erbringende Leistungen ebenso ein wie einen individuell zugeschnittenen Einsatz der arbeitsmarktpolitischen Instrumente.

Drittens schließlich verschärft sich die Forderung nach individueller und passgenauer Betreuung noch, wenn man Personengruppen mit besonderen Problemlagen betrachtet. Die IAB-Untersuchungen zeigen etwa, dass eine solche auf die Lebenssituation wirklich passende Behandlung für die von uns näher untersuchten Personenkreise noch nicht wirklich als gelungen bezeichnet werden kann. Jugendliche und junge Erwachsene werden zwar vergleichsweise häufig in arbeitsmarktpolitische Maßnahmen einbezogen, aber innerhalb der Gruppe durchaus selektiv und wenig zielgerichtet. Frauen sind dagegen in Maßnahmen unterrepräsentiert. Nach den IAB-Befunden nutzen die Grundsicherungsstellen noch nicht alle Möglichkeiten, auf die spezifischen Lebensumstände von Frauen zugeschnittene Betreuungsangebote zu machen und so den gleichstellungspolitischen Auftrag des SGB II zu erfüllen. Was die Gruppe der Rehabilitanden angeht, so besteht Handlungsbedarf vor allem in der Abstimmung der Ziele von SGB II und SGB IX. Zu klären ist, ob für den Einsatz von Rehabilitationsmaßnahmen bei erwerbsfähigen Hilfebedürftigen das Primat der Erwerbsintegration gelten soll, oder ob die umfassenderen Zielkriterien des SGB IX angelegt werden.

Insgesamt ergibt sich also aus den Forschungen des IAB auf die Frage, ob das SGB II die Teilhabe am Erwerbsleben durch Aktivierung zu fördern vermag, ein gemischtes Bild, wenn auch die Grundtendenz zu stimmen scheint. Es bleibt aber noch einiges an Forschungsbedarf, der sich insbesondere auch auf die zweite Frage bezieht, ob der Zusammenhang zwischen Aktivierung, Erwerbstätigkeit, gesellschaftlicher Teilhabe und Autonomie ein eindeutiger ist.

9 Wie weiter? Perspektiven der SGB-II-Forschung im IAB

Knapp vier Jahre SGB II und ebenso lange SGB-II-Forschung am IAB haben zwar einiges an Befunden und Ergebnissen gebracht. Es sind aber ebenso noch eine große Anzahl von Fragen offen – nicht nur, weil der Zeitraum seit Einführung des Gesetzes zur Beantwortung einiger Forschungsfragen noch zu kurz war, sondern auch, weil bei vielen Forschungsfragen konzeptionell und methodisch Neuland zu betreten war. Für die nächste Zielvereinbarungsperiode, die sich von 2009 bis 2012 erstreckt, steht nun das sukzessive Schließen weiterer Forschungslücken an. Dabei geht es weiterhin darum, Befunde für die Frage zu liefern, ob der Aktivierungsansatz des Gesetzes die Teilhabe am Erwerbsleben fördert. In einem zweiten Schritt ist zu analysieren, ob Erwerbsarbeit, gesellschaftliche Teilhabe und Autonomie tatsächlich in dem engen, vom Gesetzgeber vorausgesetzten Zusammenhang stehen.

Hierzu werden zunächst die Analysen zur Struktur der Hilfebedürftigen und zur Dynamik im Hilfebezug fortgesetzt. Dazu werden vertiefende Untersuchungen zu den Zugangsprozessen ins SGB II und den Gründen für den Hilfebezug durchgeführt. Ebenso ist auch eine Beschreibung der Abgangsprozesse aus dem Hilfebezug – nach Bedarfsgemeinschaftstypen – weiterhin auf der Agenda. Hier geht es insbesondere um die Bedingungen für und die Nachhaltigkeit von Überwindung der Hilfebedürftigkeit. Sowohl bei den Zugangs- als auch bei den Abgangsprozessen werden auch geschlechtsspezifische Muster untersucht. Besondere Berücksichtigung findet natürlich die Frage, wer es schafft, den Leistungsbezug dauerhaft durch Erwerbstätigkeit zu verlassen. Erstmals soll dabei auch die Frage behandelt werden, welche Rolle die berufliche Mobilität spielt. Dazu werden international vergleichende Analysen durchgeführt und vertiefend die Situation in Deutschland auf Basis von Prozess- und Befragungsdaten unter die Lupe genommen.

Umgekehrt wird – mit qualitativen und quantitativen Methoden – untersucht, wie es zur Verfestigung von Leistungsbezug kommt und welche Konsequenzen lang anhaltender Leistungsbezug und Langzeitarbeitslosigkeit für die Betroffenen haben. Dabei geht es um die psychosozialen Folgen und das Gesellschaftsbild von Langzeitbeziehern, aber auch um die Alltagsbewältigung im Leistungsbezug. Schließlich wird auch gefragt, welche Auswirkungen auf die soziale Teilhabe das andauernde Leben am soziokulturellen Existenzminimum hat und inwieweit die Regelungen des SGB II dazu beitragen können, diese Teilhabedimension zu befördern.

Im Kontext des Aktivierungsprozesses werden in den kommenden Jahren im IAB Ergebnisse aus Studien zur Fallbearbeitung und zu den Wirkungen unterschiedlichen Vermittlerhandelns vorliegen. Zum einen wird eine große qualitative Studie durchgeführt, die an die Vorstudie „Neue Soziale Dienstleistungen" anknüpft, zum anderen wird eine neue quantitative Studie zu Strategien und Handlungsspielräumen von Vermittlern aufgesetzt. Durch die Kombination der Ergebnisse aus diesen und weiteren Studien ist zu erwarten, dass die Beschreibung des Aktivierungsprozesses und seiner Determinanten noch besser gelingt und auch Fortschritte hinsichtlich der Frage gemacht werden können, wie denn der Aktivierungsprozess als Ganzes wirkt.

Die Forschung zu den individuellen Wirkungen des Einsatzes arbeitsmarktpolitischer Instrumente wird die in der ersten Zielvereinbarungsperiode durchgeführten quantitativen Analysen zu den Einzelmaßnahmen fortführen, deren mittel- und langfristige Wirkungen untersuchen und auf weitere Instrumente ausweiten, für die sich nun die Datenlage gebessert hat. Darüber hinaus werden auch Maßnahmesequenzen und Maßnahmekarrieren in die Betrachtung einbezogen sowie die Wirkungen der Maßnahmen im direkten Vergleich ermittelt. Geplant ist ebenfalls, die Untersuchung der Maßnahmewirkungen auf weitere Teilhabedimensionen auszudehnen, und dafür die Operationalisierung von Arbeitsvermögen, Beschäftigungsfähigkeit und sozialer Teilhabe für quantitative Untersuchungen weiter voranzutreiben. Hierfür ist die Nutzung von qualitativen und quantitativen Befragungsdaten vorgesehen. Die weiteren Analysen der individuellen Wirkungen sollen schließlich zusätzliche Aspekte des Aktivierungsprozesses umfassen. Zum einen sollen Eingliederungsvereinbarungen und Sanktionen hinsichtlich ihrer individuellen Effekte untersucht werden, zum anderen steht ein Forschungsprojekt zu den Aktivierungsstrategien für Mehrpersonenbedarfsgemeinschaften auf dem Plan.

Wie in der vergangenen Zielvereinbarungsperiode werden wieder einzelne Forschungsprojekte zu Personen mit besonderen Problemlagen durchgeführt. Dabei stehen erneut die Jugendlichen und jungen Erwachsenen im Vordergrund der Betrachtung. Hinzu kommen Studien zur Altersarmut und zu den Alterssicherungseffekten des SGB II, und die Analysen zu den Wirkungen arbeitsmarktpolitischer Instrumente für bestimmte Personengruppen – insbesondere Jüngere, Ältere, Migranten und Rehabilitanden – werden fortgeführt.

Schließlich werden in den nächsten Jahren die gesamtwirtschaftlichen Effekte der Grundsicherung in den Vordergrund gerückt. Dies ist nun möglich, da die Beobachtungszeiträume hinreichend lang sind und wichtige methodische Vorarbeiten abgeschlossen werden konnten. Die Arbeitsangebotswirkungen werden dabei vertiefenden Analysen unterzogen, aber auch die betriebliche Seite wird in den Blick genommen. Erstmals sollen auch die Lohneffekte des SGB II untersucht werden, sodass insgesamt eine Schätzung der Beschäftigungseffekte unternommen werden kann. Ein weiterer neuer Baustein bei den gesamtwirtschaftlichen Untersuchungen ist die Forschung zu den regionalen Arbeitsmarktwirkungen der arbeitsmarktpolitischen Instrumente. Um das Bild abzurunden, werden schließlich vertiefende Analysen zur Entwicklung des Niedriglohnsektors durchgeführt.

Insgesamt hat sich das IAB auch für die nächsten vier Jahre SGB-II-Forschung ein umfangreiches Programm vorgenommen. Zwar ist die personelle Ausstattung für die Bearbeitung der Forschungsprojekte gut, dennoch setzt das IAB wie in der Vergangenheit – wie die zahlreichen Kooperations- und Vergabeprojekte zeigen – auch bei der SGB-II-Forschung auf die Zusammenarbeit mit externen Forschern. Dies dient nicht nur der Kapazitätserweiterung im engeren Sinne. Vielmehr geht es darum, zu jedem Thema den vorhandenen Sachverstand zu bündeln, um möglichst gute Antworten auf die Forschungsfragen geben zu können und damit auch einen relevanten Beitrag zur Weiterentwicklung der Grundsicherung zu leisten.

Anhang: Struktur der SGB-II-Forschung und Datengrundlagen

1 Organisation der SGB-II-Forschung im IAB

Mit dem Aufbau der SGB-II-Forschung am IAB wurden zunächst drei neue Forschungsbereiche eingerichtet. Später kam ein vierter Forschungsbereich hinzu, in dem das Panel „Arbeitsmarkt und soziale Sicherung" angesiedelt ist. Damit widmen sich am IAB insbesondere folgende Forschungsbereiche der Wirkungsforschung zum SGB II:

- Forschungsbereich „Erwerbslosigkeit und Teilhabe" (Leitung: Dr. Markus Promberger)
- Forschungsbereich „Grundsicherung und Aktivierung" (zuvor: „Lohnersatz und Grundsicherung"; Leitung: PD Dr. Joachim Wolff)
- Forschungsbereich „Niedrigeinkommen und Verteilung" (Leitung: Helmut Rudolph)
- Panel „Arbeitsmarkt und soziale Sicherung" (Leitung: Dr. Mark Trappmann).

Darüber hinaus wurden dort, wo besonders hohe Synergien zu erwarten sind, bestehende Forschungsbereiche um sog. SGB-II-Arbeitspakete erweitert. Im Einzelnen befassen bzw. befassten sich diese Pakete mit folgenden Themen:

1. Instrumente des SGB III für erwerbsfähige Hilfsbedürftige des SGB II
2. Aktivierungsstrategien für erwerbsfähige Hilfebezieher im internationalen Vergleich
3. Gesamtwirtschaftliche Effekte der Grundsicherung für Arbeitsuchende und der aktiven Maßnahmen
4. Betriebliche Einschätzungen der Hartz-IV-Reformen
5. Evaluation der SGB-II-Instrumente auf regionaler Ebene und regionale Typisierung
6. Sanktionen im SGB II – Perspektiven von Fachkräften und jungen Klientinnen und Klienten.

Die Forschung zum SGB II wird durch eine eigene Stabsstelle koordiniert, die den Kontakt zwischen den Wissenschaftlerinnen und Wissenschaftlern innerhalb und außerhalb des IAB und zu Politik und Praxis herstellt: Die Stabsstelle Forschungskoordination (zuvor: Koordination der Evaluationsforschung und Forschungsplanung), die von Dr. Susanne Koch geleitet wird.

Nachfolgend soll die Organisation der SGB-II-Forschung des IAB genauer dargestellt werden. Hierzu werden zunächst die vier SGB-II-Forschungsbereiche, danach die einzelnen inhaltlichen Arbeitspakete detailliert beschrieben.

1.1 Forschungsbereich: Erwerbslosigkeit und Teilhabe

Wie wirken Grundsicherung und Aktivierung im Lebenszusammenhang der erwerbsfähigen Hilfebedürftigen? Welche Rolle spielen dabei Erwerbslosigkeit und Erwerbsferne? Was kann zur Beendigung der Hilfebedürftigkeit beitragen? Wie funktionieren Vermittlungs- und Aktivierungsdienstleistungen für Arbeitslose mit gravierenden Arbeitsmarktnachteilen?

Der Forschungsbereich „Erwerbslosigkeit und Teilhabe" befasst sich mit den unterschiedlichen Auswirkungen (anhaltender) Erwerbslosigkeit. Sie bedeutet für viele Betroffene und ihre Familien zunächst eine Einschränkung materieller und sozialer Teilhabechancen und kann zu Hilfebedürftigkeit und Abhängigkeit von sozialen Transferleistungen führen. Mit sinkender Teilhabe am Erwerbsleben können sich auch Zugänge zu anderen Lebensbereichen verschlechtern – etwa bei Bildung, Konsum, Kultur und politischer Beteiligung.

Andererseits sehen sich Wohlfahrtsstaaten seit jeher in der Pflicht, Erwerbslosigkeit und Hilfebedürftigkeit zu bekämpfen. In jüngster Zeit ist hier ein Übergang vom versorgenden zum aktivierenden Wohlfahrtsstaat zu verzeichnen – Leitbild auch für die Arbeitsmarkt- und Sozialreformen in Deutschland in den letzten Jahren. Das vorrangige Erkenntnisinteresse des Bereichs richtet sich vor diesem Hintergrund auf die Bedingungen, die zur Entstehung, Verfestigung und Überwindung von Arbeitslosigkeit, Erwerbsferne und Hilfebedürftigkeit beitragen. Dabei stehen die Erwerbslosen und die von Arbeitslosigkeit bedrohten Personen, ihre privaten und familialen Lebens- und Haushaltszusammenhänge, ihre (Erwerbs-)Biografien, aber auch die Begegnungen und Erfahrungen mit den betreuenden Einrichtungen und deren Praxis im Mittelpunkt.

Die Arbeit des Forschungsbereichs lässt sich in drei Schwerpunkten zusammenfassen:

1. Erwerbslosigkeit, soziale Sicherung und Teilhabe – Entwicklung von Lebensbedingungen und Biografien am unteren Rand der Gesellschaft
2. Fördern und Fordern: Organisationen, Klienten und ihre Beziehungen – die Praxis der Bekämpfung von Erwerbslosigkeit und Hilfebedürftigkeit
3. Aktivierbarkeit, Beschäftigungsfähigkeit und Arbeitsorientierung.

Darüber hinaus gehört der Bereich mehreren Konsortien zur Einwerbung von Drittmittelprojekten an, unter anderem als Teil des 7. EU-Forschungsrahmenprogramms.

1.2 Forschungsbereich: Grundsicherung und Aktivierung

Mit der Einführung des SGB II und der Zusammenlegung von Arbeitslosen- und Sozialhilfe wurden die Arbeitsmarktpolitik für erwerbsfähige hilfebedürftige Personen vereinheitlicht und deren Aktivierung in den Vordergrund gerückt. Zu den traditionellen arbeitsmarktpolitischen Instrumenten kamen neue hinzu, etwa die Arbeitsgelegenheiten oder das Einstiegsgeld. Zugleich wurden die Bedingungen für den Leistungsbezug verschärft, beispielsweise durch weit reichende Zumutbarkeitsbedingungen.

Vor diesem Hintergrund ist es zentrale Aufgabe des Forschungsbereiches, Arbeitsmarktwirkungen der Grundsicherung für Arbeitsuchende zu evaluieren, d. h. die Effektivität und Effizienz der Leistungen für Arbeitslosengeld-II-Empfänger. Die zentrale Frage ist, ob bedürftige arbeitslose Personen durch diese Reformen rasch und nachhaltig in den Arbeitsmarkt integriert werden können. Einmal geht es dabei um das Fördern, also die verbesserte Integration durch aktive arbeitsmarktpolitische Maßnahmen. Der Bereich befasst sich daher mit quantitativen Wirkungsanalysen dergestalt, dass analysiert wird, welche Personengruppen durch verschiedene aktive arbeitsmarktpolitische Maßnahmen effektiv in den Arbeitsmarkt integriert wurden. Dabei stehen vor allem Instrumente mit hohen Teilnehmerzahlen im Fokus: Arbeitsgelegenheiten in der Mehraufwandsvariante („Ein-Euro-Jobs"), Eignungsfeststellungs- und Trainingsmaßnahmen sowie Beauftragungen Dritter mit den gesamten Aufgaben der Vermittlung.

Zudem untersuchen die Mitarbeiter des Bereichs die Wirkungen der Verschärfung des Leistungsrechts und des verstärkten Forderns: Dabei geht es um die Frage, ob Sanktionen dazu führen, dass hilfsbedürftige Personen rascher und nachhaltiger zurück ins Erwerbsleben finden, gegebenenfalls auch ihre Lohnerwartungen herunterschrauben. Darüber hinaus wird untersucht, ob Personen aus anderen Gründen aus dem Arbeitslosengeld-II-Bezug ausscheiden, etwa indem sie in einen Haushalt mit höherem Einkommen wechseln, oder ob Eingliederungsvereinbarungen dabei helfen, erwerbsfähige Hilfebedürftige besser in den Arbeitsmarkt zu integrieren. Neben diesen Mikroanalysen ist geplant, in Zusammenarbeit mit dem Bereich „Regionale Arbeitsmärkte" künftig auch gesamtwirtschaftliche Wirkungen der Aktivierungspolitiken für erwerbsfähige Hilfebedürftige (z. B. auf die Quote der Arbeitsuchenden) zu quantifizieren.

1.3 Forschungsbereich: Niedrigeinkommen und Verteilung

Der Forschungsbereich untersucht die Strukturen von bedürftigen Haushalten, die Transfers nach SGB II erhalten, und analysiert die Problemlagen, die aus Haushaltszusammensetzung, Arbeitsmarktstatus der Haushaltsmitglieder und Einkommenskomponenten ableitbar sind. Die Analyse der Herkunft der Bedarfsgemeinschaften aus vorherigem Arbeitslosen- und/oder Sozialhilfebezug bildet den Ausgangspunkt für Analysen zur Beendigung der Bedürftigkeit von Personen und Bedarfsgemeinschaften. Es werden mögliche Konstellationen für die Entstehung von Bedürftigkeit sowie die Verteilung der Dauer der Transferabhängigkeit in verschiedenen Haushaltstypen untersucht. Darüber hinaus ist von Interesse, wie sich die Reform auf Höhe und Zusammensetzung der verfügbaren Einkommen der Haushalte mit Transferbezug auswirkt.

Empirische Forschungsgrundlage sind die Geschäftsdaten der Leistungs- und Vermittlungsverfahren der Bundesagentur für Arbeit. Ziel ist, aus den Geschäftsdaten auf Stichprobenbasis ein administratives Panel von Bedarfsgemeinschaften und ihren Haushaltsmitgliedern als repräsentative Stichprobe aufzubauen und zu pflegen. Damit soll eine effiziente Forschungsdatenbasis für die durch Fördern und Fordern ausgelösten Veränderungen im Grad der Bedürftigkeit und im Arbeitsmarktstatus geschaffen werden.

Die Untersuchungen werden ergänzt durch Analysen der Sozialhilfestatistik, des Mikrozensus, der Einkommens- und Verbrauchsstichprobe und der Beschäftigtenstatistik mit dem Ziel, Bedarfsgemeinschaften mit Arbeitslosengeld-II-Bezug in Beziehung zu setzen mit dem gesellschaftlichen Umfeld von Niedrigeinkommenshaushalten und Niedriglohnbeziehern, zum Beispiel in Minijobs.

Der Forschungsbereich hatte zudem die statistisch-methodische Betreuung der Querschnittsbefragung zur soziostrukturellen Analyse der hilfebedürftigen Erwerbsfähigen beim Start des neuen Transfersystems bei Stichprobenauswahl und Gewichtung und ist an der Stichprobenziehung des IAB-Haushaltspanels PASS beteiligt.

1.4 Forschungsbereich: Panel „Arbeitsmarkt und soziale Sicherung" (PASS)

Der Forschungsbereich ist verantwortlich für die Planung und Durchführung des Haushaltspanels PASS. Das vom BMAS finanzierte Panel ist im Dezember 2006 erstmals ins Feld gegangen. Eine detaillierte Beschreibung der methodischen Grundlagen von PASS findet sich im Anhang in Abschnitt 2.2.2.

Die Daten des Panels bilden die Grundlage für die Beantwortung vielfältiger Fragestellungen in der Arbeitsmarkt- und Armutsforschung sowie für die Evaluation sozialpolitischer Maßnahmen: Sie sollen einerseits eine detaillierte Beschreibung und Analyse der Lebenslagen von Leistungsempfängern und von einkommensschwachen Erwerbstätigen erlauben, andererseits sollen mit ihrer Hilfe Analysen zu

Determinanten des Zugangs bzw. Abgangs aus dem Leistungsbezug ebenso möglich sein, wie die Evaluation von SGB-II-Maßnahmen. Die Studie umfasst zwei Teilstichproben zu je 6.000 Haushalten. Für die erste Teilstichprobe wurden Bedarfsgemeinschaften aus Prozessdaten der BA gezogen. Bei der zweiten Teilstichprobe handelt es sich um eine Bevölkerungsstichprobe mit überproportionaler Berücksichtigung einkommensschwächerer Haushalte.

Die Forschung des Bereichs konzentriert sich auf drei Themenschwerpunkte:

1. Die Dauer und Dynamik des Leistungsbezugs bzw. von Armutslagen: Der Panelansatz erlaubt die dynamische Untersuchung von Armut und Leistungsbezug. Im Mittelpunkt stehen Armutsdauer sowie Wege in die und aus der Armut bzw. dem Leistungsbezug.
2. Die Versorgungslage von Haushalten: Die Analyse der Versorgungslage von Haushalten soll möglichst breit angelegt sein und verschiedene theoretische Ansätze berücksichtigen. Die Versorgungslage wird daher nicht nur wie üblich über Einkommen und Vermögen erfasst (sog. Ressourcenansatz), sondern zusätzlich durch eine direkte Armutsmessung nach dem Deprivationsansatz ergänzt. Um den vielschichtigen Charakter von Armut abzubilden, wird außerdem die Wohlfahrtsposition von Haushalten mit weiteren Dimensionen der Lebenslage berücksichtigt, wie beispielsweise Gesundheit, Wohnsituation, Familiensituation und Einbindung in soziale Netzwerke.
3. Methodische Begleitforschung: Auch aus methodischer Sicht beinhaltet das Panel zahlreiche innovative Aspekte, wie zum Beispiel das elaborierte, zwei Teilstichproben umfassende Stichprobenkonzept. Untersuchungen, die sich aus derartigen methodischen Besonderheiten des PASS ergeben sowie Analysen von Item- und Unit-Nonresponse oder kleinere methodische Experimente, werden einen wichtigen Teil der Forschungsaktivität des Bereichs ausmachen.

1.5 Arbeitspakete der SGB-II-Bereiche

1.5.1 Auswirkungen des Systemwechsels ALHI/HLU zu SGB II auf Arbeitsmarktstatus und Transferleistungen (Mengengerüste und Strukturen)

Das Arbeitspaket befasst sich einerseits mit Simulationsrechnungen zu den Übergängen aus der Arbeitslosen- bzw. Sozialhilfe in das Arbeitslosengeld II, andererseits mit dem Verbleib des Hilfebezuges. Darüber hinaus ist die Nachhaltigkeit des Ausstieges aus dem SGB II von Interesse. Ziel der Simulationsrechnungen im Rahmen des Arbeitspakets war die Überprüfung verschiedener Hypothesen, die die höheren Empfängerzahlen bei der Einführung des SGB II gegenüber den Planzahlen erklären sollten. Insbesondere der weitere Kreis an Anspruchsberechtigten und die Auflösung der Dunkelziffer aus dem Vorgängersystem wurden auf Basis der Einkommens- und Verbrauchsstichprobe 2003 auf vervollständigter Datenbasis durchgeführt. Zusätzlich umfasst das Projekt Module zur Simulation von SGB-II- und Wohngeld-Ansprüchen, mit denen die Veränderungen im Kreis der Anspruchsberechtigten (Gewinner, Verlierer) sowie fiskalische Kostenstrukturen simuliert werden konnten.

Im Rahmen des Projektes „Der Übergang aus Arbeitslosen- und Sozialhilfe in die Grundsicherung für Arbeitsuchende" analysierten die Projektmitarbeiter in Fortsetzung der Simulationsstudien den Übergang und den Verbleib von Arbeitslosenhilfebeziehern. Dazu wurde im Forschungsbereich die IAB-Querschnittsbefragung „Lebenssituation und soziale Sicherung 2005" ausgewertet. Die Querschnittserhebung ermöglicht einen umfassenden Überblick über die SGB-II-Population und damit auch über die Erwerbsbeteiligung und die Einkommensposition der ehemaligen Arbeitslosenhilfebezieher nach dem Übergang. Die Analysen zeigen, ob und wie die im Zuge des Systemwechsels eingetretenen Einkommensverluste, z. B. durch den Übergang in Erwerbstätigkeit oder den Bezug einer Rente oder Wohngeld, kompensiert werden konnten. Darüber hinaus wurde das administrative Panel genutzt, um die Verbleibsanalyse zu den Bedarfsgemeinschaften im Leistungsbezug für die Jahre 2005 und 2006 durchzuführen. Darüber hinaus standen Analysen zur Nachhaltigkeit des Ausstiegs aus dem Leistungsbezug im Fokus. Analog zu den Eingliederungsbilanzen bei den Instrumenten der Arbeitsmarktpolitik wurde untersucht, ob der Bezug bei einer Leistungseinstellung nur kurzfristig unterbrochen oder mindestens für sechs Monate ausgesetzt wurde.

Einen weiteren Schwerpunkt bilden erwerbstätige Leistungsbezieher im SGB II (sog. „Aufstocker"). Um die Problemlagen dieser Personengruppe und die Dauerhaftigkeit des Parallelbezugs zu bewerten, wurden SGB-II-Leistungsdaten in Verbindung mit Beschäftigungszeiten aus dem administrativen Panel für das Jahr 2005 ausgewertet. Im Rahmen einer Diplomarbeit an der Universität Erlangen-Nürnberg ist in Zusammenarbeit mit dem FDZ eine Untersuchung zum Aufstieg und Verbleib von Beschäftigten im Niedriglohnbereich in den Jahren 1998/1999 entstanden. In einer Verbleibsanalyse wurde untersucht, ob und unter welchen Bedingungen Niedriglohnbeschäftigung als Sprungbrett in eine besser bezahlte Tätigkeit angesehen werden kann oder ob sie sich als Sackgasse erweist.

Kontakt

Helmut Rudolph
Kerstin Bruckmeier
Dr. Tobias Graf (alle Forschungsbereich „Niedrigeinkommen und Verteilung")

1.5.2 Niedriglohnsektor

Forschung zu den Auswirkungen der neuen Grundsicherung muss sich immer auch mit Niedriglohnbeschäftigung auseinandersetzen. Dies gilt zum einen, weil die Dynamik in und aus dem Grundsicherungsbezug häufig im Zusammenhang mit niedrig entlohnter Beschäftigung erfolgt. Zum anderen zielen viele Vorschläge aus dem politischen Raum zur Reform der Grundsicherung auf eine (verstärkte) Nutzung von niedrig entlohnten Arbeitsplätzen.

Dabei ist zu unterscheiden, von welcher Form von Niedriglohnbeschäftigung die Rede ist: Erstens kann es um Beschäftigung mit niedrigen Stundenlöhnen gehen, die auch bei Vollzeitbeschäftigung zu niedrigen, möglicherweise nicht existenzsichernden Monatseinkommen führen. Diese niedrigen Stundenlöhne folgen häufig einer geringen Produktivität(sanforderung), sodass es hier vor allem um Arbeitsplätze für Personen mit geringen oder entwerteten Qualifikationen geht. Zweitens kann Niedriglohnbeschäftigung auch durch geringe Arbeitszeiten mit daraus resultierend geringen Monatslöhnen entstehen. Die Stundenlöhne müssen dabei gar nicht zwangsläufig niedrig sein. Zu denken ist hier insbesondere an die Mini- und Midijobs. Drittens muss schließlich unterschieden werden, ob die Betrachtung des niedrigen Einkommens am Individuum und damit am einzelnen Arbeitsverhältnis oder am Haushaltskontext ansetzt. Letzteres zielt auf die Frage, inwieweit Beschäftigung in niedrig entlohnten Tätigkeiten auch zu niedrigen Haushaltseinkommen führt und damit Armut und Bedürftigkeit hervorrufen kann. Eine weitere Untersuchungsperspektive der SGB-II-Forschung des IAB richtet sich auf die Problematik der sogenannten „Aufstocker". In der Presse viel diskutiert, dabei aber auch aus dem alten Sozialrecht bekannt, ist die Tatsache, dass Hilfebedürftige ergänzend zu anderen Einkommensquellen Sozialhilfe oder jetzt Arbeitslosengeld II beziehen können, wenn dieses andere Einkommen unterhalb des Grundsicherungssatzes liegt.

Kontakt
Helmut Rudolph (Forschungsbereich „Niedrigeinkommen und Verteilung")

1.5.3 Jugendliche Arbeitslosengeld-II-Bezieher in Übergang von der Schule in Ausbildung und Beschäftigung

Das Projekt betrachtet junge Bezieher von Arbeitslosengeld II. Im Mittelpunkt der Analysen steht die soziale und ökonomische Situation von Jugendlichen und jungen Erwachsenen im Rechtskreis SGB II. Eine weitere zentrale Fragestellung ist die Dynamik ihres Hilfebezugs, d. h. es werden sowohl die Dauer im als auch die Wege aus dem Leistungsbezug untersucht.

Die Analyse erfolgte zunächst auf Basis der Querschnittserhebung, deren Aussagekraft auf ein Beobachtungsfenster von maximal einem Jahr nach Hilfebedürftigkeit begrenzt ist. Es wurde zum einen untersucht, in welchem Umfang sich bei jungen Erwachsenen Unterversorgungslagen kumulieren und wie sich nachteilige Lebensbedingungen auf die subjektive Wahrnehmung gesellschaftlicher Zugehörigkeit auswirken. Zum anderen wurde die Lebenssituation von jungen Migranten im Umfeld des SGB II näher in den Blick genommen.

Um die Berufs- und Bildungsentscheidungsprozesse bei jungen erwerbsfähigen Hilfebedürftigen detaillierter betrachten zu können, wurde ein spezieller Fragebogen für Jugendliche konzipiert, der im Rahmen des Haushaltspanels Verwendung findet. Dieser Fragebogen erlaubt eine Analyse des Einflusses der finanziellen Situation des Haushalts sowie der Arbeitslosigkeit und des Bildungshintergrunds der Eltern auf die Bildungsziele von minderjährigen, unverheirateten Kindern („MUK") in SGB-II-Haushalten.

Als dritter Analysekomplex interessieren die subjektiven Erfahrungen der jungen Leistungsbezieher mit den zielgruppenspezifischen administrativen Prozeduren und Maßnahmen sowie ihre Akzeptanz der Betreuungssituation – und natürlich die Eingliederungseffekte der Maßnahmen. In diesem Zusammenhang wurden Analysen zum Zugang bzw. zum Maßnahmeverlauf und Übergang in das Erwerbsleben für ausgewählte Instrumente der aktiven Arbeitsmarktpolitik durchgeführt. Aufgrund der spezifischen Datenlage sowie der Kontrollgruppenproblematik sind allerdings Analysekonzepte zur Maßnahmeteilnahme, wie sie etwa für ältere Hilfebedürftige Anwendung finden, nicht einfach auf die Analyse der Maßnahmeteilnahme Jugendlicher übertragbar.

Diese Fragestellungen wurden ergänzt um ein qualitatives Projekt zur Sanktions-Problematik jugendlicher Hilfebedürftiger. Zusätzlich wurden Analysen zur psychosozialen Lage von Jugendlichen bei Arbeitslosigkeit durchgeführt.

Kontakt
Brigitte Schels
Sandra Popp
Juliane Achatz (alle Forschungsbereich „Erwerbslosigkeit und Teilhabe")

1.5.4 SGB II und ältere erwerbsfähige Hilfebedürftige

Die Einführung des SGB II führte gerade unter der besonderen Personengruppe der älteren Arbeitnehmer zu gravierenden Veränderungen. Da das Potenzial der älteren Arbeitnehmer (definiert als alle 50- bis 64-Jährigen) im Vergleich zu allen Altersgruppen besonders stark von Arbeitslosigkeit im Allgemeinen und Langzeitarbeitslosigkeit im Besonderen betroffen ist, sind hier durch die Einführung des Arbeitslosengeldes II Einschnitte mit möglichen Konsequenzen für Erwerbsbeteiligung und Arbeitslosigkeit Älterer erfolgt. Weitere Auswirkungen auf andere soziale Sicherungssysteme, vor allem die Rentenversicherung, werden mittel- bis langfristig sichtbar werden. Generell ist der Fokus auf Ältere vor dem Hintergrund der demografischen Alterung ein immer wichtiger werdendes Thema.

Das Arbeitspaket „SGB II und ältere erwerbsfähige Hilfebedürftige" widmet sich daher zwei besonders bedeutsamen Fragestellungen: Zum einen untersucht es die vermittlungsrelevanten Charakteristika älterer Hilfebezieher und die Integration Älterer in Erwerbsarbeit unter den Rahmenbedingungen des SGB II. Insbesondere geht es darum, durch Analysen der erwerbsbiografischen Verläufe nach Eintritt in den Leistungsbezug Erkenntnisse über Tendenzen der Verfestigung oder Überwindung von Hilfebedürftigkeit und ihre jeweiligen Bedingungsfaktoren zu gewinnen. Zum anderen richtet sich das Forschungsinteresse auf die Altersarmutsrisiken älterer Hilfebezieher sowie die Wirkungen des SGB II auf diese Risiken.

Dies betrifft die Untersuchung der Armutsrisiken ehemaliger erwerbsfähiger Hilfebedürftiger nach deren Eintritt in den Ruhestand und mögliche präventive Maßnahmen wie beispielsweise die Rentenversicherungspflicht für Arbeitslosengeld-II-Empfänger und die Analyse verfügbarer Altersvorsorgeformen. Grundlage für diese Untersuchung bilden Szenarien, in welchen die Erwerbsverläufe der Älteren im Hilfebezug gemäß den aus den bisherigen Biografieverläufen rekonstruierbaren Entwicklungstrends bis zum Renteneintrittsalter fortgeschrieben werden.

Kontakt
Dr. Markus Promberger
Dr. Christina Wübbeke
Joanna Zaleska-Beyersdorf (alle Forschungsbereich „Erwerbslosigkeit und Teilhabe")

1.5.5 Die Förderung der Sprachkompetenz von arbeitslosen ALG-II-Bezieher/innen mit Migrationshintergrund – eine explorative Untersuchung der Förderentwicklung

Parallel zur Evaluation der Förderung der Sprachkompetenz von Arbeitslosengeld-I-Bezieher/innen im Rahmen der Begleitforschung zum ESF-BA-Programm ist Gegenstand dieses kleinen SGB-II-Projekts die Förderung von Arbeitslosengeld-II-Bezieher/innen im Rahmen der Integrationskurse des BAMF. Dazu erfolgt eine explorative Untersuchung der Implementation.

Die bundesweit einheitlichen Integrationskurse des BAMF nach dem neuen Zuwanderungsgesetz (seit 1. Januar 2005) haben die vorher getrennten Sprachförderangebote für Ausländer und Spätaussiedler abgelöst. Neu ist, dass neben Neuzuwanderern auch sogenannte „Bestandsausländer", die schon seit längerer Zeit in Deutschland leben, an den Integrationskursen des BAMF teilnehmen können, allerdings nur unter bestimmten Fördervoraussetzungen und im Rahmen verfügbarer Kursplätze. Gesetzlich verankert ist zudem, dass die zuständigen Träger zur Grundsicherung des SGB II Ausländer zur Teilnahme an einem Integrationskurs anregen können. Die Verpflichtung zur Teilnahme selbst spricht wiederum die zuständige Ausländerbehörde aus. Im Unterschied zu den Beziehern des Arbeitslosengeldes I nach dem SGB III sind die erwerbslosen Hilfebedürftigen mit Migrationshintergrund des SGB II von der Teilnahme an den berufsbezogenen ESF-BA-Sprachkursen ausgeschlossen.

Daher wurde parallel zur Evaluation der berufsbezogenen ESF-BA-Sprachkurse im Rahmen der Begleitforschung des ESF-BA-Programms eine explorative Analyse zur Umsetzung der Integrationskurse für Arbeitslosengeld-II-Bezieher durchgeführt. Dazu erfolgten durch die Projektmitarbeiter in den Stützpunktagenturen neun regionale Fallstudien in ausgewählten ARGEn, in denen sowohl Expertengespräche als auch Dokumentenrecherchen erhoben wurden. Inhaltlich standen Fragen zur konkreten Teilnehmerauswahl, Erfolgsbetrachtung und Praktikabilität des Verfahrens sowie die Zusammenarbeit der ARGE mit den involvierten Akteuren (Kursträger, BAMF und örtliche Ausländerbehörde) im Mittelpunkt der Untersuchung. Daneben wurden auch alternative regionale Sprachförderangebote, wie z. B. ARGE-eigene Sprachkurskonzepte erhoben, die für die Nutzung der Integrationskurse für Arbeitslosengeld-II-Bezieher in den ARGEn relevant sein könnten. Insgesamt wurden 22 Gespräche mit Experten aus den ARGEn und 23 mit Trägern der Integrationskurse durchgeführt.

Kontakt

Dr. Axel Deeke
Eva Schweigard (beide Forschungsgruppe AMP ESF)

1.5.6 Berufliche Rehabilitation

Auch die Leistungen zur Teilhabe Behinderter und von Behinderung bedrohter Menschen – Ersteingliederung und Wiedereingliederung – sind von den Regelungen des SBG II betroffen. Eine zentrale Aufgabe des Arbeitspaketes ist erstens die deskriptive Auswertung der Förderstrukturen anhand der Prozessdaten der BA zur beruflichen Rehabilitation. Diese wird ergänzt durch eine Implementationsanalyse zu den sich mit der Einführung des SGB II ändernden Strukturen und Prozessen der Förderung. Das Ziel dieser Implementationsstudie ist es, mittels Experteninterviews in Arbeitsagenturen, ARGEn und optierenden Kommunen eine detaillierte Analyse der Konsequenzen des Inkrafttretens des SGB II für die Förderpraxis im Rahmen der beruflichen Rehabilitation zu erhalten. Die Studie als Teilprojekt des Themenkomplexes beruflicher Rehabilitation ist inzwischen abgeschlossen.

Die zweite Aufgabe ist die Durchführung einer Wirkungsanalyse auf der individuellen Ebene. Hierzu werden Abgänger aus Rehabilitationsmaßnahmen des Jahres 2006, getrennt nach Ersteingliederung und Wiedereingliederung, durch das Institut für angewandte Sozialwissenschaft (infas) in zwei Wellen befragt. Inhaltliche Schwerpunkte der Befragung sind neben einem Längsschnitt zu Schul- und Ausbildungsverläufen (Ersteingliederung) bzw. zum Erwerbsverlauf (Wiedereingliederung) die Interaktionen mit Arbeitsagenturen bzw. Arbeitsgemeinschaften oder optierenden Kommunen, Maßnahmezufriedenheit, Gesundheit, soziale Integration, Lernort sowie der Verbleib nach Maßnahmeende. Bei Zustimmung der Interviewten werden die Befragungsdaten den prozessproduzierten Daten hinzugespielt, um weitere differenziertere Analysen zu ermöglichen.

Drittens geht es darum, Förderstrukturen und Fördererfolge auch trägerübergreifend zu analysieren, d. h. soweit wie möglich Vergleichbarkeit zu einer flächendeckenden Untersuchung der BfA zur beruflichen Rehabilitation herzustellen. Makroökonomische Wirkungsanalysen sind im Rahmen der vorliegenden Untersuchung nicht erfolgt. Die Untersuchung bezieht sich sowohl auf die Rechtskreise SGB II und III sowie ergänzend auf die Förderung nach dem SGB IX (Rehabilitation und Teilhabe behinderter Menschen).

Kontakt
Dr. Markus Promberger
Angela Rauch
Johanna Dornette (alle Forschungsbereich „Erwerbslosigkeit und Teilhabe")

1.5.7 Armutsdynamik und Arbeitsmarkt: Entstehung, Verfestigung und Überwindung von Hilfebedürftigkeit bei Erwerbsfähigen

Welche Wissens-, Handlungs- und Kommunikationsmuster treten bei erwerbsfähigen Hilfebedürftigen auf? Diese Frage steht im Mittelpunkt des qualitativ orientierten IAB-Projekts „Armutsdynamik und Arbeitsmarkt", das im Mai 2006 startete. Ziel war es, wissenschaftlich nachzuvollziehen, wie es – unter besonderer Berücksichtigung von Maßnahmen und Praxis des SGB II – zu Eintritten in Hilfebedürftigkeit und Hilfebezug kommt und wie dann verschiedene Entwicklungspfade in Richtung einer Verfestigung dieses Zustands oder aber in Richtung einer eigenständigen Existenzsicherung beschritten werden. Methodisch beinhaltete das Projekt eine qualitative Befragung erwerbsfähiger Hilfebedürftiger und anderer armutsnaher Personen sowie Beobachtungen.

Das Forschungsprojekt erhebt in einem Kurzzeitpanel (vgl. Anhang Abschnitt 2.3) qualitative Befragungs- und Beobachtungsdaten bei erwerbsfähigen Hilfebedürftigen in ausgewählten Arbeitsmarktregionen. Schwerpunkte der Erhebung sind die soziale Einbettung, typische erwerbsbiografische Muster und deren Entstehungszusammenhänge, die Alltagswirklichkeit, unterschiedliche Handlungsorientierungen sowie die Betreuungssituation im SGB-II-Kontext. Die Leitfragestellungen richten sich auf die Entstehung, mögliche biografische Verfestigung von Hilfebedürftigkeit, aber auch auf deren Überwindung, auf Aspekte des Arbeitsvermögens und der Beschäftigungsfähigkeit sowie auf Tendenzen zur Herausbildung „prekärer Arbeitsmarktinklusion" in der Folge unsteter Erwerbsbiografien.

Verfestigung eines Zustands der Hilfebedürftigkeit meint in diesem Zusammenhang die Ausbildung von Selbst- und Fremdbildern, von habitualisierten Deutungs- und Wahrnehmungsmustern und von routinisierten Handlungs- bzw. Problemlösungsstrategien, die dazu führen, dass Betroffene glauben, dass ein Leben jenseits von Hilfebedürftigkeit und Hilfebezug kaum oder gar nicht mehr erreichbar ist.

Methodisch folgt das Projekt rekonstruktiv-explorativen Prinzipien der qualitativen Sozialforschung. Dieser Zugang ist zielführend, da mit der Veränderung der gesetzlichen Rahmenbedingungen durch das SGB II, aber auch durch den Übergang in eine globalisierte Wissensgesellschaft, Lage und Handlungsmuster von Hilfebedürftigen gegenwärtig einem starkem Wandel unterworfen werden, was für die Forschung bedeutet, sich mit neuartigen und teilweise nicht erwartbaren Phänomenen zu befassen. Der qualitative Zugang zur Forschungsthematik dient also zur Identifizierung von Fragehorizonten, die im Rahmen standardisierter Erhebungen sinnvoll weiterverfolgt werden können.

Kontakt

Dr. Andreas Hirseland

Dr. Ulrich Wenzel (beide Forschungsbereich „Erwerbslosigkeit und Teilhabe")

1.5.8 Instrumente des SGB III für erwerbsfähige Hilfebedürftige des SGB II

Forschungsgegenstand des Arbeitspaketes sind die Instrumente des SGB III, die auch für Arbeitslosengeld-II-Empfänger eingesetzt werden können. In diesem Kontext werden deskriptive Analysen für das Spektrum der eingesetzten Instrumente sowie mikroökonometrische Analysen der Effektivität ausgewählter Instrumente durchgeführt. Gegenstand der Evaluation ist die Frage, wie sich Instrumente des SGB III (z. B. Trainingsmaßnahmen und Eingliederungszuschüsse) auf die Arbeitsmarktperformance von Arbeitslosengeld-II-Empfängern ab dem Zeitpunkt des Instrumenteinsatzes auswirken. Untersucht werden vor allem Auswirkungen auf die Wahrscheinlichkeit, regulär beschäftigt zu sein und weitere Arbeitslosigkeit und Hilfebedürftigkeit zu vermeiden. Die Effektivität der Instrumente wird für verschiedene Teilgruppen, beispielsweise Männer und Frauen, verschiedene Altersgruppen, Arbeitsagenturbezirke mit relativ hoher und relativ niedriger Arbeitsnachfrage, quantifiziert.

Bis Ende des Jahres 2005 lagen erste Deskriptionen vor, in den Jahren 2006 und 2007 wurden Verbleibs- und Effektivitätsanalysen durchgeführt, die bis dato fortgesetzt werden.

Aber auch in den Jahren nach 2008 werden die Analysen weitergeführt, um mittel- und langfristige Wirkungen der Maßnahmen zu untersuchen und vergleichende Wirkungsanalysen durchzuführen.

Kontakt
PD Dr. Gesine Stephan
Sarah Bernhard (beide Forschungsbereich „Arbeitsförderung und Erwerbstätigkeit")
PD Dr. Joachim Wolff
Eva Jozwiak
Martina Hartig (alle Forschungsbereich „Grundsicherung und Aktivierung")
Dr. Hermann Gartner (Forschungsbereich „Konjunktur und Arbeitsmarkt")

1.5.9 Arbeitsgelegenheiten

Zentrale Aufgaben des Arbeitspaketes sind für das Instrument der Arbeitsgelegenheiten erstens die deskriptive Auswertung der Beschäftigungsstrukturen sowie der Trägerstrukturen im Rahmen der Implementationsanalyse, zweitens eine Wirkungsanalyse auf der individuellen Ebene sowie drittens – neben einer Analyse der Verbreitung von Arbeitsgelegenheiten in Betrieben und Branchen – die Untersuchung der Konsequenzen für betriebliche Arbeitsnachfrage und Beschäftigungsstruktur, in deren Mittelpunkt nicht-intendierte Effekte der Einrichtung der Arbeitsgelegenheiten stehen. Makroökonomische Wirkungsanalysen sind, obschon auch hier sinnvoll anwendbar, im Rahmen der für die SGB-II-Forschung des IAB getroffenen Arbeitsteilung Gegenstand anderer Arbeitspakete. Das Arbeitspaket wird in Kooperation verschiedener Forschungsbereiche des IAB durchgeführt. Der Forschungsbereich „Grundsicherung und Aktivierung" konzentriert sich auf die ersten beiden Themenfelder, die Forschungsbereiche „Betriebe und Beschäftigung" und „Erwerbslosigkeit und Teilhabe" auf das letzte Themenfeld.

Im konkreten Forschungsprozess wurde zum einen eine qualitative Fallstudienerhebung von einem Team der Universität Erlangen-Nürnberg durchgeführt, deren

Zweck die Identifikation, Rekonstruktion und Analyse nicht-intendierter Folgen der Ein-Euro-Jobs in Betrieben und Branchen war. Dies geschah mittels rund 100 vernetzter Kurzfallstudien über die Einsatzrealität in Betrieben, aber auch über die Wahrnehmungen und Entscheidungen der beteiligten Organisationen, d. h. bei ARGEn, kommunalen Einrichtungen, Trägern und betroffenen Unternehmen. Zur Messung quantitativer Effekte wurden drei Wellen des IAB-Betriebspanels ausgewertet, um Sachverhalte wie innerbetriebliche Übergänge, Auswirkungen auf sozialversicherungspflichtige Beschäftigung in den Betrieben, die Wirksamkeit von Kontrollen und Betriebsräten, das Verhältnis zu anderen (atypischen) Beschäftigungsformen und betriebliche Determinanten von Qualifizierungsmaßnahmen zu analysieren.

Im Rahmen des Arbeitspaketes hat der Forschungsbereich „Grundsicherung und Aktivierung" deskriptive Untersuchungen der Teilnahmestrukturen und der Ausgestaltung von Zusatzjobs und Arbeitsgelegenheiten in der Entgeltvariante vorgenommen. In einem nächsten Schritt wurden die Determinanten der Teilnahme an Arbeitsgelegenheiten beider Varianten multivariat untersucht und mit denen von Arbeitsbeschaffungsmaßnahmen verglichen. Die multivariate Betrachtung erlaubt es, die Teilnehmerstrukturen detaillierter zu untersuchen als die deskriptive Betrachtung. Schließlich wurden Analysen zu den Nettoeffekten der Zusatzjobs auf Beschäftigungschancen und Hilfebedürftigkeit vorgenommen.

Kontakt

Dr. Markus Promberger (Forschungsbereich „Erwerbslosigkeit und Teilhabe")
PD Dr. Joachim Wolff
Katrin Hohmeyer
Dr. Cordula Zabel (alle Forschungsbereich „Grundsicherung und Aktivierung")
Lutz Bellmann
Christian Hohendanner (beide Forschungsbereich „Betriebe und Beschäftigung")

1.5.10 Einstiegsgeld

Im Rahmen dieses Arbeitspakets wurden einerseits Informationen zur Implementation des Instruments Einstiegsgeld bei Arbeitsgemeinschaften gesammelt, andererseits deskriptive Statistiken zum Einstiegsgeld zusammengestellt und ein Vergleich der Wirkung von Überbrückungsgeld auf die Arbeitsmarktperformance von Arbeitslosenhilfeempfängern sowie der entsprechenden Wirkung von Einstiegsgeld auf die Arbeitsmarktperformance von Empfängern von Arbeitslosengeld II durchgeführt.

Zunächst wurden dann die Teilnehmerstrukturen beim Einstiegsgeld mit der Struktur des Arbeitslosenbestandes verglichen. Dabei wird auch die regionale Verteilung von Einstiegsgeldszutritten im Hinblick auf regional unterschiedliche Verwendungsmuster beleuchtet.

Im Anschluss an die deskriptiven Auswertungen wurde eine ökonometrische Analyse der individuellen Determinanten des Zugangs in Einstiegsgeld in der Gründungsförderungsvariante durchgeführt. Dabei geht es um die Schätzung von Effekten soziodemografischer Merkmale, verschiedener Variablen zur Arbeitsmarkthistorie, Haushalts- und Partnermerkmale sowie Variablen zur lokalen Arbeitsmarktlage und -entwicklung mithilfe eines Probit-Ansatzes. Dies ermöglicht Aussagen zum Zusammenhang zwischen der Förderwahrscheinlichkeit und der Arbeitsmarkthistorie sowie den Haushalts- und Partnermerkmalen. Die Analyse zielt darauf ab, Profile von Personen mit einer vergleichsweise hohen und niedrigen Förderwahrscheinlichkeit herauszuarbeiten. Diese Zugangsanalyse war auch die Grundlage für die durchgeführten Wirkungsanalysen zu Eingliederungseffekten, bei denen ermittelt wurde, wie wahrscheinlich Maßnahmeteilnehmer im Vergleich zu Nicht-Teilnehmern weder arbeitslos waren noch Transferleistungen bezogen.

Kontakt
PD Dr. Joachim Wolff
Anton Nivorozhkin (beide Forschungsbereich „Grundsicherung und Aktivierung")

1.5.11 Evaluierung von Sanktionen

Das Arbeitspaket „Evaluierung von Sanktionen" gibt zunächst einen Überblick über Studien, die die Wirkungen von Sanktionen (Wegfall oder Absenkung der Lohnersatzleistung) auf den Arbeitsmarkt untersuchen. Diese Studien thematisieren sowohl die individuellen Wirkungen von Sanktionen auf die Arbeitslosigkeitsdauer von Leistungsempfängern als auch deren gesamtwirtschaftliche Wirkungen auf Größen wie die Arbeitslosenquote und gesamtwirtschaftliche Wohlfahrt. Die eher theoretisch orientierten Makrostudien vergleichen dabei Systeme der Arbeitslosenunterstützung mit und ohne Sanktionen. Die individuell orientierten Studien hingegen evaluieren mithilfe von Mikrodaten auch die Wirkung von Sanktionen auf die Dauer der Arbeitslosigkeit. Die Ergebnisse solcher Studien für die Niederlande und die Schweiz zeigen, dass durch Sanktionierung die Abgangsrate aus Arbeitslosigkeit in Beschäftigung der betroffenen Leistungsempfänger deutlich erhöht wird.

Das Arbeitspaket baut auf diese Erkenntnisse auf und formuliert einen Ansatz zur Evaluierung der Wirkung von Sanktionen nach SGB II auf Empfänger von Arbeitslosengeld II, die von Sanktionen betroffen waren. Als Zielgrößen werden beispielsweise die Wahrscheinlichkeit und Stabilität der Beschäftigung sowie die Hilfebedürftigkeit der Bedarfsgemeinschaft untersucht. Untersucht werden soll hier aber auch, unter welchen Umständen das Sanktionsinstrument eingesetzt wird. Die OECD hält es beispielsweise für möglich, dass Sanktionen weniger häufig genutzt werden, je strenger sie sind. Dies mag der Fall sein, wenn die zuständigen Fallmanager soziale Härten vermeiden wollen. Zudem werden wahrscheinlich Sanktionen wegen unzureichender Arbeitsuche oder Ablehnung eines zumutbaren Arbeitsangebots umso häufiger auftreten, je besser die lokale Arbeitsmarktlage ist. Eine weitere Frage ist, inwieweit die Wahrscheinlichkeit, sanktioniert zu werden, auch die Arbeitslosigkeitsdauer derjenigen Leistungsbezieher verkürzt, die noch gar nicht von einer Absenkung und dem Wegfall von Arbeitslosengeld II betroffen sind. Zu erwarten ist, dass die Leistungsbezieher auf eine höhere Sanktionswahrscheinlichkeit mit verstärkter Jobsuche reagieren. Um dies zu untersuchen, muss allerdings bei sonst gleichen Bedingungen eine regionale Variation in der Intensität der Nutzung von Sanktionen vorliegen.

Kontakt

PD Dr. Joachim Wolff (Forschungsbereich „Grundsicherung und Aktivierung")
Julia Schneider (IAB/WiSo-Graduiertenkolleg)

1.5.12 Sanktionen im SGB II – Perspektive von Fachkräften und jungen Klientinnen und Klienten

Das Forschungsprojekt wird in den Jahren 2008 und 2009 durchgeführt. Sanktionen sind ein integraler Bestandteil des Paradigmas des Förderns und Forderns in der Arbeitsmarktpolitik. Bei Jugendlichen und jungen Erwachsenen sind sie im SGB II gesetzlich besonders scharf gefasst, auch dergestalt, dass junge Klientinnen und Klienten überdurchschnittlich häufig sanktioniert werden. Im IAB werden – wie beschrieben – die quantitativen Wirkungen von Sanktionen auf der Ebene der Individuen im Rahmen des Arbeitspakets „Evaluierung von Sanktionen" durch den Forschungsbereich „Lohnersatz und Grundsicherung" analysiert. Das Arbeitspaket „Sanktionen im SGB II – Perspektive von Fachkräften und jungen Klientinnen und Klienten" ist allerdings eher explorativ ausgerichtet und untersucht vor allem folgende Fragen:

- Wie ist die Sanktionspraxis bei jungen Klientinnen und Klienten?
- Welche Erfahrungen machen Fachkräfte aus ARGEn und Optionskommunen hiermit?
- Wie sehen junge Klientinnen und Klienten ihre Sanktionierung sowie ihre Verweigerung, die der Sanktion vorausging, und wie bewältigen sie die Sanktion?
- Kommt es im Umfeld von Sanktionen zu drop out und was bedeutet dies für junge Menschen?

Das Forschungsprojekt enthält einige quantitative Elemente, was insbesondere die Auswertung vor allem der Prozessdaten zu Sanktionen betrifft. Schwerpunktmäßig ist es allerdings qualitativ angelegt: Zum einen werden Experteninterviews mit Fachkräften in ARGEn und Optionskommunen durchgeführt. Zum anderen kommen Sanktionierte durch die Resultate qualitativer Interviews selbst zu Wort.

Kontakt
Dr. Franziska Schreyer (Forschungsbereich „Bildungs- und Erwerbsverläufe")
Sandra Popp (Forschungsbereich „Erwerbslosigkeit und Teilhabe")

1.5.13 Evaluation der SGB-II-Instrumente auf regionaler Ebene und regionale Typisierung

Das Arbeitspaket umfasst zwei Teilpakete. Im ersten Teil wird eine Typisierung von SGB-II-Trägern ähnlich dem Projekt der Typisierung von Agenturbezirken vorgenommen. Zielsetzung ist die Entwicklung eines Instrumentariums, das zum einheitlichen Vergleich der Ergebnisse von SGB-II-Trägern (ARGEn, getrennte Trägerschaften sowie Optionskommunen) im Sinne eines Benchmarking dient. Hierzu müssen Gruppen aus SGB-II-Trägern mit ähnlicher Arbeitsmarktstruktur gebildet werden.

Die einzelnen SGB-II-Träger agieren auf regionalen Arbeitsmärkten, die durch starke Disparitäten gekennzeichnet sind. Will man ihre Leistungen angemessen beurteilen, so müssen diejenigen Faktoren kontrolliert werden, die einerseits einen Einfluss auf Zielkriterien wie zum Beispiel Integrationen in den ersten Arbeitsmarkt besitzen und andererseits zumindest mittelfristig exogen vorgegeben sind. In einem ersten Schritt erfolgt deshalb zunächst die Identifikation dieser Determinanten mithilfe von Regressionsanalysen. Anschließend wird auf Basis der identifizierten Variablen unter Verwendung von Clusteranalysen die eigentliche Typisierung der SGB-II-Träger durchgeführt. Die durch die Clusteranalysen bestimmten Typen sehen sich immer mit der sogenannten Randlagenproblematik konfrontiert. Damit ist gemeint, dass bei jedweder Art von Typeneinteilung zwei SGB-II-Träger an unterschiedlichen Rändern eines Typs sich unähnlicher sein können als zwei SGB-II-Träger in unterschiedlichen Typen. Daher werden zusätzlich die nächsten Nachbarn eines SGB-II-Trägers im Merkmalsraum (nicht geografisch) ermittelt. Dadurch wird eine individuelle Behandlung jedes SGB-II-Trägers ermöglicht.

Im zweiten Teilpaket werden regionale Evaluationsstudien zu SGB-II-Maßnahmen durchgeführt. Solche Analysen sind komplementär zu den Evaluationsanalysen auf Mikroebene angelegt. Sie haben insbesondere die globalen Zielvariablen der Arbeitsmarktpolitik als Kriterien, also zum Beispiel die Reduzierung der regionalen Arbeitslosigkeit. Indirekte Wirkungen der Arbeitsmarktpolitik wie etwa Substitutionseffekte oder Multiplikatoreffekte von Maßnahmen werden in solchen Studien berücksichtigt.

Kontakt
Prof. Dr. Uwe Blien
Dr. Katja Wolf (beide Forschungsbereich „Regionale Arbeitsmärkte")

1.5.14 Weiterentwicklung des Verteilungsverfahrens für die Regionalisierung von SGB-II-Eingliederungsmitteln

Im Auftrag des BMAS hat das IAB im Forschungsbereich „Niedrigeinkommen und Verteilung" ein Gutachten zur Berücksichtigung von Erfolgs- und Effizienzkriterien als Leistungsanreiz bei der Verteilung von Eingliederungsmitteln auf die SGB-II-Leistungsträger nach § 46(2) SGB II erstellt. Es wurde aufgezeigt, wie das bisherige am regionalen Finanzbedarf orientierte Verteilungsverfahren methodisch zu einem Verfahren erweitert werden kann, das als Nebenkriterium zusätzlich Erfolgs- oder Effizienzindikatoren berücksichtigt. Die bisherige Verteilung mit einer Problemdruckgewichtung, die Trägern bei überdurchschnittlicher Arbeitslosigkeit kompensatorisch relativ mehr Eingliederungsmittel zur Verfügung stellt, sollte in einer Fortentwicklung nicht durch Erfolgs- oder Effizienzkriterien konterkariert werden. Der Vorschlag des IAB zeigt eine Möglichkeit auf, den Vorrang der Bedarfskriterien sicherzustellen.

Kontakt
Helmut Rudolph (Forschungsbereich „Niedrigeinkommen und Verteilung")

1.5.15 Betriebliche Einschätzungen der Hartz-IV-Reformen auf Basis der IAB-Erhebung des gesamtwirtschaftlichen Stellenangebots

Im Rahmen der SGB-II-Forschung wurden, mithilfe der Erhebung des gesamtwirtschaftlichen Stellenangebots, ab dem vierten Quartal 2005 die Betriebe über ihre Einschätzung der betrieblichen Wirkungen der Hartz-IV-Reformen befragt sowie mögliche Effekte auf Stellenbesetzungsprozesse aus dem Datenmaterial abgeleitet. Auch der Einsatz der Zusatzjobs sowie die betrieblichen Einschätzungen über die Integrationsfähigkeit der Personen in diesen Zusatzjobs konnten detailliert untersucht werden.

Die Erhebung zum gesamtwirtschaftlichen Stellenangebot bietet die Möglichkeit, die Untersuchungsfragen, die im Betriebspanel hinsichtlich der Zusatzjobs geplant sind, um wesentliche Aspekte zu erweitern und – auch unterjährig – Effekte der Arbeitsmarktreformen auf betrieblicher Ebene weitreichend zu untersuchen.

Mögliche Veränderungen in der Struktur der gesamtwirtschaftlichen Arbeitsnachfrage können relativ kurzfristig, das heißt vierteljährlich, untersucht werden.

Darüber hinaus können aus den kurzfristigen Ergebnissen der Untersuchungen die Arbeitsmarktreformen auf ihre mittelfristige Wirkung hin abgeschätzt werden. Für Einschätzungen und Prognosen des Arbeitsmarktes ist es wichtig, soweit möglich die konjunkturellen Effekte von den Wirkungen der Arbeitsmarktreform zu separieren.

Kontakt
Anja Kettner
Martina Rebien (beide Forschungsbereich „Konjunktur und Arbeitsmarkt")

1.5.16 Gesamtwirtschaftliche Effekte der Grundsicherung für Arbeitsuchende und der aktiven Maßnahmen

Aufgrund der großen Anzahl von Personen, die die Anspruchsvoraussetzungen für den Leistungsbezug nach SGB II erfüllen, ist neben individuellen (mikroökonomischen) Effekten auch mit gesamtwirtschaftlichen Auswirkungen der aktiven und passiven Leistungen zu rechnen. Um diese Prozesse besser zu verstehen, hat das IAB ein entsprechendes Arbeitspaket geschnürt. Es verwendet zwei verschiedene Untersuchungsdesigns, um die makroökonomischen Effekte der aktiven Arbeitsmarktpolitik zu untersuchen:

Zur Abbildung der gesamtwirtschaftlichen Effekte aktiver Arbeitsmarktpolitik dienen Simulationen mit einem voll spezifizierten numerischen allgemeinen Gleichgewichtsmodell. Dadurch können auch die Rückwirkungen über die Finanzierungsseite (Steuer- bzw. fiskalische Effekte) in die Betrachtung einbezogen werden. Diese müssen bei Ansätzen, die auf Vergleich von Wirtschaftsregionen mittels Regionaldaten beruhen (vgl. das Arbeitspaket zur Evaluation auf regionaler Ebene und regionalen Typisierung) meist unberücksichtigt bleiben. In Kooperation mit dem niederländischen Centraal Planbureau konnten ausgewählte Instrumente aktiver Arbeitsmarktpolitik mit dem numerischen Gleichgewichtsmodell untersucht werden.

Die makroökonomischen Auswirkungen der passiven Leistungen lassen sich unterteilen in fiskalische Effekte, Arbeitsangebots-, Beschäftigungs- und Verteilungseffekte. In Kooperation mit dem Zentrum für Europäische Wirtschaftsforschung (ZEW) hat das IAB Ende 2006 ein eigenes Mikrosimulationsmodell fertiggestellt, das die Analyse dieser Effekte ermöglicht. Mittels des Steuer-Transfer-Moduls des Modells können beispielsweise Nettoeinkommenseffekte unter dem SGB-II-Rechtsstand und dem früheren Rechtsstand simuliert werden. Diese Nettoeinkommenseffekte können als Nettoeinkommensverläufe und Grenzbelastungskurven für unterschiedliche Haushaltstypen dargestellt werden. Darüber hinaus können die mit dem jeweiligen Reformvorschlag verbundenen fiskalischen Auswirkungen abgeschätzt werden. Da insbesondere die Arbeitsangebotseffekte der Einführung des SGB II von Interesse sind, ist die Schätzung eines mikroökonometrischen Arbeitsangebotsmodells ein zentraler Bestandteil des Modells. Die Auswirkung eines veränderten Arbeitsangebots auf die Beschäftigung erfordert die Berücksichtigung gesamtwirtschaftlicher Effekte, insbesondere der Nachfrageseite des Arbeitsmarkts. Dazu wird derzeit das Mikrosimulationsmodell mit dem numerischen allgemeinen Gleichgewichtsmodell verknüpft. Die Entwicklung dieses integrierten Mikro-Makro-Modells wird bis Ende 2008 abgeschlossen sein. Verteilungseffekte können schließlich sowohl unter der Annahme eines gegebenen Arbeitsangebots als auch unter Berücksichtigung von Verhaltensanpassungen ermittelt werden.

Das Mikrosimulationsmodell wurde bereits mehrfach eingesetzt, um verschiedene Fragestellungen zu beantworten: Arntz et al. (2007) schätzten mittels einer Ex-ante-Analyse aus mikroökonomischen Befragungsdaten Arbeitsangebots- und Verteilungseffekte der Reform der sozialen Sicherung durch das Vierte Gesetz für moderne Dienstleistungen am Arbeitsmarkt. Blos et al. (2007) gingen möglichen Beschäftigungs- und Verteilungseffekten sowie den fiskalischen Kosten des sog. Bofinger/Walwei-Modells nach.

Darüber hinaus befassten sich die Projektmitarbeiter mit den fiskalischen Kosten, Verteilungs- und Arbeitsanreizeffekten einer Anhebung der Regelleistung auf 420 Euro sowie einer bedingungslosen Kindergrundsicherung in Höhe von 300 Euro (Feil/Wiemers 2008). Die Frage, wie viele Haushalte bzw. Personen durch diese Maßnahmen den Bezug von Arbeitslosengeld II bzw. von Leistungen für Unterkunft und Heizung beenden würden, war ebenfalls Gegenstand dieser Analyse. Dabei wurden bereits die Auswirkungen der geplanten Reformen des Wohngeldes und des Kinderzuschlages berücksichtigt.

Kontakt
Michael Feil
Jürgen Wiemers (beide Forschungsbereich „Längerfristige Entwicklung und Politiksimulation")

1.5.17 Aktivierungsstrategien für erwerbsfähige Hilfebedürftige im internationalen Vergleich

Durch einen internationalen Vergleich ähnlich gelagerter „Aktivierungsreformen" soll durch das Arbeitspaket ein Beitrag zur Klärung der zentralen Frage geleistet werden, unter welchen institutionellen und konjunkturellen Kontextbedingungen Strategien der Aktivierung für erwerbsfähige Hilfebezieher erfolgreich sind. Ziel des

Projektes ist ein systematischer internationaler Vergleich der Ausprägung, Funktionsweise und Wirkung aktivierender Arbeitsmarktpolitik in ausgewählten Staaten, um Aussagen über die Implementation und Wirkung einer effektiven Aktivierungsstrategie für erwerbsfähige Hilfebezieher in Deutschland treffen zu können. Folgende zentrale Forschungsfragen standen im Mittelpunkt des Projektes:

- Welche Ausgestaltungen von Fordern und Fördern findet man – abhängig vom jeweiligen Arbeitsmarkt- und Wohlfahrtsregime – im internationalen Vergleich?
- Welche unmittelbaren Wirkungsziele (Eingliederung, Beschäftigungsfähigkeit, Stabilisierung) wurden in den verschiedenen Ländern definiert?
- Welche Wirkung zeigen Aktivierungsstrategien auf die individuellen Wiederbeschäftigungschancen von erwerbsfähigen Hilfebeziehern im internationalen Vergleich?
- Wie wirken sich Aktivierungsstrategien auf die Dauer von Arbeitslosigkeit und Leistungsbezug, Übergänge in verschiedene Formen der Erwerbstätigkeit oder Nichterwerbstätigkeit im spezifischen nationalen Kontext aus?
- Wie muss eine Politik der ökonomischen Anreize und Sanktionen zur Aufnahme einer Arbeit ausgestaltet sein (Anreizkompatibilität des Transfersystems), damit sie sich als wirksam erweist?
- Konnte in den Vergleichsländern der Zielkonflikt zwischen materieller Existenzsicherung und negativen Erwerbsanreizen von Sozialleistungen gelöst werden?
- Konnte durch Integration in Erwerbsarbeit Hilfebedürftigkeit überwunden werden?
- Gibt es im Ländervergleich Personengruppen, die trotz „Fördern und Fordern" nicht integriert werden können?

Das Projekt wurde im Dezember 2007 abgeschlossen.

Kontakt

Regina Konle-Seidl
Cornelia Sproß (beide Forschungsbereich „Internationale Vergleiche und europäische Integration")
Dr. Sabine Fromm (ehemals Forschungsbereich „Internationale Vergleiche und europäische Integration")

1.5.18 Effekte von Vermittlerhandeln und Vermittlerstrategien im SGB II und SGB III (Pilotstudie)

Das Projekt „Vermittlereffekte" ist Teil eines Forschungsschwerpunkts zu den Vermittlungsprozessen, zu dem auch die Studie „Dienstleistungsprozesse am Arbeitsmarkt" gehört. Die Pilotstudie soll auf der inhaltlichen Ebene erste Erkenntnisse darüber liefern, inwieweit unterschiedliche Vermittlerstrategien und -einstellungen Auswirkungen auf die Wiederbeschäftigungschancen der betreuten Arbeitslosen haben. Auf der methodischen Ebene soll untersucht werden, inwieweit es gelingen kann, die benötigten Vermittlercharakteristika mithilfe einer standardisierten Befragung zu erheben, mit den Prozessdaten der Arbeitslosen zusammenzuspielen und so zusätzliche Informationen über die Determinanten der Wiedereingliederungschancen Arbeitsloser zu gewinnen.

Das Projekt soll eine Verknüpfung schaffen zwischen den Ergebnissen der qualitativen Studien zu den Leistungsprozessen und den quantitativen Studien der Wirkungsforschung. Dabei soll es darum gehen, welche quantitativ messbaren Effekte unterschiedliche Vermittlerstrategien und -typen, aber auch unterschiedliche Strategien auf Ebene der regionalen Einheiten (Agentur bzw. ARGEn) auf die Wiedereingliederungschancen der betreuten Arbeitslosen haben. Dabei geht es nicht oder nur mittelbar um den unterschiedlichen Maßnahmemix, sondern tatsächlich um unterschiedliche Vermittlereinstellungen und daraus resultierendes unterschiedliches Verhalten im Vermittlungs- und Beratungsprozess.

Methodischer Kernpunkt des Projekts ist eine freiwillige schriftliche Befragung einer Stichprobe von Vermittlern in zehn ausgewählten Arbeitsagenturen/Geschäftsstellen und bei 15 Grundsicherungsstellen des SGB II, deren Daten mit Prozessdaten verknüpft werden. Das Projekt hat im Juni 2008 begonnen.

Kontakt
Dr. Susanne Koch (Stabsstelle Forschungskoordination)

1.6 Vergabeprojekte

1.6.1 Neue Soziale Dienstleistungen

Die Untersuchung der eigentlichen Dienstleistungen, die im Rahmen des SGB II erbracht werden, bildete bislang im Rahmen der Wirkungsforschung zum SGB II ein Desiderat. Das IAB definierte daher ein Arbeitspaket zur Untersuchung der Neuen Sozialen Dienstleistungen.

Die Leistungsprozesse bei den Grundsicherungsträgern abzubilden, war das Ziel der Konzeptstudie Neue Soziale Dienstleistungen nach SGB II, die das Soziologische Forschungsinstitut (SOFI) an der Universität Göttingen von Oktober 2005 bis Oktober 2006 im Auftrag des IAB durchführte. Ausgangspunkt war die Überlegung, dass im neuen Leistungssystem der Grundsicherung auch neue Dienstleistungsformen entstehen. Wie viel Beratung, Vermittlung und Fallmanagement sie enthalten, wurde nicht normativ vorausgesetzt, sondern sollte empirisch geklärt werden. Im Mittelpunkt standen damit die Interaktionen zwischen Fachkräften und Leistungsempfängern, über die konzeptionell, wissenschaftlich-theoretisch und empirisch bis dahin kaum brauchbare Erkenntnisse vorlagen (Baethge-Kinsky et al. 2007a: 7 ff.).

Das Modell der neuen Dienstleistung im SGB-II-Bereich ist grundsätzlich ein offenes Ergebnis sozialer Praxis, weil es weder durch gesetzliche bzw. institutionelle Vorgaben, Regeln und Anreize noch durch organisatorische Strukturen eindeutig determiniert wird – gerade das macht eine tiefere wissenschaftliche Analyse so notwendig.

Eine Besonderheit von arbeitsmarktnahen sozialen Dienstleistungen ist, dass sie gleichzeitig („uno actu") erzeugt und konsumiert werden. Dienstleister und Adressaten müssen bei der Leistungserbringung zusammenwirken (Baethge-Kinsky et al. 2007a: 10; Wenzel 2008) und diverse Abstimmungsprobleme bewältigen. Da beispielsweise Gegenstand und Ziel von Dienstleistungen nicht von vornherein gegeben sind, müssen Adressaten und Fachkräfte sich hierüber verständigen und ihre Handlungen entsprechend abstimmen. Inwieweit Vertrauen zwischen beiden Seiten herrscht, ist ebenso eine offene Frage. Baethge-Kinsky et al. (2007a: 10 ff.) verweisen auch darauf, dass die Beziehungen zwischen erwerbslosem Hilfeempfänger und Grundsicherungsträger sich grundlegend von gängigen Kunden- und Marktbeziehungen unterscheiden. Der Untersuchung liegt die Annahme zugrunde, dass in den neu gestalteten Leistungsprozessen nach SGB II ein neuer Typus arbeitsmarktnaher sozialer Dienstleistungen entsteht, dessen besonderes Profil sich unter anderem aus einer spezifischen Kombination von analytisch unterschiedenen Teilleistungen ergibt.

Die Konzeptstudie sollte klären, welchen Beitrag die unmittelbare und möglichst umfassende Beobachtung von Fallbearbeitung im Regelkreis des SGB II zur Arbeitsmarktforschung leisten kann. Das Projektteam unter Leitung von Dr. Peter Bartelheimer (SOFI) realisierte an drei Standorten die Beobachtung der Leistungsprozesse in 20 Fällen unter Beteiligung von 19 Fachkräften (zur Durchführung der Untersuchung vgl. Anhang Abschnitt 2.4.1). Dieses qualitative Sample erfasst alle relevanten Geschäftsbereiche der Grundsicherungsträger (unter 25 Jahren, über 50 Jahren, „50 plus", Vermittlung und Fallmanagement) und enthält Beobachtungen in West- und Ostdeutschland. Die Beobachtung schließt Vorsprachen beim Grundsicherungsträger, Falltagebücher sowie nach Möglichkeit Gespräche und Interaktionen bei anderen Leistungs-trägern und die Teilnahme an Maßnahmen ein, ferner werden mit allen Beteiligten Interviews geführt.

Das Projekt hat einen sehr materialreichen Endbericht vorgelegt, dessen Resultate auch zu einem IAB-Forschungsbericht (15/2007) verdichtet wurden. In methodischer Hinsicht zieht die Forschergruppe die Konsequenz, dass der gewählte Ansatz grundsätzlich fruchtbar ist, dass es aber sinnvoll wäre, im Rahmen einer weiterführenden Studie sowohl den Kreis der Organisationseinheiten zu erweitern, um z. B. auch eine integrierte Fallbearbeitung beobachten zu können, als auch das Beobachtungsfenster auf mindestens zwölf Monate auszudehnen, da im Rahmen der Konzeptstudie aufgrund der geringen Kontaktdichte zu wenige Interaktionen und zu wenige Fälle von der Antragstellung bis zum Abschluss beobachtet werden konnten.

Kontakt
Dr. Peter Kupka (Stabsstelle Forschungskoordination)

1.6.2 Dienstleistungsprozesse am Arbeitsmarkt (DPA)

Das Projekt „Dienstleistungsprozesse am Arbeitsmarkt" ist Teil eines Forschungsschwerpunkts zu den Vermittlungsprozessen, zu dem auch die (Pilot-)Studie „Vermittlereffekte" gehört. Es soll rechtskreisübergreifend die Fallbearbeitung und die konkreten Interaktionen zwischen Kundinnen und Kunden auf der einen sowie Fachkräfte der Grundsicherungsträger bzw. Agenturen auf der anderen Seite untersuchen. Die übergreifende Fragestellung besteht darin zu untersuchen, wie weit der Anspruch der Arbeitsmarktreformen, „Moderne Dienstleistungen am Arbeitsmarkt" anzubieten, in den konkreten Leistungsprozessen umgesetzt werden kann. Neben der empirisch dichten Beschreibung und Charakterisierung der Dienstleistungen sollen auch erste Aussagen über deren Qualität getroffen werden. Der Bezugsrahmen hierfür wird der jeweilige gesetzliche Anspruch sein. Der Projektauftrag wurde in einem wettbewerblichen Verfahren an das Institut für angewandte Sozialwissenschaften (infas) in Bonn vergeben. Weiterhin sind das Team Dr. Bruno Kaltenborn sowie weitere Unterauftragnehmer für die empirischen Erhebungen beteiligt.

Das Projekt wird in 16 Organisationseinheiten durchgeführt werden: acht Grundsicherungsträger sowie acht räumlich dazugehörende Agenturen. Dies soll sicherstellen, dass auch Übergänge von einem Rechtskreis in den anderen beobachtet werden können. Projektbeginn war der 18. Juni 2008 mit einem gemeinsamen Treffen von Auftraggeber und Auftragnehmern. Zum Zeitpunkt der Berichtslegung laufen bereits die Standortauswahl, die Klärung datenschutzrechtlicher und technischer Fragen sowie die Vorbereitung der Erhebungsinstrumente. Die Stabsstelle Forschungskoordination wird sich in Übereinstimmung mit den Auftragnehmern intensiv an diesem Projekt beteiligen.

Kontakt
Dr. Peter Kupka
Dr. Susanne Koch (beide Stabsstelle Forschungskoordination)

1.6.3 Evaluation des Projekts QUADRIGA

QUADRIGA ist ein Kooperationsprojekt der BA mit dem Personaldienstleister Adecco und der Jacobs Stiftung. Die Stabsstelle Koordination der Evaluationsforschung und Forschungsplanung (EVAL; heute: Foko) erarbeitete dazu ein Konzept für ein Evaluationsprojekt. Das Projekt untersuchte folgende Fragen:

- Inwieweit eignet sich Zeitarbeit als Mittel der Integration erwerbsfähiger Hilfebedürftiger in den Arbeitsmarkt? Evaluationsstudien gehen davon aus, dass der Erfolg von Aktivierungsmaßnahmen umso größer ist, je näher diese sich an „richtige Arbeit" annähern.
- Eignet sich die Kombination aus Arbeitseinsätzen und Bildungsanteilen zur Aktivierung und Integration schwieriger Jugendlicher? Es ist bekannt, dass bildungsferne Jugendliche nur schwer zur Teilnahme an „reinen" Bildungsmaßnahmen zu motivieren sind, zumal viele von ihnen intensive Erfahrungen mit Maßnahmen des Übergangssystems haben. Die Kombination aus „richtiger Arbeit", Bildungsanteilen und der realistischen Perspektive eines Arbeitsvertrags könnte gerade für diese Jugendlichen besonders motivierend sein.
- Wie entwickelt sich die Beschäftigungsfähigkeit in einem solchen Rahmen und wie lässt sich das messen? Das Projekt soll die Entwicklung zentraler Kompetenzen und Arbeitsorientierungen untersuchen.
- Funktionieren Ansätze der Public-Private-Partnership im Bereich der Arbeitsmarktpolitik? Die Implementationsanalysen sollen zeigen, welche Chancen, aber auch welche Probleme in der Zusammenarbeit zwischen öffentlichen Einrichtungen und gewinnorientierten Unternehmen liegen.

Darüber hinaus soll bei der Evaluation unterschieden werden zwischen a) Jugendlichen mit und ohne Berufsabschluss und b) Qualifizierung während und außerhalb externer Arbeitseinsätze.

Inhaltlich besteht das Projekt aus Standortanalysen der drei beteiligten ARGEn (Erfurt, Essen und Chemnitz), Implementationsstudien sowie Wirkungsanalysen. Letztere beziehen sich auf die Entwicklung von Kompetenz und Motivation sowie auf den Verbleib sechs Monate nach Maßnahmeende. Die Wirkungs- und Verbleibsanalysen wurden vom RWI Essen unter Leitung von Dr. Jochen Kluve durchgeführt, während die Implementationsstudie an den Lehrstuhl für Industrie- und Wirtschaftssoziologie der Friedrich-Schiller-Universität Jena (Prof. Dr. Klaus Dörre) unter Leitung von Dr. Ulrich Brinkmann vergeben wurde. Die Standortanalysen schließlich wurden von der Stabsstelle Forschungskoordination des IAB selbst durchgeführt.

Das Projekt QUADRIGA wurde in Erfurt wegen unterschiedlicher Auffassungen zwischen den Beteiligten über den „Projektgedanken" abgebrochen. Aufgabe der

Implementationsstudie ist es dort vornehmlich, die Gründe für das Scheitern des Projekts nachzuzeichnen. Das Gelsenkirchener Projekt erklärte sich entgegen früherer Aussagen bereit, an der Evaluation teilzunehmen. Trotz gewisser methodischer Bedenken geht das Projektteam davon aus, dass es an allen Orten möglich ist, eine Quasi-Kontrollgruppe gemäß der von uns vorgegebenen Kriterien zu bilden.

Mit Stand Juni 2008 sind die ersten Phasen der Implementationsstudie und der Kompetenzmessungen abgeschlossen. Das RWI Essen und der Lehrstuhl für Arbeits-, Industrie- und Wirtschaftssoziologie der Uni Jena haben dem IAB Zwischenberichte über die erste Projektphase vorgelegt.

Kontakt
Dr. Peter Kupka (Stabsstelle Forschungskoordination)

1.6.4 Organisationsreform der Arbeitsämter und neue Maßnahmen für Arbeitsuchende: soziale Ungleichheit und Partizipationschancen Betroffener

Das Kooperationsprojekt der Universität Siegen und des IAB befasste sich unter der Leitung von Prof. Wolfgang Ludwig-Mayerhofer und Prof. Jutta Allmendinger mit der Frage, wie sich die arbeitsmarktpolitische Strategie der „Aktivierung" in SGB III und II und die damit zusammenhängende Organisationsreform der Arbeitsagenturen und Grundsicherungsträger auf die Praxis administrativer Bewältigung von (erwerbs)biografischen Krisen und Partizipationschancen Betroffener auswirken. Vor dem Hintergrund veränderter Rechte und Pflichten der Arbeitslosen sowie veränderter Arbeitsbedingungen und Handlungsanforderungen an die Vermittler im Rahmen der Arbeitsmarktreformen standen die Rekonstruktion von Deutungsmustern und Handlungsstrategien bei Mitarbeitern der Agenturen und Grundsicherungsträger sowie bei betreuten Arbeitsuchenden im Zentrum der Untersuchung.

Das Projekt untersuchte mittels offener Interviews (zur Durchführung des empirischen Teils vgl. Anhang Abschnitt 2.4.2) die Situationsbeschreibungen und Deutungen der persönlichen Ansprechpartner und Fallmanager in Arbeitsämtern, ARGEn und Optionskommunen sowie die Situationswahrnehmungen von Arbeitslosengeld-I- und Arbeitslosengeld-II-Empfängern in der Interaktion mit den Vertretern der betreuenden Organisation. Die Transformation von gesetzlichen Normen, formellen und informellen Organisationspraktiken und persönlichen Strategien der Mitarbeiter in konkrete Praxis sowie deren Wahrnehmung und „Beantwortung" durch die Klienten konstituieren die tatsächliche Umsetzung der Programmatik des Forderns und Förderns. Welche Varianten, welche Typik und welche aus Interaktion und wechselseitiger Wahrnehmung bedingte Hemmnisse für die Umsetzung der

Maßnahmen lassen sich beobachten? Werden soziale Ungleichheiten in der Umsetzungspraxis der SGB-II-Normen verstärkt, verringert oder schlicht reproduziert?

Im Ergebnis sehen sich die Arbeitsvermittler mit dem Dilemma konfrontiert, die Erfordernisse einer einzelfallbezogenen Beratungsleistung mit Vorgaben einer an formalen Kriterien ausgerichteten Klassifizierung der Kunden in Einklang zu bringen. Da im Profiling neben harten Fakten wie beruflicher Qualifikation oder Alter auch weiche Kriterien wie Motivation und Mobilitätsbereitschaft in die Beurteilung einfließen, ist es unvermeidlich, einen Gesamteindruck vom Gegenüber zu gewinnen, der selbstverständlich subjektiv bleiben muss. In den Beratungsgesprächen stehen die Vermittler vor der Aufgabe, die Arbeitslosen zu motivieren, zu beraten, Sachverhalte zu erklären oder gegebenenfalls auch Sanktionen zu verhängen. Besonders intensiv sind die Anforderungen an die Beratungsleistungen in den Job-Centern, wo die Vermittler es mit einem sehr heterogenen Personenkreis mit teilweise hohem Beratungsbedarf zu tun haben. Bei diesen Deutungs- und Beratungsaufgaben greifen die Vermittler vielfach auf Formen einer „Alltagspädagogik" zurück, die primär an ihren eigenen Lebenserfahrungen anknüpft. Hierbei kann es durchaus zu Überforderungen gerade aufgrund großen persönlichen Engagements kommen. Dies führt zu der Empfehlung, die vorhandenen Kompetenzen der Vermittler durch spezifische Schulungen weiter zu professionalisieren.

Kontakt

Dr. Andreas Hirseland
Dr. Markus Promberger (beide Forschungsbereich „Erwerbslosigkeit und Teilhabe")

1.6.5 Zugangsprozesse von Arbeitnehmern in den Bezug von ALG II

Wie und wodurch geraten Menschen in die Lage der Hilfebedürftigkeit? Wie und unter welchen Bedingungen werden insbesondere Arbeitnehmer zu Hilfebedürftigen? Ein blinder Fleck der Armutsforschung, Armutsbekämpfung und letztlich der Armutsprävention sind die Strukturen und Bestimmungsgründe der Zugangsprozesse in Armut.

In diesem Projekt werden daher die Prozesse und Bestimmungsgründe für den Zugang in den Bezug von Arbeitslosengeld II auf Basis von Prozessdaten der Bundesagentur für Arbeit empirisch analysiert. Ziel der Analyse ist ein Verständnis der Zugangsprozesse, das nicht nur Aufschlüsse über die Eintrittsdynamik in Armut gibt, sondern auch für das zukünftige Design der Stichprobenziehung für das Haushaltspanel im Rahmen der SGB-II-Forschung genutzt werden kann.

Für die Durchführung des Projekts konnte Prof. Dr. Bernd Fitzenberger von der Universität Frankfurt/Main als Kooperationspartner gewonnen werden. Für die

Analyse der Zugänge wurde mittels quantitativer Analysen auf Individualebene ermittelt, wie verschiedene arbeitsmarktrelevante Merkmale die Wahrscheinlichkeit beeinflussen, Arbeitslosengeld II zu beziehen. Zu diesem Zweck wurden geeignete Schätzverfahren angewandt, um den Beginn des Bezugs von Arbeitslosengeld II innerhalb eines bestimmten Zeitraums auf Basis unterschiedlicher Strichproben zu ermitteln.

Das Projekt ist inzwischen abgeschlossen und der Endbericht wurde im Juni 2008 eingereicht.

Kontakt

Dr. Markus Promberger (Forschungsbereich „Erwerbslosigkeit und Teilhabe")

1.6.6 Effekte von Vermittlerhandeln und Vermittlerstrategien im SGB II und SGB III (Pilotstudie)

Im Rahmen des oben bereits beschriebenen Pilotprojekts „Vermittlereffekte" wurde ein Auftrag an das Institut für Angewandte Wirtschaftsforschung in Tübingen (IAW) vergeben. Dieser Auftrag umfasst die Gewinnung der Datenbasis in Zusammenarbeit mit IAB-ITM, die Bereinigung der Daten und ihre Aufbereitung zu Indikatoren, erste Auswertungen des aufbereiteten Datensatzes im Hinblick auf Determinanten des Vermittlerverhaltens und Wirkungsanalysen. Darüber hinaus leistet das IAW einen relevanten Eigenanteil im Rahmen des Kooperationsprojekts, insbesondere im Bereich der Hypothesengenerierung sowie Fragebogenkonzeption und -gestaltung.

Kontakt

Dr. Susanne Koch (Stabsstelle Forschungskoordination)

2 Entwicklung der Datengrundlagen

2.1 Aufbereitung der Prozessdaten für Forschungszwecke

Prozessdaten sind die Daten, die von den Trägern der Grundsicherung operativ erhoben und der Bundesagentur für Arbeit (BA) zur Verfügung gestellt werden. Ein großer Pool an Daten, die für die Forschung z. T. hoch interessant sind, befindet sich damit in den Händen der BA. Allerdings bedarf es – unter Berücksichtigung strenger Datenschutzauflagen – einiger Arbeitsschritte, bis die Prozessdaten so aufbereitet sind, dass sie auch zur Beantwortung von Forschungsfragen herangezogen werden können. Die BA macht hier den ersten Schritt, indem sie die Daten im sogenannten Data Warehouse (DWH) zusammenfasst und aufbereitet. Das IAB leistet dann die spezielle Modellierung für Forschungszwecke. Diese Arbeitsteilung war im alten System ebenso eingespielt wie die daran geknüpften Arbeitsroutinen. Der IAB-Servicebereich IT- und Informationsmanagement (IAB-ITM) hat beispielsweise Standard-Datenprodukte entwickelt, die umfassend dokumentiert und beschrieben sind.

Mit der Einführung des SGB II ist nun jedoch eine völlig neuartige Datenlandschaft entstanden. Bei IAB-ITM mussten unter anderem neue Standardprodukte geschaffen oder bestehende Produkte um SGB-II-Informationen erweitert werden. Diese „Endprodukte" stehen jedoch erst am Ende einer langen Arbeitskette, die mit der Erschließung der Daten beginnt. Dieser Prozess betrifft bezüglich der SGB-II-Daten im Wesentlichen drei Bereiche:

- Daten zur Arbeitsuche und Maßnahmeteilnahme aus bereits vor 2005 existierenden IT-Fachverfahren der BA.
- Daten aus dem SGB-II-Leistungsverwaltungsprogramm A2LL. Dies betrifft den Großteil der forschungsrelevanten Daten.
- Daten aus den verschiedenen IT-Verfahren der zugelassenen kommunalen Träger (zkT). Dieser Teil wird der Bundesagentur für Arbeit monatlich über das Datenaustauschformat XSozial-BA-SGB2 übermittelt.

Zur Datenerschließung gehört auch eine Definition von Schnittstellen des DWH zu den neu entstandenen Datenquellen. Im Anschluss konnten die Ladeschicht und darauf aufsetzend die DWH-Schicht aufgebaut werden. Im Kern enthält die DWH-Schicht am Ende sogenannte dispositive Daten, die – anders als die operativen Daten – längerfristig gespeichert, bereinigt und aufbereitet sind. Diese auswertbaren Daten kann das IAB weiterverarbeiten und in eigene Datenprodukte umwandeln. Die Datenexperten von IAB-ITM haben stets mit den Kollegen der BA zusammengearbeitet. So waren sie beispielsweise am Prozess der Weiterentwicklung und Anpassung der DWH-Schicht der BA eng beteiligt. Diese Vorgehensweise stellte sicher, dass eine „Forschungssicht" im entsprechenden Fachkonzept berücksichtigt worden ist. Konkret haben die ITM-Programmierer zuvor systematisierte und abgestimmte IAB-Nutzer-Anforderungen eingebracht, z. T. konzeptionell an der Datenmodellierung mitgearbeitet und so die Forschungsdatenbedarfe beim Aufbau der DWH-Schicht mit der BA abgestimmt.

Anforderungen der Forschung gehen jedoch über das hinaus, was mit dem Vorhaben Business Intelligence in der BA (BI-Vorhaben) realisiert werden konnte. Die Datenexperten von IAB-ITM hatten somit immer auch spezielle forschungsspezifische Anforderungen an die IAB-Daten umzusetzen. Hinzu kam, dass die zeitlichen Vorgaben der Evaluationsprojekte teilweise enger gesteckt waren als das längerfristig angelegte BI-Vorhaben. Daher waren spezielle Datenaufbereitungen vielfach parallel zu den Arbeiten im DWH zu leisten.

Abbildung A2.1
IAB-Datengenese Individualdaten

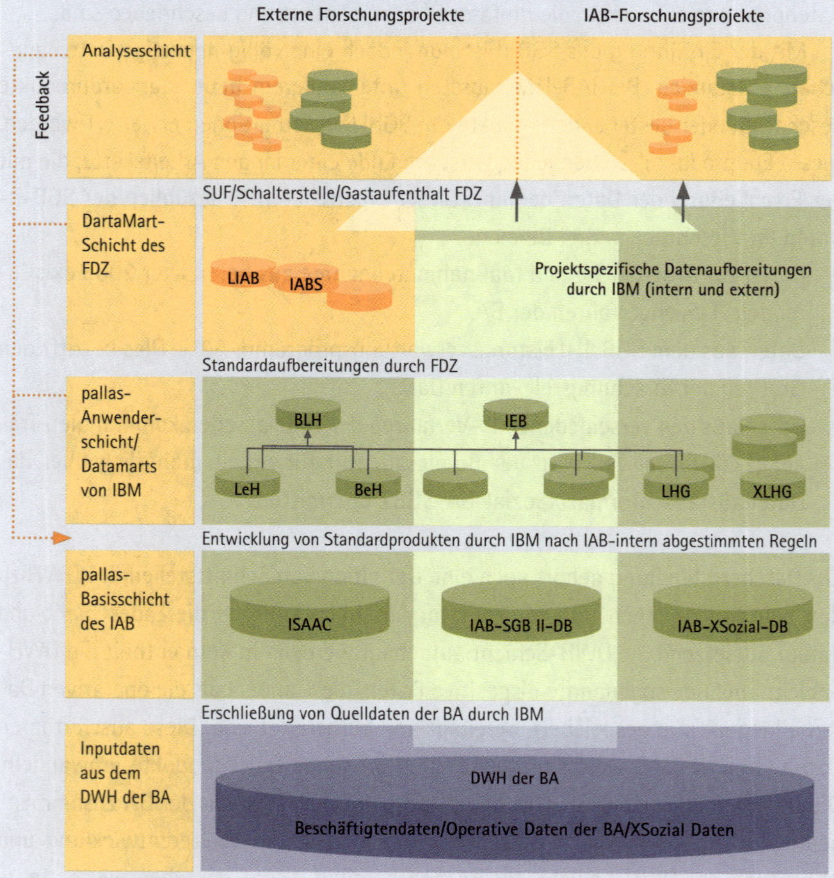

Die Datenprogrammierer bei IAB-ITM haben daraufhin die Entwicklung von Datenbanken für die SGB-II-Daten vorangetrieben und die Datenbasis entsprechend ausgebaut. Hier wiederum setzt die Modellierung einer Standard-Datenauswerteschicht auf, aus der die Anforderungen der Evaluationsprojekte bedient werden konnten. Die Implementierung des SGB II hatte Auswirkungen bis hin zur projektspezifischen Datenbereitstellung. Die Datenprogrammierer mussten teilweise nach Alternativen bei der Konzeption von Stichprobenziehungen suchen und bewährte Programmierkonzepte neu erstellen.

Abbildung A2.1 verdeutlicht den generellen Prozess der Datengenese. Das Datenmaterial der BA wird zunächst aufbereitet und im DWH bereitgestellt, bevor es dann immer stärker auf die jeweiligen Forschungsprojekte zugeschnitten wird. Die einzelnen Produkte (z. B. ISAAK, IEB etc.), die IAB-ITM aus dem Datenmaterial entwickelt hat, werden im Folgenden ausführlicher dargestellt.

2.1.1 Daten zur aktiven Arbeitsmarktpolitik

Datenquellen

Nach Einführung des SGB II Anfang 2005 hat die BA die bestehenden IT-Fachverfahren um die Differenzierung in zwei Rechtskreise erweitert. Dies betraf die Verwaltung der Arbeitsuche im Fachverfahren coArb (computergestützte Arbeitsverwaltung) wie auch die Verwaltung der Maßnahmen der aktiven Arbeitsmarktpolitik im Fachverfahren coSach (computergestützte Sachbearbeitung). In beiden IT-Fachverfahren wurden Kennzeichnungen des neuen Personenkreises und Kennzeichnungen der neuen SGB-II-Verwaltungsträger (ARGEn und getrennte Träger) aufgenommen. Im Bereich der aktiven Arbeitsmarktpolitik hatten Programmierer außerdem das bestehende IT-System um die neuen SGB-II-Maßnahmearten zu erweitern. Diese Änderungen waren in die BI- wie die IAB-spezifischen Daten aufzunehmen und setzten den ersten Arbeitsschwerpunkt für das IAB-Entwicklerteam.

Die Erschließung der Daten zu den neuen SGB-II-spezifischen Maßnahmen Arbeitsgelegenheiten, Einstiegsgeld und sonstige weitere Leistungen erfolgte nacheinander und wurde im Jahr 2007 abgeschlossen. Weitere Leistungen (WL, umbenannt in flankierende Leistungen fL) nach § 16(2) wurden in den ersten Jahren kaum von den Trägern dokumentiert. Von der Datenaufbereitung wurde daher zunächst abgesehen. In 2007 nahm die Zahl der dokumentierten fL-Maßnahmeteilnahmen deutlich zu. IAB-ITM nahm daraufhin die Entwicklung eines entsprechenden Datenproduktes in Angriff. Zum Zeitpunkt der Berichtslegung sind diese Prozessdaten nun auch verfügbar.

Neu eingeführt wurde ab Juli 2006 die Software „Vermittlungs-, Beratungs- und Informationssystem" (VerBIS). Die bis dahin getrennten Programme zur Berufsberatung und Arbeitsvermittlung sind nun in einem System zusammengefasst. Die Arbeitsagenturen und ARGEn arbeiten alle mit VerBIS, während sich die Optionskommunen entschieden haben, stattdessen lokale Software einzusetzen.

Die Einführung brachte eine Reihe gravierender Brüche in der Datenversorgung mit sich. Es waren Qualitätseinbußen zu verzeichnen, die vor allem in den Jahren 2006 und 2007 Anlass für viele Prüfungen und Recherchen waren. Die Erschließung der VerBIS-Daten läuft derzeit noch, erste Informationen sind jedoch bereits verfügbar.

IAB-Datenprodukte

Die Forschungsdaten zu den neuen Maßnahmen des SGB II werden in der Forschungsdatenbank „Instrumente der aktiven Arbeitsmarktpolitik" (ISAAK) aufbereitet und anschließend in auswertungsgeeigneten ISAAK-Anwenderschichten den Nutzern zur Verfügung gestellt. Dazu haben die Datenexperten des Servicebereichs ITM beispielsweise die historisierten Informationen zu Arbeitsgelegenheiten in die Datenbank ISAAK integriert. ISAAK ist ein Produkt, das Maßnahmeteilnahmen in verschiedenen Historiktabellen getrennt nach Maßnahmearten enthält. Abgebildet werden unter anderem Zeiten der Maßnahmeteilnahme oder der Arbeitsuchendenstatus des jeweiligen Kunden in historischer Perspektive. Mittlerweise sind alle SGB-II-spezifischen Maßnahmearten in ISAAK enthalten, auch die flankierenden Leistungen (s. o.) sind mittlerweile in ISAAK integriert und getestet. Gleiches gilt für Informationen zum Einstiegsgeld (ESG), zu Arbeitsgelegenheiten (AGH) und den sonstigen weiteren Leistungen (SWL). ISAAK und die darauf aufbauenden Anwenderschichten decken jedoch nicht nur alle wesentlichen Instrumente der aktiven Arbeitsmarktpolitik sowohl im SGB II als auch im SGB III ab, sondern auch Daten zu Arbeitsuchenden (ASU).

2.1.2 Daten zu Leistungen

Datenquellen

Das Fachverfahren für die passiven SGB-II-Leistungen A2LL wurde im Jahr 2004 in sehr kurzer Zeit implementiert. Neben den schlagzeilenträchtigen Problemen dieser Software besteht ein großer technischer Nachteil: Eine aktive Schnittstelle zwischen dem IT-Fachverfahren und dem Data Warehouse (DWH) der BA gibt es noch nicht. Die Datenaufbereitung in der Geschäftsdatenbasis der BA war und ist daher auch weiterhin sehr aufwändig.

Entsprechend spät konnte die Versorgung des IAB mit diesen SGB-II-Daten stabilisiert werden. Erst nach und nach war es möglich, die Informationen aus A2LL zu erschließen. Begonnen wurde mit umfangreichen Plausibilitätstests, die im IAB bereichsübergreifend ab Frühjahr 2005 stattfanden. Zur gleichen Zeit hat ein ITM-Team mit Metadatenrecherchen im Bereich von A2LL und den aus dem Fachverfahren gewonnenen Daten begonnen.

Im Laufe der Jahre 2005 und 2006 veränderte sich die Datenlage der Leistungsdaten SGB II aus A2LL weiterhin dynamisch. Sowohl für individuelle Leistungsbezugszeiten als auch für Bedarfsgemeinschaftszeiten wurden auswertbare Daten daher zunächst nur testweise aufgebaut. Im Mittelpunkt standen Fragen genereller Art, etwa zur Synchronisierung der historisierten Informationen zu Personen mit den relevanten Veränderungen der Bedarfsgemeinschaften.

IAB-Datenprodukte

Die Leistungs-Historik Grundsicherung (LHG), deren erste Version im November 2006 nach umfangreichen Tests freigegeben wurde, beinhaltet bislang Personen nach dem SGB II aus dem Fachverfahren A2LL. Es handelt sich dabei um historisierte Daten zu Personen im Leistungsbezug in Bedarfsgemeinschaften. Der Leistungsbezug von Personen wird im zeitlichen Längsschnitt dargestellt. Zusätzlich sind Informationen zur sozialen Zusammensetzung der Bedarfsgemeinschaften vorhanden.

Das neu umgesetzte Konzept der Bedarfsgemeinschaften, bei dem davon ausgegangen wird, dass die Mitglieder einer solchen Gemeinschaft füreinander einstehen, führte zu Veränderungen im Vergleich zur Dokumentation von Arbeitslosenhilfebezug zum SGB III. Erwerbslose mit ausreichend verdienendem Partner, die bis Ende 2004 Ansprüche auf Arbeitslosenhilfe hatten, hatten nun kein Anrecht auf den Bezug von ALG II. Sie sind somit in der LHG auch nicht mehr auffindbar. Personen in Beschäftigung mit sehr geringem Einkommen haben dagegen nach Umstellung auf das SGB II vermehrt Ansprüche geltend gemacht.

Die LHG ermöglicht – wie vom Gesetzgeber gefordert – eine Untersuchung des sozialen Umfelds der betroffenen Personen. Dabei stehen diese Daten zu Zusammensetzung der Bedarfsgemeinschaft in der LHG in aggregierter Form zur Verfügung.

Nachdem im Frühjahr 2008 mit dem Modul zu Kosten der Unterkunft (KdU) auch das letzte der bislang vorgesehenen Arbeitspakete zu den Daten aus dem Fachverfahren A2LL fertiggestellt wurde, ist die LHG nach momentanem Stand ein fertiges Produkt – allerdings mit Einschränkungen. So muss die LHG zyklisch aktualisiert und gepflegt werden. Dies beinhaltet Anpassungen an geänderte Datengrundlagen, geänderte Gebietsstände (z. B. bei Kreisreformen) und Änderungen im operativen

System A2LL selbst, wenn dort beispielsweise Eingabefelder erweitert werden. Ein weiterer Schritt in der Pflege und zur Qualitätssicherung der LHG ist das Mitte 2008 durchgeführte, systematische Review des Datenprodukts. In dieses Review flossen neben den technischen Prüfungen auch die Erfahrungen der Nutzer ein. Das Ergebnis ist eine Analyse des Optimierungspotenzials dieses Produkts. Die Umsetzung der angeregten Verbesserungen wird voraussichtlich, auch im Hinblick auf die Verknüpfungsmöglichkeit mit XSozial-Daten, zu Änderungen im Aufbau der LHG führen.

Die zweite Version der LHG ist 2007 in die aktuelle Version der „Integrierten Erwerbsbiografien" (IEB) eingeflossen, ein Produkt, das Individualdaten enthält und vollständige Erwerbsbiografien abbildet. Allerdings wurden dabei nur erwerbsfähige Personen berücksichtigt.

Die LHG-Zusatzdateien sind Ergänzungen zur LHG und keine eigenständigen Datenprodukte. In ihnen sind Details zum Einkommen, den Sanktionen und den tatsächlichen Zahlungen erfasst.

Hintergrund für diese Ergänzungsbausteine ist hier das immense Datenvolumen der A2LL-Informationen zu Einkommen, Sanktionen und Zahlungen. Eine Integration in die LHG hätte dieses Standardprodukt sehr groß und damit unhandlich gemacht. Daher werden die zusätzlichen Informationen in LHG-Zusatzdateien gehalten, die bei Bedarf mit den entsprechenden LHG-Daten verknüpft werden. Es handelt sich insgesamt um drei Datensätze, die über Identifikatoren und Zeiträume mit dem LHG-Kern verknüpfbar sind:

- Leistungs-Historik Grundsicherung Einkommen (LHGE)
- Leistungs-Historik Grundsicherung Sanktionen (LHGS)
- Leistungs-Historik Grundsicherung Zahlungen (LHGZ).

Die LHGZ ermöglicht beispielsweise eine genaue Verfolgung der einzelnen SGB-II-Zahlungen an die Leistungsempfänger. Diese Genauigkeit in den Zahlungsinformationen hat allerdings den Preis einer hohen Komplexität der einzelnen Informationen. In dieser Datei ist eine sehr große Menge an einzelnen Zahlungsinformationen als Tagessätze vorhanden. Dies resultiert aus der Differenzierung der Zahlungen: Eine Person muss pro Monat mindestens eine Zahlung erhalten, sonst wäre sie nicht im SGB-II-Bereich verortet. Hierbei handelt es sich um vier Zahlungskategorien (eine Ausnahme bilden die Aufstocker): die Regelleistung, Kosten der Unterkunft, Rentenversicherung und Kranken-/Pflegeversicherung. So wünschenswert eine genaue Auswertung der Zahlungen ist, so kritisch ist die immense Datenmenge. In der Forschungspraxis hat sich herausgestellt, dass die Datei dennoch nutzbar ist – allerdings unter vergleichsweise hohem Aufwand. Analog zur LHGZ enthält die LHGS komplexe und umfassende Informationen zu Sanktionen, die LHGE informiert über Einkommen.

Die Bedarfsgemeinschafts-Historik (BGH), die im Jahr 2007 erstmals freigegeben wurde, ist das Gegenstück zur LHG. Dieses neue Datenprodukt bildet die Bedarfsgemeinschaften ab und stellt deren Leistungsbezug über die Zeit dar. Zugänge in und Abgänge aus den Bedarfsgemeinschaften können identifiziert und verfolgt werden. Erst über diese Betrachtung wird die soziale Lage der SGB-II-Bezieher sichtbar. Wenn beispielsweise ein vorheriger Normalverdiener im SGB-II-Bezug auftaucht, so liegt das evtl. an seinem „Einzug" in eine bestehende BG, der dazu führt, dass sein vorher ausreichendes Einkommen nun nicht mehr für die Deckung des Bedarfs der gesamten Personengruppe ausreicht. Eine Zusatzdatei BGH-KdU gibt Auskunft über Details zu den Kosten der Unterkunft, die für die jeweilige Bedarfsgemeinschaft entstehen. Für die BGH existiert kein analoges Produkt im SGB-III-Bereich (wie LeH zu LHG). Es besteht jedoch ein enger Zusammenhang zur LHG, da die Mitglieder der Bedarfsgemeinschaft als Individuen in der LHG auftauchen.

Auch für die BGH gilt, dass sie einen vorläufigen Endpunkt in ihrer Entwicklung erreicht hat und zurzeit nur noch aktualisiert und gepflegt wird. Trotzdem sind auch hier weiterhin Änderungen in der Datengrundlage und auch Anregungen und Änderungswünsche der Nutzer möglich, die dann in die nächsten Versionen einfließen.

2.1.3 Daten aus den Optionskommunen

Datenquellen

Über das Verfahren des Datenübermittlungsstandards „XSozial-BA-SGB2" (XSozial) erreichen die Daten der Optionskommunen sowie der kommunalen Partner bei getrennter Trägerschaft die BA. Weil aufgrund erheblicher Anlaufprobleme bei allen beteiligten Institutionen an eine komplexe Verarbeitung zunächst nicht zu denken war, implementierte die BA-Statistik ein provisorisches Auswertesystem für Bestandszahlen. Erst im Jahr 2006 konnte die BA-Statistik mit dem Aufbau einer in sich konsistenten und historisch gehaltenen DWH-Schicht beginnen. Entgegen der zwischenzeitlich schon mehrfach revidierten Planungen ist dies noch nicht abgeschlossen. Mitarbeiter von IAB-ITM waren am Aufbau der XSozial-Data-Warehouse-Schicht (XSozial-DWH-Schicht) beteiligt.

Ab Sommer 2007 gab es vorläufige Tabellen, die das IAB zu Forschungszwecken nutzen konnte. Parallel zum Aufbau der DWH-Schicht haben die Datenexperten bei IAB-ITM Prototypen neuer XSozial-Standardprodukte (XLHG, XASU, XMTH) entwickelt, deren endgültige Freigabe erst dann erfolgen kann, wenn auch die DWH-Schicht freigegeben ist. Da bislang aufgrund der Datenlage keine Integration der Forschungsdatenprodukte in die IEB möglich war, mussten die Datenprogrammierer des IAB zur Unterstützung der Forschung bzgl. der Daten der Optionskommunen zum Teil mit anforderungsspezifischen Ad-hoc-Lösungen arbeiten, deren zeitlicher Umfang verhältnismäßig hoch war und deren Qualität eingeschränkt war.

Weil die XSozial-Daten eine andere Struktur aufweisen als die IAB-Individualdatenbasis, bereitete eine systematische Datenerschließung und eine Integration der Daten in die bestehende Individualdatenbasis auch im IAB besondere Probleme. Eine solche Integration setzt eine gleiche Zeitstruktur der unterschiedlichen Daten voraus, wozu der Aufbau der historisierten DWH-Schicht ein erster Schritt ist. Zudem musste auf der Merkmalsebene eine übereinstimmende Struktur gefunden werden, die eine „quellenübergreifende" Darstellung von z. B. BA-Arbeitsuchenden und XSozial-Arbeitsuchenden sicherstellt. Da die über XSozial übertragenen Daten insgesamt sehr viel weniger bzw. andere Informationen enthalten als die administrativen Daten der BA, kann sich diese übergreifende Sichtweise lediglich auf einen Kern von gemeinsamen Informationen beschränken. Hier müssen bestimmte Merkmale der einen oder der anderen Seite harmonisiert, d. h. aggregiert werden. Dieser weitere Informationsverlust musste zugunsten einer integrierten Betrachtung hingenommen werden.

Gänzlich abgeschlossen ist der Aufbau der XSozial-DWH-Schicht noch nicht. Eine Freigabe soll nach dem Stand der letzten Planungen im vierten Quartal 2008 erfolgen.

IAB-Datenprodukte

Seit August 2007 sind die wesentlichen zur Erstellung der IAB-Datenprodukte benötigten Module aus XSozial in der Geschäftsdatenbasis der BA integriert. Mit der Fertigstellung der XSozial-DWH-Schicht standen dem IAB nun erstmals historisierte Daten zu XSozial zur Verfügung, auch wenn diese noch nicht freigegeben sind. Das IAB hat sofort begonnen, diese XSozial-Daten soweit möglich analog zu den entsprechenden Datenprodukten aus BA-Verfahren zu erstellen. Folgende Datenprodukte sind so entstanden:

1. Leistungsdaten (XLHG): entspricht der LHG und enthält Informationen über Leistungsempfänger.
2. Daten zum Arbeitsuchendenstatus (XASU): enthält Informationen über Arbeitsuchende.
3. Daten zur Maßnahmeteilnahme (XMTH): enthält alle von den Optionskommunen gemeldeten Maßnahmearten.

Alle diese Produkte werden voraussichtlich 2009 in die kommenden Versionen der IEB integriert. Sie sind aber ab den Ende 2008 erscheinenden IEB V7.02 bereits über einen Personenidentifikator mit diesen verknüpfbar.

Die intensiven Qualitätsprüfungen dieser neuen Produkte sind allerdings noch nicht abgeschlossen. Hintergrund ist, dass der Status der Daten nach wie vor prototypisch ist – eine Folge der fehlenden Freigabe der den IAB-Daten zugrunde liegenden Datenbasis der XSozial-DWH-Schicht der BA durch die BA-Statistik. Erst nach dieser Freigabe ist auch eine Verknüpfung mit den nächsten dann erscheinenden IEB möglich.

Aber auch, wenn die BA-Statistik die XSozial-DWH-Schicht freigibt, werden weitere Aufbauarbeiten nötig sein, um die im bisherigen Aufbau noch nicht berücksichtigten Informationen aus XSozial – etwa zu Sanktionen – verfügbar zu machen. Dies zieht dann immer auch weitere komplexe Datenerschließungsprozesse bei IAB-ITM nach sich.

2.1.4 Integration der SGB-II-Daten in die Integrierten Erwerbsbiografien (IEB)

Die Integrierten Erwerbsbiografien (IEB) speisen sich aus anderen IAB-Datenprodukten – BeH, LeH, LHG, ISAAK-Anwenderschichten. Sie enthalten Daten zu Beschäftigung, Leistungsempfang, Teilnahmen an Maßnahmen der aktiven Arbeitsmarktpolitik sowie Zeiten und Status der Arbeitsuche. Konkret sind dies auswertungsrelevante Informationen zur Person (z. B. Geburtsdatum oder Geschlecht) und quellenspezifische Angaben (z. B. Arbeitsort, Wirtschaftszweig, Maßnahmeart). Diese Daten werden hier über die Versicherungs- und die Kundennummer zu Personenkonten verknüpft. Mit den IEB schufen die Datenexperten Anfang 2004 ein Individualdatenprodukt, das möglichst vollständige Erwerbsbiografien abbildet. Gerade für Wirkungsanalysen von Maßnahmen der aktiven Arbeitsmarktpolitik ist dieses Produkt von hoher Bedeutung.

Die bewährten IEB mussten nach Implementierung des SGB II nun ergänzt und teilweise neu konzipiert werden. Zahlreiche neue SGB-II-Informationen sind in diesem Zusammenhang erschlossen worden. Dazu gehörte unter anderem die Aufnahme einer Rechtskreis- und Trägerschaftszuordnung. Zum anderen wurde das Produkt so modifiziert, dass Personen im Rechtskreis SGB II zum jeweiligen SGB-II-Träger mit seiner Trägernummer zugeordnet werden können. Die IEB wurden zudem laufend um Informationen zu weiteren Maßnahmearten erweitert. Dazu gehören z. B. Arbeitsgelegenheiten oder Einstiegsgeld aber auch nicht SGB-II-spezifische Maßnahmearten wie Daten zum Beschäftigungszuschuss. Die Integration der flankierenden Leistungen steht kurz bevor. Damit sind künftig alle Maßnahmeteilnahmen der SGB-II-spezifischen Instrumente in den IEB enthalten. Insgesamt umfassen die IEB zum jetzigen Zeitpunkt neben den Maßnahmeinformationen Daten zur sozialversicherungspflichtigen Beschäftigung ab 1990 bis Ende 2006 sowie Daten zu Leistungen des Arbeitslosengeldes, der Arbeitslosenhilfe und des Unterhaltsgeldes von 1990 bis 2004. Ab 2005 bis Herbst 2007 sind Leistungsinformationen getrennt nach Arbeitslosengeld (ALG) und Arbeitslosengeld II (ALG II) enthalten. Auch Zeiten von Arbeitsuche und Arbeitslosigkeit sind ab 2000 enthalten. Noch nicht integriert sind jedoch weiterhin die Daten der optierenden Kommunen, die über XSozial geliefert werden. Eine Vollintegration dieser Daten in die IEB wird voraussichtlich erst mit der übernächsten Version der IEB möglich sein.

Die aktuelle Version 7.01 der IEB bildet die Personenkonten noch über einen im IAB entwickelten Personenidentifikator. Dieser soll in einer der nächsten Versionen durch einen neuen BA-verfahrensübergreifenden Identifikator ersetzt werden. Dafür wird dann die sogenannte BI-Person verwendet. Das ist neu, denn bis dahin stand in der Geschäftsdatenbasis der BA noch kein verfahrensübergreifender Personenidentifikator zur Verfügung. IAB-ITM hat an der Entwicklung und den Tests dieses BA-einheitlichen verfahrensübergreifenden Identifikators mitgearbeitet. Diese Arbeiten haben nun die Grundlage der Integration der XSozial-Daten gelegt, da eine Zusammenführung von XSozial-Daten mit BA-Daten erst nach Einführung der BI-Person möglich ist, weil auch die neu erstellten Datenprodukte aus XSozial die BI-Person als Personenidentifikator haben.

2.1.5 Datenlücken und -probleme

Zu den Optionskommunen fehlten lange wichtige Daten. Dauerthema ist auch die Datenqualität der XSozial-Daten. Die Lieferungen der optierenden Kommunen auf Fallebene waren in der Vergangenheit z. T. unvollständig. Ohnehin weisen sie einen reduzierten Merkmalskanon auf. Aufgrund der bisher noch immer fehlenden Informationen aus XSozial in der IAB-Forschungsdatenbasis entstanden ab Anfang 2005 zahlreiche geografische „Datenlöcher". Das heißt, dass für die optierenden Kommunen für die Jahre 2005 und 2006 bis zum jetzigen Zeitpunkt keine standardisierten Forschungsdatenprodukte vorliegen. Auch der Versuch, Verlaufsdaten über die Sozialhilfestatistik abzubilden, schlug fehl. Es stellte sich heraus, dass der Aufbau einer Erwerbsbiografie über den Systemwechsel 2004/2005 hinweg auf Basis administrativer Daten nicht möglich war.

Zudem haben in der Einführungsphase des SGB II auch einige ARGEn und Kreise mit geteilter Trägerschaft andere Verfahren zur Verwaltung der Arbeitsuchenden und SGB-II-Leistungsbezieher eingesetzt als die BA-Fachverfahren. Gerade der Nutzungsgrad der Software A2LL zur Verwaltung der Leistungsinformationen war dabei geringer als etwa jener von coArb, mit dem die Arbeitsuche erfasst und bearbeitet wird. Es ist davon auszugehen, dass erst seit dem ersten Quartal 2006 fast alle ARGEn und Kreise mit geteilter Trägerschaft A2LL umfassend nutzen. Zwar haben die Datenexperten bei IAB-ITM versucht, die „Datenlöcher" über XSozial zu schließen, allerdings ist ein flächendeckendes Gelingen dieses Vorhabens unwahrscheinlich. Die XSozial-Daten für das Jahr 2005 sind flächendeckend nicht mehr rekonstruierbar.

Abbildung A2.2

Übersicht über Lücken in Forschungsdaten, prozessgenerierte Forschungsdaten ab dem III. Quartal 2008

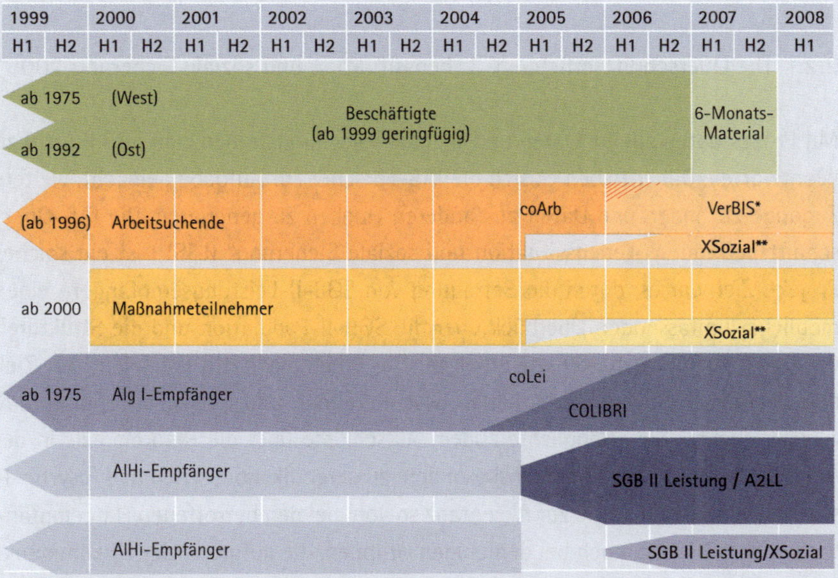

* Bleibende Lücken durch reduzierten Merkmalskanon;
** bleibende Lücken durch reduzierten Merkmalskanon und fehlende Meldungen.

Nach Freigabe der oben genannten IAB-XSozial-Forschungsdatenprodukte und der zugehörigen Dokumentation im letzten Quartal 2008 wird 2009 die Erschließung weiterer Daten aus XSozial – Sanktionen, Bedarfsgemeinschaften, Einkommen etc. – sowie eine detaillierte Beschreibung der Datenqualität und daraus resultierender Einschränkungen oder Problemlösungen in Angriff genommen. Zudem steht 2009 – nach einer Freigabe der IAB-XSozial-Produkte – eine Integration der Daten aus den BA-Verfahren und dem XSozial-Standard innerhalb der Themen Leistung, Arbeitsuche und Maßnahmeteilnahme zu sinnvollen Konten an. Dabei wird voraussichtlich zunächst der Aufbau der integrierten Leistungs-, Arbeitsuche- und Maßnahmeteilnahmekonten erfolgen, um nach Möglichkeit konsolidierte Daten bereitstellen zu können. Wenn diese Arbeiten abgeschlossen sind, ist erstmals seit Ende 2004 eine bundesweite und trägerübergreifende Gesamtschau zu Leistung, Arbeitsuche und auch Maßnahmeteilnahmen in den IAB-Datenprodukten möglich. Neue Datenlücken dürften dann nicht entstehen.

Nicht alle Fragestellungen lassen sich mit den Prozessdaten vollständig beantworten. Insbesondere fehlen Daten zur Lebenssituation der Betroffenen, vor allem im Bedarfsgemeinschaftskontext. Um diese Lücken zu schließen, führte das IAB in Kooperation mit anderen Forschungsinstituten zahlreiche Projekte zur Datengewinnung durch, die im Folgenden näher beschrieben werden.

2.2 Quantitative Erhebungen

2.2.1 Die Querschnittserhebung „Lebenssituation und soziale Sicherung 2005"

Mit Prozessdaten alleine waren und sind die Forschungsfragen zum SGB II nicht zu beantworten. Daher haben es sich die IAB-Forscher zur Aufgabe gemacht, weitere Zugänge zu finden und Daten aus anderen Quellen zu generieren. Die IAB-Querschnittsbefragung „Lebenssituation und soziale Sicherung" (LSS)[33] ist ein solches Projekt. Ziel war es, durch die Befragung von SGB-II-Leistungsempfängern einen möglichst umfassenden Überblick über die SGB-II-Population und die Strukturen der Bedarfsgemeinschaften zu erhalten. Die Erhebung hatte vor allem das Ziel, den Übergang vom alten zum neuen System zeitnah und möglichst repräsentativ zu untersuchen. Sie ermöglichte zudem Aufschlüsse über die Reformpraxis in der Anfangsphase der Umstellung, insbesondere zu deren ökonomischen und (psycho-)sozialen Wirkungen sowie zur Akzeptanz sowohl bei den betroffenen Hilfeempfängern nach SGB II als auch bei denjenigen Gruppen, die aufgrund der Einkommenssituation keinen Anspruch mehr haben.

Telefonisch befragt wurden zu diesem Zweck Arbeitslosenhilfeempfänger vom Dezember 2004 (Bestand), die im Januar 2005 als erwerbsfähige Hilfebedürftige eingestuft wurden oder keine Leistungen nach SGB II erhielten, sowie weitere erwerbsfähige Hilfebedürftige vom Januar 2005 (Neuzugänge, auch aus der Sozialhilfe). Für Befragte mit Migrationshintergrund und geringen Deutschkenntnissen bestand die Möglichkeit der Befragung in den Muttersprachen „türkisch", „russisch" und „kroatisch". Personen ohne Telefonanschluss wurden in persönlichen Interviews „face-to-face" befragt. Der Befragungszeitraum vom Jahresende 2005 bis zum Jahresbeginn 2006 bot zum einen die Chance, eine retrospektive Einschätzung des Umstellungsprozesses aus Sicht von Hilfebeziehern zu erhalten. Zum anderen war es möglich Einblicke in die während des Jahres 2005 angelaufene Praxis des „Förderns und Forderns" zu gewinnen und erste Erfahrungen und Wirkungen zu dokumentieren.

---

33 Die Bezeichnung wurde von QS (siehe frühere Berichte) in LSS geändert.

Zielgruppe der LSS-2005 waren hilfebedürftige Erwerbsfähige im Alter von 15 bis unter 65 Jahren. Somit befanden sich in der Grundgesamtheit der Untersuchung auch Minderjährige. Für diese gesondert zu behandelnde Zielgruppe wurde der Fragebogen modifiziert sowie durch einen Eltern-Fragebogen ergänzt. Mit der Durchführung der Befragung wurde das Forschungsinstitut infas beauftragt.

Ergänzend wurde infas am 13. Dezember 2005 mit der Befragung von weiteren 3.000 erwerbsfähigen Hilfebedürftigen aus 40 optierenden Kreisen beauftragt, die im Dezember 2005 SGB-II-Leistungen erhielten (siehe die nachfolgende Darstellung). Diese Kreise hatten für die Stichprobenziehung vollständige Daten und Adressen über XSozial übermittelt. Durch die Ergänzung konnten Lücken in der Einbeziehung von Empfängern von Leistungen der Grundsicherung weitgehend geschlossen werden. Dies betrifft vor allem frühere Sozialhilfebezieher in optierenden Kommunen. Zusätzlich sind so auch Leistungsbezieher in der Erhebung erfasst, die erst im Laufe des Jahres bedürftig geworden sind. Ende Mai 2006 hat infas auch diese Befragung abgeschlossen. Nachfolgend werden die inhaltlichen und methodischen Gemeinsamkeiten sowie die Unterschiede zwischen den beiden Stichproben vergleichend dargestellt.

Die Erhebung bestand somit aus zwei Samples LSS-2005-I und LSS-2005-II. Insgesamt hatte sich gezeigt, dass bedeutsame Selektivitäten bei der Teilnahmebereitschaft und Erreichbarkeit – mit einer Einschränkung bei Zielpersonen ohne festen Wohnsitz – nicht zu verzeichnen waren. Gerade auch die Zielgruppe der Personen in besonders schwierigen Lebenssituationen wurde erreicht. Bemerkenswert war, dass viele der Befragten ausgesprochen positiv auf die Umfrage reagierten und es begrüßten, ihre Lebenssituation darstellen zu können. Dies wurde mit der Hoffnung verbunden, die Ergebnisse der Untersuchung könnten in der öffentlichen und politischen Diskussion Berücksichtigung finden. Interessanterweise – und damit zusammenhängend – kam es trotz der relativ langen Gesprächsdauer (rund 76 Minuten) kaum zu Interviewabbrüchen. Auch die im Interview erhobene Teilnahmebereitschaft an Folgeuntersuchungen (LSS-I: 89 %; LSS II: 92 %) und die Einwilligung zur Zuspielung von BA-Daten (92 %) waren hoch.

Ergänzende Arbeiten wie Plausibilitätsprüfungen, Modellierung der Erreichbarkeit der Zielpersonen, Gewichtung und Generierung von Analysevariablen (Zugehörigkeit zur Bedarfsgemeinschaft von Haushaltsmitgliedern, Kennzeichnung von Analysegruppen) und Datenaufbereitungen konnten wie geplant so abgeschlossen werden, dass Ende Juni 2006 die Datensätze zur wissenschaftlichen Auswertung am IAB zur Verfügung standen.

Die Datensätze der Querschnittsbefragung wurden Ende 2006 an das Forschungsdatenzentrum der BA im IAB zur Qualitätssicherung übergeben. Die Mitarbeiter des FDZ haben zu den verschiedenen Befragungsmodulen Scientific Use

Files erstellt, sodass die erhobenen Daten in aufbereiteter Form der Forschung auch außerhalb des IAB zur Verfügung stehen. Meßmann et al. (2008) haben hierzu einen umfangreichen Datenreport veröffentlicht. Er steht auf der Internetseite des Instituts zum kostenlosen Download zur Verfügung.

Übersicht A2.1

Kurzbeschreibung des Datensatzes

Inhaltliche Charakteristika beider Stichproben	
Themen/ Merkmalsgruppen	• Allgemeine/demografische Merkmale • Grunddaten zum Haushalt • Einkommenssituation im Haushalt • Leistungsbezug, Antragstellung, ARGE-Betreuung • Finanzielle Situation der Zielperson im Jahr 2005, Leistungsbezug und Sanktionen • Allgemeinbildende Schulzeit: an alle unter 25-Jährigen • Schulabschluss und Zeitpunkt: an alle ab 25-Jährigen • Situation im Haushalt • Einkommenssituation Haushalt • (Rentenfragen) • Wohnsituation • Soziale Kontakte und soziale Unterstützung • Teilnahme an arbeitsmarktpolitischen Maßnahmen • Gesundheit, Behinderung • Arbeits- und Ausbildungsplatzsuche, Reservationslohn • Soziale Sicherung, Selbstverortung in der Gesellschaft oben-unten, subjektive Wahrnehmung der gesellschaftlichen Integration • Staatsangehörigkeit, Zuzug, Familiensprachen • Soziale Herkunft der Eltern
Methodische Charakteristika beider Stichproben	
Erhebungsdesign	• Mehrsprachige computer-unterstütze Interviews • telefonisch (CATI) • persönlich (CAPI)
Datenzugang	Scientific Use File über FDZ der BA im IAB beziehbar

Übersicht A2.2
Spezifische Charakteristika von LSS-2005-I und LSS-2005-II

Spezifische Charakteristika der LSS-2005-I	
Untersuchungseinheit	• Arbeitslosenhilfe- bzw. Sozialhilfeempfänger im erwerbsfähigen Alter (15 bis 64 Jahre, Jahrgänge 1940 bis 1989, ein Jahr Toleranz), die im Dezember 2004 arbeitslos bzw. arbeitsuchend gemeldet waren, sowie • erwerbsfähige hilfebedürftige Personen im Alter von 15 bis 64 Jahren (Jahrgänge 1940 bis 1989, ein Jahr Toleranz), die im Januar 2005 arbeitslos bzw. arbeitsuchend gemeldet waren und Arbeitslosengeld II (ALG II) nach SGB II bezogen haben
Sprachen	Deutsch (19.108 Fälle) Türkisch (505 Fälle) Russisch (1.185 Fälle) Kroatisch (34 Fälle)
Fallzahlen	20.832 Personen
Erhebungszeitraum	11/05 bis 03/06
Spezifische Charakteristika der LSS-2005-II	
Untersuchungseinheit	• Arbeitslosenhilfe- bzw. Sozialhilfeempfänger im erwerbsfähigen Alter (15 bis 64 Jahre, Jahrgänge 1940 bis 1989, ein Jahr Toleranz) in optierenden Kommunen von 40 ausgewählten Kreisen, die im Dezember 2004 arbeitslos bzw. arbeitsuchend gemeldet waren, sowie • erwerbsfähige hilfebedürftige Personen im Alter von 15 bis 64 Jahren (Jahrgänge 1940 bis 1989, ein Jahr Toleranz), die im Laufe des Jahres 2005 einen Erstantrag bewilligt bekamen
Sprachen	Deutsch (2.956 Fälle) Türkisch (28 Fälle) Russisch (183 Fälle)
Fallzahlen	3.167 Personen
Erhebungszeitraum	12/05 bis 05/06

Mit den Daten der Querschnittsbefragung wurden verschiedene Auswertungen vorgenommen. Achatz und Wenzig (2007) analysierten beispielsweise mithilfe der LSS-2005-I-Daten geschlechtsspezifische Wirkungen des SGB II. Bruckmeier und Schnitzlein (2007) konnten auf Basis der LSS-Daten Aussagen zum Verbleib der Arbeitslosenhilfeempfänger seit dem Jahreswechsel 2004/2005 treffen. Auch die Analysen von Schneider (2008) zu Wirkungen von Sanktionen auf die Anspruchslöhne von Arbeitslosengeld-II-Empfängern, von Popp und Schels (2008) zum Exklusionsempfinden von jugendlichen Hilfebeziehern sowie von Bender et al. (2008) zu Lohnkonzessionen von ALG-II-Empfängern basieren ganz oder zum Teil auf Ergebnissen der LSS.

2.2.2 Das Panel „Arbeitsmarkt und soziale Sicherung" (PASS)

Mit dem Panel „Arbeitsmarkt und soziale Sicherung" (PASS) baut das Institut für Arbeitsmarkt- und Berufsforschung (IAB) einen neuen Datensatz auf, der die eingehende Untersuchung von Wirkungen der Leistungen zur Eingliederung und der Leistungen zur Sicherung des Lebensunterhalts des SGB II erlaubt. Das komplexe Stichprobendesign weist jedoch deutlich über die Ziele der SGB-II-Forschung hinaus. PASS schafft auch eine neue empirische Grundlage für die Arbeitsmarkt-, Sozialstaats- und Berufsforschung in Deutschland.

Um dies zu ermöglichen, muss in mehrfacher Hinsicht „Pionierarbeit" geleistet werden. Bisher existieren nur wenige quantitative Erhebungen, die explizit auf die Population der Armuts- und Niedrigeinkommenshaushalte zielen. Die Entwicklung des Stichproben- und Erhebungsdesigns erforderte somit, neue Wege zu beschreiten, die zuvor nicht umfassend in Pilotstudien erprobt werden konnten. Gleiches gilt für die Auswahl des Fragenprogramms, das sowohl die unterschiedlichen Untersuchungsinhalte von neuen Forschungsprojekten berücksichtigen, als auch die zentralen Elemente der Arbeitsmarktreformen abbilden muss. In einer vergleichsweise kurzen Vorlaufzeit mussten teilweise neue Instrumente entwickelt werden.

Das Panel besteht aus zwei Teilstichproben, einer Zufallsstichprobe von Haushalten mit Arbeitslosengeld-II-Bezug und einer disproportional geschichteten Stichprobe der allgemeinen Bevölkerung, in der armutsnahe Haushalte überrepräsentiert sind. Dies ermöglicht neben der Untersuchung von Lebenslagen und -verläufen im Bezug und von Abgangsprozessen aus dem Bezug auch beispielsweise die Untersuchung verdeckter Armut, die Analyse von Zugangsprozessen zum Bezug und die Vergleichsperspektive zwischen Haushalten im Leistungsbezug und der allgemeinen Bevölkerung.

Ziel und Design

Bei der Entwicklung der neuen Studie waren vor allem fünf Kernfragestellungen leitend, die in Achatz et al. (2007) ausführlich erläutert werden:

1. Welche Wege führen aus dem Bezug von Arbeitslosengeld II?
2. Wie verändert sich die soziale Lage der betroffenen Haushalte im Leistungsbezug?

3. Wie entwickeln sich Bewältigungsprozesse und Handlungsorientierungen betroffener Personen?
4. Wie gestalten sich Kontakte zu den Trägern der Grundsicherung und wie sieht die institutionelle Handlungspraxis aus?
5. Welche Erwerbsverlaufsmuster oder Haushaltsdynamiken führen in den Bezug von Arbeitslosengeld II?

Mit den PASS-Daten werden gezielt Lücken in der Datenlandschaft zur Arbeitsmarktforschung geschlossen. Christoph et al. (2008: 5) verweisen darauf, dass (1) der Haushaltskontext – auch vor und nach dem Bezug – erfasst wird; dass (2) Erwerbsverläufe vollständig abgebildet werden, da – anders als in den BA-Prozessdaten – auch Phasen der Nichterwerbstätigkeit, Selbstständigkeit oder Beschäftigungen im Beamtenverhältnis erfasst werden; und dass (3) Merkmale enthalten sind, die über die Prozessdaten nicht oder kaum abgebildet werden können, wie Einstellungen, Erwerbspotenzial und Arbeitsuchverhalten.

Gegenüber bereits existierenden Befragungsdaten erlauben bei PASS die hohen Fallzahlen bei Haushalten mit Arbeitslosengeld-II-Bezug genauere Schätzungen von Kennwerten und Modellkoeffizienten. Zudem werden spezifische für die SGB-II-Evaluation wesentliche Merkmale erhoben, die in Surveys, die nicht diese spezifische Aufgabe haben, nicht erhoben werden, wie z. B. Intensität und Art von Kontakten zu Trägern der Grundsicherung oder die Bewertung der Teilnahme an Arbeitsmarktprogrammen. Die Verknüpfung der Befragungsdaten mit Prozessdaten der BA ermöglicht zudem Analysen, in denen die höhere Messgenauigkeit der Prozessdaten mit weiteren Variablen und dem Haushaltskontext aus dem Survey kombiniert werden kann (Christoph et al. 2008: 5 f.).

In jedem Haushalt wurde zunächst ein Haushaltsinterview mit dem Haushaltsvorstand durchgeführt. Ziel war es, im weiteren Verlauf mit jeder Person im Haushalt ab 15 Jahren ein Personeninterview zu führen. Für Personen ab 65 Jahren wurde nur eine Kurzfassung des Personenfragebogens eingesetzt. Übersicht A2.3 gibt einen Überblick über das Themenspektrum der Befragung.

Das komplexe Studiendesign, das mangelnde Deutschkenntnisse von Befragten ebenso berücksichtigt wie die Umsetzung einer Verknüpfung von Befragungsdaten mit Prozessdaten, wurde von einer IAB-Arbeitsgruppe unter anderem auf Basis eines externen Gutachtens von Schnell (2007) entwickelt. Sowohl die wissenschaftliche Leitung des IAB als auch der Wissenschaftliche Beirat waren hier eng eingebunden. Eine Zusammenfassung des Designs enthält der Bericht von Christoph et al. (2008: 8 f.), ausführliche Informationen liefern Rudolph und Trappmann (2007). Mit der Durchführung der Befragung wurde TNS Infratest Sozialforschung beauftragt.

Übersicht A2.3
Befragungsschwerpunkte

Ebene	Bereich				
	Demografie	Materielle Lage	Soziale Lage	Orientierungen & Aktivitäten	Leistungsbezug
HAUSHALT	Liste der Haushaltsmitglieder (inkl. Alter und Geschlecht)	Lebensstandard des HH (Deprivationsindex)	Wohnung/ Wohnumfeld		ALG-II-Leistungsbezug (Spelldaten)
	Verwandt.schaftsverhältnisse	Haushaltsnettoeinkommen			
	Kinder, die nicht im HH leben	Vermögen			
		Schulden und Kredite			
PERSON	Schul- und Berufsbildung	Erwerbseinkommen, brutto und netto	Gesundheit (SP Welle 3)	Geschlechterrollenorientierungen	ALG-I-Leistungsbezug (Spelldaten)
	Erwerbsstatus	Sonstige Einkommenskomponenten (z. B. Sonderzahlungen)	Soziale Einbindung/ Netzwerke, (SP Welle 3)	Erwerbsorientierungen	Institutionelle Einbindung (z. B. Trägerkontakte, Angebote)
	Beruf		Subjektive Bewertungen (z. B. soziale Selbstpositionierung)	Arbeitsuche (Suchaktivitäten, Reservationslohn; SP W1)	Maßnahmeteilnahme (z. B. Typ, Dauer; Spelldaten)
	Soziale Herkunft (Bildung (W1) & Beruf (W2) der Eltern)		ISCO-basierte Maße	Lebenszufriedenheit	Andere Sozialleistungen (z. B. Renten)
	Staatsbürgerschaft/Migrationshintergrund			Ängste und Sorgen	

Quelle: Christoph et al.: FDZ-Datenreport Nr. 05/2008.

Die erste Welle

Im Rahmen der ersten Welle wurden 18.954 Personen in 12.794 Haushalten befragt. Die Response-Rate lag auf Haushaltsebene insgesamt bei 30,5 Prozent. PASS kann den relativ hohen Nonresponse jedoch durch eine ausgesprochen günstige Datenlage kompensieren, da nicht nur die üblicherweise in Surveys zur Korrektur von Nonresponse verwendeten regionalen und demografischen Variablen vorliegen, sondern für die meisten Befragten sämtliche Informationen aus den BA-Prozessdaten zur Nonresponse-Korrektur genutzt werden können.

Inzwischen sind die Daten der ersten Welle fertig aufbereitet und stehen als Scientific Use File der Scientific Community zur Verfügung. Die Aufbereitung umfasste insbesondere die Schaffung einer nutzerfreundlichen Datenstruktur, die Generierung von Konstrukten aus Einzelvariablen des Fragebogens, die Gewichtung und die Filterbereinigung. In einem separaten Projekt hat das PASS-Team die generierten Daten mit den Prozessdaten der Bundesagentur für Arbeit zusammengespielt. Der zugehörige Datenreport (Christoph et al. 2008) mit umfangreichen Informationen ist von der IAB-Internetseite kostenlos downloadbar. Daten der ersten Welle wurden zudem vorab an das Migrationsprojekt (Dr. Bruno Kaltenborn) und das Genderprojekt (Dr. Alexandra Wagner) der Allgemeinen Wirkungsforschung nach § 55 SGB II übergeben. Erste deskriptive Befunde zur (Konsum-)Güterausstattung von Haushalten mit Arbeitslosengeld-II-Bezug wurden in der Juli-Ausgabe des Informationsdiensts Soziale Indikatoren (ISI) veröffentlicht (Christoph 2008). Ein Kurzbericht zu Arbeitszeiten und Stundenlöhnen von erwerbstätigen Leistungsempfängern („Aufstockern") ist in Vorbereitung.

Die zweite Welle

In der zwischen Dezember 2007 und Juni 2008 erhobenen zweiten Welle lag der inhaltliche Schwerpunkt auf der Erhebung von Verlaufsdaten zur Erwerbseinbindung: Alle Erwerbstätigkeiten über 400 Euro, Arbeitslosigkeitszeiten und Arbeitslosengeld-I-Bezüge sowie sonstige relevante Tätigkeiten (z. B. Ausbildungen, Zivil- und Wehrdienst, Zeiten als Hausfrau/-mann oder in Rente) seit Januar 2005 wurden ebenso erfragt wie zusammenfassende Kennzahlen zu Erwerbstätigkeits- und Arbeitslosigkeitsbiografie. Zusätzlich wurde der Fragekatalog um die Erhebung weiterer Einkommenskomponenten (sowohl im Rahmen des Haushaltsfragebogens als auch im Rahmen des Personenfragebogens) und die Sprachverwendung im Haushalts- und Bekanntenkontext erweitert.

Die Feldarbeit der zweiten Welle endete am 22. Juni 2008. Dabei konnten 61,7 Prozent der Haushalte, die ihr Einverständnis zur Speicherung ihrer Adressdaten gegeben haben (das sind 93,8 % der Haushalte aus Welle eins), wiederbefragt werden. Eine höhere Ausschöpfung scheiterte vor allem an der schlechten Erreichbarkeit: Rund 26 Prozent der Haushalte, die in der Vorwelle teilgenommen hatten, sind in Welle zwei nicht wieder erreicht worden. Dagegen spielen Verweigerungen mit elf Prozent eine geringere Rolle. Zudem konnten in der zweiten Welle 1.108 Haushalte erstmals interviewt werden. Bei diesen Haushalten handelt es sich um Neuzugänge zum Arbeitslosengeld-II-Bezug seit der Stichprobenziehung der ersten Welle. Derzeit werden die Daten der zweiten Welle im Forschungsbereich PASS aufbereitet.

Die dritte Welle

Den Befragungsschwerpunkt der dritten Welle bilden die neuen Module zu sozialem Kapital, zur Gesundheit und zur Alterssicherung. Die Erhebungsinstrumente sind an TNS Infratest übergeben und werden derzeit programmiert. Ende September 2008 wird der Pretest für die dritte Welle stattfinden.

2.3 Qualitative Erhebungen: qualitative Beobachtungen und Befragungen im Feld von Arbeitsmarkt und sozialer Sicherung (QUABB)

Als Datengrundlage für das Projekt Armutsdynamik und Arbeitsmarkt, aber auch für weitere qualitative Studien, wurde ein qualitatives Kurzzeitpanel mit zwei Wellen biografisch-narrativer Interviews sowie ergänzenden Feldprotokollen erhoben. Befragt wurden Personen im Hilfebezug gemäß SGB II sowie, ergänzend, Personen im Niedrigeinkommenssegment, die ihre ergänzenden Hilfebezugsansprüche nicht realisieren oder knapp oberhalb der Bedürftigkeitsgrenze liegen. Die Fallauswahl orientierte sich in enger Anlehnung an die sogenannte Grounded Theory am Prinzip eines „theoretical sampling". Ziel war es, eine möglichst große Variabilität von Praktiken und Deutungsmustern zu erfassen, unabhängig davon, in welcher Häufigkeit diese Muster jeweils in der Grundgesamtheit auftreten. Zusätzlich wurde sichergestellt, dass soziodemografische Merkmale (wie Alter, Geschlecht und Haushaltszusammensetzung) sowie Konstellationen des Leistungsbezugs (wie Dauer und Maßnahmeteilnahme) ausreichend streuen (Wenzel 2008: 67). Um den Einfluss unterschiedlicher Arbeitsmarkt- und Betreuungskontexte erfassen zu können, wurden insgesamt sieben Untersuchungsregionen mit unterschiedlichen Strukturmerkmalen und Arbeitsbedingungen in Deutschland ausgewählt.

Die Erhebungen starteten im Sommer 2006. Ins Feld gingen das Hamburger Institut für Sozialforschung (HIS) und das Münchner Institut für Sozialwissenschaftliche Forschung (ISF), die eine entsprechende Ausschreibung gewinnen konnten. Damit hatte das IAB zwei einschlägige Kooperationspartner gewonnen, deren Expertise später auch für spezifische Ausschnitte der Analyse genutzt wurde. In der ersten Erhebungswelle wurden Daten zum jeweiligen Fallverlauf, zur (Vor-)Geschichte einschließlich erwerbsbiografischer Besonderheiten, zur aktuellen Lebenssituation und Alltagsbewältigung unter besonderer Berücksichtigung des Eintritts in den Regelbereich des SGB II sowie zur weiteren biografischen Perspektive gewonnen. Ein besonderer Erfolg war, dass die Gespräche – wie geplant – überwiegend im häuslichen Kontext der Befragten durchgeführt werden konnten. Die Qualität der Befragungs- und Beobachtungsdaten ist damit sehr hoch.

Im November 2007 startete die zweite Welle zur Verfolgung des weiteren Fallverlaufs und zur Erschließung von Veränderungstendenzen in der Lebenssituation und Alltagsbewältigung. Der Panelcharakter eröffnet methodisch gesicherte Zugänge zu typischen Verlaufsformen des Bezugs von Hilfeleistungen nach SGB II.

Es hat sich gezeigt, dass die Befragten überwiegend bereit waren, sich für ein Wiederholungsinterview zur Verfügung zu stellen. Harte Verweigerungen waren nur bei sieben der 106 in der ersten Welle befragten Personen zu verzeichnen. Gleichwohl mussten aufgrund von Terminschwierigkeiten und Verschiebungswünschen bei den Befragten in den meisten der sieben Erhebungsregionen mehrere Feldkampagnen durchgeführt werden. Die zweite Erhebungswelle konnte im April 2008 abgeschlossen werden. Im Zuge dieser zweiten Erhebungswelle wurde von den Befragten zusätzlich das Einverständnis zur Zuspielung ihrer BA-Registerdaten eingeholt. Dieses Einverständnis wurde in 70 Fällen gewährt, von diesen konnten 69 Personen eindeutig in den IEB-Daten identifiziert und zugespielt werden. Interviews und Beobachtungen wurden aufgezeichnet, transkribiert und mittels einer Kombination aus mehreren Verfahren (Hirseland/Promberger/Wenzel 2007: 120) ausgewertet.

Es konnten Typen gebildet werden, die sich u. a. auf die Muster der alltäglichen Lebensführung im Hilfebezug und die subjektive Verarbeitung wohlfahrtsstaatlicher Betreuung einerseits und Wechselwirkungen zwischen wohlfahrts- und rechtsstaatlicher Teilhabe andererseits beziehen. Analysiert wurden auch Deutungsmuster, mit denen Hilfebedürftige den neuartigen, aktivierungsorientierten Instrumenten und Anforderungsstrukturen des SGB II entgegentreten. Wenzel (2008) verarbeitete dies zu einer Typologie.

Die Beleuchtung relevanter Aspekte mit qualitativen Methoden führte zu einer Weiterentwicklung anderer Projekte im SGB-II-Bereich. Resultate aus dem Projekt Armutsdynamik und Arbeitsmarkt sind beispielsweise in die Entwicklung eines Befragungsmoduls zum Thema Arbeitsvermögen und Beschäftigungsfähigkeit für das Haushaltspanel PASS eingeflossen. Zudem haben die Projektmitarbeiter bereits die Zwischenergebnisse auf zahlreichen Tagungen und Konferenzen präsentiert und diskutiert. Resultate der Auswertungen werden auch zu Handlungsempfehlungen für die Gesetzgebung und Betreuungspraxis verdichtet. Einen Austausch über Inhalte und Methoden gab es mit dem IAB/BA-Kooperationsprojekt „Organisationsreform der Arbeitsämter".

2.4 Projektspezifische Erhebungen

2.4.1 Neue Soziale Dienstleistungen nach SGB II (NSDL)

Als empirische Grundlage für die Studie Neue Soziale Dienstleistungen nach dem SGB II dokumentierten Mitarbeiter des SOFI in Göttingen als teilnehmende Beobachter über sechs Monate hinweg die Bearbeitung von 20 Fällen bei drei Grundsicherungsträgern im Längsschnitt. Neben den inhaltlichen Fragen sollte die Konzeptstudie auch Auskunft geben, ob sich Fallbeobachtung überhaupt mit vertretbarem Aufwand und mit freiwilliger Beteiligung von Fachkräften und Adressaten verwirklichen lässt.

Das qualitative Sample erfasst alle relevanten Geschäftsbereiche der Grundsicherungsträger (unter 25 Jahren, über 50 Jahren, „50 plus", Vermittlung und Fallmanagement) und enthält Beobachtungen in West- und Ostdeutschland. Die Untersuchung beinhaltet (1) die Verfolgung des Fallverlaufs anhand von Dokumentationsverfahren und Akten, (2) die Beobachtung und Transkription möglichst vieler Vorsprachen der Adressaten beim Grundsicherungsträger sowohl auf Grundlage eigener Beobachtung und Gesprächsaufzeichnungen als auch anhand von Aufzeichnungen unbeobachteter Vorsprachen und (3) persönliche leitfadengestützte Gespräche mit den Fachkräften, den Adressaten und möglichst allen Fallbeteiligten.

In den 20 realisierten Beobachtungsfällen wurden insgesamt 49 Vorsprachen beobachtet und transkribiert. Zum transkribierten Gesprächsmaterial zählen außerdem vier Einzelvorsprachen, 73 Nachbefragungen, sieben Gespräche mit Fallbeteiligten und 52 leitfadengestützte Interviews. Mithilfe eines zweistufigen Verfahrens wurden zunächst Beobachtungsprotokolle erstellt, die zu jedem Fall Informationen zu Ausgangssituation, Vorgeschichte des Leistungsbezugs, Zugang der Adressaten in den Leistungsbezug und ggf. Fallbearbeitung vor Beginn der Beobachtung enthalten. Eine Chronologie stellt die datierbaren Interaktionen zwischen den Leistungsberechtigten und den Fachkräften bzw. beteiligten Dritten dar. Die Protokolle enden mit einer abschließenden Bewertung. In einem dritten Auswertungsschritt wurde das Beobachtungsmaterial im Hinblick auf zentrale Probleme der Fallbearbeitung ausgewertet.

2.4.2 Organisationsreform der Arbeitsämter und neue Maßnahmen für Arbeitsuchende: soziale Ungleichheit und Partizipationschancen Betroffener

Das Projekt war als Längsschnittuntersuchung konzipiert, in deren Rahmen das Projektteam insgesamt rund 190 offene, z. T. wiederholte qualitative Leitfadeninterviews durchführte. Es gab zwei Wellen, die im Abstand von einem Jahr angelegt wurden. Die erste Welle startete im Sommer 2005 in elf Agenturbezirken, die die Streuung regionaler Arbeitsmarktchancen bestmöglich repräsentieren sollen. Die Wiederholungsbefragung fand im Sommer 2006 statt und konzentrierte sich auf die Fachkräfte in drei Bezirken, bezog aber zusätzlich 17 Personen mit Leitungsfunktion aus verschiedenen Hierarchieebenen (Teamleiter, Geschäftsführer etc.) mit ein. Zudem wurden in allen Agenturbezirken die in der ersten Welle befragten Arbeitslosen erneut kontaktiert und, soweit sie erreichbar und zu einem Interview bereit waren, entweder telefonisch oder face-to-face befragt. Eine face-to-face-Befragung wurde insbesondere bei Personen angestrebt, die nach der Erstbefragung noch länger arbeitslos gewesen waren (ggf. bis zum Zeitpunkt der Wiederholungsbefragung) und damit weitere Erfahrungen mit Arbeitsagenturen gemacht hatten; insgesamt konnten 27 Arbeitslose befragt werden. Bei der Auswahl der zu befragenden Vermittler wurden Unterschiede in der Berufserfahrung sowie die angemessene Repräsentation beider Geschlechter berücksichtigt.

Die Interviews basierten auf Leitfäden, die die Hartz-Reformen, deren Ziele und Instrumente sowie persönliche Erfahrungen mit deren Umsetzung thematisierten. Zudem waren der Umgang der Vermittler mit ihren Kunden sowie die kundenseitigen Handlungsprobleme und Wahrnehmungen des Beratungs- und Vermittlungsprozesses Gegenstand der Untersuchung. Die konkrete Durchführung der Interviews oblag den Projektmitarbeitern des IAB („ProIAB"). Zusätzlich zu diesen Interviews waren weitere Datenerhebungen notwendig, um das ursprüngliche Forschungsdesign durch einige ausgewählte zugelassene kommunale Träger (zkT) zu ergänzen und das Fallmaterial zu komplettieren.

2.4.3 Berufliche Rehabilitation

Um die Frage nach den Folgen und Implikationen der SGB-II-Reform für Leistungen zur beruflichen Rehabilitation besser beantworten zu können, wurden auch hier qualitative und quantitative Daten erhoben.

Qualitativer Zugang: „Struktur- und Prozessänderungen in der beruflichen Rehabilitation"

Im Mittelpunkt der qualitativen Implementationsstudie „Struktur- und Prozessänderungen in der beruflichen Rehabilitation" standen (1) Interaktionen zwischen Beratern und Vermittlern auf der einen und Klienten auf der anderen Seite, (2) die Auswirkungen innerbehördlicher Entscheidungsprozesse, Vorgaben etc. auf die Interaktionen mit den Klienten sowie (3) die innerbehördliche Kommunikation in Bezug auf Reha-Steuerung (Schubert et al. 2007: 8 f.). Methodisch beinhaltete die Studie Interviews mit 32 Experten in elf Arbeitsagenturen, zwölf ARGEn, sieben optierenden Kommunen und zwei getrennten Trägerschaften.

Durchgeführt wurde die Studie durch das IAB in Zusammenarbeit mit der Martin-Luther-Universität Halle-Wittenberg als externem Auftragnehmer. Schubert et al. (2007: 9 f.) legen dar, dass es bei dieser Studie notwendig gewesen ist, sowohl die Arbeitsagenturen als auch die leistungstragenden SGB-II-Institutionen jeweils einer Region einzubeziehen, da immer beide am Zugang zu Rehabilitationsleistungen beteiligt sind. Die Stichprobe wurde nach drei Kriterien geschichtet: Arbeitsmarktlage (schlecht, mittel, gut), Siedlungsstruktur (städtisch vs. ländlich) und Region (neue bzw. alte Bundesländer).

Der Interviewleitfaden beinhaltete Fragen zur beruflichen Position, zu den Aufgaben und zum beruflichen Werdegang des Befragten. Die Handlungsroutinen wurden durch die Diskussion von Handlungs- und Entscheidungsmöglichkeiten anhand von sogenannten „Fallvignetten" -Fallkonstruktionen mit unterschiedlichen Spezifika – erfragt. Fragen zur Arbeitsroutine und zur innerbehördlichen Kommunikation rundeten das Bild ab.

Die Auswertung des Materials erfolgte mithilfe einer qualitativen Inhaltsanalyse. Schubert et al. (2007: 14) führen dies näher aus. Sie fassen auch die wichtigsten Befunde, die sich aus dem Projekt ergeben haben, zusammen und machen Vorschläge zur Weiterentwicklung der Zugänge zur Teilhabe am Arbeitsleben für erwerbsfähig hilfebedürftige Menschen im Rahmen des SGB II (Schubert et al. 2007: 81 f.). Dazu gehören unter anderem die Empfehlungen, die innerbehördliche Zusammenarbeit durch konkrete Maßnahmen zu verbessern und die personelle Überlastung der Mitarbeiter zu verringern.

Quantitativer Zugang: „Befragung von Rehabilitanden"

Die andere Seite – die der „Klienten" – beleuchtet das quantitative Projekt „Befragung von Rehabilitanden". Im Rahmen dieses Projekts sind im Jahr 2007 in einer ersten Welle 4.057 Rehabilitanden befragt worden. Alle Befragten hatten im Jahr 2006 eine Maßnahme der BA abgeschlossen (1.961 Personen in Ersteingliederung; 2.096 Personen in Wiedereingliederung; Nettoausschöpfung 55 %).

Die Befragung erfolgte mittels eines ca. 45-minütigen Telefoninterviews durch das Institut für angewandte Sozialwissenschaft (infas), die Nettoausschöpfungsquote lag bei 55 Prozent. Eine zweite Welle folgt im gleichen Zeitraum des Jahres 2008. Die Befragung wurde getrennt nach Personen in Ersteingliederung (u25) und Wiedereingliederung (ü25) vorgenommen. Diese Trennung erfolgt zwangsläufig, da sich diese Gruppen nicht nur nach dem Alter unterscheiden, sondern auch bspw. nach Ausbildung. Während Erstere oft (lernbehinderte) Absolventen von Förderschulen sind, sind Ausbildungsspektrum und Berufserfahrung bei Rehabilitanden in Wiedereingliederung breit gestreut.

Inhaltliche Schwerpunkte der Befragung sind neben einem Längsschnitt zu Schul- und Ausbildungsverläufen (Ersteingliederung) bzw. zum Erwerbsverlauf (Wiedereingliederung) die Interaktionen mit Arbeitsagenturen bzw. Arbeitsgemeinschaften oder optierenden Kommunen, Maßnahmezufriedenheit, Gesundheit, soziale Integration, Lernort sowie der Verbleib nach Maßnahmeende. Diese Daten wurden nach Bereinigung und Aufbereitung den prozessproduzierten Daten hinzugespielt. Die ist nur möglich, sofern die Befragten dem zustimmen. Die Zuspielerlaubnis lag bei 86 Prozent.

Auswertungen aus der Befragung haben bislang noch vorläufigen Charakter. Sie zeigen unter anderem, dass Maßnahmen von Rehabilitanden tendenziell in Ersteingliederung besser bewertet werden als von denjenigen in Wiedereingliederung (Mehrfachantworten waren möglich). Auch die Einschätzung des eigenen Gesundheitszustandes unterscheidet sich zwischen Personen in Erst- und Wiedereingliederung deutlich. Während Erstere zu 80 Prozent ihren Gesundheitszustand als sehr gut bis gut einschätzen, gilt dies nur für knapp die Hälfte derjenigen in Wiedereingliederung. Diese Aussagen können mit den unterschiedlichen Zugangswegen in die Rehabilitation verbunden sein, mit dem aktuellen Status oder auch der Art der Behinderung. Vertiefte Auswertungen zur Verifizierung werden gerade durchgeführt.

Um sicherzustellen, dass die hohe Panelbereitschaft (89 %) der Befragten beibehalten wird, erfolgte im März 2008 eine Panelpflege (Flyer mit Ergebnissen der ersten Welle). Die Feldphase der zweiten Welle ist nach erfolgreichem Pretest im Juni 2008 gestartet und dauert zum Zeitpunkt der Berichterstellung noch an. Die am Projekt beteiligten Mitarbeiter haben den Fragebogen nach den Erfahrungen der ersten Welle erweitert. Gleichzeitig werden die Daten der ersten Welle den prozessproduzierten Daten hinzugespielt (Zuspielerlaubnis der Befragten 86 %).

2.4.4 Arbeitsgelegenheiten

Um im Rahmen des entsprechenden Arbeitspaketes Wirkungen der Arbeitsgelegenheiten zweckmäßig untersuchen zu können, wurden spezifische Datengrundlagen geschaffen. Hierzu wurden einerseits betriebliche Determinanten der Verbreitung, der Nutzungsintensität und der Übernahmen in reguläre Beschäftigung erhoben, andererseits wurden qualitativ-investigative Interviews auf der Ebene der direkt und mittelbar betroffenen Betriebe, Dienststellen und Einrichtungen sowie der an der Implementierung beteiligten Akteure (Leistungsträger, Wohlfahrtsverbände, Wirtschaftskammern und Gewerkschaften) durchgeführt. Die Kombination aus qualitativen und quantitativen Methoden ist für die Erforschung der Auswirkungen von Arbeitsgelegenheiten auf Betriebe und Branchen insbesondere im Hinblick auf positive wie auch negative Beschäftigungseffekte ein geeigneter Ansatzpunkt.

Eigener Themenschwerpunkt im IAB-Betriebspanel

Ziel der quantitativen Analysen war es, die Beschäftigungseffekte der Arbeitsgelegenheiten an den Einsatzorten – den Betrieben, Dienststellen des öffentlichen

Sektors und Einrichtungen von Nichterwerbsorganisationen – zu analysieren. Im Zentrum standen dabei die Analyse von Übernahmen sowie die Verdrängung regulärer Beschäftigung in den Einsatzstellen.

Ein kurzes standardisiertes Fragemodul zu den Arbeitsgelegenheiten war Bestandteil der Betriebspanelwelle 2005. Das IAB-Betriebspanel ist eine repräsentative jährliche Wiederholungsbefragung von mittlerweile rund 16.000 Betrieben, die seit 1993 in Westdeutschland und seit 1996 auch in Ostdeutschland im Auftrag des IAB durch TNS Infratest Sozialforschung durchgeführt wird. Grundgesamtheit sind Betriebe aller Branchen und Größenklassen, die mindestens einen sozialversicherungspflichtig Beschäftigten haben. Im Rahmen persönlich-mündlicher Interviews werden Informationen zu verschiedenen Themen erhoben, wobei neben Standardfragen auch jährlich wechselnde Fragen zu bestimmten Themenschwerpunkten – wie eben zu den Arbeitsgelegenheiten – erhoben werden. In der 2005er Welle sollten die teilnehmenden Betriebe angeben, ob und wenn ja, wie viele Ein-Euro-Kräfte in ihrem Betrieb tätig sind und ob sie einen Maßnahmeträger nach § 16 SGB II darstellen. Dies sollte erste deskriptive Befunde zur Verbreitung des Instruments liefern.

Für die Wellen der Jahre 2006 und 2007 war eine vertiefte Befragung im Rahmen des Panels ausgearbeitet worden. Der Vorteil dieser insgesamt dreijährigen Beobachtung der Arbeitsgelegenheiten liegt darin, Informationen über die dynamische Entwicklung des Instruments zu generieren, d. h. sowohl die Phase der Implementation der „Ein-Euro-Jobs" als auch die der Stabilisierung und Verfestigung betrachten zu können. Es wurden Einrichtungen und Betriebe gesondert befragt, die Ein-Euro-Jobs einsetzen. Die Grundgesamtheit dieser Befragung beschränkt sich auf ausgewählte Branchen, in denen sich die Arbeitsgelegenheiten aufgrund der gesetzlichen Bestimmungen konzentrieren. Im Einzelnen sind das die Branchen „Erziehung und Unterricht", „Gesundheit und Sozialwesen", „Organisationen ohne Erwerbscharakter", „Öffentliche Verwaltung", „Sonstige Dienstleistungen" (Entsorgung, Abfallbeseitigung, Kultur, Sport).

Innerhalb dieser Branchen umfasst die Grundgesamtheit alle Betriebe mit mindestens einem sozialversicherungspflichtig Beschäftigten zum Stichtag 30.6.2005.[34] Insgesamt konnten im Jahr 2006 1.316 Nettointerviews realisiert werden. Die Be-

---

34 Es existierte keine Datenquelle, die die Ziehung einer repräsentativen Stichprobe für Betriebe mit Ein-Euro-Kräften in diesen Branchen ermöglicht. Zur Identifikation der Betriebe wurde vor die eigentliche Erhebung ein telefonisches Screening geschaltet. Die Bruttostichprobe für das telefonische Screening wurde für Ost- und Westdeutschland nach den fünf Branchen und nach drei Betriebsgrößenklassen geschichtet (1 bis 19, 20 bis 99 und 200 Beschäftigte und mehr). Bei der Festlegung der Bruttostichprobe für das telefonische Screening wurde mithilfe der Daten des IAB-Betriebspanels 2005 für jede Zelle die Wahrscheinlichkeit ermittelt, mit der Ein-Euro-Betriebe zu finden sind. Für die Ziehung der Stichprobe wurde als Datenbasis die Betriebsdatei der Bundesagentur für Arbeit herangezogen. Sie beruht auf den Meldungen der Arbeitgeber zur Sozialversicherung und umfasst folglich alle Betriebe mit mindestens einem sozialversicherungspflichtig Beschäftigten zum Stichtag.

fragung wurde persönlich-mündlich mit einem 12-seitigen Fragebogen durchgeführt. Die Betriebe, die sich auch an der Befragung 2006 beteiligt hatten, wurden 2007 wiederholt befragt. Dabei wurden insgesamt 1.072 Nettointerviews realisiert. Der Fragebogen enthält einerseits allgemeine Fragen zur Art der Einrichtung (Gemeinnützigkeit, Beschäftigungsgesellschaft, Träger von Arbeitsgelegenheiten etc.), zur Beschäftigtenentwicklung und -struktur der Einrichtungen, der Geschäftsentwicklung oder der Existenz einer Mitarbeitervertretung. Andererseits wurden Informationen zu betrieblichen Erfahrungen beim Einsatz der Arbeitsgelegenheiten erhoben. Die Personalverantwortlichen oder Geschäftsführer wurden u. a. befragt zu Qualifizierungsmaßnahmen im Rahmen der Maßnahme, zur Art der ausgeübten Tätigkeiten oder zur Alters- und Geschlechtsstruktur der Teilnehmer. Darüber hinaus wurde erhoben, ob und wie viele Arbeitsgelegenheiten vorzeitig abgebrochen oder verlängert wurden und wie viele Teilnehmer in anderen Vertragsformen[35] weiterbeschäftigt worden sind.

Qualitative Befragung

Ziel der qualitativen Herangehensweise war es, das Netz der beteiligten Akteure, die Beziehungen und Kooperationen zwischen den arbeitsmarkt- und sozialpolitischen Akteuren, den Arbeitsagenturen, Kommunen, Wohlfahrtsverbänden und Vereinen zu untersuchen und Handlungslogiken im Umgang mit den Arbeitsgelegenheiten zu identifizieren. Im Vordergrund standen dabei die Beschäftigungseffekte der Arbeitsgelegenheiten. Dazu wurden qualitativ-investigative Interviews auf der Ebene der direkt und mittelbar betroffenen Betriebe, Dienststellen und Einrichtungen durchgeführt. Erste Befragungen im Rahmen der Implementationsanalyse fanden im Herbst 2005 statt. Zielgruppe dieser qualitativen Befragung waren Fallmanager und persönliche Ansprechpartner (pAp), die zum Einsatz von Arbeitsgelegenheiten, deren Akzeptanz aufseiten der erwerbsfähigen Hilfebedürftigen sowie über das Verhalten der Träger befragt wurden. Dies geschah in insgesamt sieben ARGEn.

Ein Team von Sozialforschern der Universität Erlangen-Nürnberg um Prof. Dr. Gert Schmidt gewann die Ausschreibung für eine qualitative Fallstudienerhebung, deren Zweck die Identifikation, Rekonstruktion und Analyse nicht-intendierter Folgen der Ein-Euro-Jobs in Betrieben und Branchen ist. Mittels rund 100 vernetzter Kurzfallstudien in 19 verschiedenen Regionen wurde die Einsatzrealität in den Betrieben, aber auch die Wahrnehmungen und Entscheidungen der beteiligten Orga-

35 In ungeförderte sozialversicherungspflichtige Beschäftigung, Minijobs, ABM, Arbeitsgelegenheit in der Entgeltvariante.

nisationen, erhoben – von ARGE und kommunalen Einrichtungen im Sinne des § 6 SGB II über verschiedene Träger, aber auch mittelbar betroffene Unternehmen bis hin zu Kommunalbeiräten (zum Forschungsdesign: Klemm et al. 2007).

Auf Basis der Datengrundlagen wurden mehrere Sachverhalte untersucht. Bellmann, Hohendanner und Promberger (2006) zeigen, dass „Ein-Euro-Jobs" vor allem in den Betrieben der „welfare economy", aber nur selten in der Privatwirtschaft verbreitet sind und eine hohe Nutzungsintensität aufweisen. In einer weiteren IAB-Publikation beschäftigen die Autoren sich mit dem Zusammenhang zwischen der Veränderung von Struktur und Umfang der betrieblichen Beschäftigung und der Nutzungsintensität der „Ein-Euro-Jobs" und der Frage, inwieweit sich diese Nutzungsintensität dadurch erklären lässt, dass „Ein-Euro-Jobs" frühere Formen geförderter Beschäftigung ablösen (Bellmann/Hohendanner/Promberger 2006). Mit den Daten des IAB-Betriebspanels untersucht zudem Hohendanner (2007), ob „Ein-Euro-Jobs" sozialversicherungspflichtige Beschäftigung in Betrieben substituieren.

2.4.5 Die Erhebung „Gesamtwirtschaftliches Stellenangebot" als Datengrundlage für das Projekt „Betriebliche Einschätzungen der Hartz-IV-Reformen"

Zur Bestimmung des gesamtwirtschaftlichen Stellenangebotes und seiner Struktur führt das IAB seit 1989 einmal jährlich eine Befragung bei Unternehmen und Verwaltungen durch, mit der die Zahl und Struktur der zum Befragungszeitpunkt offenen Stellen und die Stellenbesetzungsvorgänge in den letzten zwölf Monaten ermittelt werden. Seit 2006 wird die schriftliche Erhebung durch eine telefonische Befragung der Betriebe im ersten, zweiten und dritten Quartal des Jahres ergänzt.

Seit 2005 enthält die Erhebung nun auch spezifische Fragen zu den Reformwirkungen des SGB II, sodass detaillierter als zuvor untersucht werden kann, wie die Neuregelungen auf das Stellenangebot und seine Struktur sowie den Stellenbesetzungsprozess wirken. Zudem bietet die Erhebung des gesamtwirtschaftlichen Stellenangebots die Möglichkeit, die Untersuchungsfragen des Betriebspanels (vgl. das Arbeitspaket zu den Arbeitsgelegenheiten) um wesentliche Aspekte zu erweitern, sodass Veränderungen in der Struktur der Arbeitsnachfrage auch vierteljährig erfasst werden können.

Kettner und Rebien (2007a) stellen auf Basis der so erhobenen Daten fest, dass durch die Einführung des SGB II die Konzessionsbereitschaft von Arbeitslosen erhöht und dadurch die Stellenbesetzung erleichtert wurde. Darüber hinaus wurden auch die betrieblichen Einschätzungen sozialer Arbeitsgelegenheiten und die aus ihrem Einsatz resultierenden gesamtwirtschaftlichen Effekte untersucht (Kettner/Rebien 2007b).

Abbildungsverzeichnis

Abbildungen im Anhang

Übersichtenverzeichnis

Übersichten im Anhang

Literatur

1. Veröffentlichungen von IAB-Mitarbeiterinnen und -Mitarbeitern

Achatz, Juliane (2007a): Lebensumstände und Arbeitsmarktperspektiven von Frauen im Rechtskreis SGB II. In: Hessen, Sozialministerium (Hrsg.), Bleibt Armut weiblich? Chancen für Frauen im Arbeitsmarktreform-Prozess. Dokumentation der Fachtagung am 15. November 2006 in Frankfurt, Wiesbaden, S. 6–15.

Achatz, Juliane (2007b): „Fördern und Fordern" von jungen Erwachsenen: Leichter gesagt ... Präsentation zur Tagung: Drei Jahre SGB II: Was können wir wissen? Was sollen wir tun? Was dürfen wir hoffen? Tagung vom 10. bis 12. Dezember 2007, ev. Akademie Loccum. http://doku.iab.de/veranstaltungen/2007/Loccum2007_achatz.pdf.

Achatz, Juliane/Dornette, Johanna/Popp, Sandra/Promberger, Markus/Rauch, Angela/ Schels, Brigitte/Wenzel, Ulrich/Wenzig, Claudia/Wübbeke, Christina (2009/ im Erscheinen): Kapitel D: Lebenszusammenhänge erwerbsfähiger Hilfebedürftiger im Kontext der Grundsicherungsreform. In: Möller, Joachim/Walwei, Ulrich (Hrsg.), Handbuch Arbeitsmarkt 2009. Analysen, Daten, Fakten, Bielefeld: W. Bertelsmann.

Achatz, Juliane/Hirseland, Andreas/Promberger, Markus (2007): IAB-Panelbefragung von Haushalten im Niedrigeinkommensbereich. Entwurf für ein Rahmenkonzept, S. 11–32. In: Promberger, Markus (Hrsg.), Neue Daten für die Sozialstaatsforschung: Zur Konzeption der IAB-Panelerhebung „Arbeitsmarkt und soziale Sicherung". IAB-Forschungsbericht Nr. 12/2007, Nürnberg.

Achatz, Juliane/Wenzig, Claudia (2008): Subjektive Wahrnehmung von Wohlfahrtsgewinnen und -verlusten von Empfängern der Grundsicherung für Arbeitsuchende nach Einführung des SGB II. In: Rehberg, Karl-Siegbert (Hrsg.), Die Natur der Gesellschaft. Verhandlungen des 33. Kongresses der Deutschen Gesellschaft für Soziologie in Kassel 2006, Frankfurt am Main u. a.: Campus Verlag, S. 2.436–2.447.

Achatz, Juliane/Wenzig, Claudia (2007): Mehr Bangen als Hoffen. Die SGB-II-Reform aus der Sicht von Arbeitslosengeld-II-Empfängern. In: Informationsdienst Soziale Indikatoren, Nr. 38, S. 8–11.

Arntz, Melanie/Clauss, Markus/Kraus, Margit/Schnabel, Reinhold/Spermann, Alexander/Wiemers, Jürgen (2007): Arbeitsangebotseffekte und Verteilungswirkungen der Hartz-IV-Reform. IAB-Forschungsbericht Nr. 10/2007, Nürnberg.

Bach, Hans-Uwe/Feil, Michael/Fuchs, Johann/Gartner, Hermann/Klinger, Sabine/ Otto, Anne/Rhein, Thomas/Rothe, Thomas/Schanne, Norbert/Schnur, Peter/ Spitznagel, Eugen/Sproß, Cornelia/Wapler, Rüdiger/Weyh, Antje/Zika, Gerd (2009/im Erscheinen): Kapitel A: Der deutsche Arbeitsmarkt – Entwicklung und Perspektiven. In: Möller, Joachim/Walwei, Ulrich (Hrsg.), Handbuch Arbeitsmarkt 2009. Analysen, Daten, Fakten, Bielefeld: W. Bertelsmann.

Bach, Hans-Uwe/Gaggermeier, Christian/Klinger, Sabine (2005): Sozialversicherungspflichtige Beschäftigung: Woher kommt die Talfahrt? IAB-Kurzbericht Nr. 26/2005, Nürnberg.

Baethge-Kinsky, Volker/Bartelheimer, Peter/Henke, Jutta/Land, Rainer/Willisch, Andreas/Wolf, Andreas/Kupka, Peter (2007a): Neue soziale Dienstleistungen nach SGB II. IAB-Forschungsbericht Nr. 15/2007, Nürnberg.

Barabas, György/Döhrn, Roland/Spitznagel, Eugen (2006): Konjunktur und Arbeitsmarkt. Simulationen und Projektionen mit der IAB-Version des RWI-Konjunkturmodells. IAB-Forschungsbericht Nr. 20/2006, Nürnberg.

Behrend, Olaf/Ludwig-Mayerhofer, Wolfgang/Sondermann, Ariadne/Hirseland, Andreas (2006): Reform der Arbeitsverwaltung: Im Schatten der Aufmerksamkeit – die Arbeitsvermittler. IAB-Kurzbericht Nr. 21/2006, Nürnberg.

Bellmann, Lutz/Hohendanner, Christian/Promberger, Markus (2006): Welche Arbeitgeber nutzen Ein-Euro-Jobs? Verbreitung und Einsatzkontexte der SGB-II-Arbeitsgelegenheiten in deutschen Betrieben. In: Sozialer Fortschritt, Jg. 55, H. 8, S. 201–207.

Bellmann, Lutz/Kistler, Ernst/Wahse, Jürgen (2007): Demographischer Wandel: Betriebe müssen sich auf alternde Belegschaften einstellen. IAB-Kurzbericht Nr. 21/2007, Nürnberg.

Bender, Stefan/Koch, Susanne/Meßmann, Susanne/Walwei, Ulrich (2008): Was muten sich Arbeitslose zu? Lohnkonzessionen von ALG-II-Empfängern. In: Sozialer Fortschritt, Jg. 57, H. 3, S. 75–85.

Bernhard, Sarah/Brussig, Martin/Gartner, Hermann/Stephan, Gesine (2008c): Eingliederungszuschüsse für ALG-II-Empfänger: Geförderte haben die besseren Arbeitsmarktchancen. IAB-Kurzbericht Nr. 12/2008, Nürnberg.

Bernhard, Sarah/Gartner, Hermann/Stephan, Gesine (2008d): Wage subsidies for needy job-seekers and their effect on individual labour market outcomes after the German reforms. IAB-Discussion Paper Nr. 21/2008, Nürnberg.

Bernhard, Sarah/Hohmeyer, Katrin/Jozwiak, Eva/Koch, Susanne/Kruppe, Thomas/Stephan, Gesine/Wolff, Joachim (2008e): Aktive Arbeitsmarktpolitik in Deutschland und ihre Wirkungen. IAB-Forschungsbericht Nr. 02/2008, Nürnberg.

Bernhard, Sarah/Wolff, Joachim (2008a): Contracting out placement services in Germany. Is assignment to private providers effective for needy job-seekers? IAB-Discussion Paper Nr. 05/2008, Nürnberg.

Bernhard, Sarah/Wolff, Joachim (2008b): Arbeitslosengeld-II-Empfänger: Nur Wenige profitieren von der privaten Arbeitsvermittlung. IAB-Kurzbericht Nr. 05/2008, Nürnberg.

Blos, Kerstin (2006): Haushalte im Umfeld des SGB II. IAB-Forschungsbericht Nr. 19/2006, Nürnberg.

Blos, Kerstin/Feil, Michael/Rudolph, Helmut/Walwei, Ulrich/Wiemers, Jürgen (2007): Förderung Existenz sichernder Beschäftigung im Niedriglohnbereich. Schätzung von Angebots-, Verteilungs- und fiskalischen Effekten des SMWA-Vorschlags. IAB-Forschungsbericht Nr. 07/2007, Nürnberg.

Blos, Kerstin/Rudolph, Helmut (2005): Simulationsrechnungen zum Arbeitslosengeld II: Verlierer, aber auch Gewinner. IAB-Kurzbericht Nr. 17/2005, Nürnberg.

Blos, Kerstin/Schwengler, Barbara (2007): Arbeitsmarktpolitik: Regionale Einkommenseffekte der Arbeitsmarktreformen. IAB-Kurzbericht Nr. 04/2007, Nürnberg.

Bofinger, Peter/Dietz, Martin/Genders, Sascha/Walwei, Ulrich (2006): Vorrang für das reguläre Arbeitsverhältnis. Ein Konzept für Existenz sichernde Beschäftigung im Niedriglohnbereich. Gutachten für das Sächsische Ministerium für Wirtschaft und Arbeit (SMWA).

Bruckmeier, Kerstin/Feil, Michael/Wiemers, Jürgen (2007a): Kombilöhne: Das Bofinger/Walwei-Modell. In: IAB-Forum Nr. 01/2007, Nürnberg, S. 81–85.

Bruckmeier, Kerstin/Graf, Tobias/Rudolph, Helmut (2008): Working poor: Arm oder bedürftig? Eine Analyse zur Erwerbstätigkeit in der SGB-II-Grundsicherung mit Verwaltungsdaten. IAB-Discussion Paper Nr. 34/2008, Nürnberg.

Bruckmeier, Kerstin/Graf, Tobias/Rudolph, Helmut (2007b): Erwerbstätige Leistungsbezieher im SGB II: Aufstocker – bedürftig trotz Arbeit. IAB-Kurzbericht Nr. 22/2007, Nürnberg.

Bruckmeier, Kerstin/Schnitzlein, Daniel (2007): Was wurde aus den Arbeitslosenhilfeempfängern? Eine empirische Analyse des Übergangs und Verbleibs von Arbeitslosenhilfeempfängern nach der Hartz-IV-Reform. IAB-Discussion Paper Nr. 24/2007, Nürnberg.

Büttner, Thomas (2008): Ankündigungseffekt oder Maßnahmewirkung? Eine Evaluation von Trainingsmaßnahmen zur Überprüfung der Verfügbarkeit. In: Zeitschrift für ArbeitsmarktForschung, Jg. 41, H. 1, S. 25–40.

Caliendo, Marco/Kritikos, Alexander S./Wießner, Frank (2006): Existenzgründungsförderung in Deutschland – Zwischenergebnisse aus der Hartz-Evaluation. In: Zeitschrift für ArbeitsmarktForschung, Jg. 39, H. 3/4, S. 505–532.

Christoph, Bernhard (2008): Was fehlt bei Hartz IV? Zum Lebensstandard der Empfänger von Leistungen nach SGB II. In: Informationsdienst soziale Indikatoren (ISI) 40, S. 7–10.

Christoph, Bernhard/Müller, Gerrit/Gebhardt, Daniel/Wenzig, Claudia/Trappmann, Mark/Achatz, Juliane/Tisch, Anita/Gayer, Christine (2008): Codebuch und Dokumentation des Panel „Arbeitsmarkt und Soziale Sicherung" (PASS), Welle 1 (2006/07). FDZ-Datenreport Nr. 05/2008, Nürnberg.

Deeke, Axel (2007): Arbeitslose mit Migrationshintergrund. Sprachförderung allein greift oft zu kurz. IAB-Kurzbericht Nr. 03/2007, Nürnberg.

Deeke, Axel (2006): Berufsbezogene Sprachförderung für Arbeitslose mit Migrationshintergrund – erste Ergebnisse aus der Begleitforschung zum ESF-BA-Programm. IAB-Forschungsbericht Nr. 21/2006, Nürnberg.

Dietz, Martin/Koch, Susanne/Walwei, Ulrich (2006): Kombilohn: Ein Ansatz mit Haken und Ösen. IAB-Kurzbericht Nr. 03/2006, Nürnberg.

Dietz, Martin/Walwei, Ulrich (2007): Arbeitsmarktwirkungen: Grundsicherung und äquivalente Marktlöhne. In: IAB-Forum, Nr. 1, S. 32–38.

Dornette, Johanna/Rauch, Angela (2009/im Erscheinen): Arbeitslosigkeit und Gesundheit. In: Möller, Joachim/Walwei, Ulrich (Hrsg.), Handbuch Arbeitsmarkt 2009. Analysen, Daten, Fakten, Abschnitt 4 des Kapitels D „Lebenszusammenhänge erwerbsfähiger Hilfebedürftiger im Kontext der Grundsicherungsreform". Bielefeld: W. Bertelsmann.

Dornette, Johanna/Rauch, Angela (Hrsg.) (2007): Berufliche Rehabilitation im Kontext des SGB II. IAB-Bibliothek Nr. 309.

Dornette, Johanna/Rauch, Angela/Schubert, Michael/Behrens, Johann/Höhne, Anke/Zimmermann, Markus (2008): Auswirkungen der Einführung des Sozialgesetzbuches II auf erwerbsfähige hilfebedürftige Personen mit gesundheitlichen Beeinträchtigungen. In: Zeitschrift für Sozialreform, Jg. 54, H. 1, S. 79–96.

Eichhorst, Werner/Konle-Seidl, Regina/Lüdeke, Britta (2006): Reformen der Arbeitsmarktpolitik und der Arbeitsmarktregulierung. Ein internationaler Vergleich. In: Empter, Stefan/ Frick, Frank (Hrsg.), System Arbeitsmarkt. Chancen für eine Reform des Arbeitsrechtes. Gütersloh: Verlag Bertelsmann Stiftung, S. 142–194.

Feil, Michael/Wiemers, Jürgen (2008): Höheres ALG II und Kindergrundsicherung: Teure Vorschläge mit erheblichen Nebenwirkungen. IAB-Kurzbericht Nr. 11/2008, Nürnberg.

Fromm, Sabine/Sproß, Cornelia (2008a): Die Aktivierung erwerbsfähiger Hilfeempfänger. Programme, Teilnehmer, Effekte im internationalen Vergleich. IAB-Forschungsbericht Nr. 01/2008, Nürnberg.

Fromm, Sabine/Sproß, Cornelia (2008b): Aktivierende Arbeitsmarktpolitik: Wie wirken Programme für erwerbsfähige Hilfeempfänger in anderen Ländern? IAB-Kurzbericht Nr. 04/2008, Nürnberg.

Fromm, Sabine/Sproß, Cornelia (2008c/im Erscheinen): Ein systematischer Review von Aktivierungsprogrammen für Wohlfahrtsempfänger. Oder was man tun kann, wenn eine statistische Metaanalyse nicht möglich ist. Im Erscheinen in: Sozialer Fortschritt, 2008.

Gartner, Hermann/Klinger, Sabine (2008): Ein janusköpfiger Aufschwung: Beschäftigungsgewinne und Polarisierung. In: WSI-Mitteilungen, Jg. 61, H. 8, S. 439–446.

Gartner, Hermann/Klinger, Sabine (2007): Aufschwung am Arbeitsmarkt – Trendwende oder Strohfeuer? In: Wirtschaftsdienst, Jg. 87, H. 9, S. 613–619.

Graf, Tobias (2007): Bedarfsgemeinschaften 2005 und 2006: Die Hälfte war zwei Jahre lang bedürftig. IAB-Kurzbericht Nr. 17/2007, Nürnberg.

Graf, Tobias/Rudolph, Helmut (2006): Bedarfsgemeinschaften im SGB II: Beachtliche Dynamik bei steigenden Empfängerzahlen. IAB-Kurzbericht Nr. 23/2006, Nürnberg.

Heinemann, Sarah/Gartner, Hermann/Jozwiak, Eva (2006): Arbeitsförderung für Langzeitarbeitslose. Erste Befunde zu Eingliederungsleistungen des SGB III im Rechtskreis SGB II. IAB-Forschungsbericht Nr. 03/2006, Nürnberg.

Heinz, Christine/Hense, Christine/Koch, Susanne/Osiander, Christopher/Sprenger, Christian (2007): Modellversuch Bürgerarbeit. Zwischen Workfare und Sozialem Arbeitsmarkt. IAB-Forschungsbericht Nr. 14/2007, Nürnberg.

Hirseland, Andreas (2008): IAB-Projekt 896. Armutsdynamik und Arbeitsmarkt. Entstehung, Verfestigung und Überwindung von Hilfebedürftigkeit bei Erwerbsfähigen. Kurzzusammenfassung wichtiger Ergebnisse aus den Erhebungswellen 1 und 2, Nürnberg, mimeo.

Hirseland, Andreas/Promberger, Markus/Wenzel, Ulrich (2007): Armutsdynamik und Arbeitsmarkt: Qualitative Beobachtungen und Befragungen im Feld von Arbeitsmarkt und Sozialer Sicherung, S. 102–125. In: Promberger, Markus (Hrsg.), Neue Daten für die Sozialstaatsforschung. Zur Konzeption der IAB-Panelerhebung „Arbeitsmarkt und Soziale Sicherung". IAB-Forschungsbericht Nr. 12/2007, Nürnberg.

Hohendanner, Christian (2007): Verdrängen Ein-Euro-Jobs sozialversicherungspflichtige Beschäftigung in den Betrieben? IAB-Discussion Paper Nr. 08/2007, Nürnberg.

Hohendanner, Christian/Promberger, Markus/Bellmann, Lutz (2007): Ein-Euro-Jobs in deutschen Betrieben. Mehr als „alter Wein in neuen Schläuchen"? In: Sozialer Fortschritt, Jg. 56, H. 12, S. 300–309.

Hohmeyer, Katrin/Jozwiak, Eva (2008): Who is targeted by One-Euro-Jobs? A selectivity analysis. IAB-Discussion Paper Nr. 08/2008, Nürnberg.

Hummel, Markus/Reinberg, Alexander (2006): Über fünfzig. Chancenlos am Arbeitsmarkt? In: IAB-Forum Nr. 22/2006, S. 48–52.

Jirjahn, Uwe/Pfeifer, Christian/Tsertsvadze, Georgi/Koch, Susanne (2006): Kombilohn in Hamburg: Befristete Lohnsubventionen mit nachhaltigem Erfolg. IAB-Kurzbericht Nr. 20/2006, Nürnberg.

Jozwiak, Eva/Wolff, Joachim (2007): Wirkungsanalyse: Kurz und bündig – Trainingsmaßnahmen im SGB II. IAB-Kurzbericht Nr. 24/2007, Nürnberg.

Kettner, Anja/Rebien, Martina (2008): Job Safety First – Analysis of employees' readiness for concessions, unveröffentlichtes Vortragsmanuskript, Nürnberg.

Kettner, Anja/Rebien, Martina (2007a): Hartz-IV-Reform: Impulse für den Arbeitsmarkt. IAB-Kurzbericht Nr. 19/2007, Nürnberg.

Kettner, Anja/Rebien, Martina (2007b): Soziale Arbeitsgelegenheiten. Einsatz und Wirkungsweise aus betrieblicher und arbeitsmarktpolitischer Perspektive. IAB-Forschungsbericht Nr. 02/2007, Nürnberg.

Klemm, Matthias/Sowa, Frank/Freier, Carolin (2007): Forschungsprojekt „Ein-Euro-Jobs" in Deutschland: Fallstudien zur Auswirkung der SGB-II-Arbeitsgelegenheiten auf Beschäftigungsstruktur und Arbeitsmarktverhalten von Organisationen. Deskriptiv-summarischer Ergebnisbericht, Erlangen-Nürnberg.

Klemm, Matthias/Sowa, Frank/Hohendanner, Christian/Promberger, Markus (2008): Arbeitsgelegenheiten im ‚Netz der Akteure': Befunde aus der Praxis. Unveröffentlichtes Manuskript 2008.

Koch, Susanne/Kupka, Peter (2007): Geförderte Beschäftigung für leistungsgeminderte Langzeitarbeitslose? Expertise, WISO Diskurs, Berlin.

Konle-Seidl, Regina (2008): Hilfereformen und Aktivierungsstrategien im internationalen Vergleich. IAB-Forschungsbericht Nr. 07/2008, Nürnberg.

Konle-Seidl, Regina/Lang, Kristina (2006a): Von der Reduzierung zur Mobilisierung des Arbeitskräftepotenzials. Ansätze zur Integration von inaktiven und arbeitslosen Sozialleistungsbeziehern im internationalen Vergleich. IAB-Forschungsbericht Nr. 15/2006, Nürnberg.

Konle-Seidl, Regina/Lang, Kristina (2006b): Erwerbsfähige Transferbezieher im internationalen Vergleich: Von der Ausgliederung zur Integration in den Arbeitsmarkt. In: Bundesarbeitsblatt, H. 10, S. 10–22.

Konle-Seidl, Regina/Lang, Kristina (2006c): Erwerbsfähige Transferbezieher im internationalen Vergleich – von der Ausgliederung zur Integration in den Arbeitsmarkt (Teil 1). In: Arbeit und Beruf, Jg. 57, H. 10, S. 285–288.

Konle-Seidl, Regina/Lang, Kristina (2006d): Erwerbsfähige Transferbezieher im internationalen Vergleich – von der Ausgliederung zur Integration in den Arbeitsmarkt (Teil 2). In: Arbeit und Beruf, Jg. 57, H. 11, S. 309–311.

Kraatz, Susanne/Rhein, Thomas/Sproß, Cornelia (2006): Internationaler Vergleich: Bei der Beschäftigung Älterer liegen andere Länder vorn. IAB-Kurzbericht Nr. 05/2006, Nürnberg.

Krug, Gerhard/Dietz, Martin/Ullrich, Britta (2008): The impact of firm characteristics on the success of employment subsidies: A decomposition analysis of treatment effects. IAB-Discussion Paper Nr. 18/2008, Nürnberg.

Krug, Gerhard/Popp, Sandra (2008/im Erscheinen): Der Einfluss von Eltern- und Haushaltscharakteristika auf die Bildungsziele von Jugendlichen im Armutsbereich. Eine Analyse unter multipler Imputation von Stichprobenausfällen. IAB-Discussion Paper.

Kruppe, Thomas (2006): Die Instrumente der Arbeitsmarktpolitik. Welche Rolle spielt die Weiterbildung (noch)? In: Loebe, Herbert/Severing, Eckart (Hrsg.), Weiterbildung auf dem Prüfstand. Mehr Innovation und Integration durch neue Wege der Qualifizierung. Wirtschaft und Weiterbildung, 40. Bielefeld: Bertelsmann, S. 51–58.

Meßmann, Susanne/Bender, Stefan/Rudolph, Helmut/Hirseland, Andreas/Bruckmeier, Kerstin/Wübbeke, Christina/Dundler, Agnes/Städele, Daniela/Schels, Brigitte (2008): Lebenssituation und Soziale Sicherung 2005 (LSS 2005). IAB-Querschnittsbefragung SGB II. Handbuch Version 1.0.0. FDZ Datenreport Nr. 04/2008, Nürnberg

Nivorozhkin, Anton/Romeu Gordo, Laura/Schöll, Christoph/Wolff, Joachim (2006): Deutschkenntnisse beeinflussen Suchintensität und Suchwege. Sprachdefizite wirken sich auf die Aktivierung und Integration von Langzeitarbeitslosen negativ aus – Gezielte Sprachförderung könnte Migranten bei der Arbeitsuche unterstützen. IAB-Kurzbericht Nr. 25/2006, Nürnberg.

Nivorozhkin, Anton/Wolff, Joachim (2008): Start me up: The effectiveness of a self-employment programme for needy unemployed people in Germany. IAB-Discussion Paper Nr. 20/2008, Nürnberg.

Noll, Susanne/Wolff, Joachim/Nivorozhkin, Anton (2006): Förderung mit dem Einstiegsgeld nach § 29 SGB II. Erste Befunde zur Implementation und Deskription. IAB-Forschungsbericht Nr. 23/2006, Nürnberg.

Popp, Sandra/Schels, Brigitte (2008): Do you feel excluded? The subjective experience of young state benefit recipients in Germany. In: Journal of Youth Studies, Vol. 11, No. 2, S. 165–191.

Popp, Sandra/Schels, Brigitte/ Wenzel, Ulrich (2006): Junge Erwachsene im Rechtskreis SGB II: Viele können noch gar nicht aktiviert werden. IAB-Kurzbericht Nr. 26/2006, Nürnberg.

Promberger, Markus (2008/im Erscheinen): Arbeit, Arbeitslosigkeit und soziale Integration. Aus Politik und Zeitgeschichte (APuZ), H. 40/41.

Promberger, Markus/Wenzel, Ulrich/Pfeiffer, Sabine/Hacket, Anne/Hirseland, Andreas (2008): Beschäftigungsfähigkeit, Arbeitsvermögen und Arbeitslosigkeit. In: WSI-Mitteilungen, Jg. 61, H. 2, S. 70–76.

Promberger, Markus/Wübbeke, Christina (2006): Anhebung der Rentenaltersgrenze: Pro und Contra Rente mit 67. IAB-Kurzbericht Nr. 08/2006, Nürnberg.

Reinberg, Alexander/Hummel, Markus (2007a): Schwierige Fortschreibung: Der Trend bleibt – Geringqualifizierte sind häufiger arbeitslos. IAB-Kurzbericht Nr. 18/2007, Nürnberg.

Reinberg, Alexander/Hummel, Markus (2007b): Qualifikationsspezifische Arbeitslosigkeit im Jahr 2005 und die Einführung der Hartz-IV-Reform. Empirische Befunde und methodische Probleme. IAB-Forschungsbericht 09/2007, Nürnberg.

Rhein, Thomas/Gartner, Hermann/Krug, Gerhard (2005): Niedriglohnsektor: Aufstiegschancen für Geringverdiener verschlechtert. IAB-Kurzbericht 03/2005, Nürnberg,

Rhein, Thomas/Stamm, Melanie (2006): Niedriglohnbeschäftigung in Deutschland. Deskriptive Befunde zur Entwicklung seit 1980 und Verteilung auf Berufe und Wirtschaftszweige. IAB-Forschungsbericht Nr. 12/2006, Nürnberg.

Rudolph, Helmut (2004): Arbeitsmarkt-Reformen 2005. Aktualisierte Schätzungen zum Start von ALG II. IAB-Kurzbericht Nr. 11/2004, Nürnberg.

Rudolph, Helmut/Blos, Kerstin (2005): Schätzung der Auswirkungen des Hartz-IV-Gesetzes auf Arbeitslosenhilfe-Bezieher. IAB-Forschungsbericht Nr. 14/2005, Nürnberg.

Rudolph, Helmut/Trappmann, Mark (2007): Design und Stichprobe des Panels „Arbeitsmarkt und Soziale Sicherung" (PASS), S. 60–101. In: Promberger, Markus (Hrsg.), Neue Daten für die Sozialstaatsforschung: Zur Konzeption der IAB-Panelerhebung „Arbeitsmarkt und Soziale Sicherung". IAB-Forschungsbericht Nr. 12/2007, Nürnberg.

Schank, Thorsten/Schnabel, Claus/Stephanie, Jens/Bender, Stefan (2008): Niedriglohnbeschäftigung: Sackgasse oder Chance zum Aufstieg? IAB-Kurzbericht Nr. 08/2008, Nürnberg.

Schels, Brigitte (2008/im Erscheinen): Dauer des Arbeitslosegeld II-Bezugs von jungen Erwachsenen und Nachhaltigkeit des Ausstiegs. IAB-Kurzbericht, Nürnberg.

Schneider, Julia (2008): The effect of unemployment benefit II sanctions on reservation wages. IAB-Discussion Paper Nr. 19/2008, Nürnberg.

Schweigard, Eva (2007): Sprachförderung für Arbeitslose ALG-II-Bezieher mit Migrationshintergrund. Eine explorative Untersuchung zur Umsetzung. IAB-Forschungsbericht Nr. 08/2007, Nürnberg.

Sproß, Cornelia (2006): Förderung der Beschäftigung Älterer – Vollzogener Paradigmenwechsel? In: BBJ Consultant AG (Hrsg.), Chancen für alle Generationen – Leistungspotenziale Älterer nutzen! Expertengespräch am 21. März 2006. Dokumente und Informationsmaterialien, Potsdam, S. 35–48.

Sproß, Cornelia/Lang, Kristina (2008): Länderspezifische Ausgestaltung von Aktivierungspolitiken. Chronologie und gesetzliche Grundlagen. IAB-Forschungsbericht Nr. 9/2008, Nürnberg.

Stephan, Gesine (2008): The effects of active labor market programs in Germany: An investigation using different definitions of non-treatment. IAB-Discussion Paper Nr. 12/2008, Nürnberg.

Wenzel, Ulrich (2008): Fördern und Fordern aus Sicht der Betroffenen. Verstehen und Aneignung sozial- und arbeitsmarktpolitischer Maßnahmen des SGB II. In: Zeitschrift für Sozialreform, Jg. 54, H. 1, S. 57–78.

Wolff, Joachim/Hohmeyer, Katrin (2008): Wirkungen von Ein-Euro-Jobs: Für ein paar Euro mehr. IAB-Kurzbericht Nr. 02/2008, Nürnberg.

Wolff, Joachim/Hohmeyer, Katrin (2006): Förderung von arbeitslosen Personen im Rechtskreis des SGB II durch Arbeitsgelegenheiten. Bislang wenig zielgruppenorientiert. IAB-Forschungsbericht Nr. 10/2006, Nürnberg.

Wolff, Joachim/Jozwiak, Eva (2007): Does short-term training activate means-tested unemployment benefit recipients in Germany? IAB-Discussion Paper Nr. 29/2007, Nürnberg.

Wübbeke, Christina (2007): Ältere Bezieher von Arbeitslosengeld II: Einmal arm, immer arm? IAB-Kurzbericht Nr. 14/2007, Nürnberg.

Wübbeke, Christina/Hirseland, Andreas/Koch, Susanne (2007): Das Altersarmutsrisiko von älteren Beziehern des Arbeitslosengelds II. Risikogruppen und Effekte des SGB II auf die Alterssicherung. In: Deutscher Sozialrechtsverband (Hrsg.), Armutsfestigkeit sozialer Sicherung. Bundestagung des Deutschen Sozialrechtsverbandes e.V. am 12. und 13. Oktober 2006 in Lübeck. Schriftenreihe des Deutschen Sozialrechtsverbandes, 56, Berlin: Schmidt, S. 18–46.

2. Veröffentlichungen von Externen

Apel, Helmut/Fertig, Michael (2009/im Erscheinen): Operationalisierung von „Beschäftigungsfähigkeit" – Ein methodischer Beitrag zur Entwicklung eines Messkonzepts. Zeitschrift für ArbeitsmarktForschung, Heft 1/2009.

Bäcker, Gerhard/Koch, Angelika (2004): Absicherung bei Langzeitarbeitslosigkeit: Unterschiede zwischen künftigem Arbeitslosengeld II und bisheriger Arbeitslosen- und Sozialhilfe. Soziale Sicherheit Nr. 03/2004.

Baethge-Kinsky, Volker/Bartelheimer, Peter/Henke, Jutta (2007b): Fallbearbeitung nach SGB II. Beobachtungen aus dem Inneren der „black box". In: WSI-Mitteilungen, Jg. 60, H. 2, S. 70–77.

Baethge-Kinsky, Volker/Bartelheimer, Peter/Henke, Jutta/Land, Rainer/Willisch, Andeas/Wolf, Andreas (2006): Neue soziale Dienstleistungen nach SGB II (Konzeptstudie). Forschungsbericht. Göttingen.

Becker, Irene/Hauser, Richard (2006): Verteilungseffekte der Hartz-IV-Reform. Ergebnisse von Simulationsanalysen, Berlin.

Becker, Irene/Hauser, Richard (2005): Dunkelziffer der Armut. Ausmaß und Ursache der Nicht-Inanspruchnahme zustehender Sozialleistungen, Berlin.

Bieback, Karl-Jürgen (2008): Grundprinzipien des SGB II. In: Gagel, Alexander (Hrsg.), SGB-III-Arbeitsförderung. Kommentar. 31. Ergänzungslieferung 2008.

Biewen, Martin/Fitzenberger, Bernd/Osikominu, Aderonke/Völter, Robert/Waller, Marie (2006): Beschäftigungseffekte ausgewählter Maßnahmen der beruflichen Weiterbildung in Deutschland: Eine Bestandsaufnahme. In: Zeitschrift für ArbeitsmarktForschung, Jg. 39, H. 3/4, S. 365–390.

Bundesagentur für Arbeit (2008a): Analyse der Grundsicherung für Arbeitsuchende. August 2008. Nürnberg.

Bundesagentur für Arbeit (2008b): Arbeitsmarkt in Zahlen. Förderstatistik. Förderung der Rehabilitation. http://www.pub.arbeitsamt.de/hst/services/statistik/detail/n.html

Bundesagentur für Arbeit (2008c): SGB-II-Jahresbericht 2007. Nürnberg.

Bundesagentur für Arbeit (2007): Statistik der Bundesagentur für Arbeit; Grundsicherung für Arbeitsuchende. Anrechenbare Einkommen und Erwerbstätigkeit. Nürnberg.

Bundesamt für Migration und Flüchtlinge (2006): Integrationskurse – Jahresbilanz 2005. Nürnberg.

Bundesministerium für Arbeit und Soziales (2008): Lebenslagen in Deutschland. Der 3. Armuts- und Reichtumsbericht der Bundesregierung. Entwurf des Bundesministeriums für Arbeit und Soziales vom 19. Mai 2008.

Bundestagsdrucksache 15/5607 (2005): http://dip.bundestag.de/btd/15/056/1505607.pdf.

BVerfG, 1 BvR 569/05 vom 12.05.2005, Absatz Nr. (28): http://www.bverfg.de/entscheidungen/rk20050512_1bvr056905.html.

Dahrendorf, Ralf (2000): Die globale Klasse und die neue Ungleichheit. In: Merkur 619, S. 1057–1068.

DIMDI (Hrsg.) (2005): Internationale Klassifikation der Funktionsfähigkeit, Behinderung und Gesundheit. Köln.

Dingeldey, Irene (2006): Aktivierender Wohlfahrtsstaat und sozialpolitische Steuerung. In: Aus Politik und Zeitgeschichte (APuZ), H. 8-9/2006.

DWP (2008): http://www.dwp.gov.uk/lifeevent/benefits/housing_benefit.asp.

Fitzenberger, Bernd/Aldashev, Alisher (2008): Endbericht zum Beratungsprojekt: Die Zugangsprozesse von Arbeitnehmern in den Bezug von ALG 2 (Arbeitslosengeld 2) in den Jahren 2005 und 2006 und deren Bestimmungsgründe.

Flick, Uwe (2006): Qualitative Evaluationsforschung zwischen Methodik und Pragmatik – Einleitung und Überblick. In: Flick, Uwe (Hrsg.), Qualitative Evaluationsforschung. Konzepte. Methoden. Umsetzungen, Reinbek bei Hamburg: Rowohlt. S. 9–32.

Foucault, Michel (1975): Surveiller et punir – la naissance de la prison, Paris (Dt.: Überwachen und Strafen. Die Geburt des Gefängnisses). 9. Auflage. Frankfurt am Main: Suhrkamp 1994.

Frerich, Johannes/Frey, Martin (1996a, b): Handbuch der Geschichte der Sozialpolitik, Band 1 (1996a) und Band 3 (1996b), München/Wien.

Friedeburg, Robert v. (2002): Lebenswelt und Kultur der unterständischen Schichten in der frühen Neuzeit. Enzyklopädie deutscher Geschichte, Bd. 62, München.

Gebauer, Ronald/Petschauer, Hanna/Vobruba, Georg (2002): Wer sitzt in der Armutsfalle? Berlin.

Gerenkamp, Martin (2006): § 7 SGB II. In: Mergler, Otto/Zink, Günther (Hrsg.), Handbuch der Grundsicherung und Sozialhilfe Teil I: Sozialgesetzbuch II Grundsicherung für Arbeitsuchende. 5 Lfg. 2006, Stuttgart: Kohlhammer.

Goebel, Jan/Richter, Maria (2007): Nach der Einführung von Arbeitslosengeld II: deutlich mehr Verlierer als Gewinner unter den Hilfeempfängern. DIW Wochenbericht Nr. 50/2007, S. 753–761.

Göckler, Rainer (2006): Wo vollzieht sich Fördern und Fordern? Der Blick auf die MitarbeiterInnen. In. Beschäftigungspolitik: kommunal e.V. (bp:k) (Hrsg.), Netzwerk SGB II. Lokale Umsetzung des SGB II – Strukturen, Leistungsprozesse, Handlungsbedarfe. Fachtagung in Leipzig am 3. und 4. Mai 2006, Offenbach, S. 39–50.

Grundmann, M. (2001). Milieuspezifische Einflüsse familiärer Sozialisation auf die kognitive Entwicklung und den Bildungserfolg. In: A. Klocke and K. Hurrelmann (Hrsg.), Kinder und Jugendliche in Armut. Umfang, Auswirkungen und Konsequenzen. Wiesbaden: Westdeutscher Verlag, S. 209–219.

Hradil, Stefan (2006): Gibt es in Deutschland eine Unterschicht? In: Gesellschaft – Wirtschaft – Politik (GWP), H.4/2006, S. 440–444.

Hujer, Reinhard/Thomsen, Stephan L. (2006): Wirksamkeit von Arbeitsbeschaffungsmaßnahmen in Deutschland: Empirische Befunde mikroökonometrischer Analysen. In: Zeitschrift für ArbeitsmarktForschung, H. 3/4, S. 329–346.

infas/IZA/DIW (2006): Evaluation der Maßnahmen zur Umsetzung der Vorschläge der Hartz-Kommission. Modul 1b: Förderung beruflicher Weiterbildung und Transferleistungen. IZA research report, 7, Bonn.

Job Centre Plus 2008: http://www.jobcentreplus.gov.uk/JCP/Customers/Working AgeBenefits/Jobseekerallowance/index.html.

Kelle, Udo (2006): Qualitative Evaluationsforschung und das Kausalitätsparadigma. In: Flick, Uwe (Hrsg.), Qualitative Evaluationsforschung. Konzepte. Methoden. Umsetzungen, Reinbek bei Hamburg: Rowohlt. S. 117– 134.

Lessenich, Stephan (2003): Der Arme in der Aktivgesellschaft – zum sozialen Sinn des „Förderns und Forderns". In: WSI-Mitteilungen, 56. Jg., H. 4, S. 214–220.

Lis, Catharina/Soly, Hugo (1979): Poverty and Capitalism in pre-industrial Europe. Bristol.

Ludwig-Mayerhofer, Wolfgang/Behrend, Olaf/Sondermann, Ariadne (2008): Organisationsreform der Arbeitsämter und neue Maßnahmen für Arbeitsuchende: Soziale Ungleichheit und Partizipationschancen Betroffener. Abschlussbericht. Siegen, mimeo.

Ludwig-Mayerhofer, Wolfgang/Sondermann, Ariadne (2008): Projekt „Organisationsreform der Arbeitsämter und neue Maßnahmen für Arbeitsuchende: Soziale Ungleichheit und Partizipationschancen Betroffener" (WiL 804). Abschlussbericht, Siegen.

Lüders, Christian (2006): Qualitative Evaluationsforschung – was heißt hier Forschung? In: Flick, Uwe (Hrsg.), Qualitative Evaluationsforschung. Konzepte. Methoden. Umsetzungen, Reinbek bei Hamburg: Rowohlt. S. 33–62.

Luik, Arno (2006): Das manische Schauen auf Arbeit macht uns alle krank. Stern-Artikel, Heft 17/2006: http://www.stern.de/wirtschaft/arbeit-karriere/arbeit/560218.html.

Lutz, Burkart (1984): Der kurze Traum immerwährender Prosperität. Frankfurt.

Marshall, Thomas H. (1992): Bürgerrechte und soziale Klassen. Zur Soziologie des Wohlfahrtsstaates. Frankfurt (erstm. London/New York 1981).

Marx, Karl (1984): Das Kapital, Bd. 1, Der Produktionsprozess des Kapitals, Berlin (erstm. 1867).

Offe, Claus (2001): Wessen Wohl ist das Gemeinwohl? In: Wingert, Lutz/Günther, Klaus (Hrsg.), Die Öffentlichkeit der Vernunft und die Vernunft der Öffentlichkeit. Frankfurt/M., S. 459–488.

Pankoke, Eckart (1984): Sozialismus. In: Brunner, Otto/Conze, Werner/Koselleck, Reinhart (Hrsg.), Geschichtliche Grundbegriffe. Historisches Lexikon zur politisch-sozialen Sprache in Deutschland, Band 5, S. 923–1032.

Penz, Reinhard (2006): Evaluation im aktivierenden Sozialstaat. Normative Überlegungen zur Aufgabe der Wirkungsforschung am Beispiel der neuen Grundsicherung für Arbeitsuchende. In: Brinkmann, Christian/Koch, Susanne/Mendius, Hans Gerd (Hrsg.): Wirkungsforschung und Politikberatung – eine Gratwanderung? Beiträge aus der Arbeitsmarkt- und Berufsforschung 300, S. 19–38.

Rudloff, Wilfried (1998): Öffentliche Fürsorge. In: Hockertz, Hans-Günter (Hrsg.), Drei Wege deutscher Sozialstaatlichkeit. NS-Diktatur, Bundesrepublik und DDR im Vergleich. München, S. 191–229.

RWI/ISG (2006): Evaluation der Umsetzung der Vorschläge der Hartz-Kommission, Arbeitspaket 1, Modul 1f. Verbesserung der beschäftigungspolitischen Rahmenbedingungen und Makrowirkungen der aktiven Arbeitsmarktpolitik. Endbericht 2006.

Schmid, Günther/Oschmiansky, Frank (2005): Arbeitsmarktpolitik/Arbeitslosenversicherung. In: Schmidt, Manfred G. (Hrsg.), Bundesrepublik Deutschland 1982–1989. Finanzielle Konsolidierung und institutionelle Reform. Band 7 der Geschichte der Sozialpolitik in Deutschland seit 1945, herausgegeben vom BMAS, S. 238–289.

Schneider, Julia (2008): The effect of unemployment benefit II sanctions on reservation wages. IAB-Discussion Paper Nr. 19/2008, Nürnberg.

Schnell, Rainer (2007): Alternative Verfahren zur Stichprobengewinnung für ein Haushaltspanelsurvey mit Schwerpunkt im Niedrigeinkommens- und Transferleistungsbezug, S. 33–57. In: Promberger, Markus (Hrsg.), Neue Daten für die Sozialstaatsforschung: Zur Konzeption der IAB-Panelerhebung „Arbeitsmarkt und Soziale Sicherung". IAB-Forschungsbericht Nr. 12/2007, Nürnberg.

Schubert, Michael/Behrens, Johann/Hauger, Marlies/Hippmann, Cornelia/Hobler, Dietmar/Höhne, Anke/Schneider, Edina/Zimmermann, Markus (2007): Struktur- und Prozessänderungen in der beruflichen Rehabilitation nach der Einführung des SGB II – eine qualitative Implementationsstudie. In: Dornette, Johanna/Rauch, Angela (Hrsg.), Berufliche Rehabilitation im Kontext des SGB II. IAB-Bibliothek Nr. 309, Nürnberg, S. 1–87.

Sen, Amartya (2000): Ökonomie für den Menschen. Wege zur Gerechtigkeit in der Marktwirtschaft. München.

Statistisches Bundesamt (Hrsg.) (2006): Datenreport 2006. Zahlen und Fakten über die Bundesrepublik Deutschland. Bundeszentrale für politische Bildung, Bonn.

Strauss, Anselm L./Corbin, Juliet (1990): Basics of Qualitative Research: Grounded Theory Procedures and Techniques. London: Sage.

Trenk-Hinterberger, Peter (2006): Sozialhilfe. In: Hockerts, Hans Günter (Hrsg.), Bundesrepublik Deutschland 1966–1974. Eine Zeit vielfältigen Aufbruchs. Geschichte der Sozialpolitik in Deutschland seit 1945, Band 5, herausgegeben vom BMAS.

von Kardorff, Ernst (2006): Zur gesellschaftlichen Bedeutung und Entwicklung (qualitativer) Evaluationsforschung. In: Flick, Uwe (Hrsg.), Qualitative Evaluationsforschung. Konzepte. Methoden. Umsetzungen, Reinbek bei Hamburg: Rowohlt. S. 63–91.

Willing, Matthias (2005a): Fürsorge. In: Schulz, Günther (Hrsg.), Bewältigung der Kriegsfolgen und Rückkehr zur sozialpolitischen Normalität, Band 3 der Geschichte der Sozialpolitik in Deutschland seit 1945, herausgegeben vom BMAS, S. 559–596.

Willing, Matthias (2005b): Sozialhilfe. In: Schmidt, Manfred G. (Hrsg.), Bundesrepublik Deutschland 1982–1989. Finanzielle Konsolidierung und institutionelle Reform. Band 7 der Geschichte der Sozialpolitik in Deutschland seit 1945, herausgegeben vom BMAS, S. 480–516.

Winkel, Rolf (2005): Das Märchen der verbesserten Arbeitsanreize: Für ALG-II-Bezieher bleibt vom (Neben-)Verdienst kaum etwas übrig. Ein Vergleich der Einkommens-Freibeträge bei ALG II, Arbeitslosen- und Sozialhilfe. In: Soziale Sicherheit 7/2005.

ZEW, IAB, IAT (2006): Evaluation der Maßnahmen zur Umsetzung der Vorschläge der Hartz-Kommission, Arbeitspaket 1, Wirksamkeit der Instrumente, Modul 1d, Eingliederungszuschüsse und Entgeltsicherung. Endbericht 2006 durch den Forschungsverbund.

Kurzfassung

Dreieinhalb Jahre nach Einführung des SGB II und dem anschließenden Aufbau der SGB-II-Forschung am IAB werden mit diesem Buch erstmals die Befunde aus dieser Forschung zusammengefasst. Der gesetzliche Auftrag an das IAB ist umfassend angelegt: Es sollte untersucht werden, ob durch eine „positive" Aktivierung der Betroffenen deren Teilhabe am Erwerbsleben und damit auch deren gesellschaftliche Teilhabe gefördert wird. Damit wurde die Evaluation im Verhältnis zur früheren Wirkungsforschung um wesentliche Dimensionen erweitert.

Die Darstellung folgt einer Prozessperspektive: Was geschieht mit Leistungsbeziehern im System der Grundsicherung? Wie kommt man ins System (und wer kommt hinein), wie werden die materiellen Leistungsfragen geklärt, was bedeutet Aktivierung, wie wirken die unterschiedlichen Instrumente, wer verlässt schließlich das System und wer bleibt dauerhaft im Leistungsbezug? Aus dieser Perspektive interessiert zunächst, welche Veränderungen gegenüber dem alten System aus Arbeitslosen- und Sozialhilfe in der „Stunde Null" zu beobachten waren: Wer sind die Verlierer, wer die Gewinner der Reform? Die Entwicklung der materiellen Lage der Betroffenen wird mithilfe unterschiedlicher Ansätze und Konzepte untersucht.

Daran knüpft sich die Frage, ob Aktivierung und Betreuung den Ausstieg aus dem SGB II – insbesondere hin zu eigenständiger Existenzsicherung durch Erwerbsarbeit – befördern. Dabei geht es nicht nur um Aktivierungsdefizite der Betroffenen, sondern auch um die Probleme des Aktivierungsprozesses selbst. Die anschließende Analyse der individuellen Wirkungen arbeitsmarktpolitischer Interventionen im SGB II bestätigt bekannte Tendenzen: Betriebsnahe Instrumente schneiden besonders gut ab, öffentlich geförderte Beschäftigung hat ihre Tücken. Einige Erkenntnisse sind jedoch neu, etwa die Tatsache, dass die Instrumente aus dem SGB III auch im SGB II zu wirken scheinen.

Die Analysen zu Jugendlichen, zur beruflichen Rehabilitation und zu Älteren im SGB II durchbrechen die Prozesslogik und sind in einem eigenen Kapitel zusammengefasst. Sie werden ergänzt durch Befunde zu Migranten und Frauen, zu denen das IAB aber nicht schwerpunktmäßig geforscht hat. Hier gibt es andere Studien, die das Bundesministerium für Arbeit und Soziales in Auftrag gegeben hatte.

Abschließend werden Befunde zu den Wirkungen des SGB II auf den Arbeitsmarkt insgesamt und zum Anteil der Reform am Rückgang der Arbeitslosigkeit präsentiert.

Insgesamt zeigt sich bei der Antwort auf die Frage, ob das SGB II durch Aktivierung gesellschaftliche Teilhabe fördert, ein gemischtes Bild. Die Grundtendenz scheint jedoch – alles in allem – positiv.